현장삼장 한역

유가사지론
瑜伽師地論

2

(제11권 - 제20권)

현장삼장 한역

유가사지론
瑜伽師地論

2

(제11권 - 제20권)

신현승 역주

도서
출판 **묘광**

머리말

미륵보살彌勒菩薩께서 설하신『유가사지론』이 인도에 출현한 지 천칠백 년이 넘었고, 현장삼장玄奘三藏께서 한역하신 지는 천삼백 년이 넘었다. 그리고 고려 현종顯宗 연간에 초조대장경初雕大藏經으로 판각된 지는 천년이 넘었다. 이십 세기가 되어 일본의 국역일체경본으로 완역된 지는 백 년이 넘었고, 한글대장경본으로 번역된 지는 오십 년이 다 되어 간다.

본 역주자가『유가사지론』한역본을 처음 접한 것은 박사 과정에서『성유식론』을 연구하면서였다.『성유식론』은 중국 법상종의 소의 논서로 알려졌는데,『성유식론』을 해득하다 보니 정작『성유식론』은『유가사지론』의 설명에 근거해서 각종 교의를 구성하고 있었다. 그래서 박사학위를 취득한 뒤 역주자의 관심은『유가사지론』을 향했다.

『유가사지론』산스크리트 본은 여러 사정으로 지금은 전체의 절반에 해당되는 본지분本地分 오십 권만 전해지고 있는 데 반해, 티벳 본과 한역본은 논서 전체가 전해지고 있다. 따라서 원본인 산스크리트 본이 논서 전체가 전해지고 있지 않은 이상 그 전모를 알기 위해서는 티벳 본이나 한역본이 중요하다. 그런데 티벳으로 불교가 처음으로 전래된 시기가 7세기 경인데, 이때에는 이미 현장 삼장이『유가사지론』을 한역하였다. 또한 그 당시 중국 불교 교학의 발전 단계는 성숙 단계였다. 그런 점에서 한역본의 중요성을 짐작할 수 있다.

그러나『유가사지론』한역본은 문장을 전개해 나가는 데 있어서 병렬과 비약이 심하고, 교학용어나 고유명사 표현이 다른 경론과 달라서 내용

해득이 쉽지 않다. 더구나 문맥 내부에서 단어들 간의 상관관계로 그 의미를 추측할 수 없는 단어들도 곧잘 출현해서 내용을 전개해가는 데에 커다란 장애를 준다. 일본의 국역일체경본이나 한글대장경본은 정교한 축자번역이기는 하나, 여러 사람이 나누어 번역한 것이다 보니 같은 뜻의 말을 서로 달리 번역하기도 하고 문맥이 잘 연결되지 않는 부분도 눈에 뜨인다.

본 역주자는 이러한 여러 가지 어려움에 주목하여 역주본의 서술 방향을 정하였다. 첫째, 한자어 중심의 교학용어보다는 가급적이면 지금 사용하는 우리말로 번역한다. 둘째, 같은 한자라 하더라도 문맥에 맞추어 번역어를 달리 쓰는 경우가 있으나, 가능하면 번역어를 일치시켜서 일관성 있게 번역하고 괄호를 사용하여 원문의 표현을 병기 한다. 셋째, 분상 ㅜ소가 난해한 경우에는 단순한 문장 구조로 바꾸어 표현하고, 문맥이 이어지도록 괄호 안에 생략된 내용을 삽입한다. 넷째, 문맥 내에서 의미가 드러나지 않는 단어는 『유가사지론』 안에 있는 정의나 다른 주석서를 근거로 하여 번역어를 정하고, 각주에 학술적 인용 가치가 있게 주석의 출전 문헌과 그 소재를 정확하게 기재한다.

고심 끝에 각주 출전 문헌은 『유가사지론』의 한역 시기에 가까워 한역자의 번역 의중을 알 수 있고, 『유가사지론』 전편에 걸쳐 여러 논사의 견해를 수록한 둔륜遁倫논사 저술인 『유가론기瑜伽論記』로 정하였다. 그리고 한글 주석문에는 반드시 대정신수대장경 상의 소재를 밝히고, 번역문 말미에는 한문 원문을 병기하여 한역문 본래의 형태를 참조할 수 있도록 하였다.

불교에 관심이 있는 이들이 대개 알고 있는 것처럼 『유가사지론』 일백 권은 유식유가행파의 근본 논서이다. 크게 보아 다섯 부분으로 나누어져 있다. 내용 순서대로 보면 본지분本地分, 섭결택분攝決擇分, 섭석분攝釋分, 섭이문분攝異門分, 섭사분攝事分이다. 이 가운데 본지분은 오십 권, 섭결택분은 삼십 권이나 된다. '관행하는 이'[瑜伽師]의 영역[地]에 관한 말씀[論]이라는 제목이 보여주듯이 본지분 오십 권에서는 관행하는 이들이 이해해야 할 열일곱 영역에 관해 자세하게 설명하고 있다. 그리고 이에 이어지는 섭결택분 삼십 권은 본지분의 내용 가운데 의문인 것에 대해 답을 하는 내용으로 되어 있다.

이 책[유가사지론 2]은 전작인 유가사지론 1에 이어 한역본 유가사지론 가운데 제11권에서 제20권까지의 내용을 담고 있다. 지地 별로 보면 삼마히다지(제11권부터 제13권까지), 비삼마히다지(제13권에 속함), 유심지와 무심지(제13권에 속함), 문소성지(제13권부터 제15권 끝까지), 사소성지(제16권부터 제19권 끝까지), 수소성지(제20권 전부)를 다루었다.

삼마히다지는 그 명칭[等引: 선정이 유도함]에 나타났듯이 우선 정려의 속성을 설명하고, 의도[作意]라든지 모습[相]에 관해 근본적인 것과 구체적인 것을 나누어 제시하고, 그들의 관계를 설명한다. 그리고 해탈, 승처, 변처를 다루고 난 뒤, 본격적으로 삼마지[等持: 선정을 (마음에) 지님]와 삼마발저[等至: 선정의 (극치에) 이름]를, 한 가지씩 설명해 이들 간의 체계화를 시도하고 있다. 다음으로 하나에서 열하나까지 '교법의 수'[法數]를 '하나씩 더해가며'[增壹] 경을 인용하여 지관止觀 등을 설명한다.

비삼마히다지는 무척 적은 분량이지만 삼마히다가 아닌 상태가 어떤 상태인지 분명히 함으로써 삼마히다의 개념을 알려 주고 있다. 역시 무척 적은 분량이긴 하지만 유심지와 무심지에서는 이 둘을 대비하여 마음의 작용이 있는 것과 없는 것이 어떤 상태인지 보여주고 있다.

다음으로 문소성지와 사소성지와 수소성지를 다루고 있다. 이들은 서로 따로 생각할 수 없는 것으로, 실천수행은 문소성혜와 사소성혜와 수소성혜가 순환하면서 점점 나선형으로 깨달음으로 나아가는 것이기 때문이다.

문소성지는 내명처[불교], 의방명처[의약학], 인명처[불교논리학], 성명처[문법], 공업명처[기술] 등 다섯 부문으로 구성되어 있다. 이 가운데 중심인 내명처는 우선 게송 형식의 요약과 이에 대한 해명을 비롯하여, 부처님의 가르침 가운데 꼭 알아야 할 하나에서 열가지의 '교법의 수'[法數]를 가진 개념을 아우르며 설명한다.

특히 인명처[불교논리학]는 인도의 사상계를 떨어 울린 진나陳那 논사 이전의 불교논리학의 체계를 자세히 보여준다. 이를 보면 진나陳那, 법칭法稱 논사는 유가행파의 연장선에서 전승된 불교논리학을 세련화했음을 실감하게 된다. 그리고 공업명처[기술]에 등장하는 명칭을 보면 유가사지론 성립 당시 인도의 전반적인 기술 수준을 짐작할 수 있다.

사소성지는 생각하여 택하는 것을 다룬 것인데, 앞서 스승 등 신뢰할만한 이로부터 들은 바를 '뛰어나고 선한 지혜'[勝善慧]의 작용으로 생각하여 선택하는 것이다. 우선 '고유한 모습'[自相]과 '공통된 모습'[共相] 등의 '있음의 존재'[有法], 그리고 '없음의 존재'[無法], '있는 성질'[有性], '없는 성질'[無性]을 설명한 뒤, '모든 존재'[諸法]를 게송 그리고 해석의 형식으로 전개한다.

수소성지는 열반을 향해 번뇌를 다스리고, 삼마지에 자유로와지며, '성스러운 진리가 나타난 것을 살피는'[聖諦現觀] 과정을 골자만 추려서 서술한 것이다. 앞서 말했듯이 실천수행은 문소성혜와 사소성혜와 수소성혜가 순환하면서 점점 나선형으로 깨달음으로 나아가는 것이기 때문에 이 실천수행은 각 단계마다 문소성혜와 사소성혜가 함께해야 한다.

  본 역주본은 모든 부처님, 보살님, 신장님의 가피로 출판하게 되었다. 선친이신 묘광당妙光堂 대사님께 감사한다.

그럼, 삼계의 모든 중생에게 회향하며
2021. 봄
도서출판 묘광 장경실에서
신현승 합장 배상

일러두기

본 역주본을 읽을 때 유의할 점을 몇 가지 적는다.

1. 본 역주본 본문의 저본은 대정신수대장경大正新脩大藏經 제30책, 유가사지론瑜伽師地論이다. 그리고 각주의 저본은 대정신수대장경 제42책, 유가론기瑜伽論記이다.

2. 번역에 참고한 저술은 다음과 같다.

    (1) 한글대장경 128-131권, 유가사지론 1-4(1976-1980년).

    (2) 국역일체경國譯一切經 인도찬술부 유가부1-6(1981-1982년).

    (3) 국역일체경 화한찬술부 논소부9-12(1981년).

3. 부호 사용 방식

    (1) 번역어 뒤의 [ ] 안에 원문의 한자어, 또 다른 번역어를 병기하여 내용을 이해하는 것을 도왔다. 두 단어 이상으로 번역된 경우는 ' '로 묶어 지시하는 범위를 나타냈다.

    보기) '보이는 것'[色]

    '이숙과를 받는'[태어나는]

    (2) 번역어와 원문의 한자어가 같은 경우 번역어 뒤에 병기하였고, 간략하게 의미를 설명할 경우 괄호를 하고 그 설명을 추가 하였다.

    보기) 일체종자식一切種子識

    구유의(俱有依: 항상 함께하는 근거)

    (3) 원문에는 없지만 문맥 이해에 필요한 경우 주석서를 감안하여 역주자가 단어나 구절을 괄호 안에 넣어 삽입하였다.

    보기) 소라[螺貝](로 만든 악기 부는)소리

(4) 번역어가 보다 일반적인 것일 경우에는 괄호 안에 우선 그 번역어의 발음과 일치하는 한자어부터 표기하고, 그 다음으로 원문의 한자어를 표기하였다.

　　　보기) 정거천(淨居天: 淨天)

(5) 산스크리트어를 음사한 한역어의 경우, 번역어부터 표기하고 괄호 안에는 원문의 한자어, 산스크리트어 철자 순으로 표기하였다.

　　　보기) 니민달라산(尼民達羅山: nimiṃdhara)

(6) 각주에서 출전 근거는 보기와 같이 표시하였다.

　　　보기) 유가론기 제2권상(대정장 42. p.343b10)

위에서 '대정장 42'는 대정신수대장경 제42책을 의미하고, 'p.343b10'는 343페이지의 b단 제10행을 의미한다.

4. 각주는 전반적으로 유가론기에서 가져왔으며 각주마다 번역문 말미에 한문 원문을 병기하였다.

목차

머리말 · 5

일러두기 · 11

제 4 삼마히다지三摩呬多地

1. 한꺼번에 제시함總標 · 29 ··[논 제11권]
2. 설명安立 · 31
    2.1 이생희락離生喜樂 · 31
    2.2 덮개蓋 · 33
    2.3 갖추는 세목들支分 · 42
    2.4 선정의 이름定名 · 43
        2.4.1 증상심增上心 · 44
        2.4.2 현법낙주現法樂住 · 44
        2.4.3 부분열반彼分涅槃·구별열반差別涅槃 · 45
        2.4.4 모든 느끼는 일에서 벗어남出諸受事 · 46
            ⑴ 다섯 가지 뿌리에서 벗어남 · 46
            ⑵ 다섯 가지 순출리영역 · 49
            ⑶ 여섯 가지 순출리영역 · 52
            ⑷ 네 가지 의지四依 · 54
3. 의도구별作意差別과 모습구별相差別 · 56
    3.1 의도作意의 구별 · 56

3.1.1 근본의도根本作意 · 56

3.1.2 마흔 가지 의도作意 · 57

　(1) 대상을 중심으로 한 의도 · 58

　(2) 수행의 의도와 수행하지 않는 의도 · 58

　(3) 번뇌를 중심으로 한 의도 · 59

　(4) 가득찬 소연遍滿所緣의 의도 · 59

　(5) 지관止觀을 중심으로 한 의도 · 60

　(6) 번뇌 끊는 것을 중심으로 한 의도 · 61

　(7) 삼승三乘과 부처님의 의도 · 62

3.1.3 근본의도와 마흔 가지 의도의 관계 · 63

3.2 모습相의 구별 · 66

3.2.1 근본 네 가지 모습根本四相 · 66

3.2.2 서른두 가지 모습相 · 68

　(1) 자심상自心相·외상外相·소의상所依相·소행상所行相 · 69

　(2) 작의상作意相·심기상心起相·안주상安住相 · 70

　(3) 자상상自相相·공상상共相相·추상麁相·정상靜相 · 71

　(4) 영납상領納相·분별상分別相·구행상俱行相 · 71

　(5) 오염상染汚相·불오염상不染汚相 · 71

　(6) 정방편상正方便相·사방편상邪方便相 · 72

　(7) 광명상光明相·관찰상觀察相·현선정상賢善定相 · 72

　(8) 지상止相·거상擧相·관상觀相·사상捨相 · 73

　(9) 입정상入定相·주정상住定相·출정상出定相 · 74

　(10) 증상增相·멸상減相·방편상方便相·인발상引發相 · 74

        3.2.3 근본모습과 서른두 가지 모습의 관계 · 75

    3.3 정려 등의 여러 가지 특성 · 75 ·······························[논 제12권]

4. 모든 경의 핵심을 포함함攝諸經宗要 · 83

    4.1 해탈解脫 · 83

        4.1.1 팔해탈 · 83

        4.1.2 승처勝處 · 86

        4.1.3 변처遍處 · 87

    4.2 삼마지三摩地 · 88

        4.2.1 세 삼마지 · 88

        4.2.2 유심유사有尋有伺삼마지 등 · 93

        4.2.3 소小·대大·무량無量삼마지 · 93

        4.2.4 일분수一分修·구분수具分修삼마지 · 98

        4.2.5 희구행喜俱行·낙구행樂俱行·사구행捨俱行삼마지 · 100

        4.2.6 수정修定 · 100

        4.2.7 성지聖智삼마지 · 101

        4.2.8 성오지聖五支삼마지 · 103

        4.2.9 유인유구성정有因有具聖正삼마지 · 106

        4.2.10 금강유金剛喩삼마지 · 108

    4.3 삼마발저三摩鉢底 · 109

        4.3.1 현견現見삼마발저 · 109

        4.3.2 승처勝處삼마발저·변처遍處삼마발저 · 111

        4.3.3 무상無想삼마발저 · 111

        4.3.4 멸진滅盡삼마발저 · 112

5. 여러 가지 의미衆雜義 · 115 ··[논 제13권]
　5.1 경經의 인용 · 115
　　5.1.1 지관止觀 · 115
　　5.1.2 무량無量·상위常委·정념正念 · 115
　　5.1.3 등지等持와 등지等至에 정교함 · 117
　　5.1.4 정려수행의 전도顚倒와 전도되지 않음 · 122
　　5.1.5 삼마지의 검행撿行 · 125
　　5.1.6 무상無想 · 126
　　5.1.7 수행과정으로 나아감 · 127
　　5.1.8 깨끗함이 뛰어남 · 129
　　5.1.9 심사尋思의 제어 · 130
　　5.1.10 정련陶鍊 · 131
　　5.1.11 의도와 사유 · 133
　5.2 정법에 의한 부처님 가르침의 지님 · 134

제 5 비삼마히다지非三摩呬多地

제 6 유심지有心地와 무심지無心地

제 7 문소성지聞所成地

1. 내명처內明處: 불교 · 147
　1.1 일사 · 147
　1.2 개념의 구별想差別 · 148

1.2.1 첫째 요약 · 148

  (1) 구절 · 148

  (2) 미혹·희론 · 153

  (3) 머무름·진실·깨끗함·훌륭함 · 153

  (4) 고요·본성·이치 · 153

  (5) 임시 설명·현관現觀 · 154

1.2.2 둘째 요약 · 154

1.2.3 셋째 요약 · 156

  (1) 생각하여 선택함思擇 · 156

  (2) 현행·수면·서로 속함相屬 · 159

  (3) 포함됨·관련함相應 · 159

  (4) 설명·맡아지님·차례 · 160

1.2.4 넷째 요약 · 161

  (1) 할 것·대상 · 162

  (2) 유가瑜伽·고요함止·살핌觀 · 162

  (3) 의도作意·교수 · 163

  (4) 능력德·깨달음·성스러운 가르침 · 164

1.3 성스러운 가르침의 의미聖敎義 · 164

1.4 부처님의 가르침인 알아야 할 것佛敎所應知處 · 165

  1.4.1 유정有情의 머묾 · 165

  1.4.2 두 가지인 경우 · 166

    (1) 인식取·물듦·바람 · 166

    (2) 상위교계相違敎誡·무치無恥·무도無倒 · 167

(3) 이득·원인과 조건·신통지혜 · 167

　　　(4) 안락·무쟁無諍·범행梵行 · 168

　　　(5) 괴로움 뛰어넘기·끊음 수행 · 169

　　　(6) 선품수행·비뚠 배움과 견해 · 169

　　　(7) 현관現觀들기·이구범행離垢梵行 · 170

　　　(8) 뛰어난 능력·깨끗함·경험하기證 · 170

　1.4.3 세 가지인 경우 · 171 ·······················[논 제14권]

　　　(1) 삼문三門·삼종三種·삼근三根 · 171

　　　(2) 보호 못함·부정심사不正尋思 · 172

　　　(3) 종자·유루법의 원인·번뇌취煩惱趣·업지음 · 173

　　　(4) 제행세력·무명온無明蘊·재난 · 174

　　　(5) 몸身分·괴로움·높임 · 175

　　　(6) 제행종자·삼세三世·색법色法 · 176

　　　(7) 마음·청법자聽法者·살핌觀·존경할 이 · 177

　　　(8) 정인定因과 부정인不定因·죄를 들춤·삼불호三不護 · 178

　　　(9) 소뇌燒惱·불火·증상생增上生·욕망 · 179

　　　(10) 정려의 희락·벗어남·묶임 · 180

　　　(11) 관행觀行에 할 일·삼안三眼·번뇌 없앰 · 180

　　　(12) 가르침과 지도·선정定·심일경성心一境性 · 181

　　　(13) 처處·깨끗함·모니牟尼 · 182

　　　(14) 부끄러움과 애경·최고의 것·삼명三明 · 183

　1.4.4 네 가지인 경우 · 185

　　　(1) 사념주四念住와 대상영역·묶임·사정단四正斷 · 185

(2) 심주心住 · 186

(3) 진실·희론에 묶임 · 186

(4) 사무량심四無量心·무색계·애착 끊음·번뇌 끊음 · 187

(5) 예류지預流支·지혜 · 188

(6) 사성제四聖諦의 지혜·번뇌 끊는 방법·교법 통달 · 189

(7) 사온四蘊·보호·정견正見·작용行 · 190

(8) 사계四界·사식四食·사식주四識住·애착 · 191

(9) 탐·진·포·무명貪瞋怖無明·기론記論·혜사惠捨 · 192

(10) 사섭四攝·생문生門·죽음 · 193

(11) 청정도清淨道·증상심학增上心學·업상業相 · 194

(12) 근무勤務·화합문和合門 · 196

(13) 보특가라補特伽羅 · 196

(14) 말의 잘못·거짓말妄語 · 197

1.4.5 다섯 가지인 경우 · 198

(1) 행취行聚·애착경계·이숙異熟·인색 · 198

(2) 오개五蓋·오하분결五下分結·오상분결五上分結 · 199

(3) 받아지님·정진의 장애 · 200

(4) 비뚠 실천과 결과·고민 · 201

(5) 아라한·다스림 대상·다스리는 모습 · 202

(6) 심해탈心解脫·관행觀行하는 이 · 203

(7) 불환과不還果·궁극까지 결정짓는 모습 · 205

1.4.6 여섯 가지인 경우 · 206

(1) 유정의 여섯 가지 모습·경멸·탐진치의 의지처 · 206

(2) 육항주六恒住·육계六界·최고 다스림 · 208

　　(3) 다툼의 근본·위력과 궁극 · 209

　　(4) 제현관諦現觀의 장애 · 210

　　(5) 육수념六隨念·큰 스승을 따름 · 211

　　(6) 마음의 결박·업業 · 212

　1.4.7 일곱 가지인 경우 · 212

　　(1) 칠각지七覺支·보특가라 · 213

　　(2) 팔성도八聖道중 일곱 가지·성재聖財 · 213

　　(3) 마라의 호림魔惑·쇠하여 줄어듦 · 215

　　(4) 열반 · 216

　　(5) 칠식주七識住 · 217

　　(6) 추중麤重·악설惡說의 잘못 · 218

　　(7) 칠멸쟁법七滅諍法 · 219

　1.4.8 여덟 가지인 경우 · 220 ·····························[논 제15권]

　　(1) 팔지성도八支聖道·사향사과四向四果 · 221

　　(2) 보시의 모습 · 221

　　(3) 게으름 · 222

　　(4) 사랑스러운 생겨남·사중四衆 · 223

　　(5) 팔법八法·승해勝解·삼마지三摩地 · 224

　1.4.9 아홉 가지인 경우 · 226

　1.4.10 열 가지인 경우 · 227

2. 의방명처醫方明處: 의약학 · 227

3. 인명처因明處: 불교논리학 · 228

  3.1 이론의 체성論體性 · 228

  3.2 이론의 처소論處所 · 232

  3.3 이론의 근거論所依 · 232

    3.3.1 성립되는 의미所立義 · 232

    3.3.2 성립시키는 존재能立法 · 233

      (1) 주장을 성립시킴立宗 · 233

      (2) 이유를 가림辯因 · 234

      (3) 비유를 듦引喩 · 234

      (4) 같은 종류同類 · 234

      (5) 다른 종류異類 · 235

      (6) 직각現量 · 235

      (7) 추리比量 · 241

      (8) 부처님의 가르침으로 헤아림正教量 · 245

  3.4 이론의 장식論莊嚴 · 250

    3.4.1 자타의 주장宗을 앎 · 251

    3.4.2 말의 완성言圓滿 · 251

    3.4.3 두려움 없음無畏 · 252

    3.4.4 성실하고 정중함敦肅 · 252

    3.4.5 공양받을 만함應供 · 253

    3.4.6 공덕功德 · 253

  3.5 이론의 패배論墮負 · 254

    3.5.1 말의 포기捨言 · 255

3.5.2 말의 굴복言屈 · 255

　　　3.5.3 말의 잘못言過 · 257

　3.6 이론의 외적인 조건論出離 · 258

　　　3.6.1 득실得失의 관찰 · 259

　　　3.6.2 대중時衆의 관찰 · 260

　　　3.6.3 정교함의 관찰 · 260

　3.7 이론을 많이 짓는 이치論多所作法 · 261

4. 성명처聲明處: 문법 · 262

　4.1 존재法 · 262

　4.2 의미義 · 263

　4.3 보특가라補特伽羅 · 264

　4.4 시기時 · 264

　4.5 수효數 · 265

　4.6 처소處所와 뿌리根栽 · 265

5. 공업명처工業明處: 기술 · 265

제 8 사소성지思所成地

1. 본성의 청정自性清淨 · 269 ·················· [논 제16권]

2. 알아야 할 대상을 생각하여 선택함所知思擇 · 270

　2.1 있음의 존재有法 · 270

　　　2.1.1 고유한 모습自相으로서의 유법 · 270

　　　2.1.2 공통된 모습共相으로서의 유법 · 272

2.1.3 임시의 모습假相으로서의 유법 · 273

2.1.4 원인의 모습因相으로서의 유법 · 277

2.1.5 결과의 모습果相으로서의 유법 · 279

2.2 없음의 존재無法 · 279

2.3 있는 성질有性과 없는 성질無性 · 280

2.3.1 있는 성질有性 · 280

2.3.2 없는 성질無性 · 281

3. 모든 존재를 생각하여 선택함諸法思擇 · 281

3.1 뛰어난 의미의 가타勝義伽他 · 282

3.1.1 가타 · 282

3.1.2 가타에 대한 상세한 해설 · 291

3.2 배우는 뜻이 나아가는 의미의 가타意趣義伽他 · 302

3.2.1 가타 · 302

3.2.2 가타에 대한 상세한 해설 · 312 ·················[논 제17권]

3.3 체의 의미의 가타體義伽他 · 329

3.3.1 악함惡 · 329

3.3.2 말說 · 332

3.3.3. 탐냄貪 · 341

3.3.4 폭류暴流 · 346

3.3.5 두려움怖 · 354

3.3.6 종류類 · 358 ···[논 제18권]

3.3.7 명예譽 · 362

3.3.8 연못池 · 364

23

3.3.9 물결流 · 366

3.3.10 탐냄貪 · 371

3.3.11 지음作 · 376

3.3.12 애씀劬勞 · 379

3.3.13 의미를 이룸得意 · 382

3.3.14 논의함論議 · 385 ··[논 제19권]

제 9 수소성지修所成地

1. 생겨나기가 완성됨生圓滿 · 447 ······························[논 제20권]

   1.1 생겨나기가 완성됨: 안으로 · 447

   1.2 생겨나기가 완성됨: 밖으로 · 450

2. 바른 교법을 듣는 것이 완성됨 · 452

3. 열반涅槃을 첫째로 함 · 453

4. 해탈에 익숙한 지혜의 성숙 · 456

5. 번뇌 다스림對治의 수행 · 458

   5.1 세 단계의 다스림 대상 · 458

      5.1.1 가정에 머무르는 단계 · 458

      5.1.2 출가한 단계 · 459

      5.1.3 멀리 떨어져 수행하는 단계 · 460

   5.2 부정상不淨想의 다스림 대상 · 460

      5.2.1 사택력思擇力에 속하는 것 · 461

      5.2.2 수습력修習力에 속하는 것 · 461

5.3 고상苦想의 다스림 대상 · 462

5.4 광명상光明想의 다스림 대상 · 463

 5.4.1 사소성혜思所成慧 · 464

 5.4.2 수소성혜修所成慧 · 464

6. 세상世間의 모든 종류에 청정함 · 466

 6.1 삼마지를 이룸 · 466

 6.2 삼마지의 완성圓滿 · 468

 6.3 삼마지三摩地에 자유로움自在 · 470

  6.3.1 첫째 처소에서 살필 다섯 가지 · 471

  6.3.2 둘째 처소에서 살필 다섯 가지 · 471

  6.3.3 셋째 처소에서 살필 다섯 가지 · 472

  6.3.4 넷째 처소에서 살필 일곱 가지 · 473

  6.3.5 스물두 가지 모습을 살필 때의 결과 · 473

7. 세상을 벗어난出世間 모든 종류에 청정함 · 476

 7.1 성제현관聖諦現觀에 듦 · 476

  7.1.1 스무 가지 모습의 의도와 사유 · 477

  7.1.2 다섯 가지 원인五因 · 480

   (1) 통달하려는 의도通達作意 · 480

   (2) 의지할 대상所依 · 481

   (3) 대상영역境界에 드는 부문 · 482

   (4) 식량 챙기기資糧攝受 · 482

   (5) 수행방법方便 · 483

7.2 모든 장애에서 떠남 · 484

    7.2.1 장애의 종류 · 484

    7.2.2 장애를 멀리하게 하는 원인과 조건 · 486

7.3 기쁜 대상을 의도하여 사유함 · 488

7.4 이룩한 과정대로 수행함 · 489

7.5 청정한 과정淸淨道과 공덕功德 · 490

제 4 삼마히다지三摩呬多地

앞에서는 유심유사有尋有伺 등 세 가지를 설명하였다. (그러면) 무엇이 삼마히다(三摩呬多: samāhita: 등인等引)지地인가? 요약[嗢拕南]하자면 아래와 같다.

'한꺼번에 제시함'[總標]과 설명[安立],

의도[作意]와 모습[相]의 구별[差別],

'모든 경의 핵심을 포함함'[攝諸經宗要],

마지막은 '여러 의미들'[衆雜義]이다.

삼마히다지를 간략히 설명한다는것은 '한꺼번에 제시함'[總標], 설명[安立], '의도의 구별'[作意差別], '모습의 구별'[相差別], '간략히 모든 경의 핵심을 포함함'[略攝諸經宗要] 등이다.

1. 한꺼번에 제시함總標

'한꺼번에 제시함'[總標]이란 무엇인가? 이 (삼마히다)지地 가운데에는 네 가지가 있다. 첫째, 정려(靜慮: dhyāna). 둘째, 해탈(解脫: vimokṣa: 벗어남). 셋째, 등지(等持: samādhi: 삼마지三摩地). 넷째, 등지(等至: samāpatti: 삼마발저三摩鉢底).

정려靜慮란 네 가지 정려를 이른다. 첫째, '(욕계를) 떠난 찾음도 있고 살핌도 있는 정려'[從離生有尋有伺靜慮]. 둘째, '선정에서 비롯된 찾음도 없고 살핌도 없는 정려'[從定生無尋無伺靜慮]. 셋째, '기쁨에서 떠난 정려'[離喜靜慮]. 넷째, '평정한 생각이 청정한 정려'[捨念淸淨靜慮].

해탈解脫이란 여덟 가지 해탈을 이른다. 첫째, '모습이 있어 모든 모습을 자세히 살피는 해탈'[有色觀諸色解脫]. 둘째, '안으로[內: 자기 몸에 대해] 모습의 생각이 없어 모든 모습을 제외하고 자세히 살피는 해탈'[內無

色想觀外諸色解脫]. 셋째, '깨끗한 해탈을 몸으로 경험함으로써 완성하여 머무는 해탈'[淨解脫身作證具足住解脫]. 넷째, '공空함이 무한한 곳의 해탈'[空無邊處解脫]. 다섯째, '식이 무한한 곳의 해탈'[識無邊處解脫]. 여섯째, '아무것도 없는 곳의 해탈'[無所有處解脫]. 일곱째, '생각도 아니고 생각 아닌 것도 아닌 곳의 해탈'[非想非非想處解脫]. 여덟째, '상수멸을 몸으로 경험함으로써 완성하여 머무는 해탈'[想受滅身作證具足住解脫].

등지等持란 세 가지 삼마지(三摩地: samādhi: 정신집중)를 가리킨다. 첫째, 공(空: 비어있음), 둘째, 무원(無願: 바라는 것이 없음), 셋째, 무상(無相: 모습이 없음)이다.

다른 세 가지가 있다. 유심유사(有尋有伺: 찾음도 있고 살핌도 있는 것), 무심유사(無尋唯伺: 찾음은 없지만 살핌은 있는 것), 무심무사(無尋無伺: 찾음도 없고 살핌도 없는 것)이다. 또 다른 세 가지가 있다. '작은 것'[小], '큰 것'[大], '무수한 것'[無量]이다. 달리 두 가지가 있다. '부분만 수행하는 것'[一分修], '모두 수행하는 것'[具分修]이다. 또 다른 세 가지가 있다. '기쁨과 더불어 실천하는 것'[喜俱行], '즐거움과 더불어 실천하는 것'[樂俱行], '평정과 더불어 실천하는 것'[捨俱行]이다.

달리 네 가지가 있다. '네 가지를 이루기 위해 수행하는 선정'[四修定]이다. 달리 다섯 가지가 있다. 다섯 가지 '성스러운 지혜의 삼마지'[聖智三摩地]를 가리킨다. 또 다른 다섯 가지가 있다. '성스러운 다섯 세목의 삼마지'[聖五支三摩地]를 가리킨다.

또한 '원인이 있고 수단이 있는 성스럽고 바른 삼마지'[有因有具聖正三摩地]가 있다. 또 금강유삼마지가 있다. 또 유학有學, 무학無學, '학도 아니고 무학도 아닌'[非學非無學] 등의 삼마지가 있다.

등지(等至: samāpatti)란 다섯 가지 현견삼마발저(現見三摩鉢底: 나타난 것을 보는 삼마발저), 팔승처삼마발저(八勝處三摩鉢底: 여덟 가지 뛰어나게 있는 삼마발저), 십변처삼마발저(十遍處三摩鉢底: 열 가지 두루하게 있는 삼마발저), 사무색삼마발저(四無色三摩鉢底: 네 가지 모습이 없는 삼마발저), 무상삼마발저(無想三摩鉢底: 개념형성이 없는 삼마발저), 멸진정삼마발저(滅盡定三摩鉢底: 개념형성과 느낌이 모두 다 사라지는 선정 삼마발저)를 가리킨다.

2. 설명安立

설명[安立]이란 무엇인가? 이들을 등인(等引: samāhita)지地라고만 하는데 욕계에서의 '마음이 한 대상영역인 성질'[心一境性]이 아니다. 이 선정[定]이 '후회 없음'[無悔], '몹시 기쁨'[歡喜], 편안함[安樂]을 유도한다. 욕계는 그렇지 못하지만 욕계의 존재[法]에 대해 자세히 바르게 살펴보는 것이 없는 것은 아니다.

2.1 이생희락離生喜樂

(색계의) 초정려初靜慮에서는 '(욕계를) 떠나 기쁨이 생긴다'[離生喜]고 한다. 경험을 하고 이곳에 머물러 다섯 가지 존재를 끊는다고 한다. 이를테면 욕망이 유도한 기쁨, 욕망이 유도한 근심, 불선함이 유도한 기쁨, 불선함이 유도한 근심, 불선함이 유도한 기쁨도 근심도 아닌 것 등이다.

(초정려에서는) 또한 다섯 가지 존재[法]로 수행을 완성한다. '몹시 기쁨'[歡], 기쁨[喜], 편안함[安], 즐거움[樂] 및 삼마지三摩地를 가리킨다.

(앞의 다섯 가지에서) '욕망이 유도한 기쁨'[欲所引喜]이란 '뛰어난 오

욕'[妙五欲]을 처음 이룰 때, 이미 경험한 것을 지금 받아쓸 때, 또는 (뛰어난 오욕에 대해) 보거나 듣거나 일찍이 느끼기도 하는 등의 조건 때문에 생각이 몹시 기뻐하는 것이다. '욕망이 유도한 근심'[欲所引憂]이란 뛰어난 오욕을 추구했는데 이루지 못하거나, 이미 받아쓰고서는 다시 이루지 못하거나, 이루고서는 곧 잃어서 이 때문에 근심과 괴로움이 많이 생기는 것이다. '불선함이 유도한 기쁨'[不善所引喜]이란 어떤 이가 '살해하는 일'[殺業]을 하거나 '비뚠 견해'[邪見]를 지니며 기뻐하고 즐거워하는 것이다. '불선함이 유도한 근심'[不善所引憂]이란 어떤 이가 살해하는 일을 하거나 비뚠 견해를 지니며 근심하고 괴로워하는 것이다. '불선함이 유도한 기쁨도 근심도 아닌 것'[不善所引捨]이란 어떤 이가 왕이나 왕쯤 되는 이, 또는 그 외 관리[宰官], 또는 '존중하는 이'[尊]나 '존중할만한 이'[尊等]를 자기가 (직접) 살해하는 등의 악업惡業은 좋아하지 않지만, 하인이 악업을 저지를 때에는 제지하지 않고 가만히 있는 것이다. 또한 비나야(毘奈耶: 계율)를 지킴에 편치 못하여 방종하다가 마침내 악업을 짓는 것인데, 그는 이 업業이 '앞에서 벌어질 때'[現前] (이 업에 대해) 알고 있는 (상태에서) 앞에서 벌어지지 않은 것이 아니다. 또한 '기쁨도 근심도 아닌데'[捨] 머물러 '찾고 살피며'[尋求伺察] '나쁜 방법'[惡方便]을 쓴다. 여러 악을 끊임없이 '좋아 애착하며'[耽著] '기쁨도 근심도 아닌 것'[捨]을 유도하여 발생시킨다. 또한 불선不善이 나타나 전개될 때 '어느 쪽에도 치우치지 않는'[中庸] 괴롭지도 즐겁지도 않은 느낌을 발생시킨다.

 (뒤의 다섯 가지에서) '몹시 기쁨'[歡]이란 원래부터 깨끗한 행자(行者: 관행자觀行者)가 자량지(資糧地: 자량위資糧位: 깨달음에 식량이 되는 단계)를 살피되 '후회 없는 깨끗한 행'[淨行無悔]을 수행하는 것을 맨 앞으

로 하여 편안하고 기쁜 마음에 뛸 듯한 성질이다. 기쁨[喜]이란 '수행방법을 닦는 것'[修習方便]을 맨 앞으로 하여 경사스럽고 기쁜 마음에 뛸 듯한 성질이다. 편안함[安]이란 추중(麁重: 번뇌에 결박됨)을 벗어나 심신[身心]이 조화로운 성질이다. 즐거움[樂]이란 이러한 마음의 조화로움 때문에 심신이 피해를 입지 않는다는 즐거움과 해탈한다는 즐거움을 이루는 것이다. 그리고 그러한 추중重性한 성질을 떠나기 때문에 모든 번뇌에서 벗어난다[解脫].

삼마지三摩地란 대상[所緣]을 자세히 바르게 살펴 '마음의 대상영역이 하나가 되는 성질'[心一境性]이다. 세존世尊께서는 '번뇌가 없는'[無漏] 수행 가운데에서 우선 삼마지를 설명하고 뒤에 해탈解脫을 설명하셨다. 삼마지의 잘 완성되는 힘 때문에 마음이 여러 번뇌에서 영원히 해탈하기 때문이다. '번뇌가 있는'[有漏] 수행 가운데에서는 우선 해탈을 설명하고 뒤에 삼마지를 설명하셨다. '궁극에까지 수행하는 의도의 결과'[方便究竟作意果]를 경험하여[證] 번뇌를 끊고서야 근본根本삼마지를 이룰 수 있기 때문이다. 어느 경우에는 삼마지와 해탈을 함께 설명하셨는데 이러한 '궁극에까지 수행하는 의도'[方便究竟作意]와 다른 '무간도 삼마지'(無間道三摩地: 번뇌를 끊는 순간의 삼마지) 가운데에서 삼마지와 그 해탈이 동시에 이루어지기 때문이다.

2.2 덮개蓋

모든 정려등지靜慮等至의 장애[障]는 간략히 다섯 가지 개(蓋: 덮개)가 있다. 장차 정려등지를 경험[證]하려 할 때 장애할 수 있다. 다섯 가지가 무엇인가? 첫째, 탐욕개(貪欲蓋: 탐냄의 덮개). 둘째, 진에개(瞋恚蓋: 성냄의 덮개). 셋째, 혼침수면개(惛沈睡眠蓋: 정신이 흐릿하게 가라앉고 잠듦의 덮개). 넷째, 도거오작개(掉擧惡作蓋: 마음이 요동하고 후회함의 덮개). 다섯째, 의개(疑蓋: 머뭇거림의 덮개).

(위에서) 탐욕(貪欲: 탐냄)이란 '뛰어난 다섯 가지 욕망'[妙五欲]으로 '깨끗한 모습'[淨相]을 따라다니며 보려 하고 들으려 하고 접촉하려고까지 하는 것이다. 어떤 경우에는 기억을 따라 과거에 느꼈던 것을 '찾고 살피며'[尋伺] 연연해한다.

진에(瞋恚: 성냄)란 범행(梵行: 음욕을 떠난 행동)을 함께 하는 이들이 그가 (계율을) 어겼음을 지적하기 때문에, 어떤 경우에는 과거에 겪었던 이롭지[饒益] 못한 성나게 하는 모습을 기억하기 때문에 마음에서 성을 낸다. 어떤 경우에는 장차 이롭지 못한 일을 하려 하거나 장차 성나게 할 모습을 뒤지고 살피며 마음에서 성을 낸다.

혼침(惛沈: 정신이 흐릿하게 가라앉음)이란 하나하나 선善을 추구하는 깨끗한 시라(尸羅: 계戒)를 손상시켜 근문(根門: 육근六根의 문)을 지키지 않고, 식사량을 조절 못하고, 정진하여[勤精進] 잠을 줄이지 않고, '제대로 알지 못하는 데'[不正知]에 머물러 하기 때문에 '(번뇌를) 끊는 수행'[修斷]을 부지런히 힘써[加行] 따르지 않아 여러 번뇌가 생기게 하는 것이다. 그리하여 심신이 흐릿하여 '견디지 못하는'[無堪任] 성질이다. 아울러 수면(睡眠: 잠듦)이란 마음이 '아주 침침해지는'[昧略] 것이다. 게다가 번뇌가 생기게 하여 '(수행에) 힘쓰는 것'[加行]을 무너뜨리는 것이 혼침惛沈의 성질이고, 마음이 아주 침침해지는 것이 수면睡眠의 성질이다. 그래서 이 두 가지를 합해서 하나의 개蓋로 설명한다. 또한 흐릿하여 견디지 못하는 성질을 혼침이라 하고, 흐릿하여 마음이 아주 침침한 성질을 수면이라고 하는데, 이 혼침이 여러 번뇌煩惱·수번뇌(隨煩惱: 따르는 번뇌)를 생기게 할 때 수면만큼 '밀접한 조건'[近緣]이 없다. 다른 번뇌나 수번뇌는 생기기도 하고 생기지 않기도 하지만, 만일 흐릿함[惛昧]이 생기면 수면은 반드시 생긴다.

도거(掉擧: 마음이 요동함)란 친척에 대한 '깊은 생각'[尋思], 국토國土에 대한 깊은 생각, 불사不死에 대한 깊은 생각, 어떤 경우에는 기억을 따라 과거에 겪었던 농지거리를 하며 즐겁게 놀았던 일 때문에, 마음이 '시끄럽게 요동치며'[諠動] 날뛰는[騰躍] 성질이다.

오작(惡作: 후회함: 자기가 한 것을 미워함)이란 친척을 깊이 생각하는 등 때문에 마음에 후회[追悔]가 생기는 것이다. 예를 들자면, "나는 무슨 이유로 친척과 이별했을꼬? 무슨 이유로 이러이러한 국토에 가지 못했을꼬? 무슨 이유로 이러이러한 국토는 저버리고 여기에 와서는 이런 음식을 먹고 마시며, 겨우 이런 의복과 침구[臥具], 의약醫藥과 살림도구[資身衆具]나 얻었을꼬? 내 어찌 나이 먹어 늙기를 기다리지 않고 소싯적에 출가했단 말인가!"라고 하는 것이다. 어떤 경우에는 과거에 겪었던 놀며 웃던 일을 기억하며 후회한다. 예를 들자면, "나는 무슨 이유로 '놀며 즐기고'[戲樂], 장신구를 걸치고 벗들과 유람하고 다녀야 할 때, 친척과 벗들의 뜻을 저버리고 그들이 구슬프게 눈물을 글썽이게 하고서는 억지로 출가를 했을꼬!"라고 하는 것이다. 이 같은 여러 이유로 '근심스럽고 연연해하는'[憂戀] 마음이 생기게 해서 자기가 한 것을 미워하고 후회한다. 앞서의 도거와 이 오작은 '머무는 곳'[處所]이 같기 때문에 합해서 하나의 개蓋로 설명한다.

아울러 해야 할 일과 하지 말아야 할 일에 대해 아직 하지 않거나 이미 해서 마음에 후회가 생겨 "나는 어째서 과거에 해야 할 일을 하지 않고 하지 말아야 할 일을 도리어 했을꼬!"라고 하는 것이다.

앞서 (예로 든) 후회로 생긴 오작惡作 말고 지금 (예로 든) 오작은 '얽히고 설켜'[纏] 오히려 버릴 수가 없다. 나중에 다시 계속되어 근심스럽고 연연해하는 마음이 끊이질 않고 자기가 한 것을 미워하고 후회한다. 이 또한 일종의 오작이다. 앞서 (예로 든) '마땅치 않은'[非處] 오작과 지금의 오작은 도거와는 머무는 곳이 같지는 않지만, (우선) 그[掉擧]의 모습이 시끄럽게 요동치며 날뛰는 것이고 지금 (오작도) 근심스럽고 연연해하는 모습 (으로서 둘의 성질이 같기) 때문에 그[掉擧]와 섞어 하나의 개蓋로 설명한다.

의(疑: 머뭇거림)란 스승에 대해, 교법[法]에 대해, 배운 것에 대해, '지도받은 것'[誨]에 대해, 그리고 경험[證]한 가운데에서 헷갈려하고[惑] 머뭇거리는[疑] 것이다. 마음에 이같이 의혹疑惑을 품기 때문에 '용맹한 수행'[勇猛方便], 정단正斷, 적정(寂靜: 고요함)에 들 수가 없다. 아울러 과거·미래·지금 및 고제苦諦 등에 대해 헷갈려하고 머뭇거린다. (즉) 마음에 두 가지를 품어서 헷갈려 분명하게 알지 못하고, 망설이고 두려워한다.

질문(1) 탐욕개貪欲蓋는 무엇을 먹을거리[食]로 삼는가?

대답(1) '깨끗하고 예쁜 모습'[淨妙相]과 그 모습에 대한 바르지 못한 생각을 많이 익히는 것을 먹을거리로 삼는다. 깨끗하고 예쁜 모습이란 가장 뛰어난 모든 욕망의 모습이다. 만일 이에 대해 '물든 마음'[染心]을 멀리한다면, 나머지 그보다 못한 것에 대해서도 역시 물드는 것을 멀리할 수 있다. 마치 힘센 이를 제압하면, 나머지 그보다 못한 이는 스스로 복종하는 것과 같다. 또한 무슨 뜻이냐면 여자 몸 여덟 군데의 사랑스러운 깨끗한 모습을 가리킨다. 이 여덟 군데 때문에 여자는 남자를 속박한다. 이를테면 노래, 춤, 웃음, 눈물, 아름다운 얼굴, 동작[進止], '훌륭한 감촉'[妙觸], 성교[就禮]이다. 이런 이유로 아직 생기지 않은 탐욕貪欲은 생기게 하고 이미 생긴 것은 자라게 하기 때문에 먹을거리[食]라고 한다.

질문(2) 탐욕개貪欲蓋는 무엇을 '먹을거리 아닌 것'[非食]으로 삼는가?

대답(2) 부정상(不淨相: 깨끗지 않은 모습)과 그 모습에 대한 여리작의(如理作意: 이치에 맞는 의도)를 많이 수행하는 것을 먹을거리 아닌 것으로 삼는다. 또한 무슨 뜻이냐면 청어(靑瘀: 시신의 피부가 푸릇하게 피가 맺힘) 등을 가리킨다. 만일 '자기 시신'[此身]이 '여러 더러운 것들'[不淨雜穢]로 그득한 것을 '자세히 살피면'[觀], '안 몸'[內身]의 부정상不淨相을 자세히 살핀다고 한다. 아울러 '남의 시신'[外]의 청어靑瘀 등 여러 가지 깨끗지 않은 모습을 자세히 살피면, '남의 시신'[外身]의 부정상不淨相을 자세히 살핀다고 한다. 이 두 가지 부정상不淨相을 자세히 살피기 때문에 아직 생기지 않은 탐욕貪欲이 생기지 않게 하고 이미 생긴 것은 끊을 수 있기 때문에 먹을거리가 아니라고 한다.

그 모습에 대한 여리작의如理作意 때문에 막아서 생기지 않게 하고, 많이 수행하기 때문에 이미 생긴 것을 끊을 수 있다. 앞서 '검은 종류'[黑品: 물드는 종류] 가운데에서는 그 모습에 대한 바르지 못한 생각 때문에 아직 생기지 않은 것을 생기게 하고, 많이 익히기 때문에 다시 두 배로 느는 것이다.

질문(3) 진에개瞋恚蓋는 무엇을 먹을거리로 삼는가?

대답(3) '진에 성질'[瞋恚性], '진에 모습'[瞋恚相] 및 그 모습에 대한 바르지 못한 생각을 많이 익히는 것을 먹을거리로 삼는다. 여러 가지 이롭지 못한 대상[事] 때문에 마음에 성냄[惱害]이 생기는 것을 진에 성질이라고 한다. (여기에서) '이롭지 못한 대상'[不饒益事]을 진에 모습이라고 한다. 구뇌사(九惱事: 아홉 가지 성내는 대상)[1]에 대한 바르지 못한 의도[作意]를 바르지 못한 생각이라고 한다. 이러한 모양을 먹을거리로 삼는다.

질문(4) 진에개瞋恚蓋는 무엇을 먹을거리 아닌 것으로 삼는가?

대답(4) 자애롭고[仁慈] 선함[賢善] 및 그 모습에 대한 여리작의如理作意를 많이 수행하는 것을 먹을거리 아닌 것으로 삼는다. 이 '자애롭고 선함'[慈善]은 항상 남에게 안락함을 주려고 하는 모습인데 '수행하는 힘'[修力]에 속한다. 사택력(思擇力: 생각으로 선택하는 힘)에 속한 의도로 구뇌(九惱: 아홉 가지 성냄)를 굴복시킴으로써 진에개瞋恚蓋를 끊을 수 있기 때문에 경經에서는 오직 이것[慈善]만을 먹을거리 아닌 것으로 삼는다고 설명하였다.

질문(5) 혼침수면개惛沈睡眠蓋는 무엇을 먹을거리로 삼는가?

대답(5) '어두운 모습'[黑暗相]과 그 모습에 대한 바르지 못한 생각을 많이 익히는 것을 먹을거리로 삼는다.

---

1) 유가사지론 제55권(대정장 30. p.603b16-21)에 의하면 '성내는 대상'[瞋事]은 열 가지이다. 첫째, '자기 몸'[己身]. 둘째, '사랑스러운 유정'[所愛有情]. 셋째, '사랑스럽지 않은 유정'[非所愛有情]. 넷째, '과거의 원수와 친근한 이'[過去怨親]. 다섯째, '미래의 원수와 친근한 이'[未來怨親]. 여섯째, '지금의 원수와 친근한 이'[現在怨親]. 일곱째, '불쾌한 대상영역'[不可意境]. 여덟째, 질투嫉妬. 아홉째, 습관[宿習]. 열째, '남의 견해'[他見]. 구뇌사九惱事는 앞의 여섯 가지로 구성되어 있다. 여섯 가지 가운데 넷째, 다섯째, 여섯째가 각각 원수와 친근한 이 두 가지를 가리키므로 이들을 각각 두 가지로 보아 모두 아홉 가지가 된다. 구뇌사는 '유정에 대한 성냄'[有情瞋]에 속한다. 그리고 뒤의 나머지는 '대상영역에 대한 성냄'[境界瞋]에 속한다.

질문(6) 혼침수면개惛沈睡眠蓋는 무엇을 먹을거리 아닌 것으로 삼는가?

대답(6) 광명光明의 모습 및 그 모습에 대한 여리작의를 많이 수행하는 것을 먹을거리 아닌 것으로 삼는다. 광명에는 세 가지가 있다. 첫째, 치암광명(治暗光明: 어둠을 쫓는 광명), 둘째, 법광명法光明, 셋째, 의신광명(依身光明: 몸에 의한 광명)이다. (이 가운데) '어둠을 쫓는 광명'[治暗光明]은 또한 세 가지이다. 첫째, 밤중이니 별·달 등이다. 둘째, 낮이니 햇빛이다. 셋째, 밤낮이니 화주火珠 등이다. 법광명法光明[2]이란 어떤 이가 느낀[受] 대로 생각한[思] 대로 접촉한[觸] 대로 제법(諸法: 모든 존재)을 자세히 살피는 것을 이른다. 어떤 경우에는 수행하며 부처님 등을 생각하는 (등 육수념六隨念을 하는) 것이다. '몸에 의한 광명'[依身光明]이란 여러 유정이 저절로 몸에서 빛이 나는 것이다.

처음(의 치암)광명은 세 가지 어둠을 쫓는다. 첫째, 밤의 어둠, 둘째, 구름의 어둠, 셋째, 가리는 어둠[障暗]인데 이는 동굴·주택 등을 가리킨다. 법광명은 (무명, 의疑, 혼침수면 등의) 세 가지 깜깜함을 쫓을 수 있다. 제법諸法을 사실대로 알지 못하기 때문에 과거·미래·지금에 대해 많은 의혹疑惑을 갖고 '부처님 법'[佛法]에 대해서도 마찬가지인데, 이 가운데 무명(無明: 이치에 어두움)과 의(疑: 머뭇거림)를 함께 깜깜함[黑暗]이라고 한다. 또한 증관찰(證觀察: 경험과 자세히 살핌)은 혼침수면惛沈睡眠의 깜

---

2) 유가론기 제4권상(대정장 42. p.379c9-10): 느낀[受] 대로 생각한[思] 대로 접촉한[觸] 대로 라는 것은 각각 '들어서 이룬 지혜'[聞慧], '생각해서 이룬 지혜'[思慧], '수행으로 이룬 지혜'[修慧]에 해당된다. 제법(諸法: 모든 존재)을 자세히 살피는 것은 앞의 세 가지 지혜 모두에 해당된다.　　所受所思所觸者。聞思修慧如次配之。觀察諸法通上三慧也。

깜함을 좇을 수 있는데, 제법諸法의 성질[性]을 분명히 알 수 있기 때문이다.

질문(7) 도거오작掉擧惡作蓋는 무엇을 먹을거리로 삼는가?

대답(7) 친척에 대한 깊은 생각과 과거에 겪었던 '놀며 웃던'[戱笑] 기억 및 그 모습에 대한 바르지 못한 생각을 많이 익히는 것을 먹을거리로 삼는다. 친척에 대한 깊은 생각이란 친척이 번성했다가 쇠락하고 흩어졌다가 만나는 것 때문에 기뻐했다가 근심했다가 하며 마음에서 주려(籌慮: 하나하나 헤아림) 등이 생기는 것이다. 국토國土에 대한 깊은 생각이란 국토의 성쇠盛衰 등의 모습 때문인 것인데 자세한 것은 앞에서 설명한 것과 같다. 불사不死에 대한 깊은 생각이란 젊은이와 노인이 하는 여러 가지와 남을 위하는 일 때문에 기뻐했다가 근심했다가 하며 마음에서 주려籌慮 등이 생기는 것이다.

웃는다[笑]는 것은 어떤 이가 의론을 펼치다 또는 서로 의견이 맞아서 이를 드러내며 웃고 기뻐서 깔깔 웃는 것이다. 논다[戱]는 것은 쌍륙(雙陸: 주사위 둘을 윷으로 삼아 하는 놀이), 저포(摴蒱: 윷놀이), 농주(弄珠: 예닐곱 개의 공으로 하는 일종의 저글링)등의 놀이이다. 또는 다른 종류의 오락이다. 이를테면 서로 '받아쓰는 대상영역'[受用境界]을 서로 받아쓰며[受用] 여러 가지 쾌락快樂을 느끼는 것이다. 또는 같이 머무르거나 희론(戱論: 의미 없는 생각과 추리를 하여 말하는 것) 때문에 '기쁘고 즐거움'[歡娛]에 머무는 것이다. (이럴 경우 구체적으로) '하는 일'[行事]이란 서로 손이나 팔이나 머리카락 등을 잡거나 서로 비비적대고 몸을 끌어안고 신음소리를 내거나 서로 응시하거나[顧眄] 그 외 다른 일을 하는 것이다.

질문(8) 도거오작개掉擧惡作蓋는 무엇을 '먹을거리 아닌 것'[非食]으로 삼는가?

대답(8) 사마타(奢摩他: śamatha: 지止: 적정寂靜)와 그 모습에 대한 여리작의를 많이 수행하는 것을 먹을거리 아닌 것으로 삼는다. '아홉 가지 주심'[九種住心][3] 및 사마타奢摩他 종류에 속한 모든 존재[法]를 가리킨다. 자기와 남이 쇠약하거나 강성하는 등의 싫어할 만한 존재에 대해 마음에서 염증을 내고, 두려워하고, 하찮은 것으로 여겨 적정(寂靜: 사마타奢摩他: 고요함)에 편히 머무는 것이다.

질문(9) 의개疑蓋는 무엇을 먹을거리로 삼는가?

대답(9) 과거, 미래, 지금 및 그 모습에 대한 바르지 못한 생각을 많이 익히는 것을 먹을거리로 삼는다. 이를테면 나는 과거에 있었던가, 없었던가 등인데 자세한 것은 앞에서 설명한 것과 같다. (여기에서) 바르지 못한 생각이란 '생각해서는 안 되는 데'[不可思處]에 속한 생각이다. 아사유我思惟, 유정사유有情思惟, 세간사유世間思惟를 가리킨다. 만일 내 입장에서 (과거, 미래, 지금 등) 시간의 차이에 따른 '나의 모습'[我相]을 생각하면 '나에 대한 사유'[我思惟]라고 한다. 만일 남의 입장에서라면 '유정에 대한 사유'[有情思惟]라고 한다. 만일 유정세상[有情世間] 및 기세간器世間의

---

3) 유가사지론 제30권(대정장 30. pp.450c18-451a19)에 의하면 구종심주九種心住란 비구의 마음이 '안에 머물게 하고'[內住], '고르게 머물게 하고'[等住], '편안히 머물게 하고'[安住], (차츰차츰 마음) '가까이 머물게 하고'[近住], (마음을 산란하게 하는 여러 가지 모양이 잘못이라는 생각을 하여) '온순하게 하고'[調順], '고요하게 하고'[寂靜], (번뇌가 나타나도 곧 끊어져) '아주 고요하게 하고'[最極寂靜], (삼마지가 지속되게 하여) '오직 한 가지로 나아가게 하고'[專注一趣], (굳이 힘쓰지 않아도 삼마지가 저절로) '지속되게 하는 것'[等持]이다.

입장에서라면 '세상에 대한 사유'[世間思惟]라고 하는데, "세상은 항상한가, 아니면 무상無常한가, 아니면 항상하면서 무상한가, 아니면 항상하지도 않고 무상하지도 않은가" 하는 등(의 사유)를 가리킨다.

질문(10) 의개疑蓋는 무엇을 먹을거리 아닌 것으로 삼는가?

대답(10) 유연有緣과 연기緣起[4], 그리고 그 모습에 대한 여리작의를 많이 수행하는 것을 먹을거리 아닌 것으로 삼는다. 오직 존재[法]와 존재의 원인만 있고, 오직 괴로움[苦]과 괴로움의 원인만 있다고 자세히 살펴봄으로써, 모든 바르지 못한 생각을 조건으로 하는 무명無明이 (과거, 미래, 지금 등) 삼세三世를 대상영역으로 아직 생기지 않은 것은 생기지 않게 하고 이미 생긴 것은 끊을 수 있는 것이다. (여기에서) 만일 '이치에 맞지 않는데도'[不如理] 억지로 의도하거나, '이치에 맞는 것'[如理]을 의도하지 않으려 하는 것을 모두 바르지 못한 생각이라고 한다. 만일 '이치에 맞으면'[是中] '이치에 알맞다'[應合道理]고 한다. 이러한 것을 '이치에 맞는다'[如理]고 하는 줄 알라! 예를 들어 어두움 속에서 광명상光明想을 떠올리면, 이러한 수행방법[方便]은 여리작의로서 불여리不如理가 아니다. 다른 곳에서도 (그에 알맞은) 다른 여리작의가 있다.

2.3 갖추는 세목들支分

(색계의 첫 단계인) 초정려初靜慮에서는 다섯 세목[支]을 갖춘다. 첫째,

---

4) 유가론기 제4권상(대정장 42. p.379c18-19): 유연有緣과 연기緣起에서 유연(有緣: 조건으로부터 생긴 것)은 '결과 존재'[果法]를 가리키고, 연기(緣起: 조건이 생김)는 '원인 존재'[因法]를 가리킨다.　　有緣緣起者。有緣謂果法。緣起謂因法。

심(尋: 찾음). 둘째, 사(伺: 살핌). 셋째, 희(喜: 기쁨). 넷째, 낙(樂: 즐거움). 다섯째, 심일경성(心一境性: 마음이 한 대상영역인 성질). 제이정려第二靜慮에는 네 세목이 있다. 첫째, 내등정(內等淨: 안이 고르게 깨끗함). 둘째, 희喜. 셋째, 낙樂. 넷째, 심일경성心一境性. 제삼정려第三靜慮에는 다섯 세목이 있다. 첫째, 사(捨: 평정). 둘째, 염(念: 기억). 셋째, 정지(正知: 바르게 앎). 넷째, 낙樂. 다섯째, 심일경성心一境性. 제사정려第四靜慮에는 네 세목이 있다. 첫째, 사청정(捨淸淨: 마음의 평정이 청정함). 염청정(念淸淨: 기억이 청정함). 셋째, 불고불락수(不苦不樂受: 괴롭지도 즐겁지도 않은 느낌). 넷째, 심일경성心一境性.

초정려에서는 심尋·사伺를 대상[所緣]으로 삼는다. 삼마지(三摩地: 정신집중)를 근거[所依]로 삼는다. 희喜를 대상영역[境界]으로 받아들인다. 낙樂으로 추중(麤重: 번뇌에 결박됨)을 제거한다. 제이정려에서는 내등정內等淨을 대상으로 삼는다. 삼마지三摩地를 근거로 삼는다. 나머지는 앞서와 같다. 제삼정려에서는 사捨, 염念, 정지正知를 대상으로 삼는다. 삼마지三摩地를 근거로 삼는다. 나머지는 앞서와 같다. 제사정려에서는 사청정[捨淨], 염청정[念淨]을 대상으로 삼는다. 삼마지三摩地를 근거로 삼는다. 나머지는 앞서와 같다. 모든 정려 가운데에는 다른 존재[法]도 있지만, 이들이 두드러지고 선정을 수행하는 이들에게 혜택이 많으므로 강조해서 세목으로 삼는다.

2.4 선정의 이름定名

질문 어떤 이유[因緣]로 초정려初靜慮 가운데에는 심尋·사伺가 있는가?

대답 그가 욕계欲界에 염증을 내어 초정려에 들 수 있었지만 초정려 가운데에서는 아직 심尋·사伺의 잘못을 자세히 살필 수가 없기 때문이다. 제이정려에서는 심·사의 잘못을 자세히 살필 수가 있기 때문에 심·사가 고요하다[寂靜]고 한다. 제이정려에서 그 잘못을 자세히 살필 수 있어서 심·사가 고요하다고 하는 것과 같이, 제삼정려에서는 희喜의 잘못을 보기[見] 때문에 희喜가 고요하다고 한다. 제사정려에서는 낙樂의 잘못을 보기 때문에 낙樂이 고요하다고 한다. (제사정려에서는) 사(捨: 마음의 평정)과 염(念: 기억)이 청정함도 구별하여 알라!

2.4.1 증상심增上心

여러 정려의 다른 이름으로는 '강한 마음'[增上心]이 있는데 마음이 청정한 '강한 힘'[增上力]으로 '바르고 정교하게 헤아리기'[正審慮] 때문이다.

2.4.2 현법낙주現法樂住

또는 낙주(樂住: 즐거움에 머묾)라고 하는데 이 (정려) 에서는 '강한 즐거움'[極樂]을 느끼기 때문이다. 왜 그러냐면 여러 정려에 의해 '기쁜 즐거움'[喜樂], '편안한 즐거움'[安樂], '(마음이) 평정한 즐거움'[捨樂], '몸과 마음의 즐거움'[身心樂]을 느끼기 때문이다. 또한 선정을 이룬 이는 여러 정려에 자주 드나들며 현법안락주(現法安樂住: 지금생의 편안한 즐거움에 머묾)를 느끼기 때문이다. 이 선정 중에 '앞에 나타난'[現前] 현법락주現法樂住를 느끼기 때문에 이 선정으로부터 일어나서 다음과 같이 말한다. "나는 이미 이와 같은 '즐거움에 머묾'[樂住]을 느꼈다."

(무색계의) 무색정無色定에서는 이와 같은 느낌[受]이 없다. 그래서 낙

주락주樂住라고 하지 않는다. 하지만 그가 (선정에서) 일어난 후 바로 '공개적으로 말해야 할 것'[宣說]이 있다. 왜냐하면 만일 어떤 아란야[阿練若: araṇya: 적정처寂靜處] 비구[苾蒭]가 와서 그에게 물었는데 그가 대답을 못 하면 비웃게 된다. (그러니) 이 아란야 비구가 "무엇을 아란야[寂靜]라고 하는가?"라고 묻게 되면 (질문을 받은 그는) "내 지금 그로부터 '색계·무색계를 뛰어넘는'[超色無色][5] 적정해탈寂靜解脫에 대해 질문을 받았지만 딱히 표현할 수가 없구나. 그러므로 설명하려면 그러한 선정에 들어가야겠는데 낙주樂住하려 함은 아니다."라고 해야 한다.

2.4.3 부분열반彼分涅槃·구별열반差別涅槃

어떤 경우에는 '부분 열반'[彼分涅槃]이라고 하고, '구별되는 열반'[差別涅槃]이라고도 한다. 모든 번뇌의 일부분만 끊기 때문이고 결정決定적이지 않기 때문에 부분 열반이라고 한다. '궁극의 열반'[究竟涅槃]이 아니기 때문에 구별되는 열반이라고도 한다.

---

5) 유가론기 제4권상(대정장 42. p.380b25-28): 이 의미를 설명하자면, 무색정無色定을 '색계를 뛰어넘는다'[超色]고 하고, 무루정(無漏定: 번뇌 없는 선정)을 '무색계를 뛰어넘는다'[超無色]고 하는 것이다. 지금은 무색계정無色界定을 낙주(樂住: 즐거움에 머묾)하려 함이 아니라고 말하는 것이다. 색계의 사정려四靜慮는 적정해탈(寂靜解脫: 고요한 해탈)이라고 하는데 이것이 현법락주(現法樂住: 지금생의 즐거움에 머묾)이다. 此意說言無色定名超色。無漏定名超無色。此二名爲寂靜解脫故。今爲說無色界定非爲樂住。色四靜慮名寂靜解脫。是現法樂住。

2.4.4 모든 느끼는 일에서 벗어남出諸受事

(1) 다섯 가지 뿌리에서 벗어남

사정려는 또한 '모든 느끼는 일에서 벗어남'[出諸受事]이라고도 한다. 이를테면 초정려는 '근심의 뿌리'[憂根]에서 벗어난다. 제이정려는 '괴로움의 뿌리'[苦根]에서 벗어난다. 제삼정려는 '기쁨의 뿌리'[喜根]에서 벗어난다. 제사정려는 '즐거움의 뿌리'[樂根]에서 벗어난다. (그리고) 무상無相[6]에서는 '평정의 뿌리'[捨根]에서 벗어난다.

박가범薄伽梵께서『무도경無倒經』에서, "비구들이여 근심의 뿌리가 생겨났다면 실제대로 분명히 알라!"라고 말씀하셨다. (여기에서) 생겼다는 것은 어떤 단계[位]냐면 단방편(斷方便: '시간적 간격'[間斷]이 있을 때 하는 수행)을 (해야)하는 단계이다. 만일 우근憂根이 마음에 '시간적 간격'[間斷]을 두고 지속되면 그때인 것을 알라!

아울러 이(우근)의 원인[因], 조건[緣], 시작[序], 모습[相], 행(行: 마음의 작용)에 대해 모두 사실대로 알아야 한다. 원인[因]을 안다는 것은 이 종자가 지속됨을 분명히 아는 것이다. 조건[緣]을 안다는 것은 종자에 속하지 않는 근거[所依], 보조[助伴]를 아는 것이다. 시작[序]을 안다는 것은 우근憂根이 다음 것에 의탁해 생김을 아는 것이다. (다음 것이란) 우근을 발생시키는 모습 및 무지종자無知種子이다. 모습[相]을 안다는 것은 '근심이 작용하는 모습'[慼行相]을 분명히 아는 것이다. 행(行: 마음의 작용)을

---

6) 유가론기 제4권상(대정장 42. p.381a13-14): 무상無相이란 것은 혜경惠景 논사에 의하면 '무학위에 오른 사람'[無學人]의 무루정(無漏定: 번뇌가 없는 선정) 마음은 진여眞如라는 대상영역[境]을 대상으로 삼기 때문에 무상(無相: 모습이 없음)이라고 한다.   無相者等。景云。無學人無漏定心緣眞如境名無相。

안다는 것은 우근을 발생시킬 수 있는 행行을 분명히 아는 것이다. 불여리작의不如理作意와 이에 관련하는[相應] 의사[思]이다. 이와 같이 알고 나면 벗어나는[出離] 중에는 마음을 아주 제지(制持: 절제)한다고 한다. 제지制持가 무엇이냐면 '물든 행'[染汚行]에 대해 마음을 다잡아[制攝] 사유수(思惟修: 정려)에서 지녀서[任持] 굳게 머문다. 또한 이 가운데에서 남김없이 모두 소멸시켜 궁극[究竟]에 이른다고 하는데, 수면(隨眠: 잠재한 번뇌)을 소멸시키고 모든 전(纏: 얽힘)을 소멸시키기 때문이다. '세상정려'[世間靜慮: 색계와 무색계의 정려]는 다만 그 종류[번뇌]의 추중(麁重: 거칠고 무거운 것)을 점차 버릴 뿐이고 종자는 뽑아 버리지 못한다. 만일 이와 다른 것이라면, 종자를 영원히 뽑아 버리기 때문에 나중에 (종자가 다시) 생기지 않는다. 곧 무루정려(無漏靜慮: 번뇌가 없는 정려)는 (추중과 종자 등) 두 가지를 모두 버린다. 이와 같이 다른 것에서도 알맞게 알라!

질문(1) 어떤 모습이 우근憂根이라고 분명히 알아야 하는가?

대답(1) 어떤 경우에는 '물든 모습'[染汚相]이고, 어떤 경우에는 출리욕(出離欲: 욕망에서 벗어남)과 함께 작용하는 선善한 모습이다.

고근(苦根: 괴로움의 뿌리)이란 자기의 '강한 힘'[增上力], 또는 몸을 고달프게 하는 강한 힘, 또는 불이 타오르는 강한 힘, 또는 남이 괴롭히는 강한 힘이 원인인데 모든 이욕자(離欲者: 욕계에서 벗어난 이: 색계의 초정려에 든 이)도 생긴다. 희근(喜根: 기쁨의 뿌리)이란 제이정려第二靜慮 중인 것을 가리키는데 제이정려 영역[地]에 속한다. 낙근(樂根: 즐거움의 뿌리)이란 제삼정려第三靜慮 중인 것을 가리키는데 제삼정려 영역[地]에 속한다.

질문(2) 어째서 초정려初靜慮 중에는 고근苦根이 끊어지지 않는다고 설명하는가?

대답(2) '그 종류'[彼品]의 추중麁重을 아직 끊지 못했기 때문이다.

질문(3) 어째서 초정려에 살고 있는 이가 고근苦根이 아직 끊어지지 않았는데 현행(現行: 나타나 작용함)하지 않는가?

대답(3) 그것[苦根]을 보조하는[助伴] 상대인 우근憂根에 속한 여러 괴로움을 이미 끊었기 때문이다. 만일 초정려에서 고근苦根을 끊었다면 '수행하는 이'[行者]가 초정려에 드는 때와 제이정려에 드는 때에 (두 가지 정려에서) '느끼는 것'[受], '이루는 것'[所作], '머무는 곳'[住]의 구별이 없다고 해야 할 것이다. 두 가지 정려에는 모두 희喜와 낙樂이 있기 때문이다. 그래서 경경經에서 설명하기를, "여러 느낌[受]에서 벗어나는 것으로 정려는 구별된다."라고 하였다. 게다가 이렇게 (초정려에서 고근을 끊게) 되면, 심(尋: 찾음)과 사(伺: 살핌)가 고요해짐[寂靜]과 추중麁重이 '끊어져 소멸됨'[斷滅]을 이루는 것에 (정려 간에) 구별이 없게 될 것이다. 이와 같이 (喜根, 樂根 등) 다른 뿌리[根]도 그 종류의 추중麁重이 점차로 끊어지는 것이기 때문에, (제삼정려 등) 위의 정려들에서 끊어지는 것도 구별이 있다.

또한 무상(無相: 모습 없음)이란 경경經에서 무상심정(無相心定: 모습 없는 마음의 선정)이라고 설명하였다. 이 선정 중에서는 사근(捨根: 마음이 평정한 뿌리)조차도 영원히 소멸시킨다. 다만 수면隨眠을 없애고 그 종류의 추중麁重을 남김없이 끊기 때문이지, 나타나 작용하는 전(纏: 얽힘)을 소멸시키는 것은 아니다. 무상정無相定에 머물면 반드시 느낌[受]이 있기 때문이다. 이 선정 중에는 희喜, 낙樂, 사捨 등 세 가지 느낌이 있는데 그 느낌에는 수면隨眠이 있지 않다. 번뇌가 끊어지기 때문에 단斷이라 하고, 그 종류의 추중麤重을 수면隨眠이라고 한다. 또한 이 사근捨根은 어디까지 있게 되냐면 제사정려에서부터 유정(有頂: 무색계 선정의 마지막 단계인 비상비비상처非想非非想處)까지 인 것을 알라!

(2) 다섯 가지 순출리영역

이러한 (우憂, 고苦, 희喜, 낙樂, 사捨 등) 다섯 가지 근根에서 벗어나 '모습이 없음'[無相]은 뒤의 다섯 가지 순출리(順出離: 벗어남을 따르는) 영역[界]과 전개되면서 서로 겹치게 된다. 이 가운데 욕(欲: 욕망)·에(恚: 성냄)·해(害: 해코지)에서 벗어나는 것은 (제삼정려의) 낙근樂根에서 벗어남까지 이른다고 설명한다. 색色에서 벗어나는 것은 제사정려의 사근捨根에서 벗어나는 것이라고 한다. 살가야(薩迦耶: 신견身見)가 소멸되면 무색계의 모든 사근捨根에서 벗어난다고 한다. (여기에서) 순출리順出離라는 말은 어떤 의미냐면 이 (영역)에 머무는 이는 벗어날 수[能] 있기 때문에 벗어남[出離]을 따른다[順]고 하는 것이지, 그[根]에서 벗어났기 때문에 그리 말하는 것이 아니다. 이 (순출리) 영역[界]은 이욕자(離欲者: 욕계에서 벗어나 색계의 초정려에 든 이)를 위해 설명하는 것이기 때문이다.

질문 욕(欲: 욕망)·에(恚: 성냄)·해(害: 해코지)는 확실히 동시에 끊는 것인데 어째서 벗어남을 따로 설명하는가?

대답 그들에서 벗어나는 것은 동시이기는 하지만, 요는 대치(對治: 번뇌를 끊는 것)에서 구별[差別]이 되기 때문에 세 가지 벗어남을 구별해서 밝혀 말하는 것이다. 대치對治에서 구별된다는 것은 (위의 욕欲,에恚,해害에 대해) 부정(不淨: 부정하다고 살핌), 자(慈: 자애로움), 비(悲: 불쌍히 여김)의 차례대로 (다스린다[治]는 것)인데 때로는 부정不淨만을 수행해서 모든 것에서 벗어나거나 자慈나 비悲만을 수행해서 벗어나기도 한다. 그래서 세 가지 벗어남을 구별하여 설명하였는데 위에서는 한 종류의 대치만 있을 뿐이기 때문이다. (나중에) 벗어나는 것에는 구별이 없다.

어째서 '날카로운 견해를 가진 이'[猛利見者]는 욕망[欲]에 대해 '(마음에) 고르게 (과거의 것을) 떠올린다'[等隨念]고 하는가? 관찰작의(觀察作意: 자세히 살피려는 의도)로 말미암은 '뛰어난 모양'[勝事]에 대한 의도 때문이고, 날카로운 작용[功用]에 대한 의도 때문이다.[7] 어째서 여러 욕망으로 마음이 들어가지 않는다고 하는가? 그곳[욕망]에는 뛰어난 공덕(功德: 훌륭한 결과를 내는 능력)을 볼 수 없기 때문이다. 어째서 '아름답지 못하다'[不美]고 하느냐면 그곳에서는 기쁨이 생기지 않기 때문이다. 어째서 '머물지 않는다'[不住]고 하냐면 그곳에서 쉽사리 받아쓰려고 해도 기쁘고 즐거워지지 않기 때문이다. 어째서 승해(勝解: 해석)가 없다고 하냐면 그곳의 '이치에 맞지 않는 모습'[不如理相] 때문에 집착[取著]하는 것이 즐겁지 않기 때문이다. 어째서 시들어버린다[萎頓]고 하냐면 제멋대로 해봐도 편안하고 안정되지 않기 때문이다. 어째서 '허물어져 흩어진다'[壞散]고 하냐면 대상영역으로 삼고서는 다시금 버려지기 때문이다. 어째서 '편안하고 안정되지'[舒泰] 않는다고 했느냐면 대상에 억지로 머무르려 해도 사랑스럽거나 즐겁지 않기 때문이다. 어째서 사(捨: 평정한 마음)에 '고르게 머문다'[等住]고 하냐면 '평등한 상태'[平等位]에서 (마음을) 작용시

---

7) 유가론기 제4권상(대정장 42. p.381c7-8): '뛰어난 모양'[勝事]에 대한 의도란 욕망[欲]에 대해 '(마음에) 고르게 (과거의 것을) 떠올린다'[等隨念]를 풀이한 것이고, 날카로운 작용[功用]에 대한 의도란 '날카로운 견해를 가진 이'[猛利見者]를 풀이한 것이다.　　於勝事作意者釋等隨念欲. 猛利功用作意者釋猛利見者.

키고[行], 평등한 상태에서 마음이 두루 돌아다니며 살피기 때문이다. 무엇을 '염증이 난다'[厭]고 하냐면 거기 깊숙한 데서 잘못을 보았기 때문에 '그만두고 등지는'[棄背] 성질이다. 이것에는 세 가지가 있다. 무상無常하기 때문이고, 괴로움[苦]이기 때문, '변해서 무너지는 존재'[變壞法]이기 때문이다. 무엇을 미워한다[惡]고 하냐면 거기서 애초에 잘못을 보았기 때문에 그만두고 등지는 성질이다. 무엇을 거스른다[違]고 하냐면 거기 중간에서 잘못을 보았기 때문에 그만두고 등지는 성질이다. 무엇을 등진다[背]고 하냐면 거기 나중에 잘못을 보았기 때문에 그만두고 등지는 성질이다.

이와 서로 어긋나면 곧 이욕(離欲: 욕망에서 떠남)을 의도하여 들어간다. 이곳[離欲]에서 뛰어난 공덕(功德: 훌륭한 결과를 내는 능력)을 보았기 때문이다. 아름답다[美]고 하는 것은 이곳에서 청정한 믿음이 생기고 경험[證]을 따르기 때문이다. 머문다[住]고 하는 것은 대상[所緣]으로 (마음이) '흘러 흩어지지'[流散] 않기 때문이다. 승해(勝解: 해석)란 이곳에서는 번뇌에 물들지 않음이 지속되고 모든 번뇌의 결박에서 벗어나게 되기 때문이다. 염증[厭] 등 그만두고 등지는 작용이 바르게 유전(流轉: 인과가 계속됨)될 때에는 마음에 거리낌[罣礙]이 없고 사(捨: 마음의 평정)에서 (마음의) 작용[功用]이 없다. 어째서 '마음이 잘 간다'[心善逝]고 하냐면 방편구경작의(方便究竟作意: 궁극에까지 수행한다는 의도)에 머물기 때문이다. 어째서 '잘 수행한다'[善修]고 하냐면 (이미 말한 의도 이외에) 나머지 의도도 잘 수행하기 때문이다. 이러한 설명은 '끊는 단계'[斷位]와 '끊는 수행을 하는 단계'[斷方便道位]에 관한 것임을 알라.

해(解: 풀려남)란 모든 전(纏: 얽힘)에서 벗어나기[解脫] 때문이다. 탈(脫: 벗어남)이란 소연상(所緣相: 대상의 모습)에서 벗어나기[解脫] 때문이다. '결박에서 벗어난다'[離繫]는 것은 수면(隨眠: 잠재하는 번뇌)에서 벗어나기 때문이다.

모든 욕망을 조건으로 생긴 여러 번뇌라는 것은 '욕계의 탐냄'[欲貪]을 제외한 나머지 번뇌를 가리킨다. '(번뇌에서 벗어날 능력을) 해치고 탕진한다'[損匱]는 것은 이[앞서 말한 번뇌들] 때문에 무기[器仗]를 드는 등의 악행惡行을 (생각해내어) 하거나 자라게 하여 여러 '나쁜 세상'[惡趣]에 태어나는 것을 이른다. 불사른다[燒]는 것은 이[앞서 말한 번뇌들] 때문에 욕애(欲愛: 욕계의 애착)를 삼켜서 심신을 불사르는 것을 이른다. '심한 괴로움'[惱]이란 이[앞서 말한 번뇌들] 때문에 (욕망의) 대상[事]이 변하고 무너지면 곧 울며 탄식하고, 근심하고, 괴로워하기[苦惱] 때문이다.

거기에서 벗어나고[解脫], 뛰어넘고[超出], '결박에서 벗어남'[離繫]이란 (말) 순서대로 각각 모든 전纏, 대상[所緣], 수면隨眠에서 벗어나는 것을 가리킨다. 무엇을 끝내 저 모든 느낌을 대상으로 받아들이지 않는다고 하냐면 미래[將得], 지금[正得], 과거[隨念]의 모든 욕망의 대상영역[境界]에 의해 '번뇌에 물든'[染汚] 모든 느낌이 다시는 현행(現行: 나타나 작용함)하지 않고 그 의지가 되는 몸[身]은 여러 혹(惑: 번뇌)에 때 타지 않고 머무는 것이다. 마치 붉은 연꽃에 물방울이 묻지 않는 것과 같다.

(3) 여섯 가지 순출리영역

여섯 가지 순출리(順出離: 벗어남을 따르는) 영역[界]이 있다. 경經에서 "내가 이미 자(慈: 자애로움)를 수행하여 나는 이미 '모든 아만에서 떠남'[離諸我慢]에 이르렀다. 그러나 나는 여전히 의혹(疑惑: 헷갈려하고 머뭇거림)의 독화살[毒箭]에 마음이 혼미하다. 그러니 자慈 등으로 에(恚: 성냄)·해(害: 해코지) 등을 바르게 다스린 것이 아니다. 이와 같은 '비뚠 집착'[邪執]을 버리기 위해 이 영역[順出離界]을 내세우는 것임을 알라."라고 자세히 설명하신 것과 같다.

이 가운데 에恚 등의 욕망에서 떠나는 다스림[對治]에는 구별이 있기 때문에, 앞의 네 가지 다스리는 모습을 이루기 때문에, 성주聖住를 '자세히 살펴'[觀察] 이치[道理]를 알게 되기 때문에, 무상無相을 이룬다. 궁극의 바른 이치를 자세히 살피기 때문에 여섯 번째 것을 이룬다. (자세히 순서대로 말하자면) 자慈는 에恚를 다스리는데 '(남에게) 손해를 끼치지 않는 실천'[無損行]을 전개하기 때문이다. 비(悲: 불쌍히 여김)는 해害를 다스리는데 남의 괴로움을 제거하기 위해 '아주 즐겁게 하는 실천'[勝樂行]을 전개하기 때문이다. 희(喜: 기쁨)는 불락(不樂: 즐거워하지 않음)을 다스리는데 남의 즐거운 일에 '따라서 기뻐하는 실천'[隨喜行]을 전개하기 때문이다. 사(捨: 마음의 평정)은 탐냄과 성냄을 다스리는데 '평정한 마음으로 실천함'[俱捨行]을 전개하기 때문이다. 무상無相은 '모든 모습들'[衆相]을 다스리는데 (무상은) 모습[相]을 거스르기 때문이다. '아만에서 떠남'[離我慢]의 경우는 자기에서 '벗어나는 것'[解脫]이나 '경험한 것'[所證] 가운데 확실히 의혹이 없기 때문에 아만에서 떠남(의 선정)은 그것[我慢]을 다스린다. 이 모든 벗어나는 선정[定]은 모든 에恚 등에서 벗어날 수 있는데 잘 수행하지 않아서 (앞서 경經에서의 설명처럼) 에恚 등의 잘못이 현행(現行: 나타나 작용함)할 수 있다.

그전의 다섯 종류의 '벗어남을 따르는 영역'[順出離界](의 체계)에서는 처음의 네 가지가 천주天住[8]에 속하고 다섯째 한 가지만 성주聖住에 속한

---

8) 유가사지론 제98권(대정장 30. p.867c2-6)에 의하면 사정려四靜慮, 사무색정[四無色] 등을 천주(天住: 천계에 머묾)라고 한다. (자慈, 비悲, 희喜, 사捨등의) 사

다. 지금의 여섯 종류의 벗어남을 따르는 영역(의 체계)에서는 처음의 네 가지는 범주梵住에 속하고 다섯째와 여섯째는 성주聖住에 속한다.

(4) 네 가지 의지四依

에恚 등의 여러 잘못을 뛰어넘을 수 있기 때문에 벗어남[出離]이라고 한다. 벗어날 때 바로 기댈 수 있기 때문에 의지[依]라고 한다. 세존世尊께서 설명하신 의지[依]로는 네 가지가 있다. 첫째, 법(法: 교법)이 의지이지, 삭취취(數取趣: 보특가라補特伽羅: pudgala: 자주자주 다섯 세상의 삶을 사는 이: 인人, 아我, 유정)는 (의지가) 아니다. 둘째, 의(義: 의미)가 의지이지, 글자[文]는 (의지가) 아니다. 셋째, 요의경(了義經: 불교의 이치가 분명히 나타난 경)이 의지이지, 불요의경(不了義經: 불교의 이치가 분명히 나타나지 않은 경)은 (의지가) 아니다. 넷째, 지혜[智]가 의지이지, '아는 것'[識]은 (의지가) 아니다.

이 네 가지 의지는 어떻게 이루어지게 됐느냐면 네 가지 보특가라補特伽羅 때문이다. 이를테면 '알랑대며 속이는'[諂詐] 보특가라 때문에 첫째가 이루어지고, '세상을 따르는'[順世間] 보특가라 때문에 둘째가 이루어지고, '자기 견해에 집착함에 머무는'[住自見取] 보특가라 때문에 셋째가 이루어지고, '들어서 아는 것을 최고로 치는'[聞爲極] 보특가라 때문에 넷째가 이루어졌다.

'알랑대며 속임'[諂詐] 때문에 법(法: 교법)이 의지이지, 삭취취는 (의지

무량정四無量定은 범주(梵住: 범천에 머묾)라고 한다. 사성제四聖諦의 지혜[智], (몸, 느낌, 마음, 존재 등) 네 가지 염주念住부터 팔정도 세목 네 가지를 수행하는 것에 이르기까지, 뛰어난 사마타奢摩他·비발사나毘鉢舍那·사법(四法: 교법을 세분한 네 가지)을 수행하는 것 등 이 모든 것을 성주(聖住: 성스러움에 머묾)라고 한다.

가) 아니라고 설명하셨다. 요는 그와 논의하여 추리[分別]하고 '(지혜로 써) 선택을 마무리 지어'[決擇] 바른 지혜를 경험[證]하는 것이지, 오직 그가 보여주는 동작[威儀] 때문이 아니다. 이에 다시 구별하셨으니, 부처님께서 보특가라와 제법(諸法: 여러 교법)에 대해, "오직 법만이 의지이지 삭취취는 (의지가) 아니다."라고 밝혀 말씀하셨다. 세속世俗의 말에는 집착하지 말아야 하기 때문이다.

법法에는 또한 두 가지가 있는데 글자[文](로 된 것)과 (그 글자의) 의미[義]이다. 오직 의미만이 의지이지, 글자는 (의지가) 아니다. 왜냐하면 단지 '듣는 것'[聞]만으로 '궁극적인 것'[究竟]이라 여겨서는 안 되는 것이며, 요는 반드시 (글자의) 의미에 대해 생각하고 헤아려[籌量] '자세히 살펴야'[審觀察] 하기 때문이다.

부처님께서 말씀하신 경經에는 요의了義(한 것), 불요의不了義(한 것)이 있다. 의미를 자세히 살필 때에는 요의了義(한 것)이 의지이지, 불요의不了義(한 것)은 (의지가) 아니다.

세존世尊께서 때로는 세상[趣]을 기준으로 (인人·천天에 태어나는 원인인) 복福(업)·부동不動(업에 관련된) 식(識: 아는 것)을 밝혀 말씀하셨다. '좋은 세상'[善趣]에 가는 것 때문이다. 때로는 사성제四聖諦의 지혜[智]를 밝혀 말씀하셨다. 열반涅槃을 향하는 것 때문이다. 법·수법法隨法[9]의

---

9) 유가사지론 제88권(대정장 30. p.796a13-15)에 의하면 "나는 이미 법법 및 수법隨法을 분명히 알았다."라고 할 때, 법법은 견도(見道: 정견正見)에 들기에 앞서 성도聖道를 수행하는 말[言]이다. 수법隨法이란 남에게 소리로 들은 그 법에 의해 '이치에 맞게 의도 하는 것'[如理作意]이다. 법법, 수법隨法 자체는 유가론기 제4권 상(대정장 42. p.382b22-23)에 의하면 법법은 사성제 가운데 멸제滅諦를 가리키고 수법隨法은 도제道諦를 가리킨다.   法謂滅諦。隨法謂道諦。

실천[行]을 수행할 때에는 오직 지혜가 의지이지, '아는 것'[識]은 (의지가) 아니다.

(위에서 말씀하신 것을) 간략히 말하자면 네 시기에 '잃고, 안 잃고'[失 不失] 때문에 네 가지 보특가라를 말씀하셨다. '법을 얻을 때'[得法時], '(법을) 보존할 때'[住持時], '의미를 자세히 살필 때'[觀察義時], '법·수법 法隨法의 실천[行]을 수행할 때'[修法隨法行時]를 이른다. 네 시기를 기준 으로 하기 때문에 '네 가지 의지'[四依]를 성립하였다.

3. 의도구별作意差別과 모습구별相差別

앞에서는 설명[安立]에 관해 말하였다. 여기에서는 정려靜慮 등을 (수 행하는) 중의 '의도의 구별'[作意差別]과 '모습의 구별'[相差別]을 알아야 한다.

3.1 의도作意의 구별

의도의 구별이란 일곱 가지 근본의도[根本作意] 및 그 외 나머지 마흔 가지 의도를 가리킨다.

3.1.1 근본의도根本作意

일곱 가지 (근본적인) 의도[作意]란 무엇인가? 요상작의(了相作意: 모 습을 자세히 알려는 의도). 승해작의(勝解作意: 해석하려는 의도). 원리 작의(遠離作意: 멀리하려는 의도). 섭락작의(攝樂作意: 즐거워지려는 의 도). 관찰작의(觀察作意: 자세히 살피려는 의도). 가행구경작의(加行究竟 作意: 궁극에까지 힘쓰는 의도). 가행구경과작의(加行究竟果作意: 궁극 에까지 힘쓴 결과의 의도)를 가리킨다.

3.1.2 마흔 가지 의도作意

마흔 가지(의 구체적인) 의도[作意]란 무엇인가? 연법작의(緣法作意: 교법을 대상으로 한 의도). 연의작의(緣義作意: 의미를 대상으로 한 의도). 연신작의(緣身作意: 몸을 대상으로 한 의도). 연수작의(緣受作意: 느낌을 대상으로 한 의도). 연심작의(緣心作意: 마음을 대상으로 한 의도). 연법작의(緣法作意: 존재를 대상으로 한 의도). 승해작의(勝解作意: 해석하려는 의도). 진실작의(眞實作意: 진실한 의도). 유학작의(有學作意: 유학단계의 의도). 무학작의(無學作意: 무학단계의 의도). 비학비무학작의(非學非無學作意: 유학단계도 아니고 무학단계도 아닌 의도). 변지작의(遍知作意: 두루 알려는 의도). 정단작의(正斷作意: 바르게 끊으려는 의도). 이단작의(已斷作意: 이미 끊은 뒤의 의도). 유분별영상소연작의(有分別影像所緣作意: 추리하면서 마음에 떠올린 영상을 대상으로 하는 의도). 무분별영상소연작의(無分別影像所緣作意: 추리하지 않으면서 마음에 떠올린 영상을 대상으로 하는 의도). 사변제소연작의(事邊際所緣作意: 개개의 현상적인 모양의 한계까지 대상으로 하는 의도). 소작성판소연작의(所作成辦所緣作意: 해야 할 것을 완성함을 대상으로 하는 의도). 승해사택작의(勝解思擇作意: 해석하며 선택하는 의도). 적정작의(寂靜作意: 고요함의 의도). 일분수작의(一分修作意: 부분을 수행하는 의도). 구분수작의(具分修作意: 모두 수행하는 의도). 무간작의(無間作意: 끊임없는 의도). 은중작의(殷重作意: 정성스러운 의도). 수순작의(隨順作意: 따르는 의도). 대치작의(對治作意: 다스리려는 의도). 순청정작의(順清淨作意: 청정을 따르는 의도). 순관찰작의(順觀察作意: 자세히 살핌을 따르는 의도). 역려운전작의(力勵運轉作意: 힘주어 전개하려는 의도). 유간운전작의(有

間運轉作意: 전개하는 데 간단間斷이 있는 의도). 유공용운전작의(有功用運轉作意: 전개에 작용을 가하는 의도). 자연운전작의(自然運轉作意: 저절로 전개되는 의도). 사택작의(思擇作意: 생각하여 선택하는 의도). 내섭작의(內攝作意: 안에 포함되는 의도). 정장작의(淨障作意: 장애를 깨끗하게 하는 의도). 의지성판소행청정작의(依止成辦所行淸淨作意: 몸을 갖추어 하는 것이 깨끗한 의도). 타소건립작의(他所建立作意: 남으로부터 이룩한 의도). 내증상취작의(內增上取作意: 안에서 강하게 취하는 의도). 광대작의(廣大作意: 크나큰 의도). 변행작의(遍行作意: 두루 실행하는 의도).

(1) 대상을 중심으로 한 의도

'교법을 대상으로 한 의도'[緣法作意]란 문소성혜(聞所成慧: 들어서 완성되는 지혜)와 관련한 의도이다. '의미를 대상으로 한 의도'[緣義作意]란 사소성혜(思修所成慧: 생각해서 완성되는 지혜)와 관련한 의도이다. '몸·느낌·마음·존재를 대상으로 한 의도'[緣身受心法作意]란 (네 가지) 염주念住를 수행하는 이가 몸(, 느낌, 마음, 존재) 등을 이치에 맞게 사유하는 의도이다.

(2) 수행의 의도와 수행하지 않는 의도

'해석하려는 의도'[勝解作意]란 정려靜慮를 수행하는 이가 하고픈 대로 여러 '대상의 모습'[事相]을 늘려나가는 의도이다. '진실한 의도'[眞實作意]란 자상(自相: 고유한 모습), 공상(共相: 공통된 모습) 및 진여상(眞如相: 진여의 모습)을 기준으로 제법諸法을 이치에 맞게 생각하는 의도이다. '유학단계의 의도'[有學作意]란 간략히 두 가지가 있다. 첫째, 자성自性, 둘째, '지속되는 것[몸]에 있음'[在相續]이다. 자성이란 유학단계의 무루(無漏: 번뇌 없음)의 의도이다. '지속되는 것'[몸]에 있음이란 유학단계의 모든 선善한 의도이다. 유학단계의 의도처럼 '무학단계의 의도'[無學作意] 두 가지도 마찬가지라는 것을 알라. '유학단계도 아니고 무학단계도 아닌 의도'[非學非無學作意]란 모든 세상[世間]의 의도이다.

⑶ 번뇌를 중심으로 한 의도

'두루 알려는 의도'[遍知作意]란 이 (의도) 때문에 대상을 두루 알지만 번뇌는 끊지 않는 것이다. '바르게 끊으려는 의도'[正斷作意]란 이 (의도) 때문에 (진여眞如를 알고, 번뇌를 끊는 등) 두 가지 일을 모두 하는 것이다. '이미 끊은 뒤의 의도'[已斷作意]란 번뇌를 끊은 후에 있는 의도이다.

⑷ 가득찬 소연遍滿所緣의 의도

'추리하면서 (마음에 떠올린) 영상을 대상으로 하는 의도'[有分別影像所緣作意]란 이 (의도) 때문에 추리된 본체[體]와 대상영역[境]을 대상으로 삼아 비발사나(毘鉢舍那: 관觀)를 수행하는 것이다. '추리하지 않으면서 (마음에 떠올린) 영상을 대상으로 하는 의도'[無分別影像所緣作意]란 이 (의도) 때문에 추리된 본체와 대상영역을 대상으로 삼아 사마타(奢摩他: 지止: 고요함)를 수행하는 것이다.

'(개개의 현상적인) 모양의 한계까지 대상으로 하는 의도'[事邊際所緣作意]란 이 (의도) 때문에 모든 '몸·느낌·마음·존재'[身受心法]라는 (개개의 현상적인) 모양의 한계[邊際]와 이를 넘어서면 더는 몸·느낌·마음·존재가 없음을 분명히 아는 것이다. '해야 할 것을 완성함을 대상으로 하는 의도'[所作成辦所緣作意]란 내가 이러하고 이러하게 생각하거나, 또는 내가 이와 같고 이와 같이 생각하면 장차 이러하고 이러하게 있게 되고, 장차 이와 같고 이와 같이 완성되는 것, 그리고 '청정한 대상'[淸淨所緣]을 대상으로 삼는 의도이다.

(5) 지관止觀을 중심으로 한 의도

'해석하며 선택하는 의도'[勝解思擇作意]란 이 (의도) 때문에 어떤 경우에는 최초로 제법諸法을 생각하여 선택하기도 하고, 어떤 경우에는 사마타奢摩他를 처음으로 삼기도 한다. '고요함의 의도'[寂靜作意]란 이 (의도) 때문에 최초로 안[內]으로 마음을 편안히 하기도 하고, 어떤 경우에는 비발사나(毘鉢舍那: 관觀)를 처음으로 삼기도 한다. '부분을 수행하는 의도'[一分修作意]란 이 (의도) 때문에 사마타奢摩他나 비발사나毘鉢舍那를 따라서 한 쪽으로만 수행하는 것이다. '모두 수행하는 의도'[具分修作意]란 이 (의도) 때문에 (사마타·비발사나를) 한꺼번에 수행하는 것이다. '끊임없는 의도'[無間作意]란 모든 시각에 걸쳐 '시간적 간격도 없고'[無間] '중단도 없이'[無斷] 지속해서 전개하는 것이다. '정성스러운 의도'[殷重作意]란 느슨하지 않게 힘써[加行] 수행하는 것이다.

여기에서 (알아둘 것은) '해석하며 선택하는 의도'[勝解思擇作意] 때문에 지견智見[10]을 깨끗하게 수행한다. '고요함의 의도'[寂靜作意] 때문에

---

10) 유가사지론 제86권(대정장 30. pp.780c28-781a15)에 의하면 지智와 견見은 모두 추리선택[慧]에 속한다. 그러면서도 다음과 같은 점에서 구별된다. 첫째, 지는 과거와 미래의 대상을 '비추어 보고'[照], 견은 지금의 대상을 비추어 본다. 둘째, 지는 인식대상[所取]이 대상이고, 견은 인식주체[能取]가 대상이다. 셋째, 지는 '듣는 것'[聞]과 생각[思]으로 완성되고, 견은 수행[修]으로 완성된다. 넷째, 지는 번뇌를 끊은 뒤 해탈解脫을 (스스로) 경험하고, 견은 번뇌를 끊는다. 다섯째, 지는 '고유한 모습'[自相] 영역을 대상으로 삼고, 견은 '공통된 모습'[共相] 영역을 대상으로 삼는다. 여섯째, 지는 세상의 이치 작용으로써 아는 영역을 대상으로 삼고, 견은 자상·공상을 인식한다. 일곱째, 지는 '모든 존재'[諸法]를 찾고[尋求], 견은 찾고 나서 모든 존재를 세밀하게 관찰한다[伺察]. 여덟째, 지는 '추

경안(輕安: 가뿐함)이 생기고 자란다. '부분을 수행하는 의도와 모두 수행하는 의도'[一分具分修作意] 때문에 여러 개(蓋: 덮개) 가운데에서 마음이 해탈(解脫: 벗어남)을 이룬다. '끊임없는 의도와 정성스러운 의도'[無間殷重作意] 때문에 여러 결(結: 매임) 가운데에서 마음이 해탈을 이룬다. '끊임없는 의도'[無間作意] 때문에 끝내 헛되이 '몸과 생명'[身命]을 버리지 않는다. '정성스러운 의도'[殷重作意] 때문에 빠르게 신통지혜[通慧]를 경험한다.

(6) 번뇌 끊는 것을 중심으로 한 의도

'따르는 의도'[隨順作意]란 이 (의도) 때문에 대상을 싫어하여 무너뜨리며 번뇌를 따라다니며 끊는다. '다스리려는 의도'[對治作意]란 이 (의도) 때문에 바르게 여러 혹惑을 버리고 끊는 것을 감당[任持]한다. 여러 번뇌가 지속되는 것을 멀어지게 한다. '청정을 따르는 의도'[順淸淨作意]란 이 (의도) 때문에 육수념(六隨念: 여섯 가지 마음에 떠올리는 것)[11]을 수행하고 또는 훌륭한 모양을 하나씩 생각한다. '자세히 살핌을 따르는 의도'[順觀察作意]란 이 (의도) 때문에 여러 번뇌를 자세히 살피며 아직 끊지 못한 번뇌를 끊는다. 어떤 경우에는 '자기가 경험한 것'[自己所證]과 앞서 살핀

리를 안 하는'[無分別] (상태에서 떠오른) 영상影像을 대상으로 삼고, 견은 '추리를 하는'[有分別] (상태에서 떠오른) 영상影像을 대상으로 한다. 아홉째, 지는 '보이는 것이 없는'[無色] 대상의 영상을 대상으로 삼고, 견은 보이는[有色] 대상의 영상을 대상으로 삼는다.

11) 육수념六隨念이란 『불설장아함경佛說長阿含經』 제2권(대정장 1. p.12a14-15)에 의하면 첫째, '부처님을 생각하고'[念佛], 둘째, '교법을 생각하고'[念法], 셋째, '승단을 생각하고'[念僧], 넷째, '계를 생각하고'[念戒], 다섯째, '보시를 생각하고'[念施], 여섯째, '천계를 생각하는 것'[念天]이다.

제법諸法의 이치를 자세히 살핀다. '힘주어 전개하려는 의도'[力勵運轉作意]란 '처음 업'[初業]을 수행하였으나 아직 의도를 이루지 못한 이의 의도이다. '전개하는 데 간단間斷이 있는 의도'[有間運轉作意]란 이미 의도는 이루었지만, 다음 단계에 대해 느슨해졌으므로 (다시) 수행에 힘쓰는 이의 의도이다. '전개에 작용을 가하는 의도'[有功用運轉作意]란 지금 단계에서 용맹하게 정진하여 느슨함이 없게 수행에 힘쓰는 이의 의도이다. '저절로 전개되는 의도'[自然運轉作意]란 네 가지 시기에 걸친 확실한 의도이다. 첫째, 의도를 이룰 때, 둘째, (색계 사정려四靜慮, 무색계 사정四定 등) 근본정根本定에 막 들었을 때나 이미 들었을 때, 셋째, 현관(現觀: 나타난 진리를 살핌)을 수행할 때, 넷째, 아라한(阿羅漢: 무학위無學位)을 막 이루었거나 이미 이루었을 때이다.

'생각하여 선택하는 의도'[思擇作意]란 비발사나 종류[品]의 의도이다. '안에 포함되는 의도'[內攝作意]란 사마타 종류[品]의 의도이다. '장애를 깨끗하게 하는 의도'[淨障作意]란 이 (의도) 때문에 여러 번뇌[漏]를 버리고 영원히 추중麁重을 해친다. '몸[依止]을 갖추어 하는 것이 깨끗한 의도[依止成辦所行淸淨作意]란 이 (의도) 때문에 모든 추중을 떠난 몸에 의해 어떠한 대상영역을 취하더라도 모든 번뇌가 다시는 현행(現行: 나타나 작용함)하지 않는다.

(7) 삼승三乘과 부처님의 의도

'남으로부터 이룩한 의도'[他所建立作意]란 모든 성문聲聞들의 의도이다. 요는 '남의 말'[他音] 때문에 안에서 여리작의如理作意하기 때문이다. '안에서 강하게 취하는 의도'[內增上取作意]란 모든 독각獨覺 및 보살菩薩의 의도이다. 스승을 따르지 않고도 깨닫기 때문이다. '크나큰 의도'[廣

大作意]란 모든 보살이 생사生死의 잘못을 분명하게 잘 알고, '벗어나는 수행'[出離方便]을 하고, 큰 서원(誓願: 소원을 맹세함)을 하여 대보리大菩提로 나아가는 의도이다. '두루 실행하는 의도'[遍行作意]란 '부처님 세존'[佛世尊]의 '모든 것을 장애 없이 나타난 대로 보는 지혜'[現見一切無障礙智]와 관련한 의도이다. 만일 여러 보살의 경우라면 삼승三乘 및 오명처(五明處: 다섯 가지 이치에 밝아야 하는 곳)에 대해 '정교한 방법'[方便善巧]에 두루 (능)하려는 의도이다.

3.1.3 근본의도와 마흔 가지 의도의 관계

요상작의了相作意는 '교법을 대상으로 한 의도'[緣法作意]와 '의미를 대상으로 한 의도'[緣義作意]를 포함한다. 나머지 여섯 근본의도는 오직 '의미를 대상으로 한 의도'[緣義作意]만을 포함한다. '몸 등 대상영역 네 가지를 대상으로 하는 의도'[緣身等境四種作意: 연신수심법작위緣身受心法作意]는 일곱 근본의도에 두루 속한다.

요상了相·승해勝解·가행구경과의加行究竟果作意는 공통적으로 (마흔 가지 의도 가운데) '해석하려는 의도와 진실한 의도'[勝解眞實作意]를 포함한다. 관찰작의觀察作意는 해석하려는 의도만 포함한다. 나머지 (원리遠離·섭락攝樂·가행구경加行究竟 등) 세 가지 작의는 오직 진실한 의도만 포함한다. 이 (진실한 의도)가 '앞의 부문'[前門]으로 나아가고, '다른 부문'[餘門]으로 나아가는 것은 알맞게 알라.[12]

---

12) 유가론기 제4권상(대정장 42. p.385b16-20): 어떤 논사의 해석에 의하면, 앞서의 문장에서 이르기를 '진실한 의도'[眞實作意]란 자상(自相: 고유한 모습), 공상(共相: 공통된 모습) 및 진여상(眞如相: 진여의 모습)을 기준으로 제법諸法을 이치에 맞게 생각하는 의도라고 하였다. 지금 이 문장에서는 자상, 공상을 대

일곱 근본의도 모두 '유학단계의 의도'[有學作意]와 '유학단계도 아니고 무학단계도 아닌 의도'[非學非無學作意]를 포함한다. 두 가지 근본의도는 '무학단계의 의도'[無學作意]를 포함하니, '청정한 단계'[淸淨地]의 요상작의了相作意 그리고 가행구경과작의加行究竟果作意를 가리킨다.

요상了相·승해勝解·관찰작의觀察作意는 '두루 알려는 의도'[遍知作意]를 포함한다. 다른 (원리遠離·섭락攝樂·가행구경加行究竟 등) 세 가지 작의는 '바르게 끊으려는 의도'[正斷作意]를 포함한다. 가행구경과작의加行究竟果作意는 '이미 끊은 뒤의 의도'[已斷作意]를 포함한다.

관찰작의觀察作意는 오직 '추리하면서 (마음에 떠올린) 영상을 대상으로 하는 의도'[有分別影像所緣作意]만 포함한다. 나머지 여섯 근본의도는 공통적으로 ('추리하면서 (마음에 떠올린) 영상을 대상으로 하는 의도'[有分別影像所緣作意]와 '추리하지 않으면서 (마음에 떠올린) 영상을 대상으로 하는 의도'[無分別影像所緣作意] 등) 두 가지 (모두)를 포함한다. '(개개의 현상적인) 모양의 한계까지 대상으로 하는 의도'[事邊際所緣作意]는 모든 (근본의도에) 두루 속한다. '해야 할 것을 완성함을 대상으로 하는 의도'[所作成辦所緣作意]는 만일 '첫째 부문'[初門]으로 나아가면 두루 모든 (근본의도)에 속하고, '둘째 부문'[第二門]으로 나아가면 오직 가행구경과

상으로 하는 것을 '앞의 부문'[前門]으로 삼았는데 (성문聲聞, 독각獨覺, 보살菩薩 등) 삼승三乘이 공통적으로 말하기 때문이다. 진여眞如를 대상으로 하는 것을 '다른 부문'[餘門]으로 삼았는데 오직 보살승菩薩乘에서만 말하기 때문이다. 만일 다른 부문으로 나아간다면 요상작의了相作意는 속하지 않는데 진실(眞實: 진여실제眞如實察)에 통해야 하기 때문이다. 그래서 알맞게 알라고 한 것이다. 　　有釋。前文解眞實作意相。謂以自相共相及眞如相如理思惟諸法作意。今此文以緣自共相爲前門。通三乘說故。以緣眞如爲餘門。唯菩薩故。若就餘門非了相等爲通眞實。故云隨應。

작의加行究竟果作意에 속한다.

최초를 '해석하며 선택하는 의도'[勝解思擇作意]로 하면 속하게 되는 (근본)의도가 없지만, 만일 사마타奢摩他를 처음으로 삼으면 두루 모든 (근본의도)에 속한다. 최초를 적정(寂靜: 사마타奢摩他)으로 삼든 비발사나毘鉢舍那를 처음으로 삼든 마찬가지라는 점을 알라.

앞의 여섯 근본의도는 공통적으로 '부분을 수행하는 의도와 모두 수행하는 의도'[一分具分修作意]를 포함한다. 가행구경과작의加行究竟果作意는 오직 '모두 수행하는 의도'[具分修作意]만을 포함한다. '끊임없는 의도'[無間作意]와 '정성스러운 의도'[殷重作意]는 두루 모든 (근본의도)에 속한다.

'따르는 의도'[隨順作意]는 처음의 (요상了相·승해勝解 등) 두 가지 (근본의도)에 속한다. '다스리려는 의도'[對治作意]는 원리遠離·가행구경加行究竟 등 두 가지 (근본)의도 및 섭락작의攝樂作意의 일부분에 속한다.

'청정을 따르는 의도'[順淸淨作意]는 오직 섭락작의攝樂作意 일부분에만 속한다. '자세히 살핌을 따르면서 아직 끊지 못한 것을 끊으려는 의도'[順觀察斷未斷作意]는 오직 관찰작의觀察作意에만 속한다. 이는 단대치(斷對治: 번뇌를 끊음)란 면에서 설명한 것이고 만일 다른 면에서라면 그에 알맞게 알라.

'힘주어 전개하려는 의도'[力勵運轉作意]는 모든 (근본의도)에 속하는 것이 없다. '전개하는 데 간단間斷이 있고 작용이 있는 의도'[有間有功用運轉作意]는 (요상작의了相作意부터) 섭락작의攝樂作意에까지 속한다. '저절로 전개되는 의도'[自然運轉作意]는 가행구경작의加行究竟作意와 가행구경과작의加行究竟果作意 두 가지에 속한다. '생각하여 선택하는 의도'[思擇作意]는 요상작의了相作意에 속한다.

'안에 포함되는 의도'[內攝作意]는 승해작의勝解作意에 속한다. '장애를 깨끗이 하는 의도'[淨障作意]는 원리遠離·섭락攝樂·관찰觀察·가행구경작의加行究竟作意에 속한다. '몸[依止]을 갖추어 하는 것이 깨끗한 의도'[依止成辦所行淸淨作意]는 오직 가행구경과작의加行究竟果作意에 속한다. '남으로부터 이룩한 의도'[他所建立作意]와 '안에서 강하게 취하는 의도'[內增上取作意]는 모든 (근본의도)에 속한다.

'크나큰 의도'[廣大作意]는 모든 (근본의도)에 속하는 것이 없다. 처음의 '두루 실행하는 의도'[遍行作意]는 가행구경과작의加行究竟果作意에 속하고, 둘째부터는 모든 (근본의도)에 속한다.

요상작의了相作意가 '남으로부터 이룩한 의도'[他所建立作意]를 포함하는 경우에는 '남의 말'[他音]을 듣는 것과 안[內]에서 여리작의如理作意하는 것을 반드시 대상으로 삼고, '안에서 강하게 취하는 의도'[內增上取作意]를 포함하는 경우라면 오직 이미 얻은 자량(資糧: 깨달음을 이루는 데 식량이 되는 것)만을 대상으로 삼는다. 나머지 (근본의도)는 앞의 것이 뒤에 전해지며 대상으로 삼는다.

3.2 모습相의 구별

무엇을 대상[所緣]의 구별이라고 하는가? 모습[相]의 구별을 가리킨다.

3.2.1 근본 네 가지 모습根本四相

무엇이 모습[相]인가? 간략히 (근본적인) 네 가지가 있다. 첫째, 소연상所緣相. 둘째, 인연상因緣相. 셋째, 응원리상應遠離相. 넷째, 응수습상應修習相.

소연상(所緣相: 대상의 모습)이란 알아야 할 대상의 추리하는 체體와 모습[相][13]을 가리킨다. 인연상(因緣相: 원인과 조건의 모습)이란 '선정의 자량'[定資糧][14]을 가리킨다. 응원리상(應遠離相: 멀리해야 할 모습)은 다시 네 가지가 있다. 침상(沈相: 가라앉은 모습), 도상(掉相: 요동하는 모습), 난상(亂相: 혼란스러운 모습), 착상(著相: 집착하는 모습)이다. 응수습상(應修習相: 수행해야 할 모습)이란 이러한 네 가지 모습을 '다스리는 것'[對治]임을 알라.

'가라앉은 모습'[沈相]이란 근문(根門: 육근六根의 문)을 지키지 않고, 식사량을 조절 못하고, 초저녁과 늦은 밤에 항상 깨어 부지런히 관행觀行을 수행하지 않고, '제대로 알지 못하는 데'[不正知]에 머무르는 것이다. 이는 '어리석음 작용'[癡行]의 성질인데 잠자는 것을 탐내며 수행을 잘 이끌어가는 지혜가 없고, 후회[惡作]가 함께 작용한다. 일찍이 의욕[欲]·정진[勤]·마음[心]·살핌[觀]으로 바른 사마타奢摩他를 수행한 적이 없으며, 사마타가 아직 '온전히 잘된'[純善] 적이 없다. 사마타의 모습에 대해 한결같이 생각은 하지만 그 마음이 어두워 '뛰어난 대상영역'[勝境界]을 대상으로 삼기를 즐기지 않는다.

'요동하는 모습'[掉相]이란 근문根門을 지키지 않는 등 네 가지는 앞서 설명한 것과 같다. 이는 '탐냄 작용'[貪行]의 성질인데 고요하지 않은 것을 즐기며, '염증 나서 떠나려는'[厭離] 마음이 없고, 수행을 잘 이끌어가는

---

13) 유가론기 제4권상(대정장 42. p.386c11-12): 추리하는 체體는 '대상을 삼는 주체'[能緣]인 심心과 심소心所이다. 추리하는 모습[相]은 대상인 상분(相分: 모습)이다. 分別體是能緣心心所. 分別相是所緣相分.
14) 유가론기 제4권상(대정장 42. p.386c13-14): '후회 없음'[無悔], '몹시 기쁨'[歡喜], 편안함[安樂] 등 원인을 가리킨다. 謂無悔歡喜安樂等因.

지혜가 없고, '지나치게 들뜸'[太擧]이 함께 작용한다. 일찍이 앞서와 같은 의욕[欲] 등으로 '들어 올림'[擧]을 수행한 적이 없고, 들어 올림에서 아직 잘해본 적이 없이 한결같이 수행한다. 여러 가지 따르는 '요동하는 존재'[掉法]인 친가[親里]를 깊이 생각하는 등 때문에 마음을 어수선하게 한다.

'혼란스러운 모습'[亂相]이란 근문根門을 지키지 않는 등 네 가지는 앞서와 같이 알라. 이는 '근기根機가 둔한'[鈍根] 성질이다. 많이 추구하고 많이 힘쓰며 여러 사업事業을 많이 하는 '깊이 생각하는 작용'[尋思行]의 성질이다. 수행을 잘 이끌어가는 지혜가 없으며 염증 나서 떠나려는 마음이 없고, 멀리함[遠離]을 수행하지 않는다. '뛰어난 대상영역'[勝境界]을 대상으로 삼기를 즐기지 않는다. '심란하게 시끄러운 것'[憒鬧]을 가까이 하여 수행이 끊기거나 안하며, 혼란스러운 모습과 혼란스럽지 않은 모습을 자세하고 분명하게 알지 못한다.

'집착하는 모습'[著相]이란 근문根門을 지키지 않는 등 네 가지는 앞서와 같이 알라. 이는 근기根機가 둔한 성질이고, '애착 작용'[愛行]의 성질이고, 번뇌가 많은 성질이다. 불여리不如理하게 생각하고 잘못을 보지 않는다. '뛰어난 것'[增上]을 대해서도 '벗어나려는 견해'[出離見]가 없다.

이와 같은 응원리상(應遠離相: 멀리해야 할 모습)을 각각 알맞게 다스리는 것이 응수습상(應修習相: 수행해야 할 모습)이란 것을 알라.

3.2.2 서른두 가지 모습相

(구체적으로) 서른두 가지 모습[相]이 있다. 자심상(自心相: 자기 마음의 모습). 외상(外相: 외계의 모습). 소의상(所依相: 의지하는 것의 모습). 소행상(所行相: 작용대상의 모습). 작의상(作意相: 의도의 모습). 심기상

(心起相: 마음이 생기는 모습). 안주상(安住相: 편히 머무는 모습). 자상상(自相相: 자상이라는 모습). 공상상(共相相: 공상이라는 모습). 추상(麁相: 거친 모습). 정상(靜相: 깨끗한 모습). 영납상(領納相: 받아들이는 모습). 분별상(分別相: 추리하는 모습). 구행상(俱行相: 함께 작용하는 모습). 염오상(染汚相: 번뇌에 물든 모습). 불염오상(不染汚相: 번뇌에 물들지 않은 모습). 정방편상(正方便相: 올바른 수행방법의 모습). 사방편상(邪方便相: 비뚠 수행방법의 모습). 광명상光明相. 관찰상(觀察相: 자세히 살피는 모습). 현선정상(賢善定相: 현명하고 선한 선정의 모습). 지상(止相: 고요한 모습). 거상(擧相: 들어올리는 모습). 관상(觀相: 살피는 모습). 사상(捨相: 평정한 모습). 입정상(入定相: 선정에 드는 모습). 주정상(住定相: 선정에 머무는 모습). 출정상(出定相: 선정에서 나오는 모습). 증상(增相: 늘어나는 모습). 감상(減相: 줄어드는 모습). 방편상(方便相: 수행방법의 모습). 인발상(引發相: 직접적으로 유도하는 모습).

(1) 자심상自心相·외상外相·소의상所依相·소행상所行相

'자기 마음의 모습'[自心相]이란 어떤 비구(比丘: 필추苾芻: bhikṣu)가 앞서 번뇌에 물든 마음이 되었으므로 곧 자기 마음에서 모습을 아주 잘 취해, "여차여차해서 마음이 물들기도 하고 마음이 물들지 않기도 하였다. 이러한 수행방법 때문에 마음이 '가라앉은 모습'[沈相] 등에 머물기도 하고, 저러한 수행방법 때문에 마음이 가라앉은 모습 등에 머물지 않기도 하였다."고 한다. (여기에서) 가라앉은 모습 등이란 가라앉은 모습 등 네 가지 (응원리상應遠離相)를 가리키는 것으로 마음이 '집착하게 하는 모습'[著相]까지이다. 또는 그것[가라앉은 모습 등 네 가지]에 물든 마음을 가리킨다.

'외계의 모습'[外相]이란 그것[가라앉은 모습 등 네 가지]에 마음이 물들면 자기 마음이 물들었다고 분명히 안 뒤에 곧 외계의 모습을 취한다. 광명상光明相이나 '깨끗하고 뛰어난 모습'[淨妙相] 또는 그 외 모습을 가리키는데, 여러 번뇌를 제거하려 하기 때문이고 그 번뇌가 '나타나 작용하지'[現行] 않게 하려 하기 때문이다.

'의지하는 것의 모습'[所依相]이란 추리하는 체體와 모습[相][15]을 가리킨다. 모든 자기 몸에 속한 오온五蘊 및 종자의 모습이다. '작용대상의 모습'[所行相]이란 생각의 대상인 여러 대상영역[境界]이니, '보이는 것'[色]부터 존재[法]까지 추리되는 체體와 모습이다.

(2) 작의상作意相·심기상心起相·안주상安住相

'의도의 모습'[作意相]이란 발생시키는[能生] 의도가 있기 때문에 여러 대상영역에서 발생되는 식識이 생겨 다음과 같이 생각하는 것이다. "지금 내 마음은 의도 때문에 대상영역에서 전개된다. 의도란 것이 없는 것이 아니로구나." 이렇게 생각한 것을 의도의 모습이라고 한다. '마음이 생기는 모습'[心起相]이란 바로 앞에서 설명한 (의도)가 첫째 모습이고, 둘째 모습은 (열두 연기緣起 세목에서) 심(心: 식識)이 (한편으로는) 행行을 조건으로 삼고 (다른 한편으로는) 명색名色을 조건으로 삼는 모습이다. 이렇게 생각한 것을 마음이 생기는 모습이라고 한다. '편히 머무는 모습'[安住相]이란 사식주四識住를 가리킨다. 식識이 물질[色]을 따라 머물고, (또한

---

15) 유가론기 제4권상(대정장 42. p.386c19-20): 안[內]의 오온五蘊 및 종자를 가리킨다. 즉, 견분(見分: 인식작용)과 상분(相分: 모습: 인식대상)을 '의지하는 것'[所依]이라고 한다.　云何所依相謂分別體相等者。謂內五蘊及種。即是見分相分名為所依。

각각 느낌[受], 개념형성[想], 의지작용[行]을 따라 머무는) 등을 가리킨다. 경經에서 자세하게 설명한 것과 같이, 이렇게 생각한 것을 편히 머무는 모습이라고 한다.

(3) 자상상自相相·공상상共相相·추상麁相·정상靜相

'자상이라는 모습'[自相相]이란 자기 종류의 '고유한 모습'[自相]이다. 또는 각자 개별적인 '고유한 모습'[自相]이다. 이렇게 생각한 것을 자상이라는 모습이라고 한다. '공상이라는 모습'[共相相]이란 '모든 변천하는 존재'[諸行]의 '공통된 모습'[共相]이다. 또는 번뇌가 있는 공통된 모습이다. 또는 모든 존재의 공통된 모습이다. 이렇게 생각한 것을 공상이라는 모습이라고 한다.

'거친 모습'[麁相]이란 '살피는 대상'[所觀]인 '아래 영역'[下地]의 모든 거친 모습이다. '깨끗한 모습'[靜相]이란 작용대상[所行]인 '위 영역'[上地]의 모든 깨끗한 모습이다.

(4) 영납상領納相·분별상分別相·구행상俱行相

'받아들이는 모습'[領納相]이란 기억에 떠올리는 과거에 일찍이 겪은 제행(諸行: 모든 변천하는 존재)의 모습이다. '추리하는 모습'[分別相]이란 미래 제행諸行의 모습이다. '함께 작용하는 모습'[俱行相]이란 지금의 제행諸行을 추리하는 모습이다.

(5) 오염상染汚相·불오염상不染汚相

'번뇌에 물든 모습'[染汚相]이란 '탐내는 마음'[有貪心]으로 탐내는 마음의 모습을 생각하는 것부터 '불선하게 해탈하는 마음'[不善解脫心]으로 불선하게 해탈하는 마음의 모습을 생각하는 것까지이다. '번뇌에 물들지 않은 모습'[不染汚相]이란 앞의 것에 거스르는 것이다. 이것이 번뇌에 물들지 않은 모습이란 것을 알라.

이 가운데 이미 벗어나[出離] 끊을 때 수행방법[方便]을 수행하지 않는 이는 탐냄[有貪] 등을 자세히 살피고, 수행방법[方便]을 수행하는 이는 약·하략下 등[16]을 자세히 살핀다. '탐내는 마음'[有貪心]이란 탐냄에 관련하는 마음이다. 또는 탐냄 종류를 따르는 추중(麁重: 번뇌에 결박됨)이다. 전(纏: 얽음)과 수면隨眠 때문에 물든 모든 마음은 전纏과 수면隨眠을 다스림[對治]으로써 '물들지 않음'[不染汚]이 이루어진다는 것을 각각의 경우에 알맞게 알라.

(6) 정방편상正方便相·사방편상邪方便相

'올바른 수행방법의 모습'[正方便相]이란 생각하는 대상인 '청정한 종류'[白淨品]의 인연상因緣相의 모습이다. '비뚠 수행방법의 모습'[邪方便相]이란 생각하는 대상인 '물든 종류'[染汚品]의 인연상因緣相의 모습이다. 이는 생각이 여차여차하여 근문根門을 지키지 않고 머무는 것부터 '제대로 알지 못하는 데'[不正知]에 머무르는 것까지이고, 이 때문에 이러하고 저러하게 마음이 물드는 모습이다.

(7) 광명상光明相·관찰상觀察相·현선정상賢善定相

광명상光明相이란 어떤 이가 어두움을 다스리거나 정성스럽게 법광명法光明의 모습을 잘 취해 아주 잘 생각하는 것이다. 아래 영역으로도, 위

---

16) 유가론기 제4권상(대정장 42. p.387a3-5): '안으로 얽매인 마음'[略心], '넓은 마음'[廣心], '흐릿한 마음'[下心], '명료한 마음'[擧心]부터 '수행해야 하는 마음'[應修心], '수행하지 말아야 하는 마음'[不應修心], '해탈하는 마음'[有解脫心], '해탈하지 않는 마음'[無解脫心]까지이다.　　略心廣心下心擧心乃至應修不應修有解脫無解脫心。

영역으로도 그러하다. 이와 같이 모든 어두움을 다스리는 모습이므로 이 모습이 성립된다.

'자세히 살피는 모습'[觀察相]이란 어떤 비구가 정성스럽게 모습을 잘 취해 자세히 살피는 것이다. 서서[住] '앉을 것'[坐]에 대해 살핀다는 것은 지금의 인식주체[能取: 심, 심소]로 미래의 인식대상[所取: 소연] 존재[法]를 살피는 것이다. 앉아서[坐] '(이미) 누운 것'[臥]에 대해 살핀다는 것은 지금의 인식주체로 과거의 인식대상을 살피는 것이다. 어떤 경우는 '(시간적으로) 뒤에 작용하는'[後行] 존재로 '(시간적으로) 앞에 작용한'[前行] 존재를 자세히 살핀다는 것은 (시간적으로) 뒤, 뒤의 인식주체로 (시간적으로) 앞, 앞의 인식주체 존재를 살피는 것이다. 여기에서는 인식주체·인식대상 존재를 살피는 두 가지 방법을 간략히 나타냈다.

'현명하고 선한 선정의 모습'[賢善定相]이란 생각하는 대상이 청어(青瘀: 시신의 피부가 푸릇하게 피가 맺힘) 등의 모습인데, 욕탐(欲貪: 욕계의 탐냄) 등을 다스리려는 까닭이다. 어째서 이 모습을 '현명하고 선하다'[賢善]고 하냐면 모든 번뇌 가운데 탐냄이 가장 강한 것이고, 모든 탐냄 가운데 욕탐이 가장 강하여 여러 괴로움을 생기게 하기 때문이다. 이 (선정의) 모습은 저 (욕탐 등의) 대상을 다스리므로 선하다고 한다.

(8) 지상止相·거상擧相·관상觀相·사상捨相

'고요한 모습'[止相]이란 생각하는 대상인 영상影像을 '추리하지 않는'[無分別] 모습을 가리킨다. '들어올리는 모습'[擧相]이란 마음을 격려하여 취하는 대상인 어떤 깨끗하고 훌륭한 또는 광명상光明相의 모습이다. '살피는 모습'[觀相]이란 듣는[聞], 생각하는[思], 수행하는[修] 지혜[慧]로 생각하는 대상인 제법諸法의 모습이다. '평정한 모습'[捨相]이란 평등平

等한 마음을 이루고 난 뒤 여러 '선한 종류'[善品]에 대해 뛰어나게 평정한 모습이다.

(9) 입정상入定相·주정상住定相·출정상出定相

'선정에 드는 모습'[入定相]이란 인연상[因緣], 소연상[所緣], 응수습상[應修習] 때문에 삼마지(三摩地; 정신집중)에 들거나 이미 이룬 것이 '바로 앞에 나타나 있는'[現在前] 것이다. '선정에 머무는 모습'[住定相]이란 모든 모습을 '정교하게 취하고'[善巧而取], '잘 취했기'[善取] 때문에 하고 싶은 대로 선정에 편안하게 머물며 또한 이 선정에서 '물러나지 않는 방법'[不退法]을 얻는다. '선정에서 나오는 모습'[出定相]이란 추리하는 체(體: 심, 심소)에 속하지 않는, '선정이 아닌 영역'[不定地]의 모습이다.

(10) 증상增相·멸상滅相·방편상方便相·인발상引發相

'늘어나는 모습'[增相]이란 '가뿐하고 안정됨'[輕安定]이 두 배로 커지는 생각 대상의 모습이다. '줄어드는 모습'[減相]이란 가뿐하고 안정됨이 줄어들어 작아지는 생각 대상의 모습이다. '수행방법의 모습'[方便相]이란 두 가지 과정의 모습인데, 두 배로 커지는 쪽으로 나아가거나 반대로 줄어들어 작아지는 쪽으로 나아가기 때문이다.

'직접적으로 유도하는 모습'[引發相]이란 여러 광범한 문구의 의미를 요약하여 무쟁無諍, 무애無礙, '훌륭한 서원'[妙願]의 지혜[智], 혹은 삼마지三摩地에 의한 여러 (십)력(十)力, 사무외四無畏 등 가장 뛰어난 공덕(功德: 훌륭한 결과를 내는 능력)과 깊은 구절의 의미를 통달할 수 있는 훌륭한 지혜智慧를 직접적으로 유도하는 모습이다.[17]

---

17) 유가론기 제4권상(대정장 42. p.387a29-b3): 이는 성인이 자유롭게 통달하는 것이다. 지혜의 말로써 자유롭게 여러 광범한 문구를 한 글자에 포함하여 이 한 글

3.2.3 근본모습과 서른두 가지 모습의 관계

이와 같은 (서른두 가지) 모든 모습은 앞서 (설명한) '근본 네 가지 모습'[根本四相]에 속한다. 이를테면 소연상所緣相은 모든 것을 포함하고, 인연상因緣相도 마찬가지이다. (시간적으로) 앞의 것이 (시간적으로) 뒤의 것의 인연이 되기 때문이고 뒤, 뒤의 것이 명정(明淨: 선명)하게 하기 때문에 '올바른 수행방법의 모습'[正方便相]의 모든 종류는 인연상因緣相이다. 올바른 수행방법의 모습과 같이 '비뚠 수행방법의 모습'[邪方便相]도 그러한데, 첫째 것은 '흰 종류'[白品: 청정한 종류]의 모습이고, 둘째 것은 '검은 종류'[黑品: 물든 종류]의 모습이다. 모든 물든 모습은 오직 응원리상應遠離相이다. 나머지 (청정한 모습)는 오직 응수습상應修習相이다. 시각 시각마다 수행해야 하기 때문이다.

3.3 정려 등의 여러 가지 특성

'대상인 여러 모습(에 대한) 의도'[所緣諸相作意]를 수행한다는 것은 무엇인가? 이러저러한 여러 모습을 의도하고 생각하는 것을 가리킨다. 생각하기 때문에 네 가지 일[事]을 한다. 즉 (첫째) 이와 같은 의도를 수행한다. 또한 (둘째) 다스려야 번뇌를 멀리할 수 있다. 또한 (셋째) 이러한 의도 및 나머지를 단련하여 뒤에 생기는 것[의도]이 더욱 분명하고 성하게 전개되게 할 수 있다. 또한 (넷째) 이러한 의도를 수행할 때 대상[所緣]을 '염증을

자로 수많은 문구의 의미를 나타낸다. 이 통달은 선정에 의해 직접적으로 유도되므로 인발상引發相이라고 하는데 모든 공덕功德이 직접적으로 유도되기까지 한다.　此是聖自在通. 以智言音自在攝諸廣博文句入一字中. 以此一字攝無量文句義. 此通依定引發名引發相. 乃至引發一切功德也.

내 무너뜨리고'[厭壞] 모든 번뇌를 버리고, (번뇌를) 단멸斷滅(한 상태)를 유지하여 모든 번뇌를 멀리한 것이 지속되게 한다. 그래서 이와 같이 '대상인 여러 모습(에 대한) 의도'[所緣諸相作意]를 수행한다고 한다.

네 가지 '원인과 조건'[因緣] 때문에 (색계의 처음 단계인) 초정려初靜慮에서부터 (무색계의 최고 단계인) 유정(有頂: 비상비비상처정非想非非想處定)까지 든다. (그 네 가지란) 인력因力, 방편력方便力, 설력說力, 교수력敎授力이다.

무엇이 '원인의 힘'[因力]인가? 일찍이 정려 등에 드는 것을 가까이 함을 가리킨다. '수행방법의 힘'[方便力]이란 무엇인가? 비록 정려 등에 드는 것을 가까이 하지는 않았지만 '끊임없는 수행'[無間修]을 자주 익히는 힘 때문에 여러 선정에 들 수 있는 것이다. 무엇이 '설명의 힘'[說力]인가? 정려 등에 관한 증상연(增上緣: 확연하도록 돕는 조건)이 되는 교법[法]을 자주 듣고 간직하는 등을 가리킨다. 즉 이 교법에 의하여 '빈 곳에서 혼자'[獨處空閑] 모든 방종함[放逸]을 떠나 용맹勇猛하게 정진精進하여 스스로 격려하여 법·수법행法隨法行에 머문다. (그러면) 이 힘 때문에 정려 등 선정에 들 수 있다. 무엇이 '가르침의 힘'[敎授力]인가? 친교사(親敎師: 은사 스님)이나 궤범사(軌範師: 규칙의 모범이 되는 스승: 계사戒師 스님)의 처소, 또는 어떤 웃어른의 처소에서 초정려 등을 따르는 전도되지 않은 가르침을 얻음을 가리킨다. 이 때문에 자세히 의도하고 생각하여 정려 및 여러 선정에 들 수 있다. 이상에서는 네 가지 '관행하는 이'[觀行者]를 나타낸 것이니, (위의 순서대로) 원인의 힘을 갖춘 이, 수행방법의 힘을 (갖춘) 이, 또는 날카로운 근기인 이, 둔한 근기인 이이다.

네 가지 '정려를 이룬 이'[得靜慮者]가 있다. 첫째, 애상정려자愛上靜慮

者, 둘째, 견상정려자見上靜慮者, 셋째, 만상정려자慢上靜慮者, 넷째, 의상정려자疑上靜慮者이다.

(첫째) '애착이 가장 센 정려(를 이룬) 이'[愛上靜慮者]란 무엇인가? 이를테면 어떤 이가 전에 정려 등 여러 선정의 공덕功德에 대해서는 들었지만, 그 (정려 등의 선정)에서 벗어나는 수행방법에 대해서는 듣지 못해서 한결같이 그에 대한 뛰어난 공덕만을 보고서 용맹하게 정진한다. 이 때문에 초정려 또는 다른 선정에 들지만, 들고서는 '(그 선정의) 맛에 애착함'[愛味]이 생긴다.

(둘째) '견해가 가장 센 정려(를 이룬) 이'[見上靜慮者]란 무엇인가? 이를테면 어떤 이가 자기 스승이나 다른 스승의 처소에서 "여러 세상[世間]은 모두 항상하다[常]."라는 말과 "이와 같은 수행방법[方便]으로 초정려初靜慮부터 유정有頂에까지 들어 '청정한 해탈'[淸淨解脫] 즉 벗어남을 이룰 수 있다."라는 말을 듣고 그는 이 견해에 의해 용맹하게 정근精勤한다. 이 때문에 초정려나 다른 선정에 들어 스스로 과거 몇 겁劫을 기억해 내고 마침내 다음과 같은 견해가 생긴다. "나[我] 및 세상은 모두 항상하다." 등등. 선정에서 나오고 나서 이러한 견해를 고집하며 버리지 않는다. 다시 나중에 자세히 생각하고 자세히 살피면서, "이 때문에 장차 청정한 해탈 즉 벗어남을 이루리라."라고 말한다.

(셋째) '으스댐이 가장 센 정려(를 이룬) 이'[慢上靜慮者]란 무엇인가? 이를테면 어떤 이가 명망 있는 여러 장로가 초정려初靜慮부터 유정有頂까지 들었다는 말을 듣고서는 교만(憍慢: 지나치게 자부하여 으스댐)이 생겨, "그들이 정려靜慮 등의 선정定에 들 수 있었는데 내가 무슨 이유로 장차 들지 못하겠는가."라고 생각한다. (그는) 이러한 으스댐에 의지하여

용맹하게 정근精勤하여 이 때문에 초정려初靜慮 및 다른 선정에 든다. 들고서는 나중에 교만이 생긴다. 또는 들고서는 다음과 같이 생각한다. "오직 나만 이러한 정려를 이룰 수 있다. 남들은 이룰 수 없다." 그는 이 으스댐[慢]에 의해 나중에 여러 정려에 대해 자세히 생각하고 자세히 살핀다.

(넷째) '머뭇거림이 가장 센 정려(를 이룬) 이'[疑上靜慮者]란 무엇인가? 이를테면 어떤 이가 성격이 어둡고 둔한데 본래 사마타奢摩他 수행을 즐겨 한다. 이 때문에 여러 정려나 다른 선정에 든다. 들고서는 다시 위 단계 선정에 대해 수행방법을 부지런히 하여 아직 이루지 못한 것을 이룬다고 한다. 사성제四聖諦에 대해서 현관(現觀: 나타난 것을 자세히 살핌)을 부지런히 수행하지만 성품이 둔하기 때문에 성제현관聖諦現觀을 빨리 경험[證]할 수 없다. 이 때문에 다른 경험한 것에 대해서도 문득 의혹(疑惑: 머뭇거림과 헷갈림)이 생긴다. 이 의혹에 의지해 다시 승진(勝進: 위 단계로 올라감)에 대해 자세히 생각하고 자세히 살핀다.

무엇이 '그 맛에 애착함'[愛味]과 관련한 정려 등의 선정인가? 어떤 '근기가 둔한'[鈍根] 이가 '탐냄의 작용'[貪行] 때문에 또는 번뇌가 많아서 오직 초정려初靜慮 등에 있는 공덕功德에 관해서만 듣는 등 자세한 설명은 앞서와 같다. '애착이 가장 센 정려'[愛上靜慮]는 위 단계로 벗어나는 것을 분명하게 모르기 때문에 곧 (그 선정의) 맛에 애착함이 생겨 연연해 집착하며 굳게 (그 선정에) 머문다. (그러면서) '그 맛에 애착하는 대상'[所愛味]인 (깨끗한 선정)에서는 당연히, "이미 나왔다[已出]."라고 말하고, '그 맛에 애착하는 주체'[能愛味]인 (마음은) 당연히, "바르게 들어간다[正入]."라고 말한다.[18]

---

18) 유가론기 제4권하(대정장 42. pp.387c28-388a2): 앞서 설명하기를 이미 선정

무엇이 청정清淨한 정려 등의 선정인가? 어떤 이가 '중간 근기'[中根]나 '날카로운 근기'[利根] 성질로서 번뇌 작용 또는 '얇은 번뇌 작용'[薄塵行]이 있는데, 남으로부터 초정려初靜慮 등에 있는 '그 맛에 애착함'[愛味]의 잘못과 위 단계로 벗어남에 관해 듣고는 용맹하게 정진하여 초정려 또는 다른 선정에 든다. 이와 같이 (선정에) 들고서는 곧 여러 선정의 잘못을 생각할 수 있어서, 위로 벗어남에 대하여 분명하게 알 수 있으므로, 그 맛에 애착함이 생기지 않는다.

무엇이 '번뇌 없는'[無漏] 정려 등의 선정인가? 어떤 이가 '믿음을 따르는 실천'[隨信行] 또는 '법을 따르는 실천'[隨法行]을 하고 '얇은 번뇌 작용'[薄塵行]이 있는데, 그는 이전에 사성제四聖諦에 대하여 이미 현관現觀에 들었거나 현관現觀에 드는 방법[方便]을 올바르게 수행하였다. 그는 이전에는 '여러 수행'[諸行], '여러 형상'[諸狀], '여러 모습'[諸相] 때문에 초정려初靜慮나 다른 선정에 들었지만 이제는 '이 수행'[此行], '이 형상'[此狀], '이 모습'[此相]에 대해 더는 생각하지 않는다. 다만 모든 '물질 존재'[色法]부터 '식 존재'[識法]까지를 질병이나 '악성 종기'[癰] 등의 수행[行]으로써 생각한다. 그리고 유위법(有爲法: 지어진 존재)에 대해서 마음에 '염증이 나 미워함'[厭惡]이 생겨 두려워하며 굴복시켜[制伏] 감로계

을 이루었는데 곧 그 맛에 애착했다고 하였다. 아마도 사람들이 깨끗한 선정 중에 있어서 이러한 맛에 애착함이 일어날까하고 의심할까봐 지금 그 맛에 애착하는 대상인 깨끗한 선정에서 이미 나왔으며, 그 맛에 애착하는 주체인 마음은 당연히 바르게 들어간다고 말한 것이다.   其所愛味當言已出其能愛味當言正入者。前說旣得定已便生愛味。恐人疑在淨定之中起此愛味故。今説言所愛味淨定已出。能愛之心當言正入。

甘露界[19]에 생각을 잡아둔다. 이렇게 해서 '번뇌가 없는 선정'[無漏定]에 들게 된다.

'물러나게 되는 선정'[順退分定]이란 무엇인가? 어떤 '근기가 둔하고'[鈍根] 못난 이가 의욕[欲]·해석[解]·정진[勤精進] 때문에 초정려初靜慮나 다른 선정에 들었는데 기쁨을, 즐거움을, 뛰어난 공덕功德을 감당[堪忍]할 수 없어서 정려로부터 물러난다. 그럭저럭 잠시 여러 선정에 들지만 이러이러하게 도로 물러나서 '여러 근'[諸根]을 잘 조련하지 못하게 된다.

'머무르게 되는 선정'[順住分定]이란 무엇인가? 어떤 '중간 근기'[中根]나 '날카로운 근기'[利根] 성질인 이가 오직 여러 선정의 공덕에 대해서만 듣는 등 자세한 설명은 앞서와 같다. (그는) '그 맛에 애착함'[愛味]에 관련해서[相應] 이룬 선정에 대해 오직 그 맛에 애착함만 생긴다. 그래서 위 단계로 나아갈 수도 없고 물러나지도 않는다.

'뛰어나게 되는 선정'[順勝分定]이란 무엇인가? 어떤 이가 벗어나는 수행방법에 관해 듣고는 이룬 선정에 대해 기쁘게 만족하지 않는다. 그래서 그에게는 '그 맛에 애착함'[愛味]이 생기지 않고 다시 그는 뛰어난 단계를 추구한다. 이 때문에 곧 승진(勝進: 위 단계로 올라감)을 이룬다.

'결택決擇하게 되는 선정'[順決擇分定]이란 무엇인가? 모든 살가야(薩迦耶: 신견身見) 가운데에 잘못을 보았기 때문에 번뇌 없음에 들 수 있다. 모든 '번뇌 없음'[無漏]을 결택분決擇分이라고 하는데 궁극에 다다랐기

---

19) 유가론기 제4권하(대정장 42. p.388a6-8): 어떤 경우는 사제관四諦觀을 하거나 어떤 경우는 이공二空을 살펴 나타난 진여를 앞서의 수행방법으로 '번뇌가 없는 선정'[無漏定]에 드는 것을 감로계甘露界라고 한다.　　或四諦觀或觀二空。所顯眞如爲前方便入無漏定名甘露界。

때문이다. 세상의 구슬이나 병병甁 등의 물건을 '잘 선택'[善簡]하는 것을 결택(決擇: 선택을 마무리 지음)이라고 하는 것과 같다. 이후로는 '더 이상 선택할 것'[可擇]이 없기 때문이다. 이것도 마찬가지여서 이 이상 '더 가려서 택할'[簡擇] 것이 없기 때문에 결택분決擇分이라고 한다.

무엇을 '쉴 새 없이'[無間] 여러 등지等至에 든다고 하는가? 어떤 이가 초정려初靜慮부터 유정유頂까지 이루었는데 아직 충분히[圓滿] 청정청 淨하고 희디희지[鮮白] 못하여 우선 차례대로 유정有頂까지 든다. 다음으로 반대 순서로 초정려初靜慮까지 드는 것이다.

무엇을 뛰어넘어[超越] 여러 등지等至에 든다고 하는가? 여기[초정려]에서 충분히 청정하고 희디희게 이루었기 때문에 초정려初靜慮로부터 쉴 새 없이 제삼정려第三靜慮로 뛰어넘어 들어가고, 제삼정려에서 쉴 새 없이 공무변처空無邊處로 뛰어넘어 들어가고, 공무변처에서 무소유처無所有處로 뛰어넘어 들어가는 등등을 한다. 반대로 뛰어넘는 것도 마찬가지이다. 너무 멀기 때문에 (여기로부터) 셋째 등지等至까지 뛰어 넘을 수는 없다. 오직 여래如來와 둘째 아승기야(阿僧企耶: asaṃkhya: 무수겁無數劫)를 벗어난 여러 대보살大菩薩만 예외인데, 그들은 바라는 대로 모든 선정에 들 수 있기 때문이다.

정려를 '익숙할 정도로 수행한다'[薰修]는 것은 무엇인가? 이미 '번뇌가 있는'[有漏] (정려)와 '번뇌가 없는'[無漏] 네 가지 정려를 이룬 어떤 이가 (나아가) 등지等至에 대해 자유로움을 얻고 등지에 자유로움의 결과를 받았다. 그래서 오랜 동안 지속적으로 모든 정려에 들고 번뇌 있는 것과 번뇌 없는 것을 서로 섞는데, 번뇌 있는 것에 이어 쉴 새 없이 번뇌 없는 것이 바로 '앞에 나타나며'[現前], 번뇌 없는 것에 이어 쉴 새 없이 도로 번뇌 있는 것에 들기까지 한다. 이같이 골고루 함이 '익숙할 정도로 수행함'[薰修]의 완성인줄 알라. 만일 '이러한 곳'[是處]에서, '이러한 시각'[是時]에, '이러한 일'[是事]로 여러 선정에 들고 싶을 경우 이러한 곳에서, 이러한 시각에, 이러한 일로 여러 선정에 들 수 있으면 여러 등지等至에 대해 자유로움을 얻었다고 한다. 그리고 등지에 자유로움의 결과란 현법락주(現法樂住: 지금생의 즐거움에 머묾)가 더욱 '밝고 깨끗하게'[明淨] 전개되며, 이 때문에 '물러나지 않는 방도'[不退道]를 얻으며, 맑게 해탈(解脫: 벗어남), 승처(勝處: 뛰어나게 있는 것) 및 변처(遍處: 두루하게 있는 것) 등 뛰어난 종류의 공덕功德과 (그것을) 유도할 수 있는 방도를 '제대로 수행'[修治]한다.

만일 집착[取: 업業]을 남기고 수명이 다한 이는 이 때문에 곧 정거천淨居天에 든다. 낮은[軟]·중간[中]·높은[上] 종류 등 모든 정려를 수행하는 데에는 구별이 있으므로, 모든 처소[處]에서 '세 가지 영역'[三地]의 결과를 받는다. 앞서 유심유사지(有尋有伺地: 찾음도 있고 살핌도 있는 영역)에서 이미 자세히 구별한 것과 같다. 무심유사(無尋唯伺: 찾음은 없고 오직 살핌만 있는) 삼마지를 수행하기 때문에 대범(大梵: 대범천大梵天)이 되고, 낮은[軟]·중간[中]·높은[上]·'보다 높은'[上勝]·'가장 높은'[上極] 종류를 '익숙할 정도로 수행한'[薰修] 힘 때문에 다섯 가지 정거천淨居天에 생겨난다. 이는 청정淸淨한 정려선정을 수행하기 때문에 '정려 영역'[靜慮地]에 생겨나는 것이지, '그 맛에 애착함'[愛味]에 관련하는 것과 친근하기 때문이 아님을 알라. 이미 그곳에 생겨났다 하더라도 '그 맛에 애착함'[愛味]을 일으키면 곧 '물러나 죽고'[退沒], 청정淸淨함을 수행하면 도로 그곳에 생겨나거나 그보다 아래 선정지[定]에 생겨나거나 그보다 위 선정지

[定]로 나아간다. 먼저 이 세상에서 선정을 수행하여 이룬 뒤에야 저 처소로 가서 생겨난다. 왜냐하면 아직 욕망[欲]에서 떠나지 못했으면 저 처소에 생겨나지 못하기 때문이고, 모든 이생(異生: 중생)은 아직 선정을 수행하여 이루지 못해 욕망에서 떠날 수 없기 때문이다. 또한 이 세상과 저 처소에서 여러 등지等至에 드는 즐거움에는 구별이 없고, 오직 '의지하는 몸'[所依身]에 구별이 있을 뿐이다.

4. 모든 경의 핵심을 포함함攝諸經宗要

앞에서는 수행하는 의도[作意]의 구별과 모습[相]의 구별에 대한 설명을 하였다. 그렇다면 '모든 경의 핵심을 포함함'[攝諸經宗要]이란 무엇인가? 팔해탈(八解脫: 여덟 가지 해탈) 등을 가리키는 것인데 경經에서 자세히 설명한 것과 같다.

4.1 해탈解脫

4.1.1 팔해탈

팔해탈八解脫이란 앞서 설명한 것처럼 '모습이 있어 모든 모습을 자세히 살피는'[有色觀諸色] 등 앞의 일곱 해탈은 해탈하고 나면 해석[勝解]이 생기기 때문에 해탈이라고 한다. 여덟째 해탈은 상(想: 생각: 개념형성)과 수(受: 느낌)을 '그만두고 등지기'[棄背] 때문에 해탈이라고 한다.

(첫째로) 무엇을 '모습이 있어 모든 모습을 자세히 살핀다'[有色觀諸色]고 하는가? 욕계欲界에 생겨나서 이미 욕계의 욕망[欲]은 떠났지만, 아직 색계色界의 욕망[欲]을 떠나지는 못한 이가 다음과 같은 해탈할 대상에 대해 해탈하는 것을 가리킨다. 즉 욕계의 '모든 모습'[諸色]에 대해 광명光

明이 있는 모습[相]으로 의도하고 생각하여 해석[勝解]이 생기게 한다. 두 가지 이유로 '모습이 있다'[有色]고 하는데, 욕계에서 생겨났기 때문이고, 색계의 선정을 이루었기 때문이다. 또한 광명이 있는 것에 대해 해석[勝解]하기 때문이다.

질문 '모습을 자세히 살핀다'[觀諸色]는 것은 어떠한 모습을 살피는 것이며 어떠한 수행[行]을 하는 것인가?

대답 욕계의 모든 모습인데, 모든 승처勝處에서 제어하는 대상인 '적은 모양'[少色]이다. 이는 좋거나[好], 나쁘거나[惡], 못났거나[劣], 뛰어나다[勝]. 이와 같이 많은 모습 등등에 이른다.

어째서 이와 같은 관행(觀行: 유가행瑜伽行)을 하는가? 맑게 '가장 뛰어난 공덕'[最勝功德]을 유도하는 방법을 제대로 수행하기 위해서이다. 무엇을 '가장 뛰어난 공덕'[最勝功德]이라고 하는가? 승처勝處, 변처遍處, '모든 성인'[諸聖]의 신통神通, 무쟁無諍, '서원의 지혜'[願智], '장애가 없는 해석'[無礙解] 등을 가리킨다. 비록 앞서 욕계의 '모든 모습'[諸色]에 대해 이미 '욕망에서 떠남'[離欲]을 이루었지만, 그 모습에 대해 '해석이 자유로움'[勝解自在]을 경험[證得]할 수 없으므로, 경험하기 위해 자주 그것을 생각하고 해석하는 것이다.

(둘째로) 무엇을 '안에 모습의 생각이 없이 바깥의 모든 모습을 자세히 살핀다'[內無色想觀外諸色]고 하는가? 욕계에서 태어나 이미 색계의 욕망[欲]에서는 떠났지만 무색계의 선정[定]이 '앞에 나타(나 있)지'[現在前] 않고, 또한 명상(明相: 광명상)의 상(想: 생각: 개념형성)은 생각하지 않고 다만 '바깥의 모습'[外色]에 대해서만 해석한다. (이 대목에서) 이러한 모습에 대해 이미 '욕망에서 떠났기'[離欲] 때문에 (상상이 없는) 바깥[外](의

모습[色])이라고만 한다. 그리고 두 가지 때문에 '안에 모습의 생각이 없다'[內無色想]고 한다. 이미 '모습이 없는 등지'[無色等至]를 경험했고 스스로도 이 선정을 이루었다는 것을 분명히 알기 때문이다. 그리고 안에 광명상光明相을 생각하지 않기 때문이다. 나머지는 앞서 설명한 것과 같다.

(셋째로) 무엇을 '깨끗한 해탈을 몸으로 경험함으로써 머문다'[淨解脫身作證具足住]고 하는가? 어떤 이가 '평정한 생각'[捨念], 완성[圓滿], '청정하고 희디흼'[淸白]을 이루고, 이에 의지해 청정한 '성인의 수행'[聖行]을 하여 완성[圓滿]하면, '깨끗한 해탈'[淨解脫]이라고 한다. 왜냐하면 세 가지 때문이다. 즉 이미 모든 괴로움과 즐거움을 뛰어 넘었고, 모든 요동침[動亂]이 이미 고요해졌고[寂靜], 잘 갈고 다듬었기 때문이다. '몸으로 경험했다'[身作證]는 것은 이곳에는 모든 현성賢聖이 많이들 머무르기 때문이다.

(넷째로) 무엇을 '공空함이 무한한 곳의 해탈'[空無邊處解脫]이라고 하는가? 어떤 이가 공空한 곳에서 이미 '욕망에서 떠남'[離欲]을 이루어서, 허공虛空에 대해 이와 같이 생각하고 해석하는 것을 가리킨다. (다섯째로) '식識이 무한한 곳의 해탈'[識無邊處解脫]이란 식識 처소에 대해 이미 욕망에서 떠남을 이루어서, 이 식識에 대해 생각하고 해석하는 것이다. (여섯째로) '아무것도 없는 곳의 해탈'[無所有處解脫]이란 것은 이미 아무것도 없는 곳을 이루어서, 식識이 무한한 곳에 대해 생각하고 해석하는 것이다. (일곱째로) 유정해탈(有頂解脫: 비상비비상처해탈非想非非想處解脫)이란 다른 해석[勝解]을 하지 않고 '두루 생각해낼 수 있는 곳'[遍於想可生處]에 이른다. 즉 이곳에서 해석[勝解]을 해야 하는 것이다.

4.1.2 승처勝處

우선 의도[作意]와 해석[勝解]을 제대로 수행해야 나중에 승지(勝知: 뛰어난 앎)와 승견(勝見: 뛰어난 봄)을 일으킬 수 있기 때문에 승처(勝處: 뛰어나게 있는 것)라고 한다. 이러한 뛰어남[勝]에는 다섯 가지가 있음을 알라. 첫째, 못난이에게서 '뺏는 형세'[形奪]라서 뛰어남[勝]이라고 한다. 이를테면 어떤 이가 자기의 뛰어난 기예[工巧] 등의 일로 다른 사람에게서 뺏는 형세가 되어 (다른 사람을) 못난 자리에 놓게 되는 것이다. 둘째, '나약한 이'[嬴劣]를 제어하기[制伏] 때문에 뛰어남이라고 한다. 이를테면 어떤 이가 자기의 강한 힘으로 여러 약한 이를 꺾는 것이다. 셋째, 다른 것을 가리기 때문에 뛰어남이라고 한다. 이를테면 병[瓶], 동이[盆] 등이 가릴 수 있는 것이다. 또는 약초藥草, 주술呪術, 신통神通으로 가리는 경우가 있는 것이다. 넷째, 대상[所緣]을 '염증 내 무너뜨리기'[厭壞] 때문에 뛰어남이라고 한다. 이를테면 대상영역[境界]을 염증 내 무너뜨려 모든 번뇌를 버리는 것이다. 다섯째, 자유롭게 '돌려 바꾸기'[迴轉] 때문에 뛰어남이라고 한다. 이를테면 세상의 군왕이 마음대로 신하[臣僕]를 처분하는 것이다.

여기에서는 의도[意]의 가림과 자유로움을 나타낸 것이므로, 해탈解脫(을 설명한 대목)에서 해석[勝解]이 자유롭다는 것보다 뛰어나다. 지금 승처勝處에서는 제어[制伏]가 자유로운 것이다. '살필만한 모습이 적다'[觀色少]는 것은 여러 유정, 살림살이[資具] 등의 모습이다. '살필만한 모습이 많다'[觀色多]는 것은 여러 궁전, 건물[房舍] 등의 모습이다. 또한 '좋은 빛깔'[好色]이라고 말하는 것은 아름다운 빛깔[顯色]을 가리킨다. 한결같이 '깨끗하고 훌륭하기'[淨妙] 때문이다. 이와 반대면 '나쁜 빛깔'[惡色]이라고 한다. '못난 빛깔'[劣色]이라고 말하는 것은 소리[聲], 냄새[香], 맛[味], 촉감[觸]이 불쾌한 것을 가리킨다. 이와 반대면 '뛰어난 빛깔'[勝色]임을 알라. 이 (좋은 빛깔부터 뛰어난 빛깔까지의) 네 가지 빛깔은 유정, 살림살이, 궁전 등에 포함된다. 승지(勝知: 뛰어난 앎)이라고 하는 것은 자주 대상[所緣]을 가리는 해석[勝解]이다. 이와 같은 생각[想]이 있다는 것은 제어[制伏]하는 생각[想]이 있다는 것이다.

4.1.3 변처遍處

모든 변처(遍處: 두루하게 있는 것)는 '해석할 대상'[勝解事]에 대해 두루 해석[勝解]이 생기기 때문에 변처라고 한다. '두 가지가 없다'[無二]고 하는 것은 모든 현성賢聖에게는 나[我]와 내것[我所]이라는 두 가지 구별이 없기 때문이다. 무수하다[無量]고 하는 것은 모든 것에 두루하기 때문이다. 어째서 변처遍處는 오직 '보이는 것'[色]과 감촉[觸] 등 두 가지 '있는 것'[處]으로만 성립되는가? 이 두 가지만 '자기 몸'[自身]과 '남의 몸'[他身]에 공통적이고, '보이는 것이 있는 영역'[有色界]에 두루하여 언제나 지속되기 때문이다. (여기에서) 안근眼根 등 물질[色]은 오직 자기 몸에만 속한다. 그리고 냄새[香]와 맛[味] 등의 두 대상영역[塵]은 모든 것에 두루하지 않는다. 그리고 소리[聲]와 소리 사이에는 시간적 간격이 있(어서 자꾸 끊어지므로 지속되지 않는)다. 그래서 이에 대해서는 (변처遍處라고) 설명하지 않는다.

이와 같은 '보이는 것이 있는'[有色] 모든 변처遍處는 반드시 (색계와 욕계 등) 색계色界 이하에만 있다. '보이는 것이 없는 영역'[無色]에서는 공(空: 비어있음)이 모든 것에 두루하므로 변처로 성립된다. 식識이 작용하는 대상영역[境]도 모든 것에 두루하므로 변처로 성립된다.

(이상의 설명과 같이) 관행觀行을 하는 이는 우선 대상[所緣]에 대해 생각하고 해석[勝解]해야 다음으로 제어[制伏]할 수 있다. 제어에 자유로운 후에야 모든 있는 것에 두루하게[遍] 바라는 대로 해석[勝解]할 수 있다. 그러므로 이 (팔변처八遍處, 식변처識遍處, 공변처空遍處 등) 세 가지는 다음과 같은 차례(로 설명할 수 있다). 팔색변처(八色遍處: 지地변처, 수水변처, 화火변처, 풍風변처, 청淸변처, 황黃변처, 적赤변처, 백白변처 등 여덟 가지 물질로 된 변처)가 잘 청정해졌으므로, 현성賢聖의 해석[勝解]하는 신통神通과 '여러 대상'[諸事]을 변화[轉變]시키는 신통神通을 유도할 수 있다. 해석[勝解]하는 대로 변화시키는 것을 모두 성취할 수 있다. 금은金銀 등의 사물을 변화로 만들어 쓰임새를 감당할 수 있다. (다음으로) 식변처識遍處가 잘 청정해졌으므로 곧 무쟁無諍, '서원의 지혜'[願智], '장애가 없는 해석'[無礙解] 등 여러 가지 뛰어난 공덕功德을 '직접적으로 유도할'[引發] 수 있다. (끝으로) 공변처空遍處가 잘 청정해졌으므로 바라는 대로 모두 공空으로 변화시킨다[轉成].

비유하자면 대개 세상의 철금기술자[鐵金師]가 처음에는 (제련로製鍊爐 만드는) '진흙을 이기는'[和泥] 일 등에 아직 잘 '훈련되어있지'[調練] 않은데 해탈解脫 단계도 마찬가지이다. 잘 훈련되어 있는 것은 승처勝處 단계와 같다. 잘 훈련되어 (금속의 상태를) 마음대로 변화[轉變]시킬 수 있는 것은 변처遍處 단계와 같다.

4.2 삼마지三摩地

4.2.1 세 삼마지

세 가지 삼마지(三摩地: 등지等持: 정신집중) 가운데 (첫째로) 무엇을 공삼마지空三摩地라고 하는가? 유정有情, '생명있는 이'[命者]와 '기르는 이'[養育者], 삭취취(數取趣: 보특가라補特伽羅: pudgala: 자주자주 다섯 세상[趣]의 삶을 사는 이: 인人, 아我, 유정) 등을 멀리하고, 마음을 하나의 대상에 머물게 하는 것을 가리킨다. 공성(空性: 비어있음의 성질)은 대략 네 가지임을 알라. 첫째, 관찰공(觀察空: 비어있다고 자세히 살핌)은 '모든 존재'[諸法]는 비어있어[空] (그것에) 항상됨[常]과 즐거움[樂]이 없고, 또한 비어있어[空] '나(라고 할만한 것)'[我]·'내것(이라고 할 만한 것)'[我所]이 없다고 자세히 살피는 것을 가리킨다. 둘째, 피과공(彼果空: 그 결과도 비어있음)[20]은 부동심(不動心: 움직이지 않는 마음) 해탈하니 비어있어[空], 탐냄[貪] 등 모든 번뇌가 없는 것이다. 셋째, 내공(內空: 안이 비어있음)은 '자기 몸'[自身]에 대해 비어있어[空], '나(라고 할만한 것)'[我]·'내것(이라고 할 만한 것)'[我所] 및 '나라고 으스댐'[我慢] 등 모든 집착을 헤아리지 않는 것을 가리킨다. 넷째, 외공(外空: 외계가 비어있음)은 '다섯 가지 욕망'[五欲](의 대상영역)에 대해 비어있어[空] 욕애(欲愛: 욕계의 애착)가 없는 것이다. 나에 대해 설명한 것과 같이 모든 '보이는 것이 있는 생각'[有色想]을 뛰어넘었으므로, 외공外空에 대해 '몸으로 경험함으로써 완성하여 머문다'[身作證具足住] 등등으로 자세히 설명할 수 있다.

  이 가운데 '뛰어난 욕망'[妙欲: 색色, 성聲, 향香, 미味, 촉觸 등 다섯 가지 욕망의 대상영역]을 대상으로 삼는 생각을 '모습의 생각'[色想]이라고 한다. 이 생각에서 일어난 탐냄[貪欲]을 끊기 때문에 외공外空이라고 한

---

20) 유가론기 제4권하(대정장 42. p.393a15-16): 이 살핌은 공공을 자세히 살피는 것이기 때문에 그 결과도 비어있음이라는 이름을 얻는다.   此觀由觀察空得名彼果空.

다. '수행하는 이'[修行者]는 피과공彼果空 때문에, 때로는 외공外空을 의도하고 생각하기도 하고, 때로는 내공內空을 의도하고 생각한다. 관찰공觀察空 때문에 때로는 내·외內外의 '비어있음의 성질'[空性]을 생각하고, 이 힘 때문에 마음에서 (내·외공성을) 모두 경험[證會]한다. 혹시 이 내·외공성內外空性을 경험하지 못한 이라면, 곧 '움직임이 없음'[無動]을 의도하고 생각해야한다. '움직임이 없음'[無動]이라고 하는 것은 '무상하다는 생각'[無常想], 또는 '괴롭다는 생각'[苦想]을 가리킨다. 이와 같이 사유思惟하면 곧 '나라고 으스댐'[我慢]에 의해 (마음이) 움직이지 않으며, 나[我]·'나라고 으스댐'[我慢] 등등을 헤아리지 않으므로, 곧 이공(二空: 내공內空과 외공外空) 모두에 대해 마음이 경험한다.

(둘째로) 무엇을 무원심삼마지(無願心三摩地: 원하는 것이 없는 마음의 삼마지)라고 하는가? 오취온(五取蘊: 다섯 가지 집착된 온: 유정 개체)에 대해 무상無常하다고 생각하거나 괴롭다[苦]고 생각하면서, '마음을 하나의 대상에 머물게 하는'[心住一緣] 것이다.

(셋째로) 무엇을 무상심삼마지(無相心三摩地: 모습이 없는 마음의 삼마지)란 무엇인가? '모든 집착된 온'[諸取蘊: 오취온五取蘊]이 소멸[滅]하는 것에 대해 고요함[寂靜]을 생각하며 '마음을 하나의 대상에 머물게 하는'[心住一緣] 것이다. 경經에서 무상심삼마지無相心三摩地는 '낮추지도 않고'[不低] '높이지도 않는다'[不昂] 등등으로 자세히 말씀하신 것과 같다.

'낮추지도 않고'[不低], '높이지도 않는다'[不昂]는 것은 무엇인가? 거스르고[違], 따르는[順] 등 두 가지 모습[相]에 관련하지 않기 때문이다. 또한 두 가지 때문에 무상정無相定에 든다. 첫째, 모든 모습을 생각하지 않기 때문이다. 둘째, '모습이 없는 영역'[無相界]을 올바르게 생각하기 때문이다. 모든 모습을 생각하지 않기 때문에 모든 모습에 대해 '염증을 내지 않고'[不厭], '무너뜨리지 않고'[不壞] 다만 힘써[加行] 의도하고 생각하지 않을 뿐이다. 그렇기 때문에 '낮추지 않는다'[不低]고 한다. '모습이 없는 영역'[無相界]에 대해 올바르게 생각하기 때문에 '모습이 없음'[無相]에 굳게 집착執著하지 않는다. 그렇기 때문에 '높이지 않는다'[不昂]고 한다.

이 삼마지[무상심삼마지無相心三摩地]는 대략 두 가지가 있다. 첫째는 수행[方便]이고, 둘째는 수행결과[方便果]이다. 수행[方便]이라 함은 자주 격려[策勵]하여 '생각하여 선택함'[思擇]을 성립시키는 것이다. 아직 '모든 모습'[諸相][21]에서 해탈할 수 없는데, '모습을 따르는'[隨相] 식識 때문에 때때로 마음이 요란擾亂하기 때문이다.

(둘째로 수행결과[方便果]는) 자주 스스로 격려하여 '생각하여 선택함'[思擇]이 성립되면, 머지않아 결과를 이루어 '모습을 따르는 것'[隨相]에서 해탈하는 것이다. 이 해탈에서 다시 해탈하기 때문에 스스로 격려하여 '생각하여 선택함'[思擇]에 머물지 않는 것이다. (이를) '아주 잘 해탈했다'[極善解脫]고 한다. 만일 자주 격려하여 '생각하여 선택함'[思擇]을 성립시켜 머물게 되면, 해탈이라고는 하지만 '잘 해탈한 것'[善解脫]은 아니다.

아울러 '훤히 안 결과'[曉了果]와 '훤히 아는 공덕'[曉了功德]이란 궁극

---

21) 유가론기 제4권하(대정장 42. p.393b24-26): 모습[相]이란 대상영역의 모습을 이르는데 이것은 이중으로 있다. 첫째 번뇌가 있음을 상相이라고 하고 번뇌가 없음을 무상無相이라고 한다. 둘째 유위有爲를 상相이라고 하고 무위無爲를 무상無相이라고 한다.　　相謂境相此有二重。一有漏名相無漏名無相。二有爲名相無爲名無相。

[究竟]에까지 번뇌를 끊은 것이고, 궁극에까지 '지금생의 즐거움에 머무는'[現法樂住] 것이다. 또한 멸제滅諦·도제道諦를 모두 훤히 알면 이 두 가지를 차례대로 '훤히 안 결과'[曉了果], '훤히 아는 공덕'[曉了功德]이라고 한다. 또한 제현관(諦現觀: 진리가 나타난 것을 봄)과 아라한과(阿羅漢果: 무학위無學位)를 모두 훤히 알아야 하는데, 견도단계[見道位]에 있는 것을 '훤히 안 결과'[曉了果]라고 하고, 아라한과(阿羅漢果: 무학위無學位)를 '훤히 아는 공덕'[曉了功德]이라고 한다.

만일 '어떤 거처'[此處]에 '어떤 사물'[彼物]이 없다면 이 이치로 그곳을 살폈는데 비어있다[空]고 하기 때문에 공성(空性: 비어있는 성질)이라고 한다. 즉 '살피는 대상'[所觀]이 비어있어서[空] 바랄 것이 없으므로 '원하는 것이 없음'[無願]이라고 한다. 모든 '작용하는 모습'[行相]을 멀리하는 것을 살피므로, '모습이 없음'[無相]이라고 한다.

어째서 다른 곳에서는 무상無常하므로 괴롭고, 괴로우므로 '나라고 할 만한 것이 없다'[無我]고 하고 나서 나중에 비어있음[空]을 설명했는데, 여기에서는 '비어있는 성질'[空性]을 먼저 펴서 말했는가? 이를테면 '나라고 할 만한 것이 없다'[無我]가 없다면 무상無常, 괴로움을 살피는 것이 끝내 청정해지지 않기 때문이다. 요는 우선 무아無我라는 생각[想]에 편히 머물고 나서야 '바로 이어서'[無間] '원하는 것이 없음'[無願]을 이룬다. 그래서 경經에서는, "모든 무상無常하다는 생각은 '나라고 할 만한 것이 없다'[無我]는 생각에 의지해서 편히 머물게 된다." 등등으로 자세히 설명하였다. 그곳[경]에서는 무상無常에 대해서는 '나라고 할 만한 것이 없음'[無我]을 살피고 나서야, 바랄 것이 생기지 않아 오직 '모습이 없음'[無相]만을 바라며 벗어남[出離]을 추구한 것이다. 그러므로 여기에서는 (무원無

願에) 이어서 '모습이 없음'[無相]을 펴서 말한 것이다.

4.2.2 유심유사有尋有伺삼마지 등

어째서 유심유사삼마지(有尋有伺三摩地: 찾음도 있고 살핌도 있는 삼마지)라고 하는가? 찾음[尋]·살핌[伺]과 관련[相應]하는 삼마지를 가리킨다. 어째서 무심유사삼마지(無尋唯伺三摩地: 찾음은 없고 오직 살핌만 있는 삼마지)라고 하는가? 오직 살핌[伺]하고만 관련하는 삼마지를 가리킨다. 대범(大梵: 대범천大梵天)이 수행한 뒤 대범왕大梵王이 되었다. 어째서 무심무사삼마지(無尋無伺三摩地: 찾음도 없고 살핌도 없는 삼마지)라고 하는가? 찾음[尋]·살핌[伺] 두 가지 모두와 관련하지 않는 삼마지를 가리킨다. 이것을 수행하기 때문에 다음으로 '위 영역'(上地: 제삼정려第三靜慮)부터 유정(有頂: 비상비비상처非想非非想處)까지 생겨나는데, 모든 '번뇌 없는'[無漏] 삼마지만 (여기에서) 제외된다. 무심무사삼마지無尋無伺三摩地의 모습[相]이란 무엇인가? 찾음[尋]·살핌[伺]에 대하여 마음에서 '개의하지 않음'[棄捨]이 생겨, 오직 '한 맛'[一味]으로 안[內]의 대상에 대해 해석[勝解]한다. 또한 오직 한 맛으로 평등平等하게 '뚜렷이 나타난다'[顯現].

4.2.3 소소·대대·무량無量삼마지

어째서 '작은 삼마지'[小三摩地]라고 하는가? 대상[所緣] 때문에 작거나, '적은 모습'[少色]을 살피거나, 의도[作意] 때문에 작은 것을 가리키는 것이다. '작은 믿음'[小信], '작은 의욕'[小欲], '작은 해석'[小勝解] 때문이기도 하다.

어째서 '큰 삼마지'[大三摩地]라고 하는가? 대상 때문에 크거나, '많은 모습'[多色]을 살피기 때문이기는 하지만, (공간적으로) '한도 없고'[無邊] (시간적으로) '끝도 없는'[無際] 모든 모습을 살피는 것이 아니기 때문에, 또는 의도[作意] 때문에, 큰 것을 가리키는 것이다. '첫째가는 믿음'[上信], '첫째가는 의욕'[上欲], '첫째가는 해석'[上勝解] 때문이기는 하지만, (공간적으로) '한도 없고'[無邊] (시간적으로) '끝도 없는'[無際] 믿음[信]·의욕[欲]·해석[勝解] 때문인 것은 아니다.

어째서 '무수한 삼마지'[無量三摩地]라고 하는가? 대상[所緣] 때문에 무수한[無量], (공간적으로) '한도 없고'[無邊], (시간적으로) '끝도 없는'[無際] 모든 모습을 살피는 것이기 때문이다. 또는 의도[作意] 때문에, 무수한, (공간적으로) 한도 없고, (시간적으로) 끝도 없는 믿음[信]·의욕[欲]·해석[勝解] 때문이기도 하다.

이 가운데 '큰마음 삼마지'[大心三摩地]란 어떤 나무 아래서 '여러 천들'[諸天]의 빛을 생각하여 해석[勝解]이 생기는 것 등등이다. 그리고 무량삼마지無量三摩地란 '네 가지 무수한 (마음)'[四無量(心)]이다. (그런데) 어째서 어떤 나무 아래서 '여러 천들'[諸天]의 빛을 생각하여 해석[勝解]이 생긴다고 하는가? 욕계에 대해 아주 '염증이 나 무너뜨리고'[厭壞] 나서 초정려初靜慮를 이루고, 이 선정을 아주 청정하게 하기 위하여 다시 수행을 한다. 또한 여러 '하늘의 몸'[天身]은 광명光明을 띤다는 것을 듣고서, 곧 그 몸의 광명상光明相은 하나의 나무 아래서부터 대지大地, 대해大海 끝까지 두루하다고 생각하고 해석[勝解]한다. 삼마지는 나중으로 갈수록 점점 늘어나 구별이 생기기 때문에 (삼마지 때문에) 생기는 것도 구별이 있게 된다.

어째서 의도[作意]는 두 가지만 이루어지게 된다고 하는가? 해석[勝解]

의 수준[分齊]에 따라 의도가 성립되기 때문이다. 어째서 의도의 두 가지만 조건이 되어 수행도 두 가지만 이루어진다고 하는가? 이 의도의 힘 때문에 수행할 선정이 성립되는 것이 구별되기 때문이다. 완성[圓滿], 청정함[淸淨]이 점점 뛰어나지기 때문이다. 어째서 수행 두 가지만 조건이 되어 실천[行: 업業]도 두 가지만 이루어진다고 하는가? 변함없이[如如] 선정을 잘 수행하면 점점 뛰어나져 여차여차(한 실천을) 하여 이루어질 생겨남[生]도 구별이 있게 되기 때문이다. 어째서 실천[行: 업業] 두 가지만 조건이 되어 보특가라補特伽羅도 두 가지만 성립된다고 하는가? 이 '원인과 조건'[因緣]으로 생겨난 유정은 '높음·낮음'[高下], '뛰어남·못남'[勝劣]의 구별이 성립되기 때문이다.

질문(1) 초정려와 제이정려의 여러 천天들의 광명光明은 어떻게 구별되는가?

대답(1) 마니주(末尼珠: 옥구슬)가 밖으로는 광명이 있지만 안에는 광명이 없는 것과 같이, 초정려의 몸[身]도 그렇다. 밖으로는 광명을 내지만 안은 안 그렇다. (이와는 달리) 밝은 등불이 밖으로도 광명을 내고 안으로도 스스로를 밝게 비추는 것과 같이, 제이정려의 몸도 그렇다. 안이나 밖이나 모두 광명이 있는 것이다. 그러므로 경經에서, "그 영역[地] 이상은 오직 한 가지 몸[身]뿐이지만 아래 영역[地]은 그렇지 않다."라고 설명하였다.

어떻게 '네 가지 무수한 선정'[四無量定]을 성립시키는가? 모든 유정은 세 가지 종류가 있기 때문이다. 첫째, 괴롭지도 즐겁지도 않음, 둘째, 괴로움, 셋째, 즐거움이다. 앞의 순서대로 그에게 즐거움을 주려 하고, 그가 괴로움에서 떠나게 하려고, 그가 즐거움과 영원히 떨어지지 않게 하려고 한다. 그리고 의도[作意]에 네 가지가 있기 때문에 앞의 순서대로 네 가지를 성립시킨다. 즐거움을 주려는 의도 때문에, 괴로움을 뽑아내려는 의도 때문에, 즐거움과 떨어지지 않음을 따르며 즐거워하려는 의도 때문에 앞의 세 가지를 성립시킨다. (넷째는) 앞서 즐거움을 주려는 등 세 가지에 대해서 그가 즐거이 연연해하지 않아 '물들지 않게'[不染汚]하려는 의도에서, 성내지[瞋恚] 않아 물들지 않게 하려는 의도에서, 탐내지[貪欲] 않아 물들지 않게 하려는 의도에서, 평정[捨]을 성립시킨다. 經經에서 '자애로운 마음'[慈俱心] 등등 자세히 설명한 바와 같이, '넉넉하게 이익을 줌'[饒益]이 '앞에 나타나기'[現前] 때문에 자애로움이라고 한다. 넉넉하게 이익을 주는 모습 때문에 '자애롭고 착한 벗'[慈善友]이라고 한다. 넉넉하게 이익을 주는 모습은 간략히 두 가지이다. 첫째, 이익이기를 바란다. 둘째, 안락하기[安樂]를 바란다. 이 두 가지 모습은 모든 무수함[無量]이 나타난 것이다.

'원망이 없다'[無怨]는 것은 '나쁜 의욕'[惡意樂]을 떠나는 것이다. '적이 없다'[無敵]는 것은 지금 '어깃장 놓고 언쟁하는 것'[乖諍]에서 떠나는 것이다. '괴롭히고 해치지 않는다'[無惱害]는 것은 넉넉하게 이익을 주는 것이 아닌 일에서 떠나는 것이다. 넓다[廣]는 것은 대상이 드넓은 것이다. 크다[大]는 것은 이익과 안락함을 생각하는 것이 가장 뛰어난 것이다. 무수함[無量]이란 결과[果]가 무수한 것인데, 네 대하大河의 여러 물줄기가 섞이는 곳과 같다. '잘 수행함'[善修習]이란 완전히 익숙해진 것이다. 혹시 어떤 이가, "'자애로운 마음'[慈俱心] 등은 어떤 모습인가?"라고 물으면, 대답하기를, "해석[勝解]이 '널리 가득 차'[遍滿] 충분히[具足] 머무는[住] 것이다."라고 대답한다. (여기에서) 해석이 널리 가득 차다는 것은 뛰어난 의욕[意樂]으로 해석이 '두루 미치는'[周普] 것이다. 충분하다는 의미는 완성되고[圓滿] '청정하고 희디흰'[淸白] 것이다. 머문다는 것은 수행하는 관행觀行에 밤낮으로 주력하고 시간마다 주력하는 것이다.

질문(2) 경經에는 자애로움을 잘 수행하면 '널리 깨끗함'[遍淨]에 이른다[極]는 등 자세한 설명이 있는데 여기에 어떤 '깊은 뜻'[密意]이 있는가?

대답(2) 제삼정려第三靜慮는 모든 즐거움 가운데 그 즐거움이 가장 뛰어나다. 이 즐거움을 기억하면서 '자애로운 마음'[慈心]을 수행하면 자애로움이 최상이기 때문에, 자애로움을 수행하면 널리 깨끗함에 이른다고 설명한다.

'공한 곳'[空處]을 기억하면서 '불쌍히 여기는 마음'[悲心]을 수행하면 또한 최상이다. '가엾이 여김'[悲]을 수행하는 이는 즐거이 '고통을 뽑아주려'[拔苦] 한다. 무색계 가운데는 여러 괴로움을 멀리하고, 붕괴되는[壞] 등의 괴로움을 끊어 그것[괴로움]이 전혀 없기 때문이다. 그러므로 '무한히 공한 곳'[無邊空處]을 기억하면서 '가엾이 여기는 등지'[悲等至]를 수행하며 다음과 같이 생각한다. "장차 모든 고통 받는 유정이 여러 괴로움과 (그) 근거[所依]가 없는 곳에 도달하게 하리라."

'기쁜 선정'[喜定]을 수행하는 이는 또한 '무한히 식(이 있는) 곳'[無邊識處]을 항상 기억하면서 모든 유정이 안락安樂을 이룬 것을 기뻐하며 다음과 같이 생각한다. "장차 모든 유정들이 무수한[無量] 즐거움을 받게 하기가 식이 수없이 많은 '식(이 있는) 곳'[識處]처럼 하리라." 그러므로 '식이 무한한 곳'[識無邊處]을 기억하면서 '기쁜 선정'[喜定]을 수행하는 것이 최상이다.

'평정한 선정'[捨定]을 수행하는 이는 또한 항상 '아무것도 없는 곳'[無所有處]을 기억하면서 다음과 같이 생각한다. "아무것도 없는 곳은 '번뇌가 없는 마음'[無漏心]의 영역[地]에서 최후의 것이니 평정[捨]이 최상이다. 마치 아라한阿羅漢 비구[苾芻]가 모든 괴로움[苦]·즐거움[樂]·'괴롭지도 않고 즐겁지도 않음'[不苦不樂]이 '나타나 작용하고 있는'[現行] 단계[位]에 있어도 전혀 '물들지 않는'[無染汚] 것과 같다. 장차 모든 유정들이 이와 같은 평정[捨]을 이루게 하리라." 그러므로 '아무것도 없는 곳'[無所有處]을 기억하면서 '평정한 선정'[捨定]을 수행하는 것이 최상이다. 이 같은 모든 것은 '성인의 수행'[聖行]이다. 오직 성인만 수행할 수 있기 때문이다. 그러므로 경經에서 각분覺分과 함께 수행한다고 밝혀 말씀하셨다.

4.2.4 일분수一分修·구분수具分修삼마지

무엇을 일분수삼마지(一分修三摩地: 부분을 수행하는 삼마지)라고 하는가? 여기에서는 경우에 따라 광명상光明相만을 의도하여 생각하기도 하고, 빛깔[色相]만을 의도하여 생각하기도 하면서 선정에 드는 것이다. 이와 같은 두 가지는 그 차례대로 광명光明을 분명히 알기도 하고, '여러 빛깔'[衆色]을 보기도 한다. 무엇을 구분수삼마지(具分修三摩地: 모두 수행하는 삼마지)라고 하는가? 광명光明을 분명히 아는 것과 '여러 빛깔'[衆色]을 보는 것 모두를 생각하며 선정에 드는 것이다. 이와 같이 광명선정[光明定]을 수행하는 이에게는 경經에서 자세히 설명한 것과 같이, '선정의 어려움'[定難]이 머뭇거림[疑] 등 열 가지가 있다.

질문 이 어려움은 어떤 것인가?

대답 삼마지의 모습[相]은 두 가지로, 소연상(所緣相: 대상의 모습)과 인연상(因緣相: 원인과 조건이 되는 모습)이다. 이들에 의지해 삼마지에 머문다. 만일 그 모습으로부터 멀어지면 곧 머물 수 없다.

(선정의 어려움은 첫째로) 이[선정에 든] 가운데 최초로 '뚜렷이 나타

난'[顯現] 광명상과 빛깔을 잘 알지 못하기 때문에 깨달음에 머뭇거림[疑]이 생긴다. (둘째로) 수행방법이 늘어져 의도하지 않게 된다. 마치 여러 빛깔을 보지 않으려는 이가 눈을 감든지 등을 돌리든지 하는 것과 같이, 이 '관행하는 이'[觀行者]도 여러 빛깔에 대해 의도[作意]하려 하지 않는다. (셋째로) 근문根門을 잘 지키지 않기 때문에 몸이 무겁고 잠을 많이 잔다. (넷째로) 많이 깨어 있기는 하지만, 곧 더욱 몽롱해져 여러 빛깔을 보지 못하고 혹시 본다 해도 '완성된 것'[圓滿]이 아니다. (다섯째로) 이 두 가지 대상을 위해 몹시 '(마음을) 작용'[功用]시키고 힘써 생각하기 때문에 지나치게 용맹정진勇猛精進하고 지나치게 격려한 잘못으로 도로 몹시 (마음의 상태가) 못나진다. 마치 '작은 새'[斥鷃鳥]을 급하게 쥐는 것과 같다.

  (여섯째로) 그는 광명상光明相만을 생각하며 추구했는데 빛깔도 보거나 또는 모두 함께 (모습이) 보일 때에는 하나를 바랐는데 둘을 얻은 격이라 뛸 듯이 좋아하기가 마치 어떤 사람이 '깊이 감추어 둔 것'[伏藏] 두 가지를 얻은 것과 같다. (일곱째로) 두루 여러 방향으로부터 갑자기 상서롭지 못한 빛깔을 보고 두려워하기가 마치 어떤 사람이 양쪽으로 돌다가 갑자기 선 것과 같(이 어질어질하)다. (여덟째로) 그가 다니거나 머물 때 세상에 대한 여러 가지 생각 등 외계에 대한 생각은 선정에 어려움이 된다. (아홉째로) 수행한 선정 때문에 자기가 뛰어나고 남이 못하다고 보고 스스로를 '높이는 것'[高擧]도 여러 가지 생각이다. (열째로) 말이 많다든지 오랜 동안 깊이 생각한다든지 하여 몸을 피곤하게 하고 마음이 선정을 이루지 못하면, 이렇게 말이 많은 것도 선정에 어려움이 된다. (열한째로) 만일 선정에 들어 광명상이 생기고 빛깔을 보게 되면, 안으로 수행하며 지속되는 의도를 버리고 외계의 여러 빛깔을 살펴보기를 바라고 즐겨 심하게

생각하고 살피는 것도 선정에 어려움이 된다.

이와 같은 여러 어려움은 상황에 따라 삼마지三摩地의 '대상영역의 모습'[所緣境相: 소연상所緣相]과 인연상因緣相을 장애한다. 또는 이런 경우에 소연상所緣相과 인연상因緣相에서 '멀어져 놓치기'[退失] 때문에 그 차례대로 두 가지 모습이 모두 사라진다[沒].

4.2.5 희구행喜俱行·낙구행樂俱行·사구행捨俱行삼마지

무엇이 희구행삼마지(喜俱行三摩地: 기쁨이 작용하는 삼마지)인가? 초정려初靜慮·제이정려第二靜慮의 여러 삼마지이다. 무엇이 낙구행삼마지(樂俱行三摩地: 즐거움이 작용하는 삼마지)인가? 제삼정려第三靜慮의 여러 삼마지이다. 무엇이 사구행삼마지(捨俱行三摩地: 평정이 작용하는 삼마지)인가? 제사정려第四靜慮이상 (유정천有頂天까지)의 여러 삼마지이다.

4.2.6 수정修定

어떤 '수행하는 선정'[修定]이 현법락주(現法樂住: 지금생의 즐거움에 머묾)를 이루는가? (초정려初靜慮부터 제사정려第四靜慮까지) 네 가지 현법락주로의 방편도(方便道: 접근하는 과정)에서 수행하는 선정과 아직 '완성되어 청정하고 희디희지'[圓滿淸淨鮮白] 않은, (초정려부터 제사정려까지 등) 모든 근본지(根本地: 근본정根本定)에서 수행하는 선정이다. 일찍이 이루지 못한 선정을 수행하는 것을 나타내는 것이다. 그러므로 세존世尊께서 초정려初靜慮 전전의 방편도를 말씀하셨다.

어떤 '수행하는 선정'[修定]이 지견智見을 이루는가? 여러 비구[苾芻]가 광명상光明相에 대해 정중하고 간절하게 살펴 취하는 것인데 경經에서 자세히 설명한 것과 같다. 이는 천안天眼을 발휘할 수 있기 전의 방편도方便道에서 수행하는 선정임을 알라. 그런데 천안天眼으로 모든 '보이는 대상영역'[色境]을 비추고[照] 살필[觀] 수 있는 것을 견견이라고 한다. 모든 천天은 이러한 이름이고 이러한 종류라는 것을 알[知] 수 있는 것 등등은 『승천경勝天經』의 설명과 같이 지지라고 한다.

어떤 '수행하는 선정'[修定]이 '추리하는 지혜'[分別慧]가 생기게 하는가? 제현관(諦現觀: 사성제가 나타나는 것을 살핌)을 어떤 예류과預流果를 향하는 방편도方便道 중에 수행하는 선정이다. 또는 네 가지 무애해(無礙解: 장애가 없는 이해력)를 수행하는 것이다.

어떤 '수행하는 선정'[修定]이 모든 번뇌[漏]가 다하게[盡] 하는가? 아라한과阿羅漢果를 (향하는) 방편도 중에 수행하는 선정이다.

4.2.7 성지聖智삼마지

무엇을 다섯 가지 성지삼마지(聖智三摩地: 성스러운 지혜의 삼마지)라고 하는가? "나의 이 삼마지는 성스러워 '물들지 않고'[無染] '집착이 없다'[無執]." 등등 자세한 말씀은 경經에서와 같다. 여기에서 다섯 가지 '작용의 지혜'[行相智]를 나타내 보였다. 자체지(自體智: 성스러움 자체의 지혜), 보특가라지(補特伽羅智: 성스러운 보특가라의 지혜), 청정지(淸淨智: 성스러운 청정한 지혜), 과지(果智: 성스러운 결과의 지혜), 입출정상지(入出定相智: 성스러운 선정에 들고 나는 모습의 지혜)를 가리킨다.

('성스러움 자체의 지혜'[自體智]에서) 성스러움[聖]은 선善하기 때문에 성스럽다고 한다. 또한 '번뇌가 없기'[無漏] 때문에 성스럽다고 한다. '물들지 않는다'[無染]는 것은 '선하고 성스러운 성품'[善聖性]을 나타내는 것이다. '집착이 없다'[無執]는 것은 '번뇌가 없는 성스러운 성품'[無漏聖性]

을 나타내는 것이다.

('성스러운 보특가라의 지혜'[補特伽羅智]에서) 범부(凡夫: 중생)가 접근할 것이 아니라는 것은 모든 부처님 및 '성인 제자'[聖弟子]가 친근할 것이기 때문이다. 이를 '지혜로운 이'[聰叡]가 칭찬하는 것은 그들이 칭찬하는 대상이기 때문이다. 이를 모든 지혜로운 범행(梵行: 음욕을 떠난 행동)을 함께 하는 이가 항상 비난하지 않는다는 것은 언제나 칭찬하기 때문이다. 세상의 초정려初靜慮 등을 놓고 '아래 영역'[下地]을 떠나기 위해 (초정려 등에 가는) 방법[方便]을 수행하는 것에 대해서는 우선 그 '고요한 모습'[靜相]을 칭찬하지만, (초정려 등보다) '위 영역'[上地]으로 나아가기 위한 방법을 수행하는 것에 대해서는 나중에 그 '거친 모습'[麁相]을 비난하는 것과는 다르다.

('성스러운 청정한 지혜'[清淨智]에서) 고요함[寂靜]이란 다스려야할[所治] 번뇌가 영원히 '고요해지는 것'[寂靜]이다. '섬세하고 훌륭하다'[微妙]는 것은 '자기가 속한 영역'[自地]의 (욕망[欲] 등) 번뇌의 '맛에 애착하지'[愛味] 않기 때문이다.

('성스러운 결과의 지혜'[果智]에서) '평안한 방도'[安隱道]을 얻었다는 것은 얻은 방도가 (이미 얻은 수행의 단계에서) '도로 물러남이 없는'[無退轉] 것이기 때문이다. '마음이 하나로만 향하는 것'[心一趣]을 경험[證]한다는 것은 이미 무심무사지(無尋無伺地: 찾음도 없고 살핌도 없는 영역)를 이루었기 때문이다. 지금 '편안하고 즐겁다'[安樂]는 것은 현법락주(現法樂住: 지금생의 즐거움에 머묾)를 이룰 수 있기 때문이다. '나중에 즐거울 결과'[後樂異熟]란 것은 무여의열반(無餘依涅槃: 의지할 것, 즉 몸이 없는 깨달음)의 즐거움을 유도하기 때문이다.

('성스러운 선정에 들고 나는 모습의 지혜'[入出定相智]에서) '올바른 유념'[正念]으로 든다는 것은 '삼마지에 들 수 있는 모습'[能入三摩地相]을 잘 취하여 잊지 않는 것이다. '올바른 유념'[正念]으로 난다는 것은 '삼마지에서 나올 수 있는 모습'[能出三摩地相]을 잘 취하여 잊지 않는 것이다.

4.2.8 성오지聖五支삼마지

무엇이 성오지삼마지(聖五支三摩地: 성스러운 다섯 세목의 삼마지)인가? 여러 비구[苾芻]가 이 '몸 안'[身內](의 욕망으로부터) '떠나 기쁨과 즐거움이 생기는 것'[離生喜樂]을 가리키는데 자세한 설명은 경經에서와 같다. (욕망으로부터) 떠나 기쁨과 즐거움이 생기는 것이란 초정려初靜慮 영역[地]에 속한 기쁨과 즐거움이다. '축축하게 젖는다'[所滋潤]는 것은 기쁨[喜]에 젖는 것이다. '두루 축축하게 젖는다'[遍滋潤]는 것은 즐거움[樂]에 젖는 것이다. '두루 가득 참'[遍充滿]이란 가행구경작의(加行究竟作意: 궁극에까지 힘쓰는 의도) 단계이다. '두루 때마침 기쁘다'[遍適悅]는 것은 (궁극에까지 힘쓰는 의도보다) 앞서의 여러 의도단계[作意位]에서도 기쁨과 즐거움이 시간 간격을 두고 일어나는 것을 가리키는데, 오래 머물지는 않고 '완성된 것'[圓滿]도 아니다. '내 몸'[此身]에 '조금만치도 가득차지 않음이 없다'[無有少分而不充滿]는 것은 가행구경과작의(加行究竟果作意: 궁극에까지 힘쓴 결과의 의도) 단계에 있음을 가리킨다.

비유하자면 '날쌔고 지혜로워'[黠慧] 목욕을 할 수 있는 사람과 그 제자와 같다는 것은 관행觀行하는 이를 비유한 것임을 알라. 구리 그릇, 기와 그릇, 또는 '방합조개 그릇'[蜯蛤]이란 것은 '욕망欲을 떠나 기쁨과 즐거움이 생기라고'[離欲生喜樂] 가르치고[教授] 지도하는[教誡] 것을 비유한 것이다. '고운 목욕가루'[細沐浴末]란 것은 그[관행하는 이]가 찾음[尋] 등에서 벗어남을 추구할 수 있음을 비유한 것이다. '물을 댄다'[水澆灌]는 것은 '찾음이 청정해진 과정'[尋淸淨道]을 비유한 것임을 알라. '목욕(하고 향료로 쓰는) 덩어리'[沐浴搏][22]란 몸을 비유한 것이다. '진액과 기름기를 띤다'[帶津膩]는 것은 기쁨과 어우러짐을 비유한 것이다. '기름지다'[膩所隨]고 하는 것은 즐거움과 어우러짐을 비유한 것이다. '안팎으로 두루하다'[遍內外]는 것은 빈틈없이 기쁨·즐거움과 어우러짐을 비유한 것이다. '강하지는 않다'[不强]는 것은 '움직여 달아남'[散動]이 없는 것을 비유한 것이다. '약하지 않다'[不弱]는 것은 물들지[染汚]도 않고 '(선정의) 맛에 애착하지'[愛味]도 않는다는 것을 비유한 것이다.

비유에 둘째 종류가 있다. 산山이란 무심(유)사정(無尋唯伺定: 찾음은 없고 살핌만 있는 선정)을 비유한 것이다. '뾰족한 꼭대기'[尖頂]란 제이정려第二靜慮에서 '찾음도 없고 살핌도 없어'[無尋無伺] 대상영역[所緣境]에 대해 '한 맛'[一味]으로 해석[勝解]하는 것을 비유한 것이다. 샘[泉]이란 '안이 고르게 깨끗함'[內等淨] 세목을 비유한 것이다. 수축水軸이란 물이 옆으로 흘러나오는 것이고, 물줄기[水索]란 물이 위로 솟아 나오는 것인데, 이 두 가지 비유는 그 차례대로 기쁨, 즐거움을 나타낸 것이다. '축축하게 젖는다'[滋潤]는 등의 말은 앞서의 설명과 같다. '가득 차지 않은 것이

---

22) 유가론기 제4권하(대정장 42. p.397b9-12): 목욕 덩어리란, 인도에서 목욕을 마친 뒤 여분의 감자를 자르고 갈아 햇볕에 말려 가루를 내어 날 참깨를 섞어, 그것을 매끄럽고 부드럽게하고 단단하지도 부드럽지도 않게 하여 몸에 바르는 것이다. 그 향기롭고 깨끗함과 매끄럽고 빛이 나는 것을 취하기 때문이다. 목욕 덩어리란 곧 말린 감자 가루이다.　　沐浴搏者。西方浴訖以餘甘子切碎曝乾爲末。以生胡麻香油和之。令其潤膩不硬軟方以塗身。取其香潔潤滑光淨故。沐浴搏即乾甘末。

없다'[無不充滿]이란 (기쁨·즐거움과) 끊임없이 관련하는 것임을 알라.

비유에 셋째 구별이 있다. 올발라(嗢鉢羅: utpala: 푸른 연꽃) 등과 같다는 것은 '(제이정려의) 기쁨을 떠난 (제삼정려의) 즐거움'[離喜之樂]이다. 그 '관련한 존재'[相應法]와 '의지하는 몸'[所依身]도 마찬가지(로 즐거움)임을 알라. 물은 (제이정려의) 기쁨을 떠난 무심(무)사정(無尋無伺定: 찾음도 없고 살핌도 없는 선정)을 비유한 것인데, 기쁨은 뛸듯함[踊躍]을 드러내지만 그런 것이 없기 때문에 '꽃이 품어져'[花胎藏] 물속에 잠겨 있음으로 비유하는 것이다.

비유에 넷째 구별이 있다. '청정한 마음'[淸淨心]이란 '평정한 생각이 청정함'[捨念淸淨]과 관련하여 아래 영역의 모든 '재난과 근심'[災患]을 모두 뛰어넘었기 때문이다. 희디흰[鮮白]이란 성품이 선하여 '자기 영역'[自地]의 번뇌의 맛에 애착하지 않기 때문이다. 어째서 자산가[長者]에 비유하는가? 그는 할 일을 모두 자세히 살피기 때문에, '방종하지 않기'[不放逸] 때문에, 헤아리고[籌量] 자세히 살핌이 뛰어나기 때문에, '늘고 줄어드는 부문'[增減門]에 모두 알기 때문이다. 청정한 제사정려를 경험[證得]한 이도 마찬가지이다. 하는 것이 있으면 자세히 살피고 완성하고, 여러 가지로 방종[放逸]하지 않고, 모든 의미에 대해 자세히 알며, 그 성품이 민첩[捷利]하다. (첫째로) 여덟 날줄 아홉 날줄의 비유는 모기·등에 등이 침입하지 못할 정도로 (그 옷감의 조직이) 탄탄하고 치밀함을 나타내고, (둘째는) 손발을 모두 덮는다는 것이다. 만일 (이러한) 두 가지가 없으면 (모기·등에 등이) 해코지할 수 있다는 것이니, 옷이 얇기 때문에 드러난 곳이 있기 때문이다. 지금 이 두 가지 잘못이 모두 없음을 나타낸 것은 '이 선정'[제사정려]도 마찬가지라는 것이다. 그 마음이 청정하고 희디희고[鮮白] 두루하여[周遍], 모든 '움직여 달아남'[散動]이 침입할 수 없고, 추위와 더위, 남이 비난하는 험구, 그리고 '자기 몸'[內身]의 여러 가지 괴로운 느낌까지 감당해낸다[堪忍].

비유에 다섯째 구별이 있다. 모습을 살피는 것이 정중하고 간절한 것 등은 앞서의 해설과 같음을 알라. 즉 (과거, 미래, 지금 등) 삼세三世의 제행(諸行: 모든 변천하는 존재)를 자세히 살피고, 자세히 살필 수 있는 것을 다시 자세히 살핀다. 이것이 지금 (설명)의 요지[總義]이다.

(그렇다면) 무엇을 성삼마지(聖三摩地: 성스러운 삼마지)라고 하는가? 어째서 다섯 가지 세목[支]의 구별을 하였는가? 네 가지 정려靜慮에 있는 성현聖賢의 '마음의 대상영역이 하나인 성질'[心一境性]과 '(성려가) 이루어지자'[於安立] 자세히 살피는 것, 이러한 것을 성삼마지聖三摩地라고 한다. (첫째로) 네 가지 현법락주現法樂住에 근거해 네 가지 세목[支]이 성립[建立]된다. 연기법緣起法을 자세히 관찰하기 때문이다. 또한 (둘째로) 나머지 결박結縛을 '끊어 없애기'[斷除] 때문에 다섯째 (세목)이 성립한다. 이러한 두 가지 때문에 다섯 가지 세목이 성립된다는 것을 알라.

4.2.9 유인유구성정有因有具聖正삼마지

무엇이 유인유구성정삼마지(有因有具聖正三摩地: 원인이 있고 수단이 있는 성스러운 바른 삼마지)인가? 선善하고 '번뇌가 없기'[無漏] 때문에 성스럽다고 함을 알라. 다섯 가지 '도의 세목'[道支: 정도正道의 세목]을 '선정의 원인'[定因]이라고 한다. '바른 견해'[正見], '바른 사유'[正思惟], 바른말[正語], '바른 행동'[正業], '바른 생활'[正命]을 가리킨다. 수단[具]은 세 가지이다. '바른 견해'[正見], '바른 정진'[正精進], '바른 유념'[正念]이다.

이 가운데 박가범薄伽梵께서는 앞의 일곱 가지 '도의 세목'[道支]은 성스러운 '바른 삼마지'[正三摩地: 정정正定]의 원인도 되고 수단도 되는 것은 알맞게 구별하여 알라고 총괄적으로 말씀하셨다. '앞에서 유도하는 순서'[前導次第]라는 의미로 다섯 가지를 원인으로 삼고, 삼마지(三摩地: 정定)에 도움이 된다는 의미로 세 가지를 수단으로 삼은 것을 가리킨다.

어째서 정견正見 등이 앞에서 유도하는 순서의 의미라고 하는가? 우선 세상에는 실제로 '진짜 아라한'[眞阿羅漢]이 있고 '바르게 수행하면'[正行] '바르게 이른다'[正至]는 것을 분명히 알아 벗어남[出離]에 대해 깊은 의욕[樂欲]이 생겨 정견正見을 이룬다. 다음으로 어떻게 하면 장차 가정에 지내 (생기는) 압박감을 벗어날까 등등을 사유思惟한다. 그리고는 출가出家하여 시라(尸羅: 계戒)를 배우고, 깨끗한 생활[淨命]을 제대로 배운다[修治]. 이를 정어正語, 정업正業, 정명正命이라고 한다.

이 정견正見 등으로 없애야 할 '비뚠 견해'[邪見] 등 다섯 가지를 아직 끊을 수가 없다면, 도로 이 다섯 가지 선법善法에 의지하여 다른 이의 말을 들어서 점차 '들어서 생기는 지혜'[聞慧]인 정견正見을 발생시킨다. '다스려야 할 대상인 존재'[所治法]를 끊어 없애려고 하기 때문에, 또한 수습도(修習道: 수행도)의 식량[資糧]으로 삼기 때문에, '(수행도에) 접근하는 방법'[方便]을 자세히 살피고, 다음으로 문혜聞慧에 의해 '생각해서 생긴 지혜'[思慧]를 발생시키고, 다시 사혜思慧에 의해 '수행하여 생긴 지혜'[修慧]를 발생 시킨다. 이 정견正見 때문에 모든 '비뚠 견해'[邪見]에 대해 "이는 사견邪見이다."라고 사실대로 분명히 알며, 모든 정견에 대해서는 "이는 정견正見이다."라고 사실대로 분명히 안다. (이렇게) 정명正命에까지 (사실대로 분명히 안다).

사실대로 알고 나서 사견邪見 등을 끊어 없애기 위하여 그리고 정견正見 등을 완성[圓滿]하기 위하여 정진한다. 만일 이렇게 함으로써 '다스려야 할 대상'[所治]을 끊을 수 있으려고 '다스리는 주체인 존재'[能治法]를 모아 완성시킨다. 이를 '바른 유념'[正念]이라고 한다. 이 유념[念]은 삼마지의 일부이기 때문에 또한 '바른 삼마지'[正三摩地]라고 겸해서 설명한다. 이때 사견邪見을 버리고서 다시는 생기지 않게 하고 정견正見 등을 수행하여 완성시킨다면, 방편도(方便道: 수행도에 접근하는 과정)에서 '비뚠 정진'[邪精進]과 '비뚠 유념'[邪念]을 버릴 수 있고 아울러 '바른 정진'[正精進]과 '바른 유념'[正念]을 수행하여 완성시킬 수 있다. 이때 저 '모든 존재'[諸法]에 대해서 끊을 수 있고, 완성할 수 있다면 곧 이때 성정삼마지聖正三摩地도 완성한다.

이 가운데에서는 지혜[慧]를 유도하는 첫 번째 것으로 삼기 때문에 '뛰어난 계'[增上戒]에서 우선 편안히 머물고, 다음에 남의 말을 들어 여리작의(如理作意: 이치에 맞게 의도함)하는 것과 '뛰어난 계'[增上戒]를 배우는 것 두 가지에 의지해, 방편도方便道에서 '뛰어난 마음'[增上心]을 배우는 것과 '뛰어난 지혜'[增上慧]를 배우는 것을 발생시킨다. 이 가운데 정념正念을 '뛰어난 마음을 배우는 것'[增上心學]이라고 하고 정견正見, 정정진正精進을 '뛰어난 지혜를 배우는 것'[增上慧學]이라고 한다. 이와 같은 세 가지 '배움'[學]은 성정삼마지聖正三摩地를 수행할 때 모두 완성된다.

4.2.10 금강유金剛喩삼마지

무엇을 금강유삼마지金剛喩三摩地라고 하는가? 가장 나중에 배우는 삼마지를 가리키는데 이 삼마지가 최상이고, 가장 뛰어나고, 아주 견고[堅牢]하기 때문이다. 이보다 더 번뇌를 굴복 시킬 수 있는 것이 없고, 모든 번뇌를 굴복시키기 때문이다. 그러므로 이 선정을 '금강(석과) 같다'[金剛喩]고 한다. 비유하자면 금강석[金剛]은 그 성질이 단단하여 모든 옥돌[末尼]이 꿰뚫고 부술 수 없지만 (금강석은 옥돌을) 꿰뚫고 부술 수 있는 것과 같다. 이 선정도 그러하기 때문에 금강석에 비유한다.

4.3 삼마발저三摩鉢底

4.3.1 현견現見삼마발저

무엇을 다섯 가지 현견삼마발저(現見三摩鉢底: 나타난 것을 보는 등지等至)라고 하는가? "모든 비구[苾芻]가 이 몸 등에 대해서…." 등등 경經에서 자세히 설명한 것과 같이, '이미 진리를 본 이'[已見諦者: 견도에 들었다 나온 이: 예류과豫流果 성자 이상]가 이 등지(等至: 삼마발저)를 수행한다. 그래서 현견등지現見等至라고 한다. 즉 모든 수도소단번뇌(修道所斷煩惱: 수도에서 끊는 번뇌)를 (첫째로) '굴복시켜 다스림'[制伏對治], (둘째로) '끊어 소멸시켜 다스림'[斷滅對治], 그리고 (셋째로 예류과豫流果·일래과一來果인 성자, 넷째로 불환과不還果인 성자, 다섯째로 아라한과阿羅漢果인 성자의) '자세히 살펴 끊음'[觀察斷](을 가리킨다). 이 가운데 총괄한 것과 요약한 '자체의 성질'[體性]을 알라.

처음의 부정관(不淨觀: 깨끗지 않다고 살피는 것)은 (수행도에) '접근하는 방법'[方便]으로서의 염주(念住: 생각을 머물게 함)에 의지하여 욕탐(欲貪: 욕계의 탐냄)이 '나타나 작용하지'[現行]않게 하기 위해 '자기 몸'[內身]의 여러 가지 '깨끗지 않음'[不淨]을 자세히 살핀다. 둘째의 부정관不淨觀은 그 염주念住에 의지하여 '뼈만 남은 사람'[骨人]의 모습을 자세히 살피는 것에 이른다. 그 탐냄[貪]이 나타나 작용하지않게 하기 위해

'이 몸'[此身]의 여러 가지 '깨끗지 않음'[不淨]을 자세히 살핀다. 이를 합쳐 '모든 깨끗지 않음'[一切不淨]을 함께 자세히 살핀다고 한다.

'궁극을 통달한다'[最極通達]는 것은 '청어靑瘀 등을 살핌'[靑瘀等觀] 종류의 차례가 극한까지 '넘어선다'[逾越]는 의미이다. 처음의 부정관不淨觀은 '자기 몸'[內身]의 '앞에 나타나'[現前] 머무는 여러 가지 '깨끗지 않음'[不淨]을 자세히 살핀다. 뒤의 부정관은 '존재의 성질'[法性]에 통달하는 것인데 "이 몸에는 이 같은 존재[法]가 있고 이 같은 성질[性]이 있구나."하며 자세히 살피는 등등이다.

식識이 유전(流轉: 존재의 원인과 결과가 계속됨)을 살핀다는 것은 이 식이 생멸하며 지속[相續]되는 것을 자세히 살피는 것이다. 또는 '살아있는 몸'[生身]이 전개되며[展轉] 지속하는 것을 살피는 것인데, 행행이 식識의 조건[緣]이 된다는 등을 거칠게[麁], 자세히 살피는 것이다. 또는 찰나刹那가 전개되며 지속되는 것을 살피는 것인데 '탐냄이 있는 마음'[有貪心], '탐냄을 떠난 마음'[離貪心] 등의 종류가 점차 이러저러한 주야日夜, 찰나刹那, 납박臘縛, 모호률다牟呼栗多[23]를 지나면서 그러는 가운데 수많은 여러 가지 심식心識이 달리 생기고 달리 소멸하는 것을 섬세하게 자세히 살피는 것이다.

(예류과豫流果, 일래과一來果 등) 유학有學(위위의 성자로서) '아직 욕망에서 떠나지 못한 이'[未離欲者]는 (사람세상, 그리고 욕계의 천天 등) '두 세상'[二世]에 머물고, (불환과不還果 등) '이미 욕망에서 떠난 이'[已離欲者]는 오직 (색계·무색계 등) '다른 세상'[他世]에서만 머물고, 아라한과阿羅漢果는 (욕계, 색계, 무색계 등에) 머무는 곳이 전혀 없다. 이상의

---

23) 본역주본 제1권 p.81 각주89) 참조.

설명을 자세히 살핀다고 하는 것이다.

4.3.2 승처勝處삼마발저·변처遍處삼마발저

끊는[斷] 승처등지勝處等至와 변처등지遍處等至에 대해서는 앞서 설명한 것과 같다.

4.3.3 무상無想삼마발저

무엇이 무상삼마발저(無想三摩鉢底: 개념형성이 없는 등지等至)인가? 이미 변정천[遍淨]의 욕망에서는 떠났으나 아직 위[上](영역)에 대한 욕망에서 떠나지 못했으므로, '상상에서 벗어나려는 의도'[求出離想作意]를 맨 처음으로 삼아 모든 심心·심법(心法: 심소법)(의 작용이) 소멸하는 것을 이른다.

질문 어떠한 수행방법[方便]으로 이 등지等至에 드는가?

대답 상(想: 생각: 개념형성)을 '질병과 같고'[如病], '큰 종기 같고'[如癰], '화살 같다'[如箭]고 살피며 제사정려第四靜慮에 들어 '상상을 등지려는 의도'[背想作意]를 수행한다. 생기는[生起] 여러 가지 상상 가운데에서 '염증을 내 등지고'[厭背] 머문다. 오직 무상(無想: 개념형성 없는)한 고요함[寂靜]이 '섬세하게 훌륭하다'[微妙]고 일컬으며 무상無想 가운데에 마음을 유지하며 머문다. 이와 같이 점점 모든 대상[所緣]에서 떠나면 마음은 곧 고요해진다. 지금생[此生] 중에서는 (이 등지에) 들기도 하고 나오기도 하지만, 만일 다른 곳[무상천無想天]에서 생겨날 경우에는 오직 (이 등지에) 들기만 할 뿐 나오지는 않는다. 상상이 생기면 곧 그곳[無想天]에서 죽는다[沒].

4.3.4 멸진滅盡삼마발저

무엇을 멸진삼마발저(滅盡三摩鉢底: 개념형성[想]과 느낌[受]이 모두 다 사라지는 등지等至)라고 하는가? 이미 무소유처無所有處의 욕망을 떠나 '잠시 상상에 안주하려는 의도'[暫安住想作意]를 맨 처음으로 삼아 모든 심心·심법(心法: 심소법)(의 작용이) 소멸하는 것을 이른다.

질문(1) 어떠한 수행방법[方便]으로 이 등지等至에 드는가?

대답(1) 만일 모든 성자聖者가 이미 무소유처無所有處의 욕망을 떠나면 어떤 경우에는 비상비비상처非想非非想處 모습[相]에 의지하여 선정에 들고, 어떤 경우에는 멸진상滅盡相에 의지하여 선정에 든다. 비상비비상처非想非非想處 모습[相]에 의지하여 선정에 든다는 것은 이러한 위[上](영역의) 마음에 대해 깊이 '염증이 나서 버리려 함'[厭捨]이 생겨 비상비비상처非想非非想處로 나아가는 대상이 '모두 다 사라졌기'[皆滅盡] 때문에 마음이 고요해진다[寂滅]는 것이다. 멸진상滅盡相에 의지해 선정에 든다는 것도 이와 마찬가지이다.

장차 멸진정滅盡定에 들어가려고 할 때에는 두 가지 방법을 많이 짓는다. 사마타와 비발사나이다. 사마타奢摩他란 무엇이고, 비발사나毘鉢舍那란 무엇인가? 어떻게 이 두 가지를 많이 짓는가? 팔차제정(八次第定: 차례로 되어있는 여덟 가지 선정)을 사마타라 하고 (각 선정에) 있는 '성스러운 지혜'[聖慧]를 비발사나라고 한다. 이 둘 가운데 한 가지라도 빠지면 멸진등지滅盡等至에 들 수 없다. 요는 이 둘을 갖추어야 들어갈 수 있다는 것이다. 그러므로 이 둘을 많이 짓는다.

질문(2) 멸진정[滅定]에 들 때 어떻게 '세 가지 작용'[三種行]이 차례로 소멸하는가?

대답(2) 이에는 두 가지가 있다. '다닐 때'[行時]와 '머물 때'[住時]²⁴⁾이다. 다닐 때라면 말[言說]이 생긴다. 초정려初靜慮에서는 이 작용作用이 있는데, 말[語行]이 있기 때문이다. 머물 때라면 제이정려第二靜慮이상의 차례로 있는 선정의 힘에 따라 세 가지 작용이 차례로 소멸한다. (멸진정에서) 나올 때는 반대 순서로 일어난다는 것을 알라.

질문(3) 멸진정滅盡定 중에는 모든 심心·심법(心法: 심소법)(의 작용)이 모두 다 소멸하는데 어째서 식識이 몸[身]에서 떠나지 않는다고 설명하는가?

대답(3) 모든 '물질로 된 근'[色根]이 뭉개지지[變壞] 않아서 (그) 가운데에 전식轉識의 종자種子를 지니는[執持] 아뢰야식阿賴耶識이 소멸[滅盡]되지 않았기 때문이다. 나중에 그[전식의] 존재[法]는 이[전식의 종자]로부터 생겨날 수 있다.

질문(4) 멸진정[滅定]에 들 때에 "내가 장차 선정에 들겠다. 내가 장차 선정에서 나가겠다."라는 추리[分別]가 없고, 바로 선정에 있을 때에도 마음은 '(작용이) 고요히 사라졌기'[寂滅] 때문에 힘쓰는 것[加行]도 멀리하고, 선정에서 나오려 할 때에도 마음(의 작용)이 앞서 소멸했기 때문에 의도[作意] 또한 없을텐데 어떻게 (멸진정에) 들어갈 수 있고 나올 수 있는가?

대답(4) 앞서 그 마음에 대해 '제대로 잘 수행했기'[善修治] 때문에 만일

---

24) 유가론기 제4권하(대정장 42. p.399a13-15): 혜경惠景논사에 의하면 초정려의 마음에는 심사尋伺가 있어 말이 일어나므로 다닐 때라고 한다. 제이정려 이상에서는 마음이 점점 미세해져 심사를 떠나므로 머물 때라고 한다.　　景云. 初定心有彼尋伺起言説故名爲行時. 二定已上心漸微細離尋伺故名爲住時.

'여러 수행'[諸行], '여러 형상'[諸狀], '여러 모습'[諸相]이 있으면 선정에 들 수 있고 선정에서 나올 수 있다. 그에 대해 수행하고 아주 많이 수행하여, 수행 때문에 저절로 들어갈 수 있고 저절로 나올 수 있다.

어떻게 멸진정[滅定]에서 나올 때 첫째 부동촉(不動觸: 동요되지 않음의 접촉), 둘째 무소유촉(無所有觸: 아무것도 없음의 접촉), 셋째 무상촉(無相觸: 모습 없음의 접촉) 등 세 가지 촉觸에 접촉하는가? 이를테면 선정에서 나올 때에는 대개 삼경(三境: 세 가지 대상영역)으로 말미암아 선정에서 나온다. 첫째 ('자기 몸'[內身]을 의미하는) 유경(有境: 존재라는 대상영역)으로 말미암아, 둘째 (외계 대상영역을 의미하는) 경경(境境: 외경外境이라는 대상영역)으로 말미암아, 셋째 ('모습 없음의 이치'[無相理]를 의미하는) 멸경(滅境: 소멸이라는 대상영역)으로 말미암아서인데, 이 삼경三境으로 말미암아 선정에서 나올 때 그 차례대로 세 가지 촉觸에 접촉한다.

유경有境을 대상으로 선정에서 나올 때에는 아만(我慢: 나라고 으스댐)이 마음을 요동擾動시켜 "이것은 나다."라고 하면서 아만我慢을 일으키거나, "미래에는 내가 있을 것이다."라고 하는 등이 없다. 그러므로 부동촉(不動觸: 동요되지 않음의 접촉)에 접촉한다고 한다. 경경境境을 대상으로 선정에서 나올 때에는 '탐냄이 없고'[無貪所有], '분노가 없고'[無瞋所有], '이치에 밝다'[無癡所有]. 그러므로 무소유촉無所有觸에 접촉한다고 한다. 멸경滅境을 대상으로 선정에서 나올 때에는 모든 모습[相]에 대해 생각하지 않으므로 무상계(無相界: 모습이 없는 영역)를 대상으로 삼는다. 그러므로 무상촉無相觸에 접촉한다고 한다. 지금까지 정려靜慮, 해탈解脫, 등지等持, 등지等至에 관해 설명하였다.

5. 여러 가지 의미衆雜義

5. 1 경經의 인용

5.1.1 지관止觀

세존世尊께서, "너희들 비구[苾芻]는 빈 곳[空閑]을 즐기고, 부지런히 관행觀行을 하고, '안 마음'[內心]이 '바른 사마타'[正奢摩他]에 편히 머물러야 한다."라고 말씀하신 것과 같이, 침구[臥具]를 탐내는 것을 멀리하고 빈 곳에 있거나 나무 아래 앉아 생각을 바로 앞에 묶어 놓는 등등을 빈 곳을 즐긴다고 한다. 이 말은 '몸이 멀리함'[身遠離]을 나타낸다. 만일 안[內]에서 '아홉 가지로 마음을 머물게'[九種住心][25] 하면 이를 '안 마음'[內心]이 '바른 사마타'[正奢摩他]에 편히 머문다고 한다. 이 말은 '마음이 멀리함'[心遠離]을 나타냄을 알라. 만일 빈 곳에 있는 것을 즐기면 곧 '안 마음'[內心]이 바른 사마타에 편히 머무름을 '직접적으로 유도할'[引發] 수 있다. '안 마음'[內心]이 바른 사마타에 편히 머무르면 곧 비발사나毘鉢舍那를 직접적으로 유도할 수 있다. 만일 비발사나를 잘 수행한 뒤엔 제법諸法 가운데에서 사실대로 '깨달아 분명히 앎'[覺了]을 직접적으로 유도할 수 있다.

5.1.2 무량無量·상위常委·정념正念

세존世尊께서, "너희들 비구[苾芻]는 삼마지三摩地에 대해서 무량無量을 부지런히 수행하고, '항상 자세히 다 알고'[常委], '바른 유념'[正念]에 '편히 머물러야[安住] 한다."라고 말씀하신 것과 같이, 앞에서는 삼마지

---

25) 구종심주九種住心: 이 책 p.41 각주3) 참조.

로 한꺼번에 제시하고, 부지런히 수행함 뒤로 세 가지 일로 수행하는 모습을 따로 나타냈다. 무량無量이란 '네 가지 무수함'[四無量]이다. '항상 자세히 다 앎'[常委]이란 항상 '지어야 할 것'[所作]이 있고, 지어야 할 것을 자세히 다 알기 때문에 '항상 자세히 다 안다'[常委]고 한다. '바른 유념'[正念]에 '편히 머무름'[安住]이란 (몸[身], 느낌[受], 마음[心], 존재[法]에 대해 깨끗지 못하고[不淨], 괴롭고[苦], 무상하고[無常], '나라고 할 만한 것이 없다'[無我]고 살피는) 사념주四念住에서 마음을 편히 머무르는 것을 나타낸 것이다.

어째서 이 세 가지 수행하는 모습을 설명하였는가? 두 가지 완성[圓滿] 때문인데, 첫째로 세상[世間]의 완성[圓滿], 둘째로 '세상을 벗어난'[出世] 완성이다. 무량無量을 수행하기 때문에 곧 세상의 완성을 직접적으로 유도할 수 있다. '바른 유념'[正念]을 수행하기 때문에 곧 세상을 벗어난 완성을 직접적으로 유도할 수 있다. '항상 자세히 다 앎'[常委]을 수행하기 때문에 이 두 가지 (완성)을 빠르게 통달한다. 이 때문에 이 두 가지 (모두가 속하는 입장)에서 설명하며 다만 세 가지 수행하는 모습이라고만 한다.

아울러 무량無量이란 사마타奢摩他의 방도[道]을 나타낸 것이다. '바른 유념'[正念]에 머문다는 것은 비발사나毘鉢舍那의 방도[道]을 나타낸 것이다. '항상 자세히 다 앎'[常委]은 이 두 가지를 빨리 경험함으로 나아가는 방도를 나타낸 것이다.

아울러 무량無量이란 '즐거움을 불러들이는 능력'[福德]으로 나아가는 수행[行]을 나타낸 것이다. '바른 유념'[正念]에 머문다는 것은 열반涅槃으로 나아가는 수행을 나타낸 것이다. '항상 자세히 다 앎'[常委]은 두 가지로 나아가 빨리 완성하는 수행을 나타낸 것인데, 우선 사마타를 잘 수행한

후 비발사나와 더불어 수행한다. 이 두 가지 삼마지를 수행하므로 '알아야 할 대상영역'[所知境界]을 사실대로 '깨달아 분명히 안다'[覺了].

5.1.3 등지等持와 등지等至에 정교함

세존世尊께서, "정려靜慮를 수행하는 이에는 등지等持에는 정교[善巧]하지만, 등지等至에는 정교하지 못한 이가 있다."라고 말씀 하시는 등 경經의 요약[嗢柁南頌]으로 자세히 설명하셨다. 무엇이 등지等持에 정교[善巧]한 것인가? 공空, (무원無願, 무상無相) 등 세 가지 삼마지三摩地에 정교한 것이다. 무엇이 등지等至에 정교하지 못한 것인가? 승처勝處·변처遍處·멸진滅盡 등지等至에 정교하지 못한 것이다.

무엇이 등지等至에는 정교[善巧]하지만, 등지等持에는 정교하지 못한 것인가? 열 가지 변처등지遍處等至와 무상등지無想等至에 들거나 나는 것에 모두 정교하지만, 세 가지 삼마지三摩地에는 그렇지 못한 것이다. 무엇이 모두 정교한 것인가? (등지等持와 등지等至) 둘 모두에 정교한 것이다. 무엇이 둘 다에 정교하지 못한 것인가? (등지等持와 등지等至) 둘 모두에 정교하지 못한 것이다. 이와 같이 앞서 등지等持와 등지等至에 대해 설명한 것을 알맞게 잘 성립시키라.

아울러 등지等持에는 정교하지만[善巧], 등지等至에는 정교하지 못하다는 것은 이를테면 등지等持의 이름들[名身], 구절들[句身], 글자들[文身]에 대해서는 잘 구별하지만, 등지等至에 들게 되는 '여러 수행'[諸行], '여러 상태'[諸狀], '여러 모습'[諸相]에 대해서는 잘 구별하지 못하는 것이다. 무엇이 등지等至에는 정교하지만, 등지等持에는 정교하지 못한 것인가? 이를테면 어떤 이가 등지等至에 들게 되는 '여러 수행'[諸行], '여러 상태'[諸狀], '여러 모습'[諸相]에 대해서는 잘 알고 당장 들 수도 있지만, 이 삼마지의 이름들[名身], 구절들[句身], 글자들[文身]의 구별된 모습은 잘 모르는 것이다. 또한 "내가 이미 이러이러한 등지等持에 들었구나."하는 구별을 잘할 수 없다. (예를 들어) 어떤 보살菩薩들은 수많은 삼마지에 들어갈 수는 있지만 그 삼마지의 이름들[名身], 구절들[句身], 글자들[文身]에 대해서는 분명하게 알지 못한다. 또한 "내가 이미 이러이러한 등지等持에 들었구나."하는 구별을 할 수 없다. 그러고는 "(그 점에 대해) 부처님들께 들은 일이 없으며, 이미 '첫째 궁극'[第一究竟][26]에 다다른 보살님들께 들은 일도 없다."라고 하며, 스스로도 '첫째 궁극'[第一究竟]에 다다르지 못한다.

무엇을 머무른다[住]고 하는가? 여러 삼마지에 들 수 있는 '여러 수행'[諸行], '여러 상태'[諸狀], '여러 모습'[諸相]을 잘 취하기 때문에 바라는 대로 선정에 머물 수 있고, 삼마지에서 다시 물러나지 않는 것을 가리킨다. 이와 같이 선정에 머무르는 것과 물러나지 않는 것 모두를 머무른다고 한다.

무엇을 나간다[出]고 하는가? 어떤 이가 선정에 들게 되는 '여러 수행'[諸行], '여러 상태'[諸狀], '여러 모습'[諸相]을 더는 생각하지 않고, '(색계, 무색계 등의) 선정의 영역이 아닌'[不定地] (즉 욕계의) '추리하는 체성의 모습'[分別體相]에 속하는[所攝][27] '선정 영역'[定地]과 '다른 종류의 존

---

26) 유가론기 제5권상(대정장 42. p.400a29-400b1): 혜경惠景논사에 의하면 어떤 경우에는 초지初地를 첫째 궁극이라고 하고, 어떤 경우에는 제십지第十地를 첫째 궁극이라고 한다.　　景云. 或以初地名第一究竟. 或第十地名第一究竟.
27) 유가론기 제5권상(대정장 42. p.400b1-3) '(색계, 무색계 등의) 선정의 영역이 아닌'[不定地] (즉 욕계의) '추리하는 체성의 모습'[分別體相]에 속한다는 것은 (혜경惠景 논사에 의하면) '산만한 대상영역'[散境]이다. 이는 바로 선정의 영역

재'[不同類法]를 의도[作意]하고 생각하여 삼마지에서 나오는 것을 가리킨다. 어떤 경우에는 따라서 할 일 때문에, 어떤 경우에는 정해진 일 때문에, 어떤 경우에는 약속한 일 때문에 선정에서 나온다. (이 가운데) '따라서 할 일'[隨所作]이란 옷과 식기[鉢] 등을 고치고 닦는 등의 여러 가지 작업作業이다. '정해진 일'[定所作]이란 음식飮食, 대소변[便利], 스승과 웃어른 모시기 등의 여러 가지 작업이다. '약속한 일'[期所作]이란 어떤 이가 앞서 약속을 한 것, 또는 남을 위해 장차 해 주기로 한 것, 또는 다른 선정에 다시 바꿔 들려고 하는 것이다. 이 때문에 삼마지三摩地에서 나온다.

무엇을 수행[行]이라고 하는가? 대상[所緣]과 같은 여러 가지 수행을 하여 선정에 드는 것을 가리킨다. 예를 들어 '거칠다(고 살피는) 수행'[麁行], '고요하다(고 살피는) 수행'[靜行], '질병(이라고 살피는) 수행'[病行], '악성종기(라고 살피는) 수행'[癰行], (탐냄[貪], 분노[瞋], 어리석음[癡]을) '화살[28](이라고 살피는) 수행'[箭行], '무상하다(고 살피는) 수행'[無常行] 등 이러저러한 삼마지三摩地 중의 '여러 수행'[諸行]이다.

무엇을 상태[狀]라고 하는가? 여러 선정에 들어가려 할 때 곧 이 선정의 상태[相狀]가 먼저 일어난다. 이 상태[狀] 때문에 "내가 이러이러한 모습[相]의 선정에 오래지 않아 들겠구나."하거나, 바로 듦을 스스로 분명히

과 다른 종류의 존재이기 때문이다. 산만한 대상영역을 사유하는 것을 선정에서 나온다고 한다.　　於不定地分別體相所攝者散境也。此是定地不同類法故。思惟散境名出定也。

28) 유가사지론 제89권(대정장 30. p.804a13-14)에 의하면 만일 탐냄[貪], 분노[瞋], 어리석음[癡]이 '(자신에게) 부끄러워함'[慚]과 '(남에게) 부끄러워함'[愧]을 멀리 하면 '(자신과 남에게) 부끄러워함이 없기'[無慚愧] 때문에 꾸준히 지속되므로 '굴복시킬 수 없어'[制伏] 결정적으로 손상을 입히는 것을 화살[箭]이라고 설명한다.

안다. 그를 가르치는 스승도 이 상태 때문에 그가 오래지 않아 이러이러한 모습[相]의 선정에 들리란 것을 분명하게 안다.

무엇을 모습[相]이라고 하는가? 두 가지 모습을 가리킨다. 첫째, 소연상(所緣相: 대상으로서의 모습). 둘째, 인연상(因緣相: 원인과 조건으로서의 모습)이다. '대상으로서의 모습'[所緣相]이란 '추리하는 체성'[分別體]을 가리킨다. 이를 조건으로 삼기 때문에 여러 선정에 들 수 있다. '원인과 조건으로서의 모습'[因緣相]이란 선정의 식량[資糧]을 가리킨다. 이 원인과 조건 때문에 여러 선정에 들 수 있다.

이를테면 선정에 대한 지도[教誡]와 가르침[教授]에 따라 여러 선정 수행의 식량[資糧]을 모아서 (선정[定]과 지혜[慧]를) 함께 수행하고, 유심(有心: 마음이 있음)을 염증 내려 하고, 산란[亂]하고 산란하지 않은 것을 자세히 살펴 분명하게 알고, 사람에 의하든, '사람이 아닌 것'[非人]에 의하든, 음성音聲에 의하든, 완력[功用]에 의하든, 남에게 괴롭힘을 당하지 않는 것이다.

무엇을 '조절이 잘됨'[調善]이라고 하는가? 만일 삼마지三摩地가 어떤 수행[行]에 얽매어[所拘執] '물에 잠긴 것 같이'[如水被持] 되고 법성(法性: 존재의 본성)에 얽매었는데도, '고요하지 못하고'[不靜] '훌륭하지 못하고'[不妙] '편안한 과정'[安隱道]이 아니며 또한 심일취성(心一趣性: 마음이 하나의 대상영역으로 나아가는 성질)을 경험하는 것이 아니면, 이 삼마지三摩地는 '조절이 잘 되었다'[調善]고 하지 않는다. 즐거움[樂]을 따라 편안하게 머물지 못하는 것, 이것과 반대되면 '조절이 잘 되었다'[調善]고 한다.

(보다 자세히) 무엇을 어떤 수행[行]에 얽맨다고 하는가? 서원誓願과 함

께 수행하는 의사[思] 때문에 '외계의 조건'[外緣]을 제어하여[制伏] 선정과 의도[作意]에서 마음을 유지하는 것이다. 요는 작용[功用]을 (가)해야 '안의 마음'[內心]을 외계로 흩어지지 않게 운전運轉할 수 있기 때문에 '물에 잠긴 것 같다'[如水被持]고 말한다.

(아울러) 무엇을 법성(法性: 존재의 본성)에 얽매었다고 하는가? '아래 영역'[下地]을 자세히 살펴 거친[麁] 법성法性이라고 하고 '위 영역'[上地]을 자세히 살펴 고요한[靜] 법성法性이라고 하므로, 고요하고[寂靜] '섬세하게 훌륭하고'[微妙] '편안한 과정'[安隱道]을 이루고 심일취성心一趣性을 경험하는 것을 가리킨다. 오성지삼마지(五聖智三摩地: 다섯 가지 성스러운 지혜의 삼마지) 가운데에서 이미 간략히 풀이하였다.

무엇이 수행대상[所行]인가? 삼마지三摩地의 수행대상[所行]의 영역[境界]은 이룩한 선정으로 말미암는다. 이를 넘어선 것은 알 수 없기 때문이다. 초정려初靜慮에서는 제이정려第二靜慮를 살펴 볼 수 없는 것과 같다. 이와 같이 '근기의 정도'[根度], '삭취취의 정도'[數取趣度] 역시 알 수 없다. 무엇을 '직접적으로 유도한다'[引發]고 하는가? 드넓은 문구文句의 의미를 요약하여 포함하고 여러 뛰어난 공덕(功德: 훌륭한 결과를 내는 능력)을 갖출 수 있는 것이다.

무엇이 등애等愛인가? '(자신에게) 부끄러움'[慚], '(남에게) 부끄러움'[愧], 애호[愛], 공경[敬], 믿음[信], '바른 사유'[正思惟], '바른 유념'[正念], '바른 앎'[正知], '근을 보호함'[根護], '계를 보호함'[戒護], '후회 없음'[無悔] 등이며, 즐거움[樂]이 맨 마지막이다.[29] 즐거움을 따르기 때문에

---

29) 유가론기 제5권상(대정장 42. p.400b12-15): 이것은 선정에 앞서 일어나는 열두 종류의 존재이다. 첫째, '(자신에게) 부끄러움'[慚], 둘째, '(남에게) 부끄러움'[愧]

마음이 곧 선정을 이룬다. 이와 반대면 부등애不等愛라고 한다. 아울러 무엇이 등애等愛이면서 부등애不等愛인가? 어떤 이가 '(자신에게) 부끄러움'[慚], '(남에게) 부끄러움'[愧]은 일부는 이루었지만, 일부는 이루지 못한 것을 가리킨다. '(자신에게) 부끄러움'[慚], '(남에게) 부끄러움'[愧]은 모두 이루었지만, 애호[愛]와 공경[敬]은 이루지 못한 것 등등을 가리킨다.

무엇이 자람[增]인가? 이룩한 선정이 '점점 자라는'[增長] 것을 가리킨다. 무엇이 '줄어듦'[減]인가? 이룩한 선정으로부터 도로 물러나는 것을 가리킨다. 무엇이 '접근하는 방법'[方便]인가? 저 (자람과 줄어듦 등) 두 가지 과정으로 나아가는 것 및 가라앉힘[止], 들어올림[擧], 평정함[捨]인데, 앞서 가라앉힘[止] 등의 모습에서 모두 설명한 것과 같음을 알라.

5.1.4 정려수행의 전도顚倒와 전도되지 않음

『분별정려경分別靜慮經』에서, "정려靜慮에 있는 이는 일어남[興]에 대해 줄어듦[衰]이라고 한다." 등등을 말씀하셨다. 이 가운데 '네 가지 전개'[四轉]가 있다. (우선) 두 가지 시기의 전도顚倒를 알라. 삼마지에서 '물러나 떨어지는 시기'[退墮時]와 '올라가는 시기'[勝進時]를 가리킨다. (여기에서) '물러나는 쪽으로 가거나'[趣退], 물러남[退]을 모두 줄어듦[衰]이라고 한다. (반대로) '올라가는 과정으로 가거나'[趣勝進道], 올라감[勝進]

내지는 열두째, 즐거움[樂]이다. 이로써 '접근하는 방법의 마음'[方便心]이 곧 선정을 이룬다. 이 가운데 현장삼장玄奘三藏등께서 이르시기를, 고르다[等]는 것은 바로 등지等至이고, 애호[愛]는 바로 선정에 접근하는 방법의 마음이며, 등지의 뛰어난 능력을 애호하기 때문에 '고른 것'[等]을 애호한다고 하셨다. 此謂定前起十二種法. 一慚二愧乃至十二樂. 以此爲方便心便得定. 此中三藏云. 等是等至愛是定方便心. 愛等至勝功德故名爲等愛也.

을 모두 일어남[興]이라고 한다.

무엇을 삼마지에서 '올라가는 시기'[進時]의 전도顚倒라고 하는가? 그가 이르기를, "나는 이제 이생희락(離生喜樂: 욕계를 떠나 생기는 기쁨과 즐거움)에서 물러났구나. 나는 이제 뛰어난 삼마지로부터 물러났구나."라고 하는 것이다. 이를테면 정려靜慮에 든 이가 부지런히 수행했기 때문에 마음이 고요함[寂靜]으로 나아가고, 평정[捨]을 따르는 수행 때문에 초정려初靜慮로부터 제이정려第二靜慮에 가까운[近分] (선정)으로 들었지만, 이 일에 대해 분명하게 잘 알지 못한다. 이 단계에서는 '초정려 영역'[初靜慮地]의 기쁨과 즐거움은 이미 가시고, '제이정려 영역'[第二靜慮地]의 기쁨과 즐거움은 아직 이루지 못해서 다음과 같이 생각한다. "이제 이생희락離生喜樂으로부터 물러났구나." 그러고는 마침내 그[近分]로부터 마음을 거두어들인다. 이와 같이 정려靜慮를 수행하는 이는 마음이 전도顚倒된 것임을 알라.

삼마지에서 '물러나는 시기'[退時]의 전도顚倒를 알아야 한다는 것은 무엇인가? 어떤 이가 초정려初靜慮를 이루고 열반涅槃을 위해 (수행에 쓸) 식량[資糧]을 모아왔고, 이제 열반에 대한 수행의 식량을 완성[圓滿]하여, 이 '원인과 조건'[因緣] 때문에, 또는 작용[功用] 때문에, 또는 저절로[任運] 이 같은 생각[想]의 의도[作意]가 일어나 바로 앞에 나타난다. 이 같은 생각의 의도 때문에 '모든 물질'[諸色]에서 식식까지에서 '질병과 같다'[如病]부터 '나라고 할 만한 것이 없다'[無我]까지 분명하게 안다. 이 같은 생각의 의도 때문에, 이로부터 곧바로[無間] 세상[世間]의 선정 때문에 생기는 기쁨과 즐거움이 다시는 '나타나 작용하지'[現行] 않는다. 그러면 곧 다음과 같이 생각한다. "내가 이제 선정에서 생기는 이익과 몸[所依止]으로부터 물러났구나." 그러고는 마침내 그[열반을 이루기 위한 수행]로부터 마음을 거두어들인다. 이와 같이 정려靜慮를 수행하는 이는 삼마지에서 물러남이 전도顚倒되었음을 알라.

　삼마지에서 물러남이 '전도되지 않음'[無倒]을 알라는 것은 무엇인가? (첫째로) 어떤 이가 초정려初靜慮를 이루고 '충분히 기뻐서'[喜足] (더이상) 올라가려 하지 않고 오직 '(선정의) 맛에 애착하기'[愛味]만 한다. 이와 같은 욕망[欲]과 함께 작용하는 생각의 의도 때문에, 마침내 다시 '욕계에 가까운 선정'[近欲界定]으로부터 물러난다. 그는 이러한 줄어듦[衰]에 대해 이것이 줄어듦이란 것을 안다. 그렇기 때문에 '전도되지 않음'[無倒]이란 것을 알라.

　(둘째로) 이룩한 정려靜慮선정 때문에 자기는 높이고 남은 깎아 내리면서 이르기를, "내가 이룬 이 정려선정은 남들이 이룩할 수 있는 것이 아니다." 이와 같은 욕망[欲]과 함께 작용하는 생각의 의도 때문에, 개(蓋: 덮개)와 전(纒: 얽힘)이 점점 늘고 두터워져 다시 선정으로부터 물러난다. 그는 이러한 줄어듦[衰]에 대해 이것이 줄어듦이란 것을 안다. 아울러 이룩한 정려靜慮의 여러 선정을 남에게 드러내 보이면서, "모든 국왕과 왕의 신하 등은 나에게 공양供養해야 한다."라고 한다. 선정에서 일어난 뒤엔 이 일에 대해 깊이 생각한다. 이와 같은 욕망[欲]과 함께 작용하는 생각의 의도 때문에, 개(蓋: 덮개)와 전(纒: 얽힘)이 점점 늘고 두터워진다. 나머지는 앞서 설명한 것과 같다. 이와 같이 정려靜慮를 수행하는 이는 삼마지에서 물러남이 '전도되지 않음'[無倒]이란 것을 알라.

　둘째의 '전도되지 않음'[無倒]은 첫째의 '전도되지 않음'[無倒]을 반대로 하여 그 모습을 알아야 한다. 이러한 두 가지 '전도되지 않음'[無倒]은 또한 두 시기에서 그 모습을 알아야 한다. 이 같은 전도와 전도되지 않음을 기준으로 (도합) '네 가지 전개'[四轉]가 성립된다.

5.1.5 삼마지의 검행撿行

『분별사검행정경分別四撿行定經』에서와 같이 네 가지 모습 때문에 모든 삼마지 등을 검사[撿行]한다. "이 등지等持는 '물러나게 되는 것'[順退分]이다." 에서부터 "이는 '결택(決擇: 선택을 마무리 지음)하게 되는 것'[順決擇分]이다." 까지를 가리킨다. 검사[撿行]란 무엇인가? 차례대로, 이는 '못난 것'[劣分]이다, 이는 '뛰어난 것'[勝分]이다, 이는 '더욱 뛰어난 것'[殊勝分]이다, 이는 '가장 뛰어난 것'이다[最勝分]를 가리킨다. 이는 자세히 설명하면 무엇인가?

어떤 선정을 수행하는 이는 초정려初靜慮로부터 도로 물러 나오고 나서는 다시 '여러 정려'諸靜慮에 들어가려고 하지 않고 이러한 수행[行]·상태[狀]·모습[相]도 다시 생각하지 않는다. 그러나 욕망과 함께하는 생각의 의도가 자주 바로 앞에 나타나는 것은 앞서 설명한 대로이다. 그[선정]로부터 나온 뒤로 생각을 따라 '(선정의) 맛에 애착한다'[愛味]. 이때 정려靜慮를 수행하는 이는 스스로 (다음과 같이) 검사[撿行]해야 한다. "나의 삼마지는 지금 '물러나 못난 것'[退劣]이 되었구나."

어떤 선정을 수행하는 이는 초정려初靜慮로부터 도로 물러 나오고 나서는 이를테면 초정려初靜慮의 여러 수행[行]·상태[狀]·모습[相] 등 이 선정하게 되는 교법敎法을 듣는다. (그리고 나서) 간절하게 그 모습을 잘 취해 이룩한 선정이 굳게 머무르고 잊혀지지 않게 한다. 이와 같이 '선정하게 되는 교법'[順定法]을 생각하기 때문에 '머무르게 되는 것'[順住分]을 완성한다. 이때 스스로 (다음과 같이) 검사[撿行]해야 한다. "나의 삼마지는 이미 '뛰어난 것'[勝]을 완성했구나. 나의 삼마지는 이미 '편히 머묾'[安住]을 이루었구나. 물러난 것도 올라간 것도 아니고, 결택決擇으로 나아가는 것도 아니다."

어떤 선정을 수행하는 이는 초정려初靜慮로부터 도로 물러 나오고 나서는 제이정려第二靜慮를 하게 되는 가르침 듣는다. 그리고 나서는 '제이정려 과정'[第二靜慮道]과 함께하는 여러 생각의 의도가 자주 바로 앞에 나타난다. 이때 스스로 (다음과 같이) 검사[撿行]해야 한다. "나의 삼마지는 이미 '더욱 뛰어난 것'[殊勝]을 완성했구나. 물러난 것도 편히 머무는 것도 아니고, 오직 '올라가는 것'[勝進]일 뿐 결택決擇으로 나아가는 것도 아니다."

어떤 선정을 수행하는 이는 초정려初靜慮로부터 도로 물러 나오고 나서는 고제苦諦 등의 모습[相]과 관련한 교법을 듣는다. 그리고 나서는 고제苦諦 등과 함께하는 '결택하게 되는 것'[順決擇分]의 여러 생각의 의도가 자주 바로 앞에 나타난다. 이때 스스로 (다음과 같이) 검사[撿行]해야 한다. "나의 삼마지는 이미 '가장 뛰어난 것'[最勝]을 완성했구나. 물러난 것도 편히 머무는 것도 '올라가는 것'[勝進]도 아니다. 바로 결택決擇으로 나아가는 것이다."

5.1.6 무상無想

경經에서, "눈[眼]이 있고 '보이는 것'[色]이 있으며 내지는 의意가 있고 존재(영역)[法]이 있다. 여러 비구[苾芻]는 이러한 제법諸法에 대해 실제[實]이든 '있는 것'[有]이든 전혀 받아들이지 않고 오히려 생각[想]도 받아들이지 않는데 하물며 무상無想이랴."라고 말씀하셨다. 이는 무슨 말씀인가? 여러 비구는 초정려初靜慮에서 만족스럽게 편히 머문다. 이 때문에

눈[眼]·'보이는 것'[色] 내지는 의意·존재(영역)[法]까지 '염증 나 무너뜨린
다'[厭壞]. 염증 나 무너뜨리기 때문에 (그) 세력 때문에 못 비추게 되어 마
침내 눈[眼]에 대해 '눈의 생각'[眼想]은 없으나 생각[想]은 있고 내지는 존
재(영역)[法]에 대해 '존재(영역)의 생각'[法想]은 없으나 '생각은 있게 된
다'[有想].[30]

'생각이 있다'[有想]는 것은 무엇인가? 눈[眼] 등에 대해 의도[作意]하고
사유思惟하여, "이는 괴로움[苦]이다. 이는 '(괴로움)의 원인'[集]이다. 또
는 이는 질병[病]이다."라고 하는 등 제법諸法 (하나하나)에 대한 '고유한
모습'[自相]을 받아들이지[느끼지] 않는다. 이와 같이하여 '아무것도 없는
곳'[無所有處]에 이른다. 이는 바로 '번뇌 없는'[無漏] 의도를 설명하는 것
이다.

무엇을 '생각이 없음'[無想]을 느끼지[受] 않는다고 하는가? 모든 모습
[相]을 생각하지 않기 때문에 '다 소멸해 가는'[盡滅] 가운데 '고요함'[寂
靜]을 생각한다. 이 의미는, 모든 모습을 떠난 생각[想]을 일러 '생각이 없
음'[無想]이라고 한다는 것이다. 또한 멸진정(滅盡定: 상수멸정상受滅定)
에 편히 머무는 이는 모든 생각[想]이 전혀 생기지 않는다고 설명한다.

5.1.7 수행과정으로 나아감

경經에서 네 가지 '수행과정으로 나아감'[趣道]에 대해 말씀하셨다. (그
렇다면) 무엇이 '고요히 앉아'[宴坐] 제법諸法 가운데 생각하고 선택[簡

---

30) 유가론기 제5권상(대정장 42. p.400c22-23): '번뇌 없는 선정'[無漏定]으로 자주
염증을 내 무너뜨려, 마침내 눈 등에 '대상에 대한 생각'[事想]이 없고, 다만 사제
四諦의 여러 이치에 대한 생각이 일어나는 것이다.　謂無漏定數厭壞遂於眼
等無有事想。唯有四諦諸理12想起。

擇]하는 것인가? 어떤 비구[苾芻]는 앞서 이미 초정려初靜慮 등을 경험했는데 아직 '진리를 살펴보지'[見諦] 못하였다. 정법正法을 듣고 또 자주 들었기 때문에 고요히 앉을 수 있어서, 삼마지에 의해 고제苦諦 등에서 '나타난 것을 보는 것'[現觀]이 생긴다. 이와 같은 수행자는 '뛰어난 마음'[增上心]에 의해 '뛰어난 지혜'[增上慧]를 수행하는 것이다.

어떤 비구는 사실대로 괴로움[苦]을 알고 내지는 '(괴로움의 소멸에 이르는) 방도'[道]를 안다. 그런데 아직 초정려初靜慮 등을 경험하지 못하였다. 그는 곧 고요히 앉아 제법諸法을 생각한다. 이와 같은 수행자는 '뛰어난 지혜'[增上慧]에 의해 '뛰어난 마음'[增上心]을 수행하는 것이다.

셋째 수행자는 함께 경험한다고 한다. 사마타奢摩他와 비발사나毘鉢舍那를 함께 섞어 전개하기 때문이다.

넷째 수행자는 앞서 이미 초정려初靜慮 등을 경험하였지만 아직 정법正法을 듣지 못하고 또 자주 듣지 못했다. 그래서 나중에 '큰 스승'[大師]이나 존경할만한 이로부터 '진리를 살펴보는 방법'[見諦法]에 관해 듣는다. 또는 다른 결(結: 매임)을 끊는 방법에 관해 듣는다. 이 때문에 진리[眞諦]가 '나타난 것을 보는 것'[現觀]에 들게 된다. 또는 아라한과阿羅漢果를 경험한다. 그는 이미 '벗어남'[出離]에 유도되는 '크고 좋은 기쁨'[大善喜悅]을 경험하고 모든 도거심(掉擧心: 요동하는 마음)을 제어할 수 있기 때문에 도로 고요히 앉는다. 이와 같이 앉고 난 뒤 마음을 편히 하여 정려등지靜慮等至에 머무른다.

첫째 '수행과정으로 나아감'[趣道]은 견도見道를 유도하기 때문이고, 둘째와 셋째는 수도修道를 유도하기 때문이고, 넷째 '수행과정으로 나아감'[趣道]은 (견도, 수도, 아라한도阿羅漢道) 모두를 유도하기 때문이다.

5.1.8 깨끗함이 뛰어남

경經에서 네 가지 '깨끗함이 뛰어남'[淨勝]이 있다고 말씀하셨다. 청정淸淨을 추구하기 위해서는 이것이 가장 뛰어나다고 하기 때문에 '깨끗함이 뛰어남'[淨勝]이라고 한다. (그렇다면) 깨끗함[淨]이란 무엇인가? 뛰어남[勝]이란 무엇인가? 이루고[所得] 경험하고[所證] 유도하는[所引] 계戒 등을 완성하거나[圓滿] 받아들이는[攝受] 것을 깨끗함[淨]이라고 한다. 정진[勤精進]하여 완성되지 않은 것을 완성하는 것을 뛰어남[勝]이라고 한다.

무엇을 시라(尸羅: 계戒)를 완성하고, 받아들인다고 하는가? 만일 어떤 이가 구계(具戒: 구족계具足戒)에 머물고 (오계五戒, 십계十戒, 승려의 구족계具足戒 등) '각각 (몸이나 말로 짓는 악업惡業으로부터) 벗어나는 계'[別解脫律儀]를 잘 지킨다 할지라도, 규칙[軌則]과 '실천해야 할 것'[所行] 가운데 아직 만족스럽지 못하고 '조그만 죄'[小罪]에 대해 깊이 두려움을 보지 않는다면, 이는 시라尸羅에 대해 아직 완성되었다고 할 수 없다. 만일 모든 것에 만족스럽다면 완성되었다고 한다. 이 같은 것을 시라尸羅를 완성한다고 한다.

만일 오랜 기간 잘 수행하여 근문根門을 잘 지켜 머무르는 등을 하여 시라尸羅를 지녀[攝] 자체(自體: 계체戒體)를 이루고 (그에) 편히 머물면, 이 같은 것을 시라尸羅를 받아들인다고 한다.

무엇이 삼마지의 완성[圓滿]인가? 만일 이미 '궁극에까지 힘쓴 결과'[加行究竟果][31]를 이루거나 제사정려第四靜慮를 이루면, 완성이라고 한다.

---

31) 유가론기 제5권상(대정장 42. p.401b3-5): 어떤 경우는 가행구경과(加行究竟果: 궁극에까지 힘쓴 결과)를 이룰 때 근본정根本定을 이루면 완성되었다고 한

이보다 아래 단계는 모두 아직 완성된 것이 아니다.

무엇이 삼마지를 받아들임인가? 그가 이룬 삼마지 등이 나중에 청정해지는 것이다. 또한 삼마지가 어떤 수행[行]에 얽매이지 않는 등등이다.

무엇이 견해[見]의 완성인가? 남의 음성을 듣고 여리작의如理作意하므로 정견正見이 생긴다. 이 정견正見 때문에 괴로움[苦]을 알고 내지는 '(괴로움의 소멸에 이르는) 방도'[道]를 안다고 해도 아직 사실대로 알지 못하면, 정견正見의 완성이라고 할 수 없다. 만일 그에 대해 사실대로 분명하게 안다면, 그때에야 정견正見의 완성이라고 한다.

무엇이 견해[見]를 받아들임인가? 나중에 모든 번뇌[漏]가 영원히 다하는 것 등등이다.

무엇이 해탈(解脫: 벗어남)의 완성인가? 만일 유학단계[有學]의 지견智見 때문에 탐냄[貪]에서 해탈解脫한다면, 아직 완성이라고 하지 않는다. 만일 무학단계[無學]의 지견智見 때문에 해탈解脫한다면, 완성이라고 한다.

무엇이 해탈解脫을 받아들임인가? 걷든 움직이든 항상 '지금생의 즐거움에 머묾'[現法樂住]에서 물러나지 않으면, 해탈을 받아들인다고 한다.

5.1.9 심사尋思의 제어

경經에서, "마음이 청정淸淨한 수행을 하는 비구[苾芻]는 때때로 다섯 가지 모습을 바르게 의도[作意]하고 생각하라." 등등을 말씀하셨다. (수행)방법으로써 '뛰어난 마음'[增上心]을 수행하는 이라야 마음이 청정한

다. … 어떤 경우는 제사정려를 이루면 완성되었다고 한다.　　若得加行究竟果時得根本定名圓滿. … 若得第四乃名圓滿.

수행을 한다고 이른다. 모든 악惡하고 불선不善한 욕망[欲] 등을 심사(尋思: 깊이 생각하는 것)하고 친가[親里] 등을 심사尋思하는 것은 모두 이 수행에 장애障礙가 될 수 있다.

간략히 세 가지 보특가라補特伽羅가 있다. 약한[軟]·중간[中]·강한[上] 심사尋思로 말미암아 수행자[行者]에 구별이 있기 때문이다. 첫째는 다른 모습을 '바르게 사유하기'[正思惟] 때문에 그 심사가 다시는 '나타나 작용하지'[現行] 않게 한다. 둘째는 심사의 심한 잘못을 보았기 때문이거나, (심사)를 '(기억으로부터) 불러일으키지 않고'[不念] 생각하지 않기 때문에, 그 심사가 다시는 나타나 작용하지 않게 한다. (그런데) 어떻게 (기억으로부터) 불러일으키지도 않고 생각하지도 않는가? 능숙하게 '안 마음'[內心] 을 편안히 하기 때문이다. 셋째 보특가라는 처음부터 모든 (심사가) 모두 나타나 작용하지 않는 것은 아니다. 요는 (수행)방법으로써 심사의 작용을 점점 그치게 하고, 그치고 나면 점점 제어[制伏]해야 한다. 만일 심사하는 과정이나 심사의 대상[所緣]에 대해 깊은 염증이나 두려움을 생기게 할 수 없다면, 염증과 함께하는 마음으로 생각하는 힘을 많이 내어 심사와 함께하는 마음을 훈련[調練]시키고 제어해야 한다.

이와 같은 세 가지 보특가라는 (앞선 설명과 같이 첫째 보특가라는 약한 심사의 경우로서 한 가지, 둘째 보특가라는 중간 심사의 경우로서 두 가지, 셋째 보특가라는 강한 심사의 경우로서 두 가지 등) 다시 다섯 가지로 나뉜다.

5.1.10 정련陶鍊

『탕진경盪塵經』에서 부처님 세존世尊께서, "생금(生金: 정련되지 않은 금)을 정련[陶鍊]하는 방법과 같이 마음을 정련[陶鍊]하라." 등등을 말씀하셨다. 이 의미는 어떻다고 알아야 하는가? 생금生金을 정련하는 (방법은) 세 가지가 있다. 첫째, 더러운 것을 제거하는 정련, 둘째, 거두어들이는[攝受] 정련, 셋째, '부드럽게 하는'[調柔] 정련이다. 더러운 것을 제거하는 정련이란 금의 성질인 것 가운데에서 점점 거친·중간·미세한 더러운 것을 제거하여 오직 깨끗한 금모래[金沙]만 남게 하는 것이다. 거두어들이는 정련이란 (앞의 금모래를) 조심스럽게 '녹이고 (불에) 굽는 것'[銷煮]이다. 부드럽게 하는 정련이란 녹이고 (불에) 구은 뒤에 다시 잡티 등 더러운 것을 정교하게 (불에) 달구어 없애는 것이다.

금의 성질을 가진 것 안에 있는 생금生金과 같이, 종성種性 단계의 마음이 깨끗하노록 수행하는 이도 마찬가지라는 깃을 일라. 빈얼빈般涅槃을 경험하는 것을 감당할 수 있는 이를 가리킨다.

질문 어떤 단계[位]부터 마음이 깨끗한 이라고 하는가?

대답 '깨끗한 믿음'[淨信]을 얻은 데서부터 출가出家를 추구하는 단계까지이다. '가정에 있는'[在家] 단계와 출가出家한 단계에는 거친·중간·미세한 더러움[垢穢]이 있다.

'가정에 있는 이'[在家者]는 두 가지 장애가 출가出家하지 못하게 한다. 첫째, 불선不善한 업업이다. 행동과 말을 악하게 하는 데에 항상 즐겁고 편안하게 머문다. 둘째, '비뚤고 악한 견해'[邪惡見]이다. 세상에는 진정한 아라한阿羅漢과 '바르게 수행하면'[正行] '바르게 이른다'[正至]는 것은 없다고 하는 것이다. 이는 이미 얻은 '깨끗한 믿음 단계'[淨信位]의 처음에 장애가 될 수 있다.

욕망[欲] 등을 심사(尋思: 깊이 생각함)하는 것은 출가자出家者를 장애하여 그의 마음에 기쁨[喜]과 즐거움[樂]이 생기지 못하게 한다. 친가[親

등을 심사尋思하는 것은 기쁘고 즐거워하는 이를 장애하여 항상 선법善法을 수행하지는 못하게 한다. 그것을 끊기 때문에 항상 선법을 수행하여 완성된 온전히 깨끗한 마음을 빨리 이룬다. '찾음도 있고 살핌도 있음'[有尋有伺]은 깨끗한 금모래와 같아 마음의 더러운 것을 제거하는 정련이라고 한다. 이는 마치 생금生金을 아직 녹이고 (불에) 굽지 않은 것과 같다.

만일 심사尋思를 그치게 하고 제사정려第四靜慮에 충분히 편안하게 머무를 수 있는 상태에 이르면, 마음의 거두어들이는[攝受] 정련이라고 한다. '찾음도 없고 살핌도 없는 삼마지'[無尋無伺三摩地]를 받아들일[攝受] 수 있기 때문인데, 마치 생금生金을 이미 녹이고 (불에) 구운 것과 같다. 만일 삼마지가 어떤 수행에 얽매이지 않게 하는 등이라면, 마음의 '부드럽게 하는'[調柔] 정련이라고 한다. 신통법神通法에서 바라는 대로 변화할 수 있기 때문인데, 이것은 이미 생금生金에서 잡티 등 더러운 것을 정교하게 (불에) 달구어 없앤 것과 같다.

5.1.11 의도와 사유

경經에서 "세 가지 모습[相]을 의도[作意]하고 사유思惟하라." 등등을 말씀하셨다. 때때로 사마타奢摩他의 구별되는 모습을 의도하고 생각해야 한다. 한결같이 혼침(惛沈: 흐릿하게 가라앉음)과 도거(掉擧: 마음이 요동함)를 다스리려고만 해서는 안 되기 때문이다.

가라앉힘[止]과 들어올림[擧]에 아직 익숙하지 않은 이의 경우에는 오직 한결같이 이 혼침惛沈과 도거掉擧의 모습[相]에 대해서만, (이를테면 혼침일 땐 들어올리고 도거일 땐 가라앉히는 등의) 수행을 한다. 이렇게 수행하는 이는 방편도(方便道: 접근하는 과정) 단계에 머물고 있는 것인 줄 알라! 만일 때때로 사(捨: 평정함)의 모습[相]을 생각하는 경우는 성만도(成滿道: 완성되는 과정)의 단계에 있는 것이다.

아울러 한결같이 이[혼침일 땐 들어올리고 도거일 땐 가라앉히는 것]를 수행하기 때문에, 연기법緣起法 및 성제(聖諦: 사성제) 가운데에서 '생각하여 선택하는 것'[思擇]을 안하기 때문에, 마음이 바르게 안정되지 않고 '모든 번뇌'[諸漏]가 다 없어지지 않는다. 아직 (진리가) '나타난 것을 살피지'[現觀] 못한 경우라면 (당연히) 나타난 것을 살피지 못할 것이고, 이미 나타난 것을 살폈다고 하더라도 번뇌가 다 없어지지 않는다. 처음 두 가지 [연기법, 사성제]는 삼마지가 갖추어지는 과정이고, 셋째 한 가지[현관]는 삼마지에 의해 모든 번뇌를 다 없애는 과정이다. 이를 중요한 의미를 간략히 나타낸 것이라고 한다. 때때로 의도[作意]하고 사유思惟하여 모든 것에 두루하기 때문이다.

5.2 정법에 의한 부처님 가르침의 지님

네 가지 정법正法으로 '부처님 가르침'[聖敎]을 지닌다. 무엇이 네 가지인가? 첫째, 멀리함[遠離]. 둘째, 수행[修習]. 셋째, 수행결과[修果]. 넷째, 부처님 가르침 가운데에서는 다툼[乖諍]이 없음.

멀리함이란 숲속 나무 아래, 빈 곳, 고요한 실내를 가리킨다.

수행이란 그곳에 머무르며 사마타奢摩他, 비발사나毘鉢舍那 등 두 가지 방법을 부지런히 수행하는 것이다. 무엇이 사마타를 수행하고 나서 비발사나에 의해 해탈을 이루는 것인가? 어떤 이가 앞서 이미 초정려初靜慮부터 제사정려第四靜慮까지 이루었다. 그는 곧 이 삼마지에 의하기 때문에 괴로움[苦]을 사실대로 알고 '(괴로움의 소멸에 이르는) 방도'[道]까지 (사실대로) 안다. 그는 곧 이 비발사나毘鉢舍那에 의해 '견도에서 끊을 모든 번뇌'[見所斷諸煩惱] 가운데에서 마음이 해탈을 이룬다. 무엇이 이미 비발사나를 수행하고 나서 사마타에 의해 마음이 해탈을 이루는 것인가? 어떤 이가 괴로움[苦]을 사실대로 알고 '(괴로움의 소멸에 이르는) 방도'[道]까지 (사실대로) 안다. 그는 이와 같은 '뛰어난 지혜'[增上慧]에 의하기 때문에 정려靜慮를 발생시킨다. 곧 이와 같은 사마타 때문에 '수도에서 끊을 모든 번뇌'[修所斷諸煩惱] 가운데에서 마음이 해탈을 이룬다.

이와 같이 사마타, 비발사나를 수행하고 나서는 모든 영역[界] 가운데에서 해탈을 이룬다. 견도에서 끊을 '모든 변천하는 존재'[諸行]를 끊었기 때문에 '끊어진 영역'[斷界]이라고 한다. 수도에서 끊을 '모든 변천하는 존재'[諸行]를 끊었기 때문에 '욕망에서 떠난 영역'[離欲界]이라고 한다. 모든 '존재에 대한 집착'[有執][32]이 영원히 소멸하기 때문에 '소멸한 영역'[滅界]이라고 한다. 이 같은 것들을 수행결과[修果]라고 한다.

부처님 가르침 가운데에서는 다툼[乖諍]이 없다는 것은 무엇인가? 이를테면 '큰 스승'[大師] 및 여러 제자가 의미[義]의 경우나 구절[句]의 경우나 글자[文]의 경우, 글자·구절·의미에 대해 두루 평등하게 서로 따른다. 이도(異道: 불도佛道와 다른 도)가 성립하는 견해가 여러 가지여서 하나가 아니게 구별되어 서로 같지 않은 것과는 다르다. (예를 들어) 첫째 구절이란 앞의 구절이다. 만일 이 구절을 가지고 첫째 질문을 하고, 곧 이 구절을 가지고 둘째 질문을 할 경우, 첫째 질문에서는 온(蘊: 유위법)을 기준으로 하

---

32) 유가론기 제5권상(대정장 42. p.401c1-2): 모든 존재에 대한 집착은 곧 법집(法執: 존재에 대한 집착)이다. 모든 존재에 대해 집착하는 것이다. 이 법집法執을 소멸시키는 것을 '끊어진 영역'[滅界]이라고 한다.　一切有執者則是法執。執一切有。滅此法執名爲滅界。

고 둘째 질문에서는 다른 것을 기준으로 한다면 첫째 구절에 대해 두루 평등하게 서로 따른다고 할 수 없다.

제5 비삼마히다지非三摩呬多地

이미 삼마히다지三摩呬多地를 설명하였다. 무엇이 비삼마히다지인가? 이 영역[地]의 모습은 대략 열두 가지가 있음을 알라.

(첫째) 본성[自性]이 선정[定]이 아니기 때문에 비정지(非定地: 선정이 아닌 영역)라고 한다. 오식신(五識身: 안식신眼識身, 이식신耳識身, 비식신鼻識身, 설식신舌識身, 신식신身識身)을 가리킨다.

(둘째) 가뿐함[輕安]에 흠이 있기 때문에 비정지非定地라고 한다. 이를테면 '욕계에 결박된'[欲界繫] 모든 심心·심법(心法: 심소법心所法)은 그 심·심법 역시 심일경성(心一境性: 마음의 대상이 하나인 성질)이 있다고는 하지만, 가뿐함[輕安]을 머금고[含潤] 전개되지[轉] 않기 때문에 선정[定]이라고 하지 않는다.

(셋째) 나아가지 않기 때문에 비정지非定地라고 한다. 이를테면 '욕망을 느끼는 이'[受欲者]는 여러 욕망 가운데에서 깊이 '물들어 집착하여'[染著] 항상 받아쓰기[受用] 때문이다.

(넷째) 아주 산란散亂하기 때문에 비정지非定地라고 한다. 이를테면 처음으로 선정을 수행하는 이는 '훌륭한 다섯 가지 욕망'[妙五欲]에 대해 마음이 따라 흐르듯 흩어진다.

(다섯째) 아주 '(마음이) 얽매이기'[略聚] 때문에 비정지非定地라고 한다. 이를테면 처음으로 선정을 수행하는 이는 안[內]의 '얽매인 마음'[略心]에서 혼수상태[惛睡]가 된다.

(여섯째) 아직 경험하지 못했기 때문에 비정지非定地라고 한다. 처음으로 선정을 수행하는 이가 산란散亂하지도 않고 '(마음이) 얽매임'[略聚]이 마음을 괴롭히지 않더라도, 아직 모든 의도[作意]를 이루지 못했기 때문에 모든 심心·심법心法을 선정이라고 하지 않는다.

(일곱째) 아직 완성[圓滿]되지 않아서 비정지非定地라고 한다. 비록 의도[作意]를 이루었다 할지라도, '궁극에까지 힘씀'[加行究竟]과 그 (궁극에까지 힘쓴) 결과[果]를 경험하지 못했기 때문에 선정이라고 하지 않는다.

(여덟째) 물들었기[雜染汚] 때문에 비정지非定地라고 한다. 비록 가행구경과작의(加行究竟果作意: 궁극에까지 힘쓴 결과에 대한 의도)를 경험했다 할지라도, 여러 가지 '(선정의) 맛에 집착함'[愛味]에 홀려 마음을 물들이는 것을 가리킨다.

(아홉째) 자유롭지 못해 비정지非定地라고 한다. 비록 이미 가행구경과작의加行究竟果作意를 이루고 마음 역시 번뇌에 물들지 않는다할지라도, 여러 선정에 '들고 머무르고 나는'[入住出] 모습이 아직 자유롭지 못하고 아직 바라는 대로 하지 못해 뻑뻑하고 어려운 것을 가리킨다.

(열째) 청정淸淨하지 못해 비정지非定地라고 한다. 비록 자유롭게 바라는 대로여서 뻑뻑하고 어려운 것이 없다할지라도, 오직 '세상의 선정'[世間定]만 수행하여 이루므로, 아직 번뇌煩惱 수면隨眠의 모든 심心·심법心法을 영원히 없애지[害] 못해 아직 선정이라고 할 수 없다.

(열한째) (선정으로부터) 일어나기[起] 때문에 비정지非定地라고 한다. 이룩한 선정에서 비록 물러나지 않았지만, 선정으로부터 나오기[出] 때문에 선정이라고 하지 않는다.

(열두째) 물러나기[退] 때문에 비정지非定地라고 한다. 이룩한 삼마지로부터 물러나기 때문에 선정이라고 하지 않는다.

제6 유심지有心地와 무심지無心地

이미 비삼마히다지非三摩呬多地를 설명하였다. 유심지(有心地: 마음의 작용이 있는 영역)란 무엇이고, 무심지(無心地: 마음의 작용이 없는 영역)란 무엇인가? 이 두 가지 영역[地]은 모두 다섯 부문으로 말미암은 것으로 그 모습을 알라. 첫째, 영역[地]을 설치하여 성립되는 부문. 둘째, 마음이 혼란스럽고[亂]·혼란스럽지 않은 것에 의해 성립되는 부문. 셋째, 생기고[生]·생기지 않는 것에 의해 성립되는 부문. 넷째, '분류된 상태'[分位]에 의해 성립되는 부문. 다섯째, 제일의(第一義: 최고 의미)에 의해 성립되는 부문.

(첫째) 영역[地]을 설치하여 성립되는 부문이란 오식신상응지五識身相應地, 의지意地, 유심유사지有尋有伺地, 무심유사지無尋唯伺地 등 이 네 가지는 한결같이 유심지有心地이다. 무심무사지無尋無伺地 가운데 무상정無想定과 무상생(無想生: 무상천에 생겨나는 것) 및 멸진정(滅盡定: 상수멸정想受滅定)을 제외한 나머지는 한결같이 유심지有心地이다. 무상정無想定이나 무상생無想生이나 멸진정滅盡定은 바로 무심지無心地인 것이다.

(둘째) 마음이 혼란스럽고[亂]·혼란스럽지 않은 것에 의해 성립되는 부문이란 네 가지 전도顚倒로 그 마음이 전도되면 '혼란스러운 마음'[亂心]이라고 한다. 만일 네 가지 전도顚倒에 의해 전도되지 않은 마음은 '혼란스럽지 않은 마음'[不亂心]이라고 한다. 이 가운데 혼란스러운 마음을 또한 '마음의 작용이 없음'[無心]이라고 한다. 실성[性失壞]했기 때문이다. 세상에서 마음이 광란狂亂하는 이를 보면 이 사람은 '마음의 작용이 없는 사람'[無心人]이라고 하는 것과 같다. 광란하는 마음에 실성[失本性]했기 때문에 이 부문에서 전도되어 혼란스러운 마음을 무심지無心地라고 한

다. 만일 '혼란스럽지 않은 마음'[不亂心]이라면 유심지有心地라고 한다.

 (셋째) 생기고[生]·생기지 않는 것에 의해 성립되는 부문이란 여덟 가지 '원인과 조건'[因緣] 때문에 마음이 생기기도 하고 생기지 않기도 한다. 이를테면 근根이 파괴破壞되어서, 대상영역[境]이 '바로 앞에 나타나지'[現前] 않아서, 의도[作意]에 흠이 있어서, 아직 이루지 못해서, 서로 거스르기 때문에, 이미 끊어졌기 때문에, 이미 소멸했기 때문에, 이미 생겼기 때문에, 마음이 생기지 않는다. 이에 거스르는 여러 원인과 조건 때문에 마음이 생긴다. 여기에서 만일 생기는 원인과 조건을 갖추면 마음이 곧 생기는데, (이를) 유심지有心地라고 한다. 만일 마음이 생기지 않는 원인과 조건을 만나면 마음이 생기지 않는데, (이를) 무심지無心地라고 한다.

 (넷째) '분류된 상태'[分位]에 의해 성립되는 부문이란 여섯 가지 상태를 제외하고 나머지는 유심지有心地라고 하는 것을 알라. 무엇이 여섯 가지인가? 마음(의 작용)이 없이 잠자는 상태, 마음(의 작용)이 없이 기절한[悶絶] 상태, 무상정無想定 상태, 무상생(無想生: 무상천에 생겨나는 것) 상태, 멸진정滅盡定 상태, 무여의열반無餘依涅槃 영역의 상태이다. 이 여섯 가지 상태를 무심지無心地라고 한다.

 (다섯째) 제일의(第一義: 최고 의미)에 의해 성립되는 부문이란 오직 무여의열반無餘依涅槃 영역[界] 가운데를 무심지無心地라고 한다. 왜냐하면 이 영역 가운데에서는 아뢰야식阿賴耶識 또한 영원히 소멸하기 때문이다. 나머지 모든 상태[位]에서는 (아뢰야식으로부터 전개된) 전식轉識이 소멸하기 때문에 무심지無心地라고 할 수 있지만, 그것은 아직 아뢰야식阿賴耶識이 영원히 소멸한 것이 아니어서 제일의第一義로는 무심지無心地가 아니다.

제 7 문소성지聞所成地

이미 유심지有心地와 무심지無心地를 설명하였다. 무엇이 문소성지聞所成地인가? 간략히 설명하자면 오명처(五明處: 다섯 가지 이치에 밝아야 하는 곳)의 이름들[名身]·구절들[句身]·글자들[文身]의 무수한 구별에 대해 이해력[覺慧]을 우선으로 들어서 받아들이고, 읽고 외워 기억하는 것이다. 또한 이름들[名身]·구절들[句身]·글자들[文身]에 의지하는 의미에 대해 전도顚倒되지 않게 분명히 아는 것이다. 이와 같은 것들을 문소성지(聞所成地: 들어서 이루어진 영역)이라고 한다.

무엇을 오명처五明處라고 하는가? 내명처(內明處: 불교佛敎), 의방명처(醫方明處: 의약학), 인명처(因明處: 불교논리학), 성명처(聲明處: 문법), 공업명처(工業明處: 기술)를 가리킨다.

1. 내명처內明處: 불교

(구체적으로) 무엇이 내명처內明處인가? 간략히 네 가지 모습으로 설명하는 것임을 알라. 첫째, 일[事]을 설명하는 모습. 둘째, 개념[想]의 구별을 설명하는 모습. 셋째, '성스러운 가르침'[聖敎]의 의미를 포함하는 모습. 넷째, '부처님 가르침'[佛敎]으로서 알아야할 것의 모습.

1.1 일事

무엇이 일[事]을 설명하는 모습인가? 세 가지 일로써 모든 부처님이 말씀하신 가르침을 모두 포함한다. 첫째, 소달람(素怛纜: sūtra: 경장經藏: 부처님 말씀)의 일, 둘째, 비나야(毘奈耶: vinaya: 율장律藏: 규범)의 일, 셋째, 마달리가(摩怛履迦: mātṛkā: 논장論藏: 부처님 말씀에 관한 설명)의 일이다. 이 같은 세 가지의 일은 섭사분(攝事分: 일을 포함한 부분)에서 널리 설명할 것이다.

1.2 개념의 구별想差別

무엇이 '개념의 구별'[想差別]을 설명하는 모습인가?

1.2.1 첫째 요약

요약[嗢拕南: udāna]하자면 아래와 같다.

구절[句], '헷갈려 홀림'[迷惑], 희론戱論,

머무름[住], 진실眞實, 깨끗함[淨], 훌륭함[妙],

고요[寂靜], 본성[性], 이치[道理],

'임시로 설명함'[假施設], '나타난 것을 살핌'[現觀]이다.

(1) 구절

구절[句]이란 무엇인가? '안의 여섯 곳'[內六處: 육근六根], 무수한 대상영역[境界], 무수한 장소[方所], 무수한 시각[時分]을 가리킨다.

아울러 세 가지 영역[界]이 있다. 욕계欲界, 색계色界, 무색계無色界를 가리킨다. 다른 세 가지 영역[界]이 있다. 소천세계小千世界, 중천세계中千世界, 삼천대천세계三千大千世界를 가리킨다.

아울러 네 가지 무리[衆]가 있다. '가정에 있는 사람'[在家] 무리, '출가한 사람'[出家] 무리, 우파삭가(鄔波索迦: upāsaka: 거사居士) 무리, '사람이 아닌'[非人] 무리를 가리킨다.

아울러 세 가지 느낌[受]이 있다. '괴로운 느낌'[苦受], '즐거운 느낌'[樂受], '괴롭지도 즐겁지도 않은 느낌'[不苦不樂受]을 가리킨다.

아울러 세 가지 시기[世]가 있다. 과거[過去世], 미래[未來世], 지금[現

在世]을 가리킨다.

아울러 세 가지 보배[寶]가 있다. '부처님 보배'[佛寶], '교법 보배'[法寶], '승단 보배'[僧寶]를 가리킨다.

아울러 세 가지 심법[法]이 있다. '선한 심법'[善法], '불선한 심법'[不善法], '(도덕적으로) 중립인 심법'[無記法]을 가리킨다.

아울러 세 가지 물듦[雜染]이 있다. 번뇌煩惱에 물듦, 업業에 물듦, 태어남[生]에 물듦을 가리킨다.

아울러 네 가지 '성스러운 진리'[聖諦]가 있다. 괴로움[苦]이라는 성스러운 진리, '(괴로움의) 원인'[集]이라는 성스러운 진리, '(괴로움의) 소멸'[滅]이라는 성스러운 진리, '(괴로움의 소멸에 이르는) 방도'[道]라는 성스러운 진리를 가리킨다.

아울러 '아홉 가지 차례대로의 등지'[九次第等至]가 있다. 초정려등지初靜慮等至부터 '생각과 느낌을 소멸시키는 등지'[滅想受等至]까지를 가리킨다.

아울러 서른일곱 가지 '깨달음의 부분을 이루는 수행법'[菩提分法]이 있다. 네 가지 염주(念住: 생각을 머물게 함), 네 가지 정단(正斷: 바르게 결단함), 네 가지 신족(神足: 신통한 능력), 다섯 가지 근根, 다섯 가지 역력, 일곱 가지 각지(覺支: 깨달음의 세목), 여덟 가지 도지(道支: 괴로움의 소멸에 이르는 방도의 세목)를 가리킨다.

아울러 네 가지 '출가한 사람의 수행결과'[沙門果]가 있다. 예류과(預流果: 깨달음의 흐름에 들어간 수행결과), 일래과(一來果: 욕계로 한 번 되돌아오는 수행결과), 불환과(不還果: 욕계로 되돌아오지 않는 수행결과), 가장 뛰어난 아라한과(阿羅漢果: 해탈한 수행결과)를 가리킨다.

아울러 수많은 뛰어나고 훌륭한 공덕(功德: 훌륭한 결과를 내는 능력)이 있다. 무수한 해탈解脫, 승처(勝處: 뛰어나게 있는 것), 변처(遍處: 두루하게 있는 것), 무쟁(無諍: 다툼이 없음), '서원의 지혜'[願智], 무애해(無礙解: 장애가 없는 이해력), 육신통(六神通: 여섯 가지 신통) 등을 가리킨다.

한편 넓은[方廣] 대승大乘에는 다섯 가지 대상[事]이 있다. 모습[相], 이름[名], 추리[分別], 진여眞如, '바른 지혜'[正智]를 가리킨다.

아울러 두 가지 '비어있는 성질'[空性]이 있다. 보특가라補特伽羅의 공성空性과 존재[法]의 공성空性을 가리킨다.

아울러 두 가지 '나라고 할만한 것이 없는 성질'[無我性]이 있다. 보특가라補特伽羅의 무아성無我性, 존재[法]의 무아성無我性을 가리킨다.

아울러 두 극단[邊]을 멀리하고 가운데에 머무는 '살피는 수행'[觀行]이 있다. 늘어나는[增益] 극단을 떠나고 줄어드는[損減] 극단을 떠나는 것을 가리킨다.

아울러 네 가지 진실眞實이 있다. 세상[世間]에서 이루어진[所成] 진실, 이치[道理]로 이루어진 진실, 번뇌장煩惱障을 '깨끗하게 하는 지혜'[淨智]로 수행하는[所行] 진실, 소지장所知障을 깨끗하게 하는 지혜로 수행하는 진실을 가리킨다.

네 가지 심사(尋思: 깊이 생각함)가 있다. 이름[名] 심사尋思, 대상[事] 심사, 본성[自性]을 '임시로 성립시킨'[假立] 심사, 구별[差別]을 '임시로 성립시킨'[假立] 심사를 가리킨다.

아울러 네 가지 사실대로의[如實] '두루한 지혜'[遍智]가 있다. 이름[名] 심사尋思에 의해 유도된 사실대로의 두루한 지혜, 대상[事] 심사에 의해 유도된 사실대로의 두루한 지혜, 본성[自性]을 '임시로 성립시킨'[假立] 심사에 의해 유도된 사실대로의 두루한 지혜, 구별[差別]을 '임시로 성립시킨'[假立] 심사에 의해 유도된 사실대로의 두루한 지혜를 가리킨다.

아울러 세 가지 본성[自性]이 있다. 변계소집자성(遍計所執自性: 두루 헤아림으로써 주장하는 본성), 의타기자성(依他起自性: 다른 것에 의해 생기는 본성), 원성실자성(圓成實自性: 완성된 실제 본성)을 가리킨다.

아울러 세 가지 '본성이 없다는 성질'[無性性]이 있다. 상무성성(相無性性: 모습은 본성이 없다는 성질), 생무성성(生無性性: 생김은 본성이 없다는 성질), 승의무성성(勝義無性性: 뛰어난 의미는 본성이 없다는 성질)을 가리킨다.

아울러 다섯 가지 '큰 깨달음'[大菩提]의 모습[33]이 있다. 본성[自性]으로 말미암은 것, '(수명, 마음 등에 자유로운) 능력'[功能]으로 말미암은 것, '(변화變化를 보여 교화하는) 방법'[方便]으로 말미암은 것, '존재의 원인과 결과가 계속되면서도'[(流)轉] (교화를 쉬지 않음)으로 말미암은 것, '(괴로움을) 도로 소멸시킴'[還(滅)]으로 말미암은 것을 가리킨다.

아울러 다섯 가지 대승大乘이 있다. 첫째, 종자, 둘째, 들어감[趣入], 셋째, 차례次第, 넷째, '바른 수행'[正行], 다섯째, '바른 수행의 결과'[正行果]이다. (앞선 순서대로) 최초最初, '(믿는) 마음이 발생함'[發心], 유정을 '불쌍하게 여김'[悲愍]의 바라밀다波羅蜜多, 중생을 거두어주는 일, 나와 남이 지속적으로 성숙함(이 해당 된다).[34]

---

33) 유가론기 제5권상(대정장 42. p.403c18-29), 그리고 『현양성교론顯揚聖教論』 제8권(대정장 31. p.517a5-c4) 참조.
34) 유가론기 제5권상(대정장 42. p.404a7-9): 최초最初란 종자種子를 가리킨다.

아울러 다섯 가지 '무수한 생각'[無量想]이 있다. '유정 영역'[有情界]의 무수한 생각, '세상 영역'[世界]의 무수한 생각, '존재 영역'[法界]의 무수한 생각, '(종성種性이 있으므로) 굴복시킬 대상인 (유정) 영역'[所調伏界]의 무수한 생각, '굴복시키는 방법의 영역'[調伏方便界]의 무수한 생각을 가리킨다.

아울러 '진실한 의미'[眞實義]와 '(그것을) 따라 이름'[隨至]이 있다. 모든 무수한 존재[法] 가운데에서 (각각) '두루 이르고, 따라 이르는'[遍隨至] 진여眞如와 '그 지혜'[彼智: 무분별지無分別智]를 가리킨다.

아울러 (부처님의) '생각할 수 없는'[不思議] 위력[威德]으로 해석[勝解]하고 장애가 없는 지혜, 서른두 가지 위대한 사람의 모습, (이에 따른) 여든 가지 모습, 네 가지 모든 모습이 청정淸淨함, '열 가지 힘'[十力], 네 가지 '두려움이 없음'[無所畏], 세 가지 '생각이 머묾'[念住], '(항상 지혜와 함께하므로 따로) 보호할 필요가 없는 (동작·말·의도 등의 세 가지 업業)'[三不護], 대비大悲, '잊지 않는 방법'[無忘失法], 습기(習氣: 미성숙 종자)를 '뽑아 버림'[拔除], 모든 모습의 '훌륭한 지혜'[妙智] 등이 있다.

지금까지의 모든 구절[句]은 간략히 하면 두 구절이다. 성문승聲聞乘에서 설명하는 구절과 대승大乘에서 설명하는 구절이다.

'(믿는) 마음이 발생함'[發心]이란 들어감[趣入]을 가리킨다. 유정을 '불쌍하게 여김'[悲愍]이란 차례대로의 바라밀다波羅蜜多를 가리킨다. 중생을 거두어주는 일이란 곧 '바른 수행'[正行]이다. 나와 남이 지속적으로 성숙함이란 '바른 수행의 결과'[正行果]를 가리킨다. 이는 보살지菩薩地에 배열된 품品에 따라 해석한 것이다. 最初者謂種子。發心者謂趣入。悲愍有情者謂次第波羅蜜多。攝衆生事者則正行。自他相續成就者謂正行果。此順菩薩地配品釋。

(2) 미혹·희론

'헷갈려 홀림'[迷惑]이란 무엇인가? 네 가지 전도顚倒를 가리킨다. 첫째, 무상함[無常]을 항상함[常]이라고 헤아리는 전도. 둘째, 괴로움[苦]을 즐거움[樂]이라고 헤아리는 전도. 셋째, '깨끗지 못한 것'[不淨]을 깨끗하다[淨]고 헤아리는 전도. 넷째, '나라고 할 만한 것이 없는 것'[無我]을 나[我]라고 헤아리는 전도.

희론(戲論:의미 없는 생각과 추리를 하여 말함)이란 무엇인가? 모든 번뇌, 그리고 번뇌와 섞인 모든 온(蘊: 생멸하는 만들어진 존재)을 가리킨다.

(3) 머무름·진실·깨끗함·훌륭함

머무름[住]이란 무엇인가? (색色, 수受, 상想, 행行 등) '네 가지 식識이 머무는 곳'[四識住]을 가리키거나 칠식주七識住[35]를 가리킨다.

진실眞實이란 무엇인가? 진여眞如와 (고苦, 집集, 멸滅, 도道 등의) 사성제四聖諦를 가리킨다.

깨끗함[淨]이란 무엇인가? 세 가지 청정淸淨한 성질을 가리킨다. 첫째, 자체自體가 청정한 성질. 둘째, 대상영역[境界]이 청정한 성질. 셋째, '분류된 단계'[分位: 결과]가 청정한 성질.

훌륭함[妙]이란 무엇인가? 부처님[佛], 교법[法], 승단[僧] (등 세 가지) 보배[寶]를 '가장 섬세하게 훌륭하다'[最微妙]고 한다. 맨 처음에 설치된 것에 속하기 때문이다.

(4) 고요·본성·이치

고요[寂靜]란 무엇인가? 선법善法에 대한 의욕[欲]부터 모든 깨달음[菩

---

35) 본역주본 제1권 p.122 각주179) 참조.

提]의 '부분을 (이루는) 존재'[分法]와 '이룩한 결과'[所得果]까지를 모두 고요[寂靜]라고 한다.

본성[性]이란 무엇인가? '모든 존재'[諸法]의 '자체의 모습'[體相]을 가리킨다. 또는 자상(自相: 고유한 모습), 또는 공상(共相: 공통된 모습), 또는 '임시로 성립한 모습'[假立相], 또는 '원인의 모습'[因相], 또는 '결과의 모습'[果相] 등이다.

이치[道理]란 무엇인가? 모든 연기(緣起: 조건이 일어남)와 네 가지 이치[道理][36]를 가리킨다.

(5) 임시 설명·현관現觀

'임시로 설명함'[假施設]이란 무엇인가? 오직 존재[法]뿐인 것에 보특가라補特伽羅로 임시로 설명하는 것과 오직 모습[相]뿐인 것에 제법(諸法: 모든 존재)으로 임시로 성립시키는 것이다.

'나타난 것을 살핌'[現觀]이란 무엇인가? 여섯 가지 '나타난 것을 살핌'[現觀][37]을 가리킨다. 유심유사지有尋有伺地에서 이미 설명한 것과 같다.

1.2.2 둘째 요약

아울러 요약[嗢拖南: udāna]하자면 아래와 같다.

장소[方所], 상태[位], 추리[分別],

---

36) 유가론기 제5권상(대정장 42. p.403a18-19): 네 가지 이치란 인과(작용)의 이치, 상대적인 이치, 경험하여 완성하는 이치, 존재는 으레 그렇다는 이치를 가리킨다.　四道理謂因果相待證成法爾. 자세한 설명은 유가사지론 제25권(대정장 30. p.419b6-c10)참조.
37) 본역주본 제1권 p.380 참조.

지음[作], 유지[執持], '늘어남과 줄어듦'[增減],
어두움[冥], 말씀[言], '깨달음의 대상'[所覺], 뛰어남[上],
멀리함[遠離], 유전함[(流)轉], '장식藏識을 보호함'[藏護]이다.

장소[方所]란 무엇인가? 색온(色蘊: 물질)을 가리킨다.
상태[位]란 무엇인가? 수온(受蘊: 느낌)을 가리킨다.
추리[分別]란 무엇인가? 상온(想蘊: 개념형성)을 가리킨다.
지음[作]이란 무엇인가? 행온(行蘊: 의지작용)을 가리킨다.
유지[執持]란 무엇인가? 식온(識蘊: 식)을 가리킨다.
늘어남[增]이란 무엇인가? 두 가지이다. 첫째, 번뇌煩惱가 늘어남, 둘째, 업業이 늘어남이다. 늘어남에 두 가지가 있는 것처럼 줄어듦[減]도 역시 그러함을 알라.
어두움[冥]이란 무엇인가? '이치에 어두움'[無明]과 머뭇거림[疑]을 가리킨다.
말씀[言]이란 무엇인가? 모든 여래如來의 '열두 가지 가르침'[十二分敎]을 말씀이라고 한다.
'깨달음의 대상'[所覺]이란 무엇인가? 이것저것 말로 설명한 것의 의미를 깨달음의 대상이라고 한다.
뛰어남[上]이란 무엇인가? 네 가지 '출가한 사람'[沙門]의 수행결과[果]를 가리킨다.
멀리함[遠離]이란 무엇인가? 다섯 가지 멀리함을 가리킨다. 첫째, 악행惡行을 멀리함. 둘째, 욕망[欲]을 멀리함. 셋째, 살림살이[資具]를 멀리함. 넷째, 시끄러움[憒鬧]을 멀리함. 다섯째, 번뇌를 멀리함.
유전함[(流)轉]이란 무엇인가? (욕계, 색계, 무색계 등의) 삼계(三界: 세 가지 영역)와 (나락[那落迦: 지옥地獄], 동물[傍生]세상, 아귀餓鬼세상, 사람[人]세상, 천계[天] 등의) 오취(五趣: 다섯 세상)를 가리킨다.

'장식藏識을 보호함'[藏護][38]이란 무엇인가? 과거에 연연하고, 미래를 바라고, 지금을 탐내는 것을 가리킨다.

1.2.3 셋째 요약

아울러 요약[嗢拕南: udāna]하자면 아래와 같다.

'생각하여 선택함'[思擇], '나타나 작용함'[現行],

'잠을 자고 있는 것'[睡眠], '서로 속함'[相屬],

모든 포함됨[相攝], 관련함[相應],

설명[說], 맡아지님[任持], 차례[次第]이다.

(1) 생각하여 선택함思擇

'생각하여 선택함'[思擇][39]이란 무엇인가? '한 구절로 지나가며'[一行] (다른 구절과 일일이 대조하며 문답하는 것), (질문에 두 구절이 있는 경우) '앞 구절에 근거해 답하는 것'[順前句], (질문에 두 구절이 있는 경우) '뒤 구절에 근거해 답하는 것'[順後句], '네 가지 (경우로 나누어) 답하는 것'[四句], '(질문이 이치에 맞지 않으면 부정하거나 못하게 막아) 없던 것으로 만드는 것'[無事句]을 가리킨다.

아울러 '물질로 된 존재'[有色法]와 '물질로 되지 않은 존재'[無色法]. '보

---

38) 유가론기 제5권상(대정장 42. p.404a21-22): 장호藏護란 혜경惠景논사에 의하면 그 아뢰야식[阿梨耶]을 기뻐 즐거워하고, 애착하고, 집착해 버릇하는 것이다.　　藏護者。景云。謂則喜樂愛習著彼阿梨耶。

39) 유가론기 제5권상(대정장 42. p.404a26-b6) 참조.

이는 존재'[有見法]와 '보이지 않는 존재'[無見法]. '있다는 느낌이 드는 존재'[有對法]와 '있다는 느낌이 들지 않는 존재'[無對法]. '번뇌가 있는 존재'[有漏法]와 '번뇌가 없는 존재'[無漏法]. '지어진 존재'[有爲法]와 '지어진 것이 아닌 존재'[無爲法].

'다툼이 있는 존재'[有諍法]와 '다툼이 없는 존재'[無諍法]. '그 맛에 집착하는 존재'[有味著法]와 '그 맛에 집착하지 않는 존재'[無味著法]. '즐거움에 의지하는 존재'[依耽嗜法]와 '벗어남에 의지하는 존재'[依出離法]. '세상의 존재'[世間法]와 '세상을 벗어난 존재'[出世間法]. '속함이 있는 존재'[有繫屬法]와 '속함이 없는 존재'[無繫屬法]. '안의 존재'[內法]와 '외부의 존재'[外法]. '거친 존재'[麁法]와 '미세한 존재'[細法]. '못난 존재'[劣法]와 '뛰어난 존재'[勝法]. '먼 존재'[遠法]와 '가까운 존재'[近法]. '대상이 있는 존재'[有所緣法]와 '대상이 없는 존재'[無所緣法]. '(마음에) 관련 있는 존재'[相應法]와 '(마음에) 관련 없는 존재'[不相應法].

'작용이 있는 존재'[有行法]와 '작용이 없는 존재'[無行法]. '의지가 있는 존재'[有依法]와 '의지가 없는 존재'[無依法]. '원인 존재'[因法]와 '원인이 아닌 존재'[非因法]. '결과 존재'[果法]와 '결과가 아닌 존재'[非果法]. '(원인과) 다르게 성숙된 존재'[異熟法]와 '(원인과) 다르게 성숙된 것이 아닌 존재'[非異熟法]. '원인이 있는 존재'[有因法]와 '원인이 없는 존재'[非有因法]. '결과가 있는 존재'[有果法]와 '결과가 없는 존재'[非有果法]. '(원인과) 다르게 성숙됨이 있는 존재'[有異熟法]와 '(원인과) 다르게 성숙됨이 없는 존재'[非有異熟法].

'몸에 있는 존재'[有執受法]와 '몸에 없는 존재'[無執受法]. '대종으로 지은 존재'[大種造法]와 '대종으로 지은 것이 아닌 존재'[非大種造法]. '성질이 같은 존재'[同分法]와 '종류만 같은 존재'[彼同分法]. '더 나은 것이 있는 존재'[有上法]와 '가장 뛰어난 존재'[無上法].

아울러 '과거 존재'[過去法]와 '미래 존재'[未來法]와 '지금 존재'[現在法]. '선한 존재'[善法]와 '불선한 존재'[不善法]와 '(도덕적으로) 중립인 존재'[無記法]. '욕계에 결박된 존재'[欲繫法]와 '색계에 결박된 존재'[色繫法]와 '무색계에 결박된 존재'[無色繫法]. '유학단계의 존재'[學法]와 '무학단계의 존재'[無學法]와 '유학단계도 아니고 무학단계도 아닌 존재'[非學非無學法]. '견도에서 끊는 존재'[見所斷法]와 '수도에서 끊는 존재'[修所斷法]와 '끊지 않는 존재'[無斷法].

아울러 '네 가지 조건'[四緣]이 있다. 인연(因緣: 원인 조건), 등무간연(等無間緣: 지속시키는 조건), 소연연(所緣緣: 대상 조건), 증상연(增上緣: 확연하도록 돕는 조건)을 가리킨다.

아울러 '네 가지 의지'[四依]가 있다. 첫째, 교법[法]이 의지이지, 보특가라補特伽羅는 의지가 아니다. 둘째, 의미[義]가 의지이지, 글자[文]는 의지가 아니다. 셋째, '의미가 분명한 경'[了義經]이 의지이지, '의미가 분명하지 않은 경'[不了義(經)]은 의지가 아니다. 넷째, 지혜[智]가 의지이지, 아는 것[識]은 의지가 아니다.

아울러 '네 가지 무수한 (선정)이라는 수행법'[四無量(定)法]. '네 가지 생각에 머무름이라는 수행법'[四念住法]. '네 가지 바르게 결단함이라는 수행법'[四正斷法]. '네 가지 신통한 능력이라는 수행법'[四神足法]. '다섯 가지 근이라는 수행법'[五根法]. '다섯 가지 힘이라는 수행법'[五力法]. '일곱 깨달음의 세목이라는 수행법'[七覺支法]. '여덟 성스러운 (괴로움의 소멸에 이르는) 방도의 세목이라는 수행법'[八支聖道法]. '네 가지 수행의 자리라는 수행법'[四行跡法]. '네 가지 교법의 자리라는 수행법'[四法跡法]. '사마타라는 수행법'[奢摩他法]. '비발사나라는 수행법'[毘鉢舍那法]. '뛰어난 규범이라는 수행법'[增上戒法]. '뛰어난 마음이라는 수행법'[增上心法]. '뛰어난 지혜라는 수행법'[增上慧法]. '(여덟 가지) 해탈이라는 수행법'[解脫法]. '(여덟 가지) 뛰어나게 있는 것이라는 수행법'[勝處法]. '(열 가지) 두루하게 있는 것이라는 수행법'[遍處法].

이와 같이 수행법들은 무수하고[無量] 무한하니[無邊] '생각하여 선택하라'[思擇].

(2) 현행·수면·서로 속함相屬

'지금 작용하고 있는 것'[現行]은 무엇인가? 모든 번뇌煩惱의 전(纏: 얽음)을 가리킨다.

'잠을 자고 있는 것'[睡眠]은 무엇인가? 모든 번뇌煩惱의 수면(隨眠: 잠재한 번뇌)을 가리킨다.

'서로 속함'[相屬]이란 무엇인가? 내육처(內六處: 육근六根)는 어떤 몸 안에서 전개해가며[展轉] 서로[互相] 속하는[繫屬] 것임을 알아. 또한 만일 이 존재[法]가 저 존재[法]를 유도하면 이것과 저것은 서로 속하는 것임을 알아. 또한 모든 근根과 대상영역[境]은 능취(能取: 취하는 주체)와 소취(所取: 취하는 대상)로서 서로 속하는 것임을 알아.

(3) 포함됨·관련함相應

포함됨[攝]이란 무엇인가? 열여섯 가지 포함됨[攝]을 가리킨다. 첫째, (자기) 영역[界]에 포함됨. 둘째, 모습[相]에 포함됨. 셋째, 종류種類에 포함됨. 넷째, '분류된 위치'[分位]에 포함됨. 다섯째, '서로 떠나지 않음'[不相離]에 포함됨. 여섯째, 시기[時]에 포함됨. 일곱째, 장소[方]에 포함됨.

여덟째, 일부분[一分]에 포함됨. 아홉째, 전체[具分]에 포함됨. 열째, '뛰어난 의미'[勝義]에 포함됨. 열한째, 온蘊에 포함됨. 열두째, 영역[界]에 포함됨. 열셋째, 처소[處]에 포함됨. 열넷째, 연기緣起에 포함됨. 열다섯째, '알맞은 것과 알맞지 않은 것'[處非處]에 포함됨. 열여섯째, 근根에 포함됨.

관련함[相應]이란 무엇인가? 이것의 모습은 대략 다섯 가지가 있음을 알라. 첫째, '다른 성질'[他性]과는 관련하지만, '자기 성질'[自性]과는 그렇지 않다. 둘째, 다른 성질 가운데 '어긋나지 않는 것'[不相違]과는 관련하지만, '어긋나는 것'[相違]과는 그렇지 않다. 셋째, 어긋나지 않는 것 가운데 '약한 종류'[軟品], '중간 종류'[中品], '강한 종류'[上品]가 (각각) 약한 종류, 중간 종류, 강한 종류와는 저절로 관련하지만, '다른 종류'[餘品]와는 그렇지 않다. 넷째, 약한 종류, 중간종류, 강한 종류 가운데 '시기가 같은 것'[同時]과는 관련하지만, '시기가 다른 것'[異時]과는 그렇지 않다. 다섯째, 시기가 같은 것 가운데 '영역이 같은 것'[同地]과는 관련하지만, '영역이 다른 것'[異地]과는 그렇지 않다.

(4) 설명·맡아지님·차례

설명[說]이란 무엇인가? 네 가지 설명[言說]을 가리킨다. 첫째, 보고서[見] 설명하는 것. 둘째, 듣고서[聞] 설명하는 것. 셋째, 깨닫고서[覺] 설명하는 것. 넷째, 알고서[知] 설명하는 것.

'맡아지님'[任持]이란 무엇인가? '네 가지 먹기'[四食]를 가리킨다. 첫째, '조각으로 먹기'[段食]. 둘째, '닿아서 먹기'[觸食]. 셋째, '생각으로 먹기'[意思食]. 넷째, '식으로 먹기'[識食].

차례[次第]⁴⁰⁾란 무엇인가? 여섯 가지 차례를 가리킨다. 첫째, 유전流轉하는 차례. 둘째, '해야 할 것을 완성하는'[成所作] 차례. 셋째, '밝혀 말하는'[宣說] 차례. 넷째, 생기는[生起] 차례. 다섯째, '나타난 것을 살피는'[現觀] 차례. 여섯째, 등지등지等至의 차례.

1.2.4 넷째 요약

아울러 요약[嗢拕南: udāna]하자면 아래와 같다.

'할 것'[所作]과 대상[所緣],

또한 유가[瑜伽], 고요[止]와 살핌[觀],

의도[作意]와 '가르쳐 줌'[敎授],

능력[德], 깨달음[菩提], '성스러운 가르침'[聖敎]이다.

---

40) 유가론기 제5권상(대정장 42. p.404b22-29): 유전하는 차례란 젖먹이 등 열 가지 시기로 유전하는 차례를 가리킨다. 또는 십이연기[十二因緣]의 차례이다. '해야 할 것을 완성하는'[成所作] 차례란 출가하여 구족계를 받고 일곱 가지 수행 방법을 수행하여 견도見道를 이루는 등을 가리킨다. '밝혀 말하는'[宣說] 차례란 사정단四正斷을 가리킨다. 일찰나 중에 네 가지 작용을 모두 차례를 갖춤으로써 네 가지 나타나는 작용 전후로 차이가 있는 것(을 가리키는 것)이 아니다. 또는 제법諸法을 밝혀 말해 분간하여 해석하는 차례이다. 생기는 차례란 열 가지 시기, 또는 싹과 줄기 등이 생기는 차례이다. '나타난 것을 살피는'[現觀] 차례란 '진여 모습'[眞相]의 견도見道 전후 예순 세 가지 등 현관現觀 전후의 차례를 가리킨다. 등지等至(의 차례)란 구차제정(九次第定: 각 수행 단계에 따른 아홉 가지 선정: 사정려四靜慮, 사무색정四無色定, 멸수상정滅受想定)이다. 嬰孩等十時流轉次第。或十二因緣次第。成所作次第者。謂出家受具修七方便得見道等。宣說次第者。謂四正斷。一刹那中具其四用以辨次第。非四現行前後有異。或宣說諸法標釋次第。生起次第者。謂十時分或芽莖等生起次第。現觀次第者。謂眞相見道前後。六十三等現觀前後次第。等至者九次第定。

제 7 문소성지聞所成地 161

(1) 할 것·대상

'할 것'[所作]이란 무엇인가? 여덟 가지 할 것을 가리킨다. 첫째, '(악惡의) 소멸을 의지하는 것'[滅依止]. 둘째, '(선善의) 전개를 의지하는 것'[轉依止]. 셋째, '(괴로운 결과, 즐거운 결과 등의) 대상을 두루 아는 것'[遍知所緣]. 넷째, '(멸제滅諦와 도제道諦 등의) 대상을 기뻐하고 즐거워하는 것'[喜樂所緣]. 다섯째, '결과를 이루는 것'[得果]. 여섯째, '욕망에서 떠나는 것'[離欲]. 일곱째, '근根을 전환하는 것'[轉根]. 여덟째, '신통神通을 발생시키는 것'[引發神通].

대상[所緣]이란 무엇인가? 네 가지 대상을 가리킨다. 첫째, '널리 가득 찬 대상'[遍滿所緣].[41] 둘째, '깨끗한 수행의 대상'[淨行所緣]. 셋째, '정교해야 하는 대상'[善巧所緣]. 넷째, '번뇌를 깨끗이 함의 대상'[淨煩惱所緣].

(2) 유가瑜伽·고요함止·살핌觀

유가(瑜伽: 관행觀行)란 무엇인가? 네 가지 종류 또는 아홉 가지 종류를 가리킨다. 네 가지 유가란 첫째, 믿음[信], 둘째, 의욕[欲], 셋째, 정진精進, 넷째, 수행방법[方便]이다. 아홉 가지 유가란 첫째, '세상에서의 과정'[世間道], 둘째, '세상을 벗어난 과정'[出世道], 셋째, '수행방법의 과정'[方便道], 넷째, '번뇌를 끊는 과정'[無間道], 다섯째, '번뇌를 끊은 것이 유지되는 과정'[解脫道], 여섯째, '(보다 높은 단계로) 올라가는 과정'[勝進道], 일곱째, '약한 종류의 과정'[軟品道], 여덟째, '중간 종류의 과정'[中品道], 아

---

41) 유가론기 제5권상(대정장 42. p.404c4-6): '널리 가득 찬 대상'[遍滿所緣]은 네 가지이다. 추리가 있는 영상, 추리가 없는 영상, '한계까지의 대상'[事遍際], '해야 할 것을 성취함'[所作成就]의 대상을 가리킨다. 遍滿所緣有四。謂有分別影像。無分別影像。事遍際。所作成就所緣。자세한 설명은 유가사지론 제26권(대정장 30. p.427a22-c27) 참조.

홉째, '강한 종류의 과정'[上品道]이다.

고요함[止]이란 무엇인가? '아홉 가지 마음을 머물게 하는 것'[九種住心][42]을 가리킨다.

살핌[觀]이란 무엇인가? '세 가지 일을 살핌'[三事觀], 또는 '네 가지를 실행하여 살핌'[四行觀], 또는 '여섯 가지 구별되는 대상을 살핌'[六事差別所緣觀]을 가리킨다.

(이 가운데) 세 가지 일을 살핌이란 첫째, '모습 있는 것'[有相]을 살핌, 둘째, 찾음[尋求]으로 살핌, 셋째, '세밀하게 관찰함'[伺察]으로 살핌이다. 네 가지를 실행하여 살핌이란 제법(諸法: 모든 존재) 가운데에서 '선택을 실행하여'[簡擇行] 살핌, '극도의 선택을 실행하여'[極簡擇行] 살핌, '두루 찾음을 실행하여'[遍尋思行] 살핌, '두루 세밀하게 관찰함을 실행하여'[遍伺察行] 살핌을 가리킨다. '여섯 가지 구별되는 대상을 살핌'[六事差別所緣觀]이란 첫째, '(견도見道에 들기 전의 방편도方便道에서) 의미'[義] 대상을 살핌, 둘째, 작용[事] 대상을 살핌, 셋째, 모습[相] 대상을 살핌, 넷째, 종류[品] 대상을 살핌, 다섯째, (견도見道 후인 수도修道) 시기[時] 대상을 살핌, 여섯째, (무학위無學位에서) 이치[道理] 대상을 살핌이다.

(3) 의도作意·교수

의도[作意]란 무엇인가? 일곱 가지 의도를 가리킨다. '모습을 알려는 (의도)'[了相] 등 앞서 설명한 것과 같다.

'가르쳐 줌'[教授]이란 무엇인가? 다섯 가지 가르쳐 줌을 가리킨다. 첫째, 교법[敎]을 가르쳐 줌. 둘째, '(이치를) 깨달음'[證]을 가르쳐 줌. 셋째,

---

42) 이 책 p.41 각주3) 참조.

'(관행觀行의) 순서'[次第]를 가르쳐 줌. 넷째, '(근기에 맞추어) 전도되지 않게'[無倒] 가르쳐 줌. 다섯째, 신통[神變]을 가르쳐 줌.

(4) 능력德·깨달음·성스러운 가르침

능력[德]이란 무엇인가? '(네 가지) 무수한 (선정)'[(四)無量(定)], (여덟 가지) 해탈解脫 등을 가리킨다. 구절[句] 가운데에서 이미 설명한 것과 같다.

깨달음[菩提]이란 무엇인가? 세 가지 깨달음을 가리킨다. 첫째, 성문聲聞의 깨달음. 둘째, 독각獨覺의 깨달음. 셋째, 아뇩다라삼먁삼보리(阿耨多羅三藐三菩提: 무상정지無上正智: 최고로 바른 지혜).

'성스러운 가르침'[聖敎]이란 무엇인가? '(부처님께) 의지하면'[歸依] 가르쳐주고, '(준수해야 할) 계율戒律'[學處]을 정해주고, 스승과 제자 간에 '보시에 관한 이론'[施論], '규범에 관한 이론'[戒論], '천계에 태어남에 관한 이론'[生天之論] 등 들어야 할 설명을 해준다. 욕망[欲]의 '맛에 애착함'[愛味]을 비난하고 욕망의 잘못[過失]을 보여준다. '물드는 존재'[雜染法]와 '청정한 존재'[淸淨法]를 분명하게 설명해준다. 벗어남[出離]과 멀리함[遠離]쪽으로 가르쳐 이끈다. (그 외에도) 공덕(功德: 훌륭한 결과를 내는 능력)을 칭찬하는 등등 무수하고[無量] 무한한[無邊] '청정한 종류의 존재'[淸淨品法]를 가리킨다.

1.3 성스러운 가르침의 의미聖敎義

'성스러운 가르침의 의미'[聖敎義]를 포함한 모습이란 무엇인가? 이 가운데에는 수행할 수 있는 방법이 있는데, 이를테면 모든 선법善法에 집중하여 지을 것을 계속하고, 지을 (수행)방법[方便]을 부지런히 수행하는 것이다. '수행해야 할 존재'[所修習法]란 모든 선법을 가리킨다. '잘못인 존재'[有過患法]란 두루 알아야 하는 존재를 가리킨다. '물드는 존재'[有染汚法]란 집착하지 말고 제어하여[制伏] 처음부터 끊어야 하는 존재를 가리킨다. '장애가 되는 존재'[有障礙法]란 궁극[究竟]에까지 현관(現觀: 나타난 것을 살핌)을 거스르는 존재를 가리킨다. '따르는 존재'[有隨順法]란 궁극[究竟]에까지 현관現觀을 따르는 존재를 가리킨다. '진여를 포함하는 존재'[有眞如所攝法]란 깨달아야 하는 존재를 가리킨다. '뛰어난 능력을 포함한 존재'[有勝德所攝法]란 직접적으로 유도해야 할 존재를 가리킨다. '세상을 따르는 존재'[有隨順世間法]란 익혀야 할 것, 끊어야 할 것, 끊은 뒤에 '나타나 작용하는'[現行] 존재를 가리킨다. '궁극까지를 이루는 존재'[有得究竟法]란 궁극에까지 그 의미를 경험[證]해야 할 존재를 가리킨다.

1.4 부처님의 가르침인 알아야 할 것佛敎所應知處

1.4.1 유정有情의 머묾

'부처님의 가르침인 알아야 할 것'[佛敎所應知處]의 모습이란 무엇인가? 모든 유정有情이 머무는 것에는 세 가지가 있음을 알라. '날마다 머묾'[日別住], '수명이 다하도록 머묾'[盡壽住], 선법善法을 사랑스러워하여[可愛] 태어나 지속해서 머묾을 가리킨다. 처음 것은 음식의 '강한 힘'[增上力] 때문이고, 둘째 것은 수명 작용의 강한 힘 때문이고, 셋째 것은 모든 선법善法을 '방종하지 않는'[不放逸] 강한 힘 때문이다. 모든 불선법不善法과 '(도덕적으로) 중립인 법'[無記法] 중에는 (선법을) 방종하지 않는 것과 유사한[相似] 것이 있다. (불선법의 경우) 살생殺生 등의 일 및

(무기법의 경우) 행동[威儀]이나 기예[工巧] 등 중에서 자세히 살피며 실행하는 경우이다. 하지만 선법을 방종하지 않는 것은 지금생[現法]에 반열반般涅槃을 이룰 수 있기 때문에, 내생[後法]에 '좋은 세상'[善趣]으로 가기 때문에, 열심히 짓는다.

1.4.2 두 가지인 경우

(1) 인식取·물듦·바람

유정세상[有情世間]과 기세간器世間에 의지해 두 가지 존재가 있어 모든 희론戱論을 포함할 수 있다. '취하는 주체'[能取: 인식 주체: 식識]라는 존재[法]와 의지하는 (유정세상 및 기세간의) '취하는 대상'[所取: 인식 대상]이라는 존재이다.

아울러 모든 세상[世間]에는 간략히 두 가지 물드는[雜染] 근본이 있어, 의미 없고 이익 없는 것에 물듦을 초래한다. 진실眞實에 대해 바른 '해석과 실천'[解行]이 없고, 이것을 맨 처음으로 삼아 '의미 없는 것'[無義]을 추구한다.

아울러 정법正法의 바깥에 있는 여러 사문沙門이나 바라문婆羅門은 간략히 두 가지 물드는 근본이 있다. 살가야견(薩迦耶見: 유견有見)의 강한 힘 때문에 '나는 항상하다'[我常]고 추구하고, '나는 전혀 없다'[我斷]고 추구한다.

아울러 모든 유정은 간략히 두 가지 괴로움들[衆苦]의 근본이 있다. '번뇌 있는 존재'[有漏法]에 대한 '기쁨과 애착'[喜愛]과 함께 작용하는 바람이다. 또한 이치에 맞지 않는 것에 유도된 '염증 나서 떠나려 함'[厭離]과 함께 작용하는 바람이다.

(2) 상위교계相違敎誡·무치無恥·무도無倒

아울러 스승과 제자 간에 서로 거스르는 방법으로 '가르치고 지도하는'[敎誡] 두 가지가 있다. 여러 제자가 가르친 말씀을 감당할 수 없는 것이다. 또한 스승의 전도된 견해로 '비뚠 실천'[邪行]을 수행하는 것이다. 이것과 반대라면 '흰 종류'[白品: 선법善法] 두 가지임을 알라.

아울러 두 가지 존재가 '세상과 세상에서 벗어난'[世間出世間] 제대로 작용하는 대상영역[境界]에 매우 어긋난다. 스스로 '정법이 아닌 것'[非法]이 강해서 생기는 사랑스럽지 못한 결과를 고려하지 않고 죄를 짓고도 수치심이 없는 것이다. 또한 지금생에 남에게 죽고 묶이고 몰락하는 등을 고려하지 않고 죄를 짓고도 수치심이 없는 것이다. 이것과 반대라면 '흰 종류'[白品: 선법善法] 두 가지임을 알라.

아울러 두 가지 전도되지 않게 하는 것이 있어, 수행자[行者]가 힘을 조금 쓰고도 '음욕婬欲을 떠난 행동'[梵行]에 머물러 헛수고를 하지 않게 한다. 첫째, 학처(學處: 계율)를 정하여 어기면 큰 죄를 얻고, 어기지 않으면 큰 기쁨이 생긴다. 둘째, '(죄에서) 벗어남'[出離]을 정하여, 어긴 이가 빨리 (죄에서) 벗어나게 한다.

(3) 이득·원인과 조건·신통지혜

아울러 두 가지 존재가 있어 '짓는 이'[作者]가 자기와 남이 이익을 얻게 한다. 첫째, (시끄러움을) 멀리하며 지내는 이는 마음이 항상 안정되어서, 지금생[現法]에서 즐거움에 머문다[樂住]. 둘째, 시끄러운 곳에 머무는 이가 와서 '교법敎法을 구하면'[求法], 때때로 설명해주어서 그가 정법(正法: 바른 교법)에 지속적으로 오래 머물게 한다.

아울러 두 가지 존재가 있어, 유정이 안으로 바른 의도[作意]를 하게 하고 외부로부터 남의 음성을 듣게 한다. 두 가지 '원인과 조건'[因緣] 때문에, 지금생[現法]에 '진리가 나타나는 것을 살핌'[諦現觀]에 들거나 그가 내생[當來]에 모든 근根이 성숙하게 한다. 첫째, 원인[因]으로부터 생긴 존재[法]에서 원인을 바르게 통달한다. 둘째, 여래如來께서 말씀하신 '매우 깊은 경'[甚深經], '유사하게 매우 깊은'[相似甚深] 공空과 관련한 경經, 모든 '조건의 본성'[緣性] 및 모든 '조건이 일어남'[緣起]에 대하여 따르며 의도[作意]하고 자주 생각한다.

아울러 두 가지 존재가 있어, 근根이 성숙한 보특가라補特伽羅가 신통지혜[通慧]를 빨리 경험하게 한다. 첫째, 가르침과 지도받은 것으로 '알랑대고 홀림'[諂誑]을 멀리한다. 둘째, '염증이 나서 떠남'[厭離]을 맨 앞으로 삼아 동작[身行]·말[語行]·의도[意行]에서 모든 농지거리[調戲]를 떠난다.

(4) 안락·무쟁無諍·범행梵行

아울러 두 가지 존재가 있어, 한 곳에 머무는 '음욕婬欲을 떠난 행동'[梵行]을 함께하는 이들 모두가 점점 편안하게 머물게 한다. 첫째, 남이 괴롭히는 것을 감당한다. 둘째, 스스로 남을 괴롭히지 않는다.

아울러 두 가지 존재가 있어, 한 곳에 머무는 '음욕婬欲을 떠난 행동'[梵行]을 함께하는 이들이 아직 생기지 않은 다툼을 막아서 생기지 않게 하고, 이미 생긴 것은 빨리 그치게 하여, 송사나 다툼이 없게 한다. 첫째, 점점 서로 자애로운 마음을 일으킨다. 둘째, 재물을 공평하게 받아쓴다[受用].

아울러 두 가지 존재가 있어, 마음이 빨리 삼마지三摩地를 이루어 청정淸淨한 범행梵行에 머무르게 한다. 첫째, 오랫동안 짓고 말한 것을 기억하는 강한 힘 때문에, 어긴 것이 있는 경우에는 교법에 맞게 뉘우쳐 없애고, 어긴 것이 없는 경우에는 기쁨이 생겨 밤낮으로 따라 배우며 게으르지 않다. 둘째, 몸, 말, 의도의 모든 일에 대해 바르게 아는 강한 힘 때문에, 모든 잘못을 끝내 저지르지 않는다. 이 때문에 근심이나 뉘우침이 없고 따라서 기쁨이 생기는 등 해탈解脫한 지견智見에 이르게 된다.

(5) 괴로움 뛰어넘기·끊음 수행

아울러 두 가지 존재가 있어, 여러 괴로움을 뛰어넘을 수 있다. (나락 등) 모든 '나쁜 세상'[惡趣]의 괴로움을 뛰어넘고, 생사生死라는 커다란 괴로움을 뛰어 넘는 것을 가리킨다. 첫째, 지금생과 내생의 근심스러운 일을 깊이 보고, 악행惡行을 멀리한다. 둘째, 마음이 항상 안정되어, '깨달음의 부분이 되는 수행법'[菩提分法]을 부지런히 수행한다.

아울러 두 가지 존재가 있어, '(번뇌를) 끊음을 수행하여'[修斷] 멀리 하는 데 있는 이가 편안히 머물게 한다. 첫째, 모든 대상영역[境界]에 대해 물들지 않고, 악惡한 '찾음과 살핌'[尋伺]이 마음을 소란케 하지 않는다. 둘째, 음식을 먹을 때에는 이익이 되게 양을 잘 재어 소화시켜, '(번뇌를) 끊음'[斷]을 따르는데 몸이 적합하게 한다.

(6) 선품수행·비뚠 배움과 견해

아울러 두 가지 존재가 있어 '선한 종류'[善品]를 수행하는 모든 비구[苾芻] 등이 시간을 헛되게 보내지 않게 한다. 첫째, 모든 근根과 대상영역[境]에 대해서 수행을 바르게 하며, '존재의 모습'[法相]을 연구한다. 둘째, 시간을 알고 양을 알아 잠을 적게 잔다.

아울러 두 가지 존재가 있어, '뛰어난 마음을 배우는 것'[增上心學: 정념正念]과 '뛰어난 지혜를 배우는 것'[增上慧學: 정견正見, 정정진正精進]을 무너뜨릴 수 있다. 첫째, '비뚠 배움'[邪學]을 내세워 '바른 배움'[正學]을 어기고 망설임[猶豫]을 품는다. 둘째, 늘어나고[增益] 줄어든[損減] '비뚠 견해'[邪見]로 결정한다. 이것과 반대라면 '흰 종류'[白品: 선법善法] 두 가 지임을 알라.

(7) 현관現觀들기·이구범행離垢梵行

아울러 두 가지 존재가 있어, 이미 깨달음[菩提](에 쓰일) 식량[資糧]은 모았으나 아직 현관(現觀: 진리가 나타난 것을 살핌)에 들지 못한 보특가라補特伽羅가 빨리 현관現觀에 들게 한다. 첫째, 지금과 과거, 나와 남, 번성과 쇠퇴를 생각한다. 둘째, '진리의 작용'[諦行]에 속한 것과 전도되지 않은 의도[作意]를 부지런히 수행한다.

아울러 두 가지 존재가 있어, '관행觀行하는 이'[瑜伽師]가 궁극에까지 '때를 벗겨내는'[離垢: 수면隨眠에서 떠나는] 범행梵行을 빨리 완성[圓滿]하게 한다. 첫째, 제현관(諦現觀: 진리가 나타난 것을 살핌)을 수행한다. 둘째, (그런) 뒤 '욕망에서 떠남'[離欲]에 대한 방법[方便]을 부지런히 수행하고, 모든 등지等至에서 '그 맛에 애착하지'[愛味] 않고 모든 장애와 어려움을 떠난다.

(8) 뛰어난 능력·깨끗함·경험하기證

아울러 두 가지 존재가 있어 관행觀行하는 이가 '세상과 세상을 벗어난'[世出世間] 모든 '뛰어난 능력'[勝德]을 직접적으로 발생시키게 한다. 첫째, '마음이 머무는 아홉 가지 모습'[九相住心: 구종심주九種心住]과 둘째, 여섯 가지 대상[六種事][43] 때문에 바른 선정의 마음으로 제법(諸法: 모든 존재)을 생각하여 선택한다. 성문지聲聞地에서 장차 널리 설명하겠다.

---

43) 육종사六種事: 이 책 p.163 '여섯 가지 구별되는 대상을 살핌'[六事差別所緣觀] 참조.

아울러 관행觀行하는 이는 두 가지 깨끗함[淨]이 있다. 의도[作意]가 깨끗하고, '의지하는 것'[所依]이 깨끗한 것이다. (과거·미래· 지금 등) 세 가지 시기에 어리석음을 멀리하여 지혜가 청정淸淨하기 때문에, 의도가 깨끗하다고 한다. (욕계·색계·무색계 등) '세 가지 영역'[三界]의 모든 '번뇌 종류'[煩惱品]인 '번뇌에 결박된 존재'[麁重法]를 멀리하기 때문에, 의지하는 것이 깨끗하다고 한다.

아울러 두 가지 존재가 있어, 마음이 잘 해탈解脫한 모든 아라한阿羅漢이 안[內]에서 스스로 경험[證]한다. 첫째, 지금생에 '괴로움의 원인'[苦因]이 영원히 다한다. 둘째, 이를 맨 앞으로 삼아 장차로는 절대로 괴로움이 생기지 않는다.

1.4.3 세 가지인 경우

앞서 '부처님의 가르침인 알아야 할 것'[佛敎所應知處] 가운데 두 가지인 경우를 설명하였다. 다음으로 세 가지인 경우를 설명하겠다.

(1) 삼문三門·삼종三種·삼근三根

'열 가지 모습'[十相]을 '세 부문'[三門], '세 종류'[三種], '세 근'[三根]을 기준으로 (나눈 것인데,) 모든 유정에게 '비뚠 실천'[邪行]이 일어나 유정들이 (나락 등) 모든 '나쁜 세상'[惡趣]에 떨어지게 하는 것을 가리킨다.

(여기에서) 열 가지 모습이란 생명, 재물, 부인을 망치고[壞] 또는 '실제 의미'[實義], '착한 벗'[善友], 칭송[讚美], 하는 일을 망치는 것이다. 그리고 마음이 세 가지로 더러운 것인데, 남의 재물을 차지하여 자기가 가지려는 것, 남이 사랑스럽지 않은 일과 마주치게 하려는 것, 진실眞實을 비난하는 '악한 견해'[惡見]이다.

'세 부문'[三門]이란 첫째, '지은 일'[作業]을 허물어뜨리는[毁壞] 부문,

둘째, 의욕[意樂]을 허물어뜨리는 부문, 셋째, (수행)방법[方便]을 허물어뜨리는 부문이다. 열 가지 모습 가운데 앞의 일곱 가지는 '지은 일'[作業]을 허물어뜨리는 것이다. 다음 두 가지는 의욕[意樂]을 허물어뜨리는 부문이다. 마지막 한 종류는 (수행)방법[方便]을 허물어뜨리는 부문인데, '악한 견해'[惡見]를 이른다. 악한 견해 때문에 수치심[羞恥], '자애롭고 불쌍히 여김'[慈悲], 모든 '악을 실천함'[惡行]에서 떠나는 것 등을 다 허물어뜨려, 수치심이 없고, 자애롭고 불쌍히 여김이 없으며, 널리 악惡을 짓는다.

'세 종류'[三種]란 첫째, 몸으로 짓는 것, 둘째, 말로 짓는 것, 셋째, 마음[意]으로 짓는 것이다.

(탐냄[貪], 분노[瞋], 어리석음[癡] 등) '세 근'[三根]이란 첫째, 자기가 이익 보는 모습, 둘째, 남에게 손해 끼치는 모습, 셋째, 남에게 전도顚倒된 모습이다. (이는) '정법이 아닌 것'[非法]에 대해 정법[法]이라는 생각을 하고, 지어선 안되는 것에 대해 지어야겠다는 생각을 지어 고집스레 실천한다.

(2) 보호 못함·부정심사不正尋思

세 가지 존재[法]가 있어 유정들이 '모든 근'[諸根: 육근六根]을 보호하지 못하게 한다. 첫째, '의지하는 것'[依止] 가운데 '비뚠 존재'[邪法] 종자, 둘째, 모든 대상영역[境界]에서 바르지 못한 모습을 취하는 것, 셋째, 혼자 은거하는 곳에서 바르지 않은 생각을 하는 것이다. 이와 같은 세 가지는 '욕계의 탐냄'[欲貪], 분노[瞋恚] 및 '해코지 종류'[害品]임을 알라.

네 가지 방향을 기준으로 하여 세 가지 바르지 못한 심사(尋思: 깊은 생각)가 발생한다. (첫째) 자기의 이익[利](, 칭송[譽], 칭찬[稱], 기쁨[樂])[44] 등 네 가지 '(자기 입장에서 본) 흰 종류'[白品: 선법善法]의 방향으로는 얻으려고 또는 잃지 않으려고 탐냄[欲] 심사가 생긴다. (둘째) 이와 같은 것을 장애 하는 원수와 그 중간 등 두 종류 유정의 방향으로는 분노[恚]의 심사가 생긴다. (셋째) 친한 벗 종류의 유정 방향으로는 해코지[害] 심사가 생긴다. 왜냐하면 친한 벗 종류가 때로 그와 어긋났을 경우, 없애버리겠다는 욕망은 생기지 않고 다만 가벼운 괴롭힘으로 벌주겠다는 욕망이 생기기 때문이다. 이것과 반대인 '흰 종류'[白品: 선법善法]는 알맞게 알라.

(3) 종자·유루법의 원인·번뇌취煩惱趣·업지음

간략히 '안 존재'[內法]의 종자 네 가지가 있어 '모든 존재'[諸法]의 종자를 포함한다. 첫째, 세상[世間] 종자, 둘째, '세상을 벗어난'[出世] 종자, 셋째, 청정淸淨하지 못한 종자, 넷째, 청정淸淨한 종자이다. (여기에서) 세상[世間] 종자란 욕계, 색계, 무색계에 결박된 '모든 변천하는 존재'[諸行]의 종자이다. '세상을 벗어난'[出世] 종자란 (성문승聲聞乘, 독각승獨覺乘, 보살승菩薩乘 등) 삼승三乘 및 '삼승 (수행)의 결과'[三乘果]를 경험할 수 있는 팔성도(八聖道: 여덟 가지 성스러운 방도) 등의 청정淸淨한 종자이다. 청정淸淨하지 못한 종자란 욕계에 결박된 '모든 변천하는 존재'[諸行]의 종자이다. (그런데) 청정淸淨한 종자는 두 가지가 있다. 첫째, 세상[世間]의 청정, 둘째, '세상을 벗어난'[出世間] 청정이다. 색계, 무색계에 결박된 '모든 변천하는 존재'[諸行]의 종자를 세상[世間]의 청정이라고 한다. 삼승三乘 및 '삼승 (수행)의 결과'[三乘果]를 경험할 수 있는 팔성도八聖

---

44) 본역주본 제1권 p.82 각주91) 팔세법八世法 참조.

道 등의 종자를 '세상을 벗어난'[出世間] 청정이라고 한다.

세 가지 원인[因]으로부터 생기는 '번뇌 있는 존재'[有漏法]는 (근본적) 원인이 있다. (그것은) 만일 바른 이치에 맞게 수행하지 않는다면 모든 괴로움을 생기게 하고, 만일 이치에 맞게 수행한다면 괴로움에 대해 그리고 원인에 대해 알 수 있고 끊을 수 있게 한다는 것이다. 즉, (세 가지 원인이란) '욕계에 결박된 존재'[欲界繫法]에 대해 물들기[染汚]를 바라고, '색계에 결박된 존재'[色界繫法], '무색계에 결박된 존재'[無色界繫法]에 대해서도 마찬가지임을 가리킨다.

아울러 여러 '번뇌로 나아감'[煩惱趣]이 세 가지 있다. (이것은) 모든 유정이 끊임없이[流轉] 생겨나고 죽게 한다. '뛰어난 욕망'[勝欲]에 뜻을 두어 바라는 것을 첫째 번뇌로 나아감이라고 한다. 색계와 무색계의 뛰어난 자체(自體: 자기 몸)들에 뜻을 두어 바라는 것을 둘째 번뇌로 나아감이라고 한다. '비뚠 해탈'[邪解脫]에 뜻을 두어 바라는 것을 셋째 번뇌로 나아감이라고 한다.

아울러 모든 유정 종류가 욕망[欲]을 근본으로 삼아 업을 짓는 방법이 세 가지 있다. 첫째, 뛰어난 욕망을 이루기 위한 것, 둘째, 뛰어난 자체를 이루기 위한 것, 셋째, 뛰어난 '해탈 과정'[解脫道]을 이루기 위한 것이다.

(4) 제행세력·무명온無明蘊·재난

아울러 모든 유정 종류가 삼계三界 가운데에서 자체(自體: 자기 몸)를 받아들이는[攝受] 제행(諸行: 모든 변천하는 존재)의 세력이 세 가지 있다. 첫째, 이끄는 세력, 둘째, 이루는 세력, 셋째, 완성하는 세력이다. (여기에서) 이끄는 세력이란 유도하는 일을 가리킨다. 이루는 세력이란 건달부(健達縛: gandharva)가 바로 (부모가 될 사람들이 성교하고 있는) 앞에 나타나 있는 것을 가리킨다. 완성하는 세력이란 여기[자궁]에 머무르며 깨끗하고 깨끗지 못한 여러 업業의 이숙(異熟: 원인과 다르게 성숙한 것)을 받는 것을 가리킨다.

아울러 세 가지 무명(無明: 이치에 어두운) 온(蘊: 생멸이 있는 만들어진 존재)이 있다. 모든 유정 종류에서 무명無明에 머무르는 이는 이 '원인과 조건'[因緣] 때문에 (전생, 지금생, 내생 등) '세 가지 생'[三世]의 자체(自體: 자기 몸)가 구별된다. 전생[過去世]에는 '그 전생'[前際]에 무지無知하여, 지금생[現在]의 자체自體가 생기게 한다. 지금생[現在世]에는 전생[前際]에 무지하여, 내생[未來]의 자체自體가 생기게 한다. 내생[未來世]에는 '그 전생'[前際] (즉, 지금생)에 무지하여, 즉 내생[未來]에는 내내생[後後當來] 자체自體가 생기게 한다.

아울러 '아직 궁극에까지 이르지 못한 성인'[未究竟聖]이 여러 이생(異生: 범부 중생)과 더불어 생겨나고 죽는 재난이 세 가지 있다. 만일 그것에 대해 깊이 염증이 나고 두려운 이라면, 세 가지 교만[憍逸]을 빨리 없애고 지금생[現法]에 열반하는 방법[方便]을 수행해야 한다. (즉) 첫째, 건강함[無病]도 쇠퇴한다는 점, 둘째, 젊음[少年]도 쇠퇴한다는 점, 셋째, '오래 살아도'[壽命] 쇠퇴한다는 점이다. 지혜[智]가 있는 이는 미래에 이와 같은 세 가지 일이 반드시 따르리란 것을 살펴야 한다.

(5) 몸身分·괴로움·높임

아울러 유정 종류에게 탐냄[貪], 분노[瞋], 어리석음[癡]이라는 결박이 의지하는 몸[身分]의 구별이 생기게 하는 것이 세 가지 있다. (이는) 얼른 모든 유정 종류를 결박해 큰 괴로움을 주는 '생겨나고 죽는다'[死生]는 감옥에 가둔다. 첫째, 이익을 본다. 둘째, 손해를 본다. 셋째, 똑같이 이익이

나 손해가 아니다.

　아울러 세 곳에서 생기는 괴로움들이 있어, 유정의 고통들을 두루 포함한다. 첫째, 만나서 생기는 괴로움, 둘째, 어긋나 동떨어져서 생기는 괴로움, 셋째, 똑같이 계속된다는 괴로움이다. 첫째는 손해 보는 상태와 어우러지기 때문이다. 둘째는 이익 보는 상태가 변해서 무너지기 때문이다. 셋째는 모든 상태에서 지속적으로 전개되어 추중(麁重: 번뇌에 결박되는 것)에 속하는 제행(諸行: 모든 변천하는 존재)에서 생기는 것이다. 오직 현성賢聖들만 그것이 괴로움이라는 것을 깨닫고, 이생(異生: 범부)들은 그렇지 못하다.

　아울러 마음을 '(실제 수준보다) 높이는'[高擧] 존재가 세 가지 있다. (이는) 사문沙門의 수행결과[果]를 경험[證]하려고 수행하는 이의 예류과預流果를 해코지해서 사문沙門이 경험[證]을 이룩하지 못하게 한다. 첫째, 자기를 남과 비교하여 "내가 뛰어나군."이라고 이르며, 마음에 '(실제보다) 높이는 것'[高擧]이 생기게 한다. 둘째, 자기를 남과 비교하여 "나와 서로 비슷하군."이라고 이르며, 마음에 (실제보다) 높이는 것이 생기게 한다. 셋째, 자기를 남과 비교하여 "내가 (약간) 못하군."이라고 이르며, 마음에 (실제보다) 높이는 것이 생기게 한다.

(6) 제행종자·삼세三世·색법色法

　세 가지 종자가 있어, 모든 제행諸行이 생기게 한다는 것을 알라. 첫째, 이미 결과[果]가 부여된 것. 둘째, 아직 결과가 부여되지 않은 것. 셋째, 결과가 바로 '앞에 나타나는'[現前] 것.

　아울러 제행諸行과 말[言說]이 의지하는 곳이 세 가지 있다. 과거와 미래와 지금이다.

세 가지 모습이 있어, 모든 '물질로 된 존재'[色法]의 '고유한 모습'[自相]을 포함 할 수 있다. (첫째) '색깔'[顯色], '모습'[形色], 작용(作用: 표색表色: 동작)으로 펼쳐지는, 안식眼識이 취하는 '보이는 것'[色]이다. (둘째) 자기 영역에서는 (자기 이외의) 나머지 (보이지는 않지만 있다고 느껴지는) '물질로 된 존재'[色法]가 움직이거나 머무르는 것을 장애하는 (눈, 귀, 코, 혀, 몸 등) '물질로 된 근'[根色], 또는 (소리, 냄새, 맛, 감촉 등) 모든 '물질로 된 대상영역'[境界色]이다. (첫째와 둘째를) 모두하면 '열 가지 물질로 된 존재'[十色]가 있다. (셋째) 그리고 (보이지도 않고 있다고 느껴지지도 않는) '선정 영역의 보이는 것'[定地色]이 있다. '깨끗한 선정'[淨定]을 이루고, 변화變化를 유도하기 위한 방법[方便]을 수행하는 이의 모든 '물질로 된 존재'[色法]이다. (앞의 것은) 안[內]의 '변화하는 마음'[化心]의 대상영역[境界]이고, (뒤의 것은) 아직 완성되지 못한 '변화하는 마음의 결과'[變化心果]라는 것을 알라.

(7) 마음·청법자聽法者·살핌觀·존경할 이

아울러 모든 번뇌에 쫓기는 마음이 세 가지 있다. 첫째, 모든 이생(異生: 범부)의 마음, 둘째, 아직 배움[學]이 완성되지 못한 마음, 셋째, 이미 배움이 완성된 마음이다.

아울러 '교법[法]을 듣는 이'[聽法者]가 세 경우 있다. 첫째, 교법과 그 의미[義]를 받아 지니지 못하는 경우, 둘째, 오직 받아들일[領受] 수만 있고 맡아지니지[任持] 못하는 경우, 셋째, 받아들일 수도 있고 맡아지닐 수도 있는 경우이다.

아울러 세 가지 존재가 있어, 수행자가 동작[身]·'말하는 것'[語]·'마음먹는 것'[意]의 무상無常한 성질을 살펴[觀], 살핌[觀]에 들어가는 맨 처음으로 삼는다. 첫째, 들숨과 날숨, 둘째, 찾음[尋]과 살핌[伺], 셋째, 생각[想: 개념형성]과 의사[思]이다.

아울러 존경스럽고 뛰어난 이가 세 종류 있으니, 존경과 공양을 받아야 한다. 첫째, 나이가 위인 이, 둘째, 가문이 위인 이, 셋째, 공덕功德이 뛰어난 이이다.

(8) 정인定因과 부정인不定因·죄를 들춤·삼불호三不護

아울러 '결정된·결정되지 않은 원인'[定不定因]에 머무는 것이 세 가지 있다. 두 가지는 '결정된 원인'[定因]이고, 한 가지는 '결정되지 않은 원인'[不定因]이다. 첫째, '나쁜 세상'[惡趣](으로 가는 것이) 결정된 원인은 '무간에 떨어질 업'[無間業]을 가리킨다. 둘째, '좋은 세상'[善趣]·열반涅槃(으로 나아가는 것이) 결정된 원인은 '번뇌가 없는'[無漏] '지어진 존재'[有爲法]를 가리킨다. 셋째, 결정되지 않은 원인은 그 나머지 존재[法]를 가리킨다.

아울러 세 가지 존재가 있어, '성스러운 가르침'[聖敎]이 오래 머물게 하려고 점점 죄를 들추어낸다. 첫째, 동작이나 말로 계율[學處]을 어기는 것을 본 것, 둘째, 남한테 들은 것, 셋째, 나머지 모습으로 미루어 분명히 아는 것이다.

아울러 모든 여래如來께서는 '(항상 지혜와 함께하므로 따로) 보호할 필요가 없는 (동작·말·의도 등의 세 가지 업業)'[三不護]의 능력을 갖추었다고 스스로 말씀하셨다. 이는 외도外道의 스승들이 속으로는 악惡을 품고서 스스로는 일체지자(一切智者: 모든 지혜를 갖춘 이)라고 칭하지만, 실제로는 일체지자一切智者가 아님을 나타내기 위해서이다. 그리고 그들에게 여래如來야말로 진실한 일체지자라는 믿음을 일으키게 하기 위해서이다.

(9) 소뇌燒惱·불火·증상생增上生·욕망

세 가지 '비뚠 집착'[邪執]에서 생긴 큰 불이 유정에게 '타는 듯한 괴로움'[燒惱]을 일으킨다. 첫째, 탐애貪愛의 타는 듯한 괴로움, 둘째, '슬퍼하며 근심하는'[愁憂] 타는 듯한 괴로움, 셋째, 전도顚倒의 타는 듯한 괴로움이다.

아울러 세 가지 불이 있다. '즐거운 결과'[福]를 좋아해서 비뚤게 '외도의 불'[外火]을 섬기는 '뛰어난 해석(능력을 지닌)'[勝解] 유정을 교화하기 위해 섬겨야 할 거짓 없는 불을 보여주는 것이다. 실제로 불은 아니지만 임시로 불이라는 이름을 쓴다. 첫째, 부모님, 둘째, 아내와 자녀, 셋째, 진실로 '공양해야 할'[應供] 복전(福田: 미래의 즐거운 결과를 키워주는 터전)이다.

아울러 여러 즐거움[樂]과 욕망[欲]을 뛰어나게 사는 이를 위하여, 진실眞實을 '뛰어나게 사는'[增上生] 방도를 설명해주는 것이 세 가지 있다. 첫째, 보시布施하면 큰 재부財富를 이룬다. 둘째, '계율을 지키면'[持戒] '좋은 세상'[善趣]에 머물게 된다. 셋째, '선정을 수행하면'[修定] 괴로운 느낌을 멀리하고, 꾸준히 '괴롭히고 해침'[惱害]이 없는 즐거운 세계世界 가운데 생겨나게 된다.

아울러 세 가지가 있다. 모든 '욕망을 느끼는 이'[受欲者]의 약한, 중간의, 강한 욕망은 모든 욕망에서 생긴 즐거움과 상대하기 때문이다. 첫째, 힘을 많이 쓰고도 조건에 의지하는 욕망이란 지금 머물고 있는 곳의 모든 욕망을 가리킨다. 둘째, 힘을 적게 쓰고 마음에 의지하는 욕망이란 (욕계의 사람세상에서 위로 다섯 번째 천天인) 낙화천樂化天의 욕망을 가리킨다. 셋째, 힘을 아주 적게 쓰고 마음에 의지하는 욕망이란 (욕계의 사람세상에서 위로 여섯 번째 천天인) 타화(자재)천他化(自在)天의 욕망을 가리킨다.

(10) 정려의 희락·벗어남·묶임

아울러 세 가지가 있다. 모든 욕망을 뛰어넘는 약한, 중간의, 강한 즐거움이다. 첫째, 찾음[尋]과 살핌[伺]이 있는 기쁨[喜], 둘째, 찾음과 살핌이 없는 기쁨[喜], 셋째, 기쁨을 떠난 즐거움[樂]이다.

아울러 세 가지가 있어, 알아야 하는 것을 깨닫고 삼승三乘이 여러 괴로움에서 벗어나게[出離] 한다. 첫째, 남으로부터 음성을 듣는[聞] 종류, 둘째, 안으로 바르게 사유思惟하는 종류, 셋째, 오랫동안 지관(止觀: 고요함과 살핌)을 수행하는 종류이다.

아울러 세 가지가 있어, 알아야 함을 깨닫는다. 첫째, 박(縛: 묶임: 번뇌)을 모두 갖춘 경우, 둘째, 박縛을 모두 갖추지는 않은 경우, 셋째, 전혀 박縛이 없는 경우이다.

(11) 관행觀行에 할 일·삼안三眼·번뇌 없앰

세 가지 지어야 할 일이 있다. '관행하는 이'[修觀行者]는 이 세 가지의 강한 힘 때문에 믿음[信] 등 모든 선법善法을 수행한다. 첫째, '견도에서 끊을'[見道所斷] 모든 번뇌를 영원히 끊고서, 예류과(預流果: 깨달음의 흐름에 들어간 수행결과)를 경험한다. 둘째, '수도에서 끊을'[修道所斷] 모든 번뇌를 끊고서, 점점 일래과(一來果: 욕계로 한 번 되돌아오는 수행결과), 불환과(不還果: 욕계로 되돌아오지 않는 수행결과), 아라한과(阿羅漢果: 해탈한 수행결과)를 경험한다. 셋째, 아라한과阿羅漢를 경험하고서, 지금생[現法]의 즐거움에 머문다[樂住].

세 가지로 나누어 모든 알아야 할 대상영역[境界]을 분명하게 비추는 강한 힘 때문에 '세 가지 눈'[三眼]을 성립시킨다. 첫째, 육안肉眼은 드러나고, 막아선 게 없고, 볼 수 있는 모든 '보이는 것'[色]을 비춘다. 둘째, 천안天眼은 드러나든 안 드러나든, 막아선 게 있든 없든, 볼 수 있는 모든 '보이는 것'[色]을 비춘다. 셋째, 혜안慧眼은 모든 종류의 보이거나 안 보이는 존재[法]를 비춘다.

　아울러 세 가지 존재가 있어, '나타나 작용하는'[現行] 번뇌라는 원수[怨敵]를 없앨 수 있다. 첫째, '선한 벗'[善友]을 믿고 따르는 것, 둘째, 가정에 있거나 출가한 여러 사람들과 섞여 머물지 않는 것, 셋째, 안으로 바르게 의도[作意]하여 알아야 할 '진실한 이치'[眞實道理]를 깨닫는 것이다.

　(12) 가르침과 지도·선정定·심일경성心一境性

　세 가지 바르게 '가르치고 지도하는'[教誡] 방법이 있어, 점점 뒤에 줄을 잇는 '경험의 대상'[所證]들을 경험하고 열반涅槃을 이루게 한다. 첫째, 시라(尸羅: 계戒)를 바르게 가르치고 지도하는 방법, 둘째, '마음이 머무는 것'[心住]에 대해 바르게 가르치고 지도하는 방법, 셋째, 알아야 할 '진실한 이치'[眞實道理]를 깨닫는 것에 대해 바르게 가르치고 지도하는 방법이다. 바르게 가르치고 지도하는 방법이 세 가지인 것과 마찬가지로, 바르게 가르치고 지도하는 방법을 익히는 것도 같다는 것을 알라.

　아울러 바르게 가르치고 지도하는 방법을 익힐 때에는 세 가지 존재가 있어 편안하게 머물 수 있다. 첫째, 공(空: 비어있음), '바라는 것이 없음'[無願], '모습이 없음'[無相], 멸진(滅盡: 상수멸想受滅) 등의 등지等至이다. 둘째, 네 가지 정려靜慮이다. 셋째, 네 가지의 '무수한 (마음의 선정)'[無量]이다.

아울러 간략히 세 가지 심일경성(心一境性: 마음의 대상이 하나인 성질)[45]이 있어, 사실대로의 지견智見을 이루게 한다. 첫째, '의미와 말'[意言] 가운데에서 '종류가 구별되는 대상'[種種差別所緣]에 대한 작용[行相], 둘째, 의미와 말의 계속되는[無間] 그 종류가 구별되는 대상에 대한 작용, 셋째, 의미와 말을 뛰어넘어 '한 대상'[一境]에 집중된 종류도 없고 구별도 없는 대상에 대한 작용이다.

(13) 처處·깨끗함·모니牟尼

아울러 세 가지 '이치에 맞는 것'[處]이 있다. (이는) 악惡하고 비뚠[邪] 것을 '존경스럽고 뛰어나다'[尊勝]고 '이치에 맞지 않게 헤아리는'[妄計] 유정과 '어느 쪽에도 치우치지 않는'[中庸] 교화 대상인 유정을 잘 받아들여 '성스러운 가르침'[聖敎]으로 유도한다. 첫째, 자기가 가진 가장 뛰어난 신통神通을 보인다. 둘째, 남이 가진 물들고[染] 깨끗한[淨] 제행(諸行: 모든 변천하는 존재)에 대해, (물든 것은) 막고 (깨끗한 것은) 허락한다. 셋째, '훌륭한 교법'[妙法]을 '밝혀 말하여'[宣說] 바르게 가르치고 바르게 지도한다.

아울러 세 가지 깨끗함[淨][46]이 있다. '깨끗함을 좋아하는 외도'[樂淨外

---

45) 유가론기 제5권상(대정장 42. p.406b6-9): 세 가지 심일경성心一境性이란 그 차례대로 처음으로 업을 익히고, 그러고 나서 수행하고, 그러고 나서 뛰어넘는 세 가지 의도에 관련하는 선정이다. 또한 처음으로는 듣고 생각해서 이룬 지혜이다. 둘째는 수행해서 이룬 지혜인데 세상의 세 가지 지혜에 관련하는 선정이다. 셋째로 뛰어넘는다는 것은 분별지(分別智: 추리로 이룬 지혜)에 관련하는 선정이다. 三種心一境性. 如其次第則初習業已習行已超度三種作意相應定. 又初是聞思慧第二修慧世間三慧相應定也. 第三超度者. 分別智相應定也.
46) 유가론기 제5권상(대정장 42. p.406b13-14): 외도가 물로 때를 제거한다고 함을 다스리려고 세 가지 정업淨業을 갖춘다는 것은 곧 신身, 어語, 의意 세 가지 정

道]가 '외도가 섬기는 물'[外事水]로 잠시 피부의 때를 없애고는 스스로 최고[第一]의 청정淸淨을 이미 이루었다고 이르면서 '비뚠 으스댐'[邪慢]을 일으키는 것을 없애주려고, 이 세 가지를 설립시켰다. 제일의(第一義: 최고 의미)의 깨끗함은 깨끗지 못한 곳에서 생기는 것을 초월하는 원인이기 때문이다.[47]

아울러 세 가지 모니牟尼[48]가 있다. 모니계牟尼戒를 준수하는 여러 외도外道가 잠시 말하는 것을 쉬고서는 스스로 진실眞實한 고요[寂靜]를 이미 이루었다고 이르면서 '비뚠 집착'[邪執]을 일으키는 것을 없애주려고, 또한 전도되지 않은 모니牟尼를 드러내어 설명하려고 진실眞實한 모니牟尼를 성립시켰다. (이는) 곧 성인께서 사랑하는 계戒에 속한 동작[身業], 말[語業] 및 '번뇌가 없는 마음'[無漏心]이다.

(14) 부끄러움과 애경·최고의 것·삼명三明

아울러 세 가지 존재가 있어, '멀리 떨어져 지내는 이'[處遠離者]가 '나타나 작용하는'[現行] 바르지 못한 심사(尋思: 깊은생각)를 없애게 한다. (이는) 남이 비난하고 자기가 비난하는 것이 큰 이익을 잃게 하는 강한 힘이기 때문에 (이에 거슬러) 일어나는 '(남에게) 부끄러움'[愧], '(자기에게)

업이다.　　對治外道以水除垢。辨三淨業者。則身語意三淨業也。

47) 유가론기 제5권상(대정장 42. p.406b14-16): 깨끗지 못하게 생겨나는 곳을 초월하는 원인이기 때문이라는 말에서, 세 가지 '나쁜 세상'[惡趣], '여덟 가지 틈이 없음'[八無暇]을 깨끗하지 못하게 생겨나는 곳이라고 하고, 세 가지 정업淨業을 그것을 초월하는 원인이라고 한다.　　言不淨生處超越因故者。三惡趣八無暇名不淨生處。三淨業名超彼因。

48) 유가론기 제5권상(대정장 42. p.406b16): 세 가지 모니업牟尼業이란 곧 세 가지 선업이다.　　三牟尼業者則三善業。

부끄러움'[慚] 및 '친애하고 존경함'[愛敬]을 가리킨다.

아울러 '(번뇌를 소멸시키는) 방도'[道]와 '(그) 방도의 결과'[道果]를 기준으로 세 가지 '가장 뛰어난 최고의 것'[最勝無上]이 있음을 알라. (첫째) '무상하다는 지혜'[無常智], '괴롭다는 지혜'[苦智], '나라고 할 만한 것이 없다는 지혜'[無我智], '즐거움으로 빠르게 통달하는'[樂速通] 등의 '네 가지 수행의 자리'[四行跡][49]. (둘째) 모든 세간世間·출세간出世間의 유학有學과 무학無學. (셋째) '일시적 해탈'[時解脫: 심해탈心解脫]과 '움직이지 않는 마음의 해탈'[不動心解脫: 혜해탈慧解脫]이 가장 뛰어난 최고의 것이다. (세 가지로 요약하여, 첫째) '관행하는 이'[修觀行者]는 우선 지혜[智]를 이루고, (둘째) 이 지혜로 말미암아 번뇌를 끊기 위해 다음으로 '수행의 자리'[行跡]를 수행한다. (셋째) '수행의 자리'[行跡]를 수행한 뒤에는 마음이 해탈解脫을 이룬다.

아울러 '세 가지 이치에 밝음'[三明][50]이 있다. 전생[前際], 내생[後際], 지금생[中際]에 대해 '아주 없다'[斷], 항상하다[常]하다는 두 극단적인 견해를 가진, 그리고 '지금생에 열반한다'[現法涅槃]는 '비뚠 집착'[邪執]을 하는 어리석은 사문沙門과 바라문婆羅門의 '이치에 어두운 성질'[無明性]

---

49) 『증일아함경增壹阿含經』(구담승가제바瞿曇僧伽提婆 역) 제23권 제3경(대정장 2. p.668a12-b13) 참조.
50) 유가론기 제5권상(대정장 42. p.406b27-29): '세 가지 이치에 밝음'[三明]이란, 전생의 제법諸法의 인연因緣에 대해 어리석어 상견常見을 일으키고, 내생에 결과의 존재가 지속되는 것에 어리석어 단견斷見을 일으키며, 모든 번뇌가 다하는 것인 열반涅槃에 어리석어 사견邪見을 일으키는데, 이 세 가지 어리석음으로부터 떠나기 위해 세 가지 이치에 밝음을 세운 것이다.　　三明者。由愚前際諸法因緣故起常見。愚於後際果法相續故起斷見。愚諸煩惱盡處涅槃故起邪見。爲離此三愚立三明也。

을 드러내기 위해 '세 가지 이치에 밝음'[三明]을 성립시켰음을 알라.

1.4.4 네 가지인 경우

앞서 '부처님의 가르침인 알아야 할 것'[佛教所應知處] 가운데 세 가지인 경우를 설명하였다. 다음으로 네 가지인 경우를 설명하겠다.

(1) 사념주四念住와 대상영역·묶임·사정단四正斷

이를테면 네 가지 존재가 있어 모든 '알아야할 것'[所知]과 지혜[智]를 포함한다. (우선) 몸[身]과 '듣고·생각하고·수행하는'[聞·思·修] 뛰어난 '생각을 머무름'[念住]을 의지하여 '몸의 대상영역'[身境]을 대상으로 삼는 지혜[慧]이다. 몸과 '몸의 대상영역'[身境]을 대상으로 삼는 지혜[慧]와 같이, 느낌[受]·마음[心]·존재[法]와 느낌[受]·마음[心]·존재[法]의 대상영역[境]을 대상으로 삼는 지혜[慧]도 (각각) 그러하다는 것을 알라.

구별이 또 있다. 네 가지 묶임[縛]을 가리키는데, 첫째, '잡아 지니는 묶임'[執取縛], 둘째, '느낌에 묶임'[領受縛], 셋째, '식별에 묶임'[了別縛], 넷째, '집착에 묶임'[執著縛]이다. 마음은 몸에 대해 '잡아 지니는 묶임'[執取縛] 때문에 묶이고, 느낌에 대해 '안으로 느낌에 묶임'[內領受縛] 때문에 묶이고, '보이는 것'[色] 등 대상영역[境界]의 모습[相]에 대해 '식별에 묶임'[了別縛] 때문에 묶인다. 또한 (앞서) 설명한 몸 (, 느낌, 모습) 등에 대해서 탐냄[貪], 분노[瞋] 등 크고 작은 번뇌의 '집착에 묶임'[執著縛] 때문에 묶이는 것을 알라. 이러한 네 가지 묶임[縛]을 다스리기 위해 '네 가지 생각을 머무름'[四念住]을 성립시켰다.

아울러 네 가지가 있어, 의욕[欲]과 정진[勤]을 맨 처음으로 삼아 잘못[過患]과 다스림[對治]을 자세히 살피는 것을 의지로 삼는다. (첫째) '나타나 작용하는'[現行] 모든 불선법不善法을 끊는다. (둘째) 그 결박[繫]을 끊는다. (셋째) 선법善法을 이룬다. (넷째) (선법을) 자라게 한다.

(2) 심주心住

아울러 네 가지가 있다. '마음이 머무르게'[住心] 하려고, 그리고 '뛰어난 선정'[勝定]을 이루려고 (수행)방법을 수행하는 이가 마음이 머무르는 것을 마음대로 자라게 하는 부문이 있다. 첫째, 즐거이 욕망[欲]에서 벗어난다. 둘째, 받아 지녀 읽고 외우고, 반성하고 정진한다. 셋째, '현명하고 선한 선정의 모습'[賢善定相]을 취하는 마음이다. 넷째, 빈 곳에 머무르며 제법諸法을 자세히 살핀다.

아울러 '마음이 고요함'[心定]과 '마음이 머무름'[心住]이 네 가지 있다. 첫째, '찾음이 있고 살핌이 있으며'[有尋有伺] 기쁨[喜]이 있는 '마음이 머무름'[心住], 둘째, '찾음도 없고 살핌도 없지만'[無尋無伺] 기쁨이 있는 '마음이 머무름'[心住], 셋째, '찾음도 없고 살핌도 없으며'[無尋無伺] 기쁨을 떠난 '마음이 머무름'[心住], 넷째, '평정한 생각이 청정하여'[捨念淸淨] 모든 괴로움[苦]과 즐거움[樂]을 뛰어넘은 '마음이 머무름'[心住]이다.

(3) 진실·희론에 묶임

아울러 네 가지 알아야 하는 진실眞實이 있다. 물듦[染汚]과 청정淸淨 두 종류가 구별되므로 네 가지를 성립시킨다. 만일 분명하게 알 수 있고 분명하게 잘 아는 이는 '견도에서 끊는'[見道所斷], 그리고 '수도에서 끊는'[修道所斷] 모든 번뇌를 끊을 수 있다. 첫째, '물드는 종류의 결과'[染汚品果]의 진실, 둘째, 이 종류 원인[因]의 진실, 셋째, '청정한 종류의 결과'[淸淨品果]의 진실, 넷째, 이 종류 원인[因]의 진실이다.

생각[想]을 맨 처음으로 삼는 희론戱論에 묶임[縛]에는 네 가지가 있다. 첫째, '작은 욕망 가운데서'[小欲中: 욕계에서] 생각[想]을 맨 처음으로 삼는 희론戱論에 묶임, 둘째, '큰 보이는 것 가운데에서'[大色中: 색계에서] 생각[想]을 맨 처음으로 삼는 희론戱論에 묶임, 셋째, 무수한[無量] 공空·식識이 '무한한 곳'[無邊處]에서 생각[想]을 맨 처음으로 삼는 희론戱論에 묶임, 넷째, '아무 것도 없는 곳'[無所有處]에서 생각[想]을 맨 처음으로 삼는 희론戱論에 묶임이다.

(4) 사무량심四無量心·무색계·애착 끊음·번뇌 끊음

아울러 네 가지 존재가 있다. (이는) 모든 유정이 분노[恚]·해코지[害]·'좋아하지 않음'[不樂]·욕탐欲貪을 다스리고[對治] 잘 수행할 때에는 '크게 즐거운 결과'[大福]를 생기게 할 수 있고, 욕망에서 떠나는 데로 나아갈 수 있다. 첫째, 자애로움[慈], 둘째, '불쌍히 여김'[悲], 셋째, 기뻐함[喜], 넷째, 평정함[捨]이다.

아울러 네 가지 존재가 있어, 색계를 뛰어넘어 '먼 곳'[遠分]을 완성하게 한다. '공(이 무한)한 곳'[空處], '식(이 무한)한 곳'[識處], '아무 것도 없는 곳'[無所有處], '생각도 아니고 생각이 아닌 것도 아닌 곳'[非想非非想處]이다.

아울러 네 가지가 있다. (이는) 해탈解脫을 빨리 완성[圓滿]하게 하려고, 부지런히 수행하는 이가 성스러운 해탈에 대한 의욕[欲]과 뛰어난 '맡아 지니는'[任持] 방법으로 네 가지 애착[愛]을 끊으려는 강한 힘 때문이다. (첫째) 의복, 음식, 침구[臥具]를 추구하는 바가 적다. (둘째) 지음도 적고, 어지러움도 적어 시간을 헛되게 보내지 않는다. (셋째) 수행방법[方便]을 부지런히 닦아 마음의 산란散亂을 떠난다. (넷째) 즐겁게 번뇌를 끊고 즐겁게 '바른 방도'[正道]를 수행한다.

아울러 '방도의 결과'[道果]를 수행하여 모든 번뇌를 끊는 것이 네 가지 있다. 첫째, '견도에서 끊는'[見道所斷] 모든 번뇌를 끊는다. 둘째, '수도에서 끊는'[修道所斷] '아래 부분의 매임'[下分結: 욕계의 매임]의 강한 종류[上品]·중간 종류[中品]를 끊는다. 셋째, 이 나머지[약한 종류: 하품下品]를 남김없이 끊는다. 넷째, '위 부분의 매임'[上分結: 색계와 무색계의 매임]을 남김없이 끊는다.

(5) 예류지預流支·지혜

예류지(預流支: 깨달음의 흐름에 들어가는 세목)를 경험하는 것이 네 가지 있어, 수행자가 부처님의 성스러운 가르침 그리고 '좋은 세상'[善趣]에 대해 끝까지 '동요하지 않게'[不動] 한다. (첫째) '큰 스승'[大師]으로부터의 진실한 깨달음에서 생기는 '움직임 없는 마음의 깨끗함'[無動心淨]이다. (둘째) 앞의 큰 스승으로부터처럼 '경험해야 할 교법'[所證法], 그리고 (셋째) '교법을 경험하려고'[爲證法] 경험[證]을 수행하는 이도 역시 그렇다는 것을 알라. 이와 같은 세 가지는 '마음이 청정하다'[心淸淨]고 한다. 네 번째 한 가지는 '보이는 것이 청정하다'[色淸淨]고 하는데, 성인이 친애하는 계戒에 속하기 때문이다. 앞의 세 가지는 성스러운 가르침에 대해 동요하지 않게 하고, 마지막 한 가지는 '좋은 세상'[善趣]에 대해 동요하지 않게 한다.

아울러 예류지預流支를 경험하(게 하)는 것이 네 가지 있다. 첫째, '교법을 설명해주는 스승'[說法師], 그리고 '가르쳐 주는 이'[敎授者]를 잘 모시고 어기지 않는다. 둘째, 스승이 교법을 설명해준 것과 가르쳐 준 교법을 전도되지 않게 듣는다. 셋째, 들은 교법에 대해 바르게 생각하고 잘 통달한다. 넷째, 수행해야 할 것을 성취[成辦]한다.

아울러 네 가지 지혜[智]가 있어, 모든 지혜를 포함한다. 첫째, 오직 '번뇌 없는 것'[無漏]으로서 제법諸法 가운데에서 '나타난 것을 보는 지혜'[現見智]이다. 둘째, 꾸준히 '번뇌 없는 것'[無漏]을 지향하는 것으로서 제법諸法 가운데에서 '나타난 것을 보는 것이 아닌 지혜'[非現見智]이다. 셋째, 꾸준히 '번뇌 있는 것'[有漏]을 지향하는 것으로서 '이치에 맞게'[如理] 유도되거나, '이치에 맞지 않게'[不如理] 유도되거나, '이치에 맞는 것도 아니고 이치에 맞지 않는 것도 아니게'[非如理非不如理] 유도된 '세상의 지혜'[世間智]이다. 넷째, '번뇌 있는 것'[有漏]과 '번뇌없는 것'[無漏]에 공통되게 '다른 이의 마음'[他心]을 구별하는 지혜이다.

(6) 사성제四聖諦의 지혜·번뇌 끊는 방법·교법 통달

아울러 전환품(轉還品: 번뇌가 유전流轉하고 환멸還滅하는 종류)의 진실眞實을 취하는 지혜[智]가 네 가지 있어, 모든 번뇌를 (포함)한다. 첫째, '유전하는 종류의 결과'[轉品果: 고제苦諦]의 진실에 대한 지혜. 둘째, '유전하는 종류의 원인'[轉品因: 집제集諦]의 진실에 대한 지혜. 셋째 '환멸하는 종류의 결과'[還品果: 멸제滅諦]의 진실에 대한 지혜. 넷째, '환멸하는 종류의 원인'[還品因: 도제道諦]의 진실에 대한 지혜.

아울러 네 가지 존재가 있어, '믿는 이'[信者]가 번뇌를 끊기 위해 바른 수행방법을 닦게 한다. 첫째, 지속해서 정중하게 작용을 가하여 정진한다. 둘째, 바르게 알고 실천하는 생각, 셋째, 사마타奢摩他, 넷째, 비발사나毘鉢舍那이다.

아울러 네 가지가 있어, 교법에 통달하여 최고의 번뇌에 의지하는 발자취[足迹]를 소멸시킬 수 있다. (첫째) '성스러운 방도'[聖道]에 들기 위해 '번뇌 있는 지혜'[有漏慧]를 수행한다. (둘째) 성스러운 방도에 든 뒤에는 모든 번뇌를 약화[缺]시키고, 모든 대상[事]을 남김없이 약화시킨다. (셋째) 모든 번뇌와 대상을 영원히 끊는다. (넷째) 성스러운 방도에 든 것에서처럼 다시 수행하는 것을 전개한다.

(7) 사온四蘊·보호·정견正見·작용行

아울러 네 가지 존재가 있어, 점점 관련하며[相應], 행(行: 업業: 실천)과 연(緣: 조건)이 있는 것들이 어우러져 전개되고, 같은 조건[緣]으로 전개된다. 느낌[受], 개념형성[想], 의지작용[行], 식識을 가리킨다.

아울러 네 가지 보호[護][51]가 있어, 부처님의 성스러운 가르침에 든 이가 성스러운 가르침을 애호[愛樂]하게 한다. 첫째, '수명을 보호한다'[命護]. 둘째, '(몸의) 힘을 보호한다'[力護]. 셋째, 마음을 '번뇌로부터 보호한다'[煩惱護]. 넷째, 바른 '수행방법을 보호한다'[方便護].

아울러 '바른 견해'[正見]로 인하여 전도되지 않은 실천을 하는 데 의지가 되는 것이 네 가지 있다.[52] 앞의 세 가지 때문에 실천할 때 청정淸淨하고, 마지막 한 가지 때문에 (고요히) 머물 때 청정淸淨하다. 근문根門을 지키는 이는 모든 대상영역[境界]에 (첫째) 따르지도 않고, (둘째) 거스르

---

51) 유가론기 제5권상(대정장 42. p.407b16-19): 사호四護란 신태神泰논사가 이르기를, 최승자最勝子의 『석론釋論』을 요약하자면 '조화롭지 못함'[不平等]에서 떠나는 것을 명호命護라고 하고, 음식의 한도를 아는 것을 역효力護라고 하며, '생각하여 선택하는 힘'[思擇力]과 '수행하는 힘'[修習力] 두 가지는 번뇌호煩惱護이다. 바르게 힘씀[加行]으로부터 떠난 무분별지無分別智는 정방편正方便이다.　　四護者。泰師云。約最勝子釋論。離不平等名爲命護。飮食知量名爲力護。思擇修習二力則煩惱護也。正離加行無分別智是正方便。

52) 유가론기 제5권상(대정장 42. p.407b26-28): 신태神泰논사에 의하면 이는 네 가지 '교법의 자리'[法跡]에 응하는 것이다. 무탐無貪, 무진無瞋, 정념正念 세 가지 때문에 실천할 때 청정하고, 뒤의 정정正定 때문에 머물 때 청정하다.　　泰云。此應四法跡。由無貪無瞋正念三種故行時淸淨。由後正定住時淸淨。

지도 않으며, (셋째) 근문을 지키려 함을 강한 힘으로 유념[念]하며 '바른 지혜'[正智]로 실천한다. (넷째) 멀리 머무는 이는 마음이 물들지 않게 하여 하나의 대상에 집중한다.

아울러 네 가지 작용[行] 때문에, 밝음[明]과 해탈解脫을 경험[證]할 수 있다는 것을 알라. 유념[念], 눈[眼], 지혜[慧](의 작용) 때문에 밝음을 경험한다. 그리고 몸[身](의 작용) 때문에 '동요하지 않는 해탈'[不動解脫: 혜해탈慧解脫]과 '일시적 해탈'[時解脫: 심해탈心解脫]을 경험한다.

(8) 사계四界·사식四食·사식주四識住·애착

네 가지 존재가 있어, 수많은 종류의 '만들어지는 물질'[所造色]이 생기는 데 의지로 삼는다. 첫째, '단단한 성질'[堅性], 둘째, '축축한 성질'[濕性], 셋째, '따뜻한 성질'[煖性], 넷째, 가벼움[輕] 등 '움직이는 성질'[動性]이다.

아울러 ('조각으로 먹기'[段食], '닿아서 먹기'[觸食], '생각으로 먹기'[意思食], '식으로 먹기'[識食] 등) 네 가지 방법이 있다. (이는) 이미 생겨난 모든 유정 종류를 유지하여 오래 머물게 하고, '(내생의) 존재'[有]를 찾는 이들이 '이익인 것을 받아들이게'[攝益] 한다. 섭사분攝事分[53] 가운데에서 널리 설명할 것이다.

네 가지가 있어, 생사生死 중에 모든 식識이 유전(流轉: 존재의 인과가 계속됨)하는 데 의지하는 발자취[足迹]가 된다. 모든 '보이는 것'[色]을 보고 나서 향하는 탐애(貪愛: 탐내고 애착함) 때문에 취하여 대상[所緣]으로 삼는데, (이는) (오근五根 등) '의지하는 것'[所依]과 (육경六境 등) 대상영

---

53) 유가사지론 제94권(대정장 30. pp.838c10-839a10) 참조.

역[境界]이 함께 성립시킨 것이다. 모든 '보이는 것'[色]과 마찬가지로, 느낌[受], 개념형성[想], 의지작용[行]도 그렇다는 것을 알라.

아울러 여러 비구[苾芻]가 지금생[現法]의 '몸의 수명'[身命]에 연연하며 의지로 삼기 때문에 의복, 음식, 침구[臥具]를 추구하는 애착이 생기게 된다. (그리고) 내생[後法]의 몸의 수명에 연연하며 의지로 삼기 때문에 '내생의 존재'[後有]를 추구하는 애착이 생기게 되고, 열반涅槃에 대해 어리석은 것을 의지로 삼기 때문에 '(몸의) 존재를 없애는 것'[無有]을 추구하는 애착이 생기게 된다. 이와 같은 것을 간략히 하면 네 가지의 추구하는 애착이다. (첫째) 의복에 대한 애착, (둘째) 음식에 대한 애착, (셋째) 침구[臥具]에 대한 애착, (넷째) '내생의 존재를 (추구하는) 애착'[有愛]과 '(몸의) 존재를 없애려는 애착'[無有愛][54)]이다.

(9) 탐·진·포·무명貪瞋怖無明·기론記論·혜사惠捨

아울러 (탐냄[貪], 분노[瞋], 두려워함[怖], '이치에 어두움'[無明] 등) 네 가지 존재가 있어, 유정이 지어서는 안될 것을 짓게 한다. (첫째) 사랑스러운[可愛] 대상[事]을 따른다. (둘째) '사랑스럽지 않은'[不可愛] 대상[事]을 거스른다. (셋째) 강적을 두려워하여 마음이 전도顚倒된다. (넷째) 지금생[現法](의 결과)와 다음생[後法]의 결과에 대해 어리석다.

---

54) 유가론기 제5권상(대정장 42. p.407c13-16): 네 가지 추구하는 애착에서 존재하려는[有], 그리고 '존재를 없애려는'[無有] 애착을 합하여 넷째로 삼는다. 열반이란 번뇌를 끊어서 이루어진다는 것을 몰라서 몸을 없애면 열반이라고 집착하여, 마침내 자기 몸을 이같이 존재를 없애는 데 다다르는 것을 꾀하여 몸을 없애려는 애착을 '존재를 없애려는 애착'[無有愛]이라고 한다.　　四種希求之愛者。有無有愛合爲第四。不了涅槃斷煩惱得。而執身斷則是涅槃。遂計自身齊此無有。愛身無有名無有愛。

질문에 대해 대답[記論]하는 것은 네 가지가 있다. (이는) 의문을 끊어 깨닫지 못한 것을 깨닫게 하고, '뛰어나게 선택을 마무리 지음'[勝決擇]을 유지하게 한다. (첫째) 존재의 '실제 모습'[實相]에 대해서는 '한 가지로 결정해주는 답'[一向記]을 해야 한다. (둘째) 모든 유정의 '업의 결과'[業果]인 이숙(異熟: 원인과 다르게 성숙한 것)에 대해서는 '(상대의 질문에 그렇다, 아니다로) 구분해서 하는 답'[分別記]을 해야 한다. (셋째) '(저의를) 숨기고 하는'[隱密] 말로 '한 가지로 결정된 질문'[一向問]이 아닌 것을 하면, '반대로 비판하는 대답'[詰問記]을 해야 한다. (넷째) 이치에 맞지 않는 질문에 대해서는 '(질문을 무시하고) 대답을 안 해'[捨置記]야 한다. 어째서 질문에 대한 기(記: 대답)라고 하냐면 부처님 세존世尊께서는 이러한 것에는 대답[記]을 안하시기 때문이다.

아울러 (장차 결과로 볼 때) '은혜롭게 베풂'[惠捨](과 같은 것)이 네 가지 있다. 청정淸淨하기도 하고 청정하지 않기도 하다. (이 가운데) 세 가지는 청정한 것이다. 자기만 '계에 대한 견해'[戒見]를 충분히 갖춘다. 또는 남만 '계에 대한 견해'[戒見]를 충분히 갖춘다. 또는 자기와 남이 '계에 대한 견해'[戒見]를 충분히 갖춘다. (나머지) 한 가지는 청정하지 않은 것인데, 자기와 남이 '계에 대한 견해'[戒見]를 둘 다 모두 충분히 갖추지 못하는 것이다. 이 가운데 청정한 이는 장차 '좋은 세상'[善趣]에 생겨나 자산이 풍요롭게 된다. 청정하지 못한 이는 장차 '나쁜 세상'[惡趣]에 생겨나 자산이 없거나 부족해진다.

(10) 사섭四攝·생문生門·죽음

아울러 대중을 받아들이는 네 가지 방법이 있어, 모든 대중을 바르게 교화할 수 있다. 첫째, 이익을 주는 방법. 둘째, 받아들이는 방법. 셋째, 인도

하는 방법. 넷째, '수행해 다스리는'[修治] 방법.

아울러 업業에서 생겨난 모든 유정종류는 여기저기 세상[趣]에 생겨날 때 의지하는 경로[門]가 네 가지 있다. 첫째, 업과 알껍데기로부터. 둘째, 업과 태막胎膜으로부터. 셋째, 업과 '습하고 지저분한 데'[潤汚]로부터. 넷째, 오직 업으로부터.

아울러 여기저기에서 생명을 받은 유정에게는 네 가지 죽음이 있다. 첫째, 자기 때문에 죽는 것인데, '놀다가 까먹는 하늘'[戱忘天], '화내는 하늘'[意忿天]에서 생명을 받은 이들이다. 둘째, 남 때문에 죽는 것인데, 갈라람(羯羅藍: kalala) 단계, 알부담(頞部曇: arbuda) 단계, 폐시(閉尸: peśī) 단계, 건남(鍵南: ghana) 단계(의 태아 등) 어머니 뱃속(에 있는) 이들이다. 셋째, (자기와 남) 둘 다 때문에 죽는 것인데, 욕계에 있는 나머지 유정들이다. 넷째, 둘 다 때문이 아니게 죽는 것인데, 색계 및 무색계의 유정천有頂天 맨 끝까지에 있는 유정들이다.

(11) 청정도淸淨道·증상심학增上心學·업상業相

네 가지 '청정한 과정'[淸淨道]이 있다. 첫째, '작용하는 근'[功用根]이 완성되지 않고, 기쁨[喜]과 즐거움[樂]도 완성되지 않은 경우. 둘째, 작용하는 근根은 완성되었지만, 기쁨과 즐거움이 완성되지 않은 경우. 셋째, 기쁨과 즐거움은 완성되었지만 작용하는 근根이 완성되지 않은 경우. 넷째, 기쁨과 즐거움도 완성되었고 작용하는 근根도 완성된 경우.

아울러 또 네 가지 '청정한 과정'[淸淨道]이 있다. 첫째, 악한 설법과 계율[毘奈耶]에 등 돌린 경우, 둘째, 선한 설법과 계율[毘奈耶]을 향하는 경우, 셋째, '(수행의) 식량이 되는 과정'[資糧道], 넷째, '(수행하는) 청정한 과정'[淸淨道]이다. 이 가운데 맨 앞의 것은 어떤 이가 외도外道의 견해

[見]와 무의미한 고행苦行을 이끄는 것에 마음이 애호하지도 받아들이지[忍可]도 않는 것을 가리킨다. 둘째는 어떤 이가 오온蘊, 십팔계界, 십이처處, 연기緣起, '알맞은 것'[處]과 '알맞지 않은 것'[非處] 등에 모든 정교함[善巧]에 대해 애호하고 받아들여[忍可] 추위와 더위 등의 괴로움을 감당[堪忍]하는 것을 가리킨다. 셋째는 깨끗한 시라(尸羅: 계戒)로 근문根門을 보호하는 등 모든 선한 '(수행의) 식량'[資糧]에 속하는 정법正法을 가리킨다. 넷째는 사마타奢摩他와 비발사나毘鉢舍那로 모든 번뇌를 끊고 지금 생[現法]의 '즐거움에 머무는 것'[樂住]을 가리킨다.

아울러 '뛰어난 마음'[增上心]을 배우는 수행방법이 네 가지 있다. (첫째) 아직 욕망[欲]에서 떠나지 못한 이는 불환과不還果를 이루기 위해서이다. (둘째) 불환과不還果인 경우는 미지정(未至定: 색계의 초정려에 들기 위한 선정)에 의지해 지금생[現法]의 '즐거움에 머묾'[樂住]을 추구하는 것이다. (셋째) 남이 모든 악惡한 존재를 끊고 '좋은 세상'[善趣]에 가는 것이다. (넷째) 자기의 모든 번뇌를 끊기 위해 뛰어난 결택(決擇: 선택을 마무리 지음)을 이루는 것이다.

아울러 두 가지 업業의 네 가지 모습[相]이 있다. 유전流轉에 속한 업은 세 가지로 구별된다. 환멸還滅에 속한 업은 모두 한 가지이다. 맨 처음의 업은 꾸준히 사랑스럽지 못한 결과인 '나쁜 세상'[惡趣]의 이숙異熟을 짓는다[感]. 둘째 업은 꾸준히 사랑스럽고 즐거운 결과인 색계와 무색계의 이숙을 짓는다. 셋째 업은 사랑스럽고 사랑스럽지 못한 결과인 욕계천欲界天 사람[人]의 이숙을 짓는다. 넷째 업은 앞의 세 가지의 업을 끊는 것이다.

(12) 근무勤務·화합문和合門

아울러 여러 유정 종류가 더욱 '힘쓰는 것'[勤務]이 네 가지 있다. 첫째, 즐겁긴 하지만 이익이 되지는 않는 것, 둘째, 이익이 되긴 하지만 즐겁지는 않는 것, 셋째, 즐겁고 이익이 되는 것, 넷째, 즐겁지도 않고 이익이 되지도 않는 것이다.

모든 번뇌를 일으켜 유정이 생겨나기[生] 등의 괴로움과 어우러져 떠나지 못하게 하는 부문[門]이 네 가지 있다. 첫째, 모든 욕망[欲]에 '물들어 집착하는'[染著] 부문. 둘째, 색계, 무색계의 등지[等至]에 물들어 집착하는 부문. 셋째, 외도外道의 모든 견해[見] 부문. 넷째, '이 법'[此法: 불법佛法]에 머물면서도 아직 눈[眼]을 얻지 못한 이의 무지無智 부문. 또한 '성스러운 과정'[聖道]을 수행하여 이 네 부문에서 생기는 여러 괴로움에서 빨리 벗어나게 한다. 유정이 괴로움과 어우러지게 하는 것과 마찬가지로, (유정이) 흐름을 따라 '내생의 존재'[後有]의 업業을 취하게 하는 것도 역시 설명하기 어렵다는 것도 알라.

(13) 보특가라補特伽羅

네 가지 보특가라補特伽羅가 또 있어, 모든 보특가라를 두루 포함한다는 것을 알라. 첫째, 이생(異生: 범부). 둘째, 아직 욕망[欲]에서 떠나지 못한 '유학(인 이)'[有學]. 셋째, 이미 욕망에서 떠난 '유학(인 이)'[有學]. 넷째, 살가야견(薩迦耶見: 신견身見)을 뛰어넘은 모든 '무학(단계인 이)'[無學].

아울러 네 가지 보특가라가 있다. 첫째, 자기가 율의(律儀: 규범에 적합함)에 머물면서, 남을 위해 정법正法을 '밝혀 말할'[宣説] 수 없는 이. 둘째, 자기가 율의律儀에 머물지 않으면서, 남을 위해 정법正法을 밝혀 말할 수 있는 이. 셋째, 모두 할 수 있는 이. 넷째, 모두 할 수 없는 이.

아울러 네 가지 보특가라가 있다. 첫째, 부족[族姓]은 낮은 (계층인데) 백법(白法: 선법善法)을 '나타내 작용시키는'[現行] 이. 둘째, 부족은 높은 (계층인데) 악법惡法을 나타내 작용시키는 이. 셋째, 부족은 낮은 (계층인데) 악법惡法을 나타내 작용시키는 이. 넷째, 부족은 높은 (계층인데) 백법(白法: 선법善法)을 나타내 작용시키는 이이다. 이 가운데 맨 앞의 (보특가라는) 지금생[現法]에는 괴로움이 있지만 내생[後法]에는 그렇지 않다. 둘째 (보특가라는) 내생에는 괴로움이 있지만 지금생에는 그렇지 않다. 셋째 (보특가라는) 두 생 모두 괴롭다. 넷째 (보특가라는) 두 생 모두 즐겁다.

아울러 네 가지 보특가라가 있다. 첫째, 자기는 괴로움을 견디고 남에게는 괴로움을 주지는 않지만 '즐겁지 않은 결과'[非福]가 생긴다. 외도外道로서 스스로 '고행하는 계'[苦戒]를 받는 이를 가리킨다. 둘째, 남에게는 괴로움을 주지만 자기는 괴로움을 견디지 않는데도 '즐겁지 않은 결과'[非福]가 생긴다. 불율의(不律儀: 규범에 적합하지 않음)를 따르는 이를 가리킨다. 셋째, 모두 괴로운데 '즐겁지 않은 결과'[非福]가 생긴다. 여러 국왕 및 '제사 담당자'[祠祀主]로서 말[馬](을 제물로 바치는) 제사를 지내는 이를 가리킨다. 넷째, 괴롭지 않은데도 자기와 남에게 '크게 즐거운 결과'[大福]가 생긴다. 정려靜慮에 머무는 이와 모든 악惡으로부터 떠난 보특가라 補特伽羅를 가리킨다.

(14) 말의 잘못·거짓말妄語

아울러 '말의 잘못'[語失]이 간략히 네 가지 있다. 첫째, '진실이 아니다'[不實]. 둘째, (사실과) '어긋나 동떨어져 있다'[乖離]. 셋째, '능력을 손상시킨다'[毀德]. 넷째, '의미가 없다'[無義]. 이와 반대면 네 가지 '말의 능력'[語德]이다.

아울러 성스럽지 못한 거짓말[妄語]이 대략 네 가지 있다. 본 것과 보지 않은 것에 대해 거꾸로 말한다. 들은 것은 듣지 않았다고 하는 것, '깨달은 것'[覺]을 깨닫지 않았다고 하는 것, 그리고 아는 것을 모른다고 하는 것도 마찬가지라는 것을 알라. 이와 반대면 현성賢聖의 '진리의 말씀'[諦語]이라는 것을 알라.

1.4.5 다섯 가지인 경우

앞서 '부처님의 가르침인 알아야 할 것'[佛教所應知處] 가운데 네 가지인 경우를 설명하였다. 다음으로 다섯 가지인 경우를 설명하겠다.

(1) 행취行聚·애착경계·이숙異熟·인색

여러 '욕탐 종류'[欲貪品]의 추중(麁重: 번뇌에 결박됨)이 쫓아가는 유전流轉의 물드는[雜染] 데 속한 행취(行聚: 실행의 무리)가 있다. 첫째, '의지하는 것'[所依]·대상[所緣]의 본성[自性]의 행취行聚. 둘째, '받아들임 본성'[領納自性]의 행취行聚. 셋째, 추리언설[分別言說] 단계의 제법諸法의 모습[相]을 취하는 본성[自性]의 행취行聚. 넷째, '작용 본성'[作用自性]의 행취行聚. 다섯째, '식별 본성'[了別自性]의 행취行聚이다. 이 다섯 가지와 반대면 곧 '욕탐 종류'[欲貪品]를 떠나 추중麁重을 '도로 소멸시키는'[還滅] 청정淸淨한 데 속한 본성[自性]의 행취行聚라는 것을 알라.

아울러 욕망을 받아쓰는[受用] 이가 애착[愛]하는 대상영역[境界]이 다섯 가지 있다. 모든 욕망을 즐기는 이가 (이것을) 항상 추구하고 항상 받아쓴다. (그러나) 모든 욕망에 등 돌린 이는 (이것을) 항상 바르게 '자세히 살핀다'[觀察]. '보이는 것'[色], 소리[聲], 냄새[香], 맛[味], 감촉[觸]을 가리킨다. 이 가운데 대상[事]을 추구하고, 깊이 생각하고, (대상에) '물들어 집착하는'[染著] 것을 기준으로 네 가지 '애착하고 즐기는 것'[愛樂]이 있다. 이를테면 미래의 애착하고 즐길만한 대상을 추구하고, 과거의 애착하고 즐길만한 대상을 깊이 생각하고, 지금의 애착하고 즐길만한 대상에 물들어 집착한다. (셋째의 것은) 두 가지(로 세분할 수 있)다. 첫째, 애착하고 즐길만한 대상, 둘째, 그 (대상)에서 생기는 애착하고 즐길만한 느낌이다.

아울러 유정의 사랑스럽고 사랑스럽지 않은 업업의 결과[果]인 이숙異熟의 자체自體가 다섯 가지 있다. 천계[天趣], 사람세상[人趣], 나락[那落迦趣: 지옥地獄], 동물세상[傍生趣], 아귀세상[餓鬼趣]을 가리킨다.

아울러 이익[利養]을 잃는 원인이 되는 실천[行]이자 열반涅槃에 등 돌리는 원인이 되는 실천이 다섯 가지 있다. 이를테면 '시주施主의 집'[是處]에서 이익[利養]을 받아쓰는[受用] 것, 또는 시주[彼]로부터 얻는 것, 또는 얻은 물건[物], 또는 평판으로[所爲] 얻는 것, 또는 '이와 비슷한 일'[如是]로 얻는 것 등, 이 모든 것에 마음이 인색[吝惜]한 것이다.

(2) 오개五蓋·오하분결五下分結·오상분결五上分結

아울러 (탐냄[貪欲]개, 성냄[瞋恚]개, '정신이 흐릿하게 가라앉고 잠드는'[惛沈睡眠]개, '마음이 요동하고 후회하는'[掉擧惡作]개, 머뭇거림[疑]개 등) 다섯 가지 존재[蓋: 덮개]가 있다. 수행하는 이가 앞(의 두 가지 때문에) 깨끗한 계戒와 '많이 들은 것'[多聞]을 손상시킨다. 나중 (세 가지 때문에) 지관止觀과 선善한 수행방법[軛]을 손상시킨다.

이를테면 (첫째) 여러 욕망[欲] 가운데에서 마음이 애착[愛]에 물든다. (둘째) 깨닫게 하고, 기억하게 하고, 가르치고, 지도하는 이에게 마음에 분노[瞋恚]가 생긴다. (그래서) 아직 시라(尸羅: 계戒)를 받지 않은 이가 받지 못하게 하고, 이미 받은 이라 해도 나중에 버리게 한다. (셋째) (마음에)

'구멍이 뚫려'[穿穴] '흐릿하게 가라앉고 잠드는 상태'[惛睡]를 '좋아 애착한다'[耽著]. (넷째) 항상 고요하지[寂靜] 못해 후회[追悔]에 물든다. (다섯째) 항상 의혹(疑惑: 머뭇거림과 헷갈림)을 품는다. (그리고) ('흐릿하게 가라앉고 잠드는'[惛沈睡眠]개 때문에) 들은 교법을 받아들이지 못하고, ('마음이 요동하고 후회하는'[掉擧惡作]개 때문에) 처음에는 받아들였다 해도 생각하다가는 곧 잊어먹는다. (머뭇거림[疑]개 때문에) 비록 잊지 않는다 해도 결정決定하지 못한다.

아울러 두 가지 '아래 부분'[下分]이 있다. 수도修道의 아래 부분은 견도見道이고, 색계와 무색계의 아래 부분은 욕계이다. 간략히 이 두 가지 아래 부분을 기준으로 '다섯 가지 아래 부분의 매임'[五下分結]이라고 한다. 첫째 '아래 부분'[견도]을 기준으로 살가야견(薩迦耶見: 신견身見), 계금취(戒禁取: 계戒와 금지에 대한 집착), 의(疑: 머뭇거림)을 말하고, 둘째 '아래 부분'[욕계]을 기준으로 탐냄[貪欲], 분노[瞋恚]를 말한다.

아울러 두 가지 '위 부분'[上分]이 있다. 색계와 무색계를 가리킨다. 간략히 이 두 가지 위 부분을 기준으로 '다섯 가지 위 부분의 매임'[五上分結]이라고 한다. '구별이 없는 매임'[無差別結]으로는 '색계의 탐냄'[色貪]과 '무색계의 탐냄'[無色貪]을 말한다. '구별이 있는 매임'[有差別結]으로는 정려靜慮의 맛에 애착하는 이의 요동함[掉], 정려에 대해 으스대는 이의 으스댐[慢], 정려의 이치에 어두운 이의 '이치에 어두움'[無明]을 말한다.

(3) 받아지님·정진의 장애

아울러 다섯 가지 '받아 지니는 것'[執持]을 믿지 않고 존경하지도 않는 이는 마음이 조화롭지 못해 모든 선善한 근본根本이 자라게 할 수 없다.

큰 스승께서 말씀하신 '바른 교법'[正法], '뛰어난 계戒를 배움'[增上戒學], '뛰어난 마음을 배움'[增上心學], '뛰어난 지혜를 배움'[增上慧學], 바르게 깨닫게 해준 이·바르게 가르쳐준 이·바르게 지도한 이 등 '음욕婬欲을 떠난 행동'[梵行]을 같이 한 이들에 대해 믿음과 존경이 없는 것이다.

아울러 번뇌를 끊으려는 정진精進을 장애하는 것이 다섯 가지 있다. 첫째, 등지等至와 (그 등지 영역에) '생겨나는 것'[生]을 '좋아 애착한다'[耽著]. 둘째, 이익과 공경을 탐낸다. 셋째, 방종한다[放逸]. 넷째, '나쁜 지혜'[惡慧][55]이다. 다섯째, 마음이 못나거나[下劣] 증상만(增上慢: 이루지 못한 것을 이루었다고 착각하여 으스댐)이다.

(4) 비뚠 실천과 결과·고민

참지[堪忍] 못하는 보특가라補特伽羅가 있어 원수인 남에게 다섯 가지 '비뚠 실천'[邪行]을 한다. 이를테면 참지 못하는 이는 원수인 남에게 (첫째) 우선 분노를 일으켜 원망하려 한다. (둘째) 그[원수]의 친구가 (원수를) 파괴할 것을 바란다. (셋째) 항상 그[원수]에게 고민[憂苦]이 생기게 하려고 널리 갖가지 이익이 되지 않는 일을 짓는다. (넷째) 자기가 받은 청정淸淨한 시라(尸羅: 계戒)를 망친다[壞]. (다섯째) 동작으로나 말로나 마음[意]으로나 악행을 많이 저지른다. 그리고 이 다섯 가지 악행과 '비뚠 실천'[邪行] 때문에 내생에 도로 이곳에 태어나 두 가지 같은 종류의 근심을 '이루게 된다'[感]. 한 종류는 지금생[現法]의 같은 종류의 근심이고, 한 종류는 내생[後法]의 이숙異熟(이 겪게 될) 근심이다. 이를테면 지금생[此

---

55) 유가사지론 제53권(대장정 30. p.589c17-18)에 의하면 '나쁜 지혜'[惡慧]란 전도된 마음을 계속 전개하여 여러 잘못[過失]에 대해 뛰어난 공덕(功德: 훌륭한 결과를 내는 능력)이라고 보는 것이다.

生]에 (첫째) 원수가 많고, (둘째) 친구가 '어긋나 동떨어지고'[乖離], (셋째) 남 때문에 여러 가지 고민이 일어나고, 사랑스럽지 않은 대상이 항상 '바로 앞에 나타나 있다'[現在前]. (넷째) 생명이 끝날 때에는 많은 근심과 후회가 생기고, (다섯째) 생명이 끝나고 나면 '나쁜 세상'[惡趣]으로 곤두박질친다[顚墜]. 이와 반대로 참을 줄 아는 이는 원수인 남에게 다섯 가지 정행正行을 하여 이 때문에 뛰어난 이익을 이루게 된다는 것을 알라.

아울러 다섯 가지 존재가 있어 지금생[現法]·내생[後法]의 모든 고민[憂苦]을 생기게 한다. 첫째, 친척이 멸망하는 것, 둘째, 가진 재화와 보물을 이치에 맞지 않게 잃는 것, 셋째, 질병이 몸에서 떠나지 않는 것이다. 이 세 가지는 지금생의 고민이 생기게 한다. (다음으로) 넷째, 시라(尸羅: 계戒)를 '망치고 어기는'[毁犯] 것, 다섯째, 모든 것을 훼방놓는 여러 악하고 '비뚠 견해'[邪見]이다. 이 두 가지는 내생의 고민이 생기게 한다. 이와 반대인 다섯 가지 존재는 지금생[現法]·내생[後法]의 '기쁨과 즐거움'[喜樂]을 생기게 한다는 것을 알라!

(5) 아라한·다스림 대상·다스리는 모습

아울러 아라한阿羅漢은 비록 지금 자신에게 바치는 재물을 추구하고 항상 받아쓴다[受用] 해도 세 가지 비뚠 추구와 두 가지 비뚤게 받아쓰을 뛰어넘을 수 있다. 이를테면 살생殺生, 도둑질[偸盜], 거짓말[妄語]을 유도하는 세 가지 비뚠 추구를 초월하며, 또한 아내, (재산의) 축적 등 두 가지 비뚤게 받아쓰을 뛰어넘을 수 있다.

아울러 (번뇌 등을) 끊음[斷]을 수행하는 이는 다섯 가지 존재를 성취하여, 바라는 대로 모든 '선한 종류'[善品]의 수행방법을 닦고, 궁극[究竟]의 신통지혜[通慧]를 빨리 경험한다. 첫째, 끊음[斷]을 수행하는 것을 예리하게 하고자 하고 가르침대로 한다. 둘째, 자기가 소유한 것을 사실대로 드러낸다. 셋째, 몸의 힘을 건강하게 한다. 넷째, 지속해서 끊임없이 수행 방법을 닦는 동안 마음을 용맹하게 한다. 다섯째, 가라앉힘[止]·들어올림[擧]·평정함[捨]의 모습과 시기[時分]에 통달하는 지혜智慧를 성취한다.

아울러 해탈解脫을 완성하고 '다스려야 할 대상인 존재'[所對治法]에 염증이 나서 떠날 수 있는 다섯 가지 존재가 있다. 이를테면 제법諸法 중에 세 가지 어리석음[愚]이 있는데 이를 의지 삼아 세 가지 전도顚倒를 일으킨다. (우선) 세 가지 어리석음이란 첫째, '어떤 시기에 어리석음'[時節愚], 둘째, '부분적으로 어리석음'[分位愚], 셋째, '본성이 어리석음'[自性愚]이다. (그리고) 세 가지 전도顚倒란 첫째, 무상無常한 것을 항상[常]하다고 헤아리는 전도, 둘째, 괴로움[苦]을 즐거움[樂]이라고 헤아리는 전도, 셋째, '나라고 할 만한 것이 없는 것'[無我]에 대해 나[我]라고 헤아리는 전도이다. 그리고 '몸에 이로운 것'[利養]을 '탐내며 찾고'[規求], '수명이 오래기'[壽命]를 바라는 것이다.

이와 같은 다섯 가지 '다스려야 할 대상인 존재'[所治法]를 다스리기 위해 다섯 가지 모습[相]을 취한다. (첫째) 제행諸行에 대해 '무상한 모습'[無常相]을 취하고, (둘째) '괴로운 모습'[苦相]을 취한다. (셋째) 제법諸法 가운데에서 '나라고 할 만한 것이 없음의 모습'[無我相]을 취한다. (넷째) 음식 가운데에서 '나쁘고 역겨운 모습'[惡逆相]을 취한다. (다섯째) 수명[命根]에 대해서 '젊어서 죽는 모습'[中夭相]을 취한다.

(6) 심해탈心解脫·관행觀行하는 이

아울러 '선정의 수행'[修定], '지혜의 수행'[修智]이라는 두 가지 '뛰어난 실천'[勝行]을 하는 이가 바른 심해탈心解脫을 자라게 하는 부문[門]이 다섯 가지 있다. '선정에 관한 뛰어난 실천'[定勝行]을 하는 이는 (첫째) 진리에 의한 성스러운 말씀을 듣기 때문에 '교법의 의미'[法義]를 바르게 이해한다. (둘째) 들은 바대로 큰 음성으로 경전을 읽고 외우는 것, (셋째) 다른 사람을 위해 (이러한) '훌륭한 의미'[妙義]를 밝히는 것, (넷째) '빈 곳'[空閑處]에 머물며 자세히 살피고 생각하여 교법의 의미를 바르게 이해하는 것도 마찬가지이다. (다섯째) '지혜에 관한 뛰어난 실천'[智勝行]을 하는 이는 강하고 어지러운 탐냄[貪欲]을 다스리는 것에 관해 전도顚倒되지 않게 생각한다.

아울러 '관행하는 이'[修觀行者]가 의욕[意樂]과 수행방법[方便]을 모두 충분히 갖추는 것에는 다섯 가지가 있다. 이를테면 (첫째) 열반涅槃과 (둘째) 깨달음[菩提]에 예리한 믿음[信解]을 일으키는 것을 의욕[意樂]을 충분히 갖추었다고 한다. (셋째) 쉴 새 없이 정중[殷重]하게 '바른 지혜'[正智]를 수행하고, (넷째) 사마타奢摩他와 (다섯째) 비발사나毘鉢舍那를 수행하는 것을 수행방법[方便]을 충분히 갖추었다고 한다.

아울러 다섯 가지 존재가 있어, 모든 유정이 사랑스럽고 사랑스럽지 않은 업業의 결과인 이숙異熟을 받아 몸과 마음을 번거롭게 하고 여러 괴로움을 겪게 한다. 괴로움[苦], 즐거움[樂], 근심[憂], 기쁨[喜], '괴롭지도 즐겁지도 않은 상태'[捨]를 가리킨다.

그리고 앞서 설명한 것과 같은 의욕[意樂]과 수행방법[方便]을 모두 충분히 갖추는 것을 성취하여 '물러나지 않게'[不退轉] 된다. (이 때문에) '관행하는 이'[觀行者]가 '성스러운 진리가 나타난 것을 살핌'[聖諦現觀]을 빨리 경험하고 여러 뛰어난 '선한 종류'[善品]에 잘 편히 머무는 것을 견디게[堪能] 한다.

(7) 불환과不還果·궁극까지 결정짓는 모습

아울러 '욕계의 욕망'[欲界欲]은 떠났지만 '아직 나머지 매임이 다하지 않은 유학有學단계 (성자)'[未盡餘結學: 불환과不還果]의 생겨남[生]의 종류는 다섯 가지가 있다. (첫째) 중유中有 상태로 머물다가 곧 궁극적인 반열반般涅槃을 이룬다. 둘째, 초정려(천)初靜慮에 처음 생명[生]을 받고서는 반열반般涅槃을 이룬다. 셋째, 생명을 받은 후에 힘을 조금 쓰고는 '성스러운 과정'[聖道]이 '바로 앞에 나타나'[現前] 반열반般涅槃을 이룬다. 넷째, 힘을 많이 쓰고서 '성스러운 과정'[聖道]이 '바로 앞에 나타나'[現前] 반열반般涅槃을 이룬다. 다섯째, 색계의 한계인 색구경(천)色究竟에서 반열반般涅槃을 이루거나, 무색계의 한계인 유정(천)有頂에서 궁극적인 반열반般涅槃을 이룰 수 있다.

제사정려第四靜慮의 결과[果]를 섞어 수행하여 불환과[不還]를 이룬 이가 '생겨나는 영역'[生地]의 종류는 다섯 가지[56]가 있다. 첫째, '낮은 종류'[軟品] 정려의 결과로 생겨나는 영역, 둘째, '중간 종류'[中品] 정려의 결과로 생겨나는 영역, 셋째, '높은 종류'[上品] 정려의 결과로 생겨나는 영역, 넷째, '보다 높은 종류'[上勝品] 정려의 결과로 생겨나는 영역, 다섯째, '가장 높은 종류'[上極品] 정려의 결과로 생겨나는 영역이다.

아울러 '관행하는 이'[修觀行者]가 관찰자의(觀察作意: 살피는 의도)로 삼계三界의 번뇌를 영원히 끊고 궁극에까지 결정決定짓게 하는 것이 다

---

56) 불환과[不還]를 이룬 이가 '생겨나는 영역'[生地]의 종류 다섯 가지는 본역주본 제1권 p.145 <도표2>에서 보듯이, 제사정려천第四靜慮天의 최상위에 속한 다섯 정거천淨居天 (도표의 순서대로 하면 아래에서부터 무번천無煩天, 무열천無熱天, 선현천善現天, 선견천善見天, 색구경천色究竟天)을 가리킨다.

섯 가지 있다. 이를테면 (첫째) '욕망의 모습'[欲相]을 비록 깊이 기억하고 추리[分別]하고 생각한다고 하더라도, 여러 욕망 가운데로 들어가지[趣入] 않고 저절로 마음이 평정[捨]해지고, '욕망에서 떠나는 모습'[離欲相]이 문득 생각나 저절로 마음이 '들어간다'[趣入]. 욕망의 모습·욕망에서 떠나는 모습에 대한 것과 같이, (둘째) 분노[恚]의 모습·분노가 없는 모습, (셋째) 해코지하는[害] 모습·해코지하지 않는 모습, (넷째) 색계의 등지等至가 생겨나는 모습과 무색계의 등지等至가 생겨나는 모습, (다섯째) 열반涅槃의 모습도 마찬가지라는 것을 알라.

146 여섯 가지인 경우

앞서 '부처님의 가르침인 알아야 할 것'[佛教所應知處] 가운데 다섯 가지인 경우를 설명하였다. 다음으로 여섯 가지인 경우를 설명하겠다.

(1) 유정의 여섯 가지 모습·경멸·탐진치의 의지처

이를테면 여섯 가지 모습[相]을 기준으로 유정의 여덟 가지 것[事]의 구별을 밝혀 말한다.[57] (이는) 나[我], 유정有情, '수명을 (누리는) 이'[命者], 견해[見] 등에 빠져 있는 중생衆生이 '나라고 할 만한 것이 없음'[無我]에 들어가게 하기 위해서이다. (첫째) 나[我]가 의지하는 것의 구별, (둘째) 대상영역[境界]으로 삼는 것의 구별, (셋째) 본성[自性]으로 삼는 것의 구별, (넷째) '받아쓰는 원인'[受用因: 촉觸]으로 삼는 것의 구별, (다섯째) 받아쓰는[受用: 수受] 것의 구별, (여섯째) '말이 따르는'[隨說: 상想] 것의 구

---

57) 유가론기 제5권상(대정장 42. p.409b1-2): (각각 차례대로 말해) 육근六根, 육경六境, 육식六識, 육촉六觸, 육수六受, 육상六想, 육사六思, 육애六愛를 가리킨다.　謂六根六境六識六觸六受六想六思六愛也.

별, (일곱째) '작용(作用: 사思)하는 것'의 구별, (여덟째) '바라는 것'[希望]의 구별이다. 이와 같은 것[事] 가운데에서 아직 관행觀行에 완전히 숙달되지 않은 이는 곧 나[我]는 있다고 하면서, (첫째) 눈[眼] 등의 근根에 의지해, (둘째) '보이는 것'[色] 등 대상영역[境]을, (셋째) 감촉[觸] 및 느낌[受] 때문에 여러 가지로 받아쓴다[受用]. 그러고는 (넷째) 이런 이름[名]이 있고 이런 부족[種]이 있고 이런 가문[姓]이 있고 이런 음식이 있다는 등(의 '개념형성'[想])을 따라 자기나 남에게 말[言說]을 발생시킨다. 그다음 (다섯째) 모든 정법正法과 비법(非法: 정법이 아닌 것)의 실천[行]을 짓는다[造作]. (여섯째) 사랑스러운 것에 대해서는 어우러져 오랫동안 머무르며 늘어나기를 바라고, 사랑스럽지 않은 것에 대해서는 어우러지지 않고 머무르지 않고 줄어들기를 바란다. 만일 이와 같은 것의 구별에 대해 이미 관행觀行에 완전히 숙달된 이는 이때 모든 '이치에 맞지 않는 헤아림'[妄計]이 생기지 않는다.

아울러 (세 가지) 보배[寶]와 (세 가지) 배움[學]에 대한 경멸輕懱이 여섯 가지 있다. (이는) 선법善法을 얻지 못한 경우도 물러나게[退] 하고, 이미 얻었어도 물러나게 하고, 부처님의 성스러운 가르침을 버리게 하며, 작은 믿음도 모두 잃게 한다. 부처님, 교법[法], 승단[僧] (등 세 가지) 보배[寶]와 '뛰어난 계戒를 배움'[增上戒學], '뛰어난 마음을 배움'[增上心學], '뛰어난 지혜를 배움'[增上慧學] (등 세 가지 배움)에 대해, 악한 친구 때문에 '뛰어난 마음과 지혜'[增上心慧]에 대해 '이치에 어긋난'[邪僻] 지도와 가르침을 받는다. (그리고) '나쁜 말'[惡語] 때문에 전혀 얻는 것이 없다. 그는 이치에 어긋나고 얻는 것이 없기 때문에 모든 선법善法으로부터 물러난다. 이와 반대면 '흰 종류'[白品: 선법善法] 여섯 가지 존재라는 것을 알라.

아울러 유정의 마음이 불여리작의(不如理作意: 이치에 맞지 않는 의도)와 함께 작용하여 '보이는 것'[色] 등의 대상영역[境]에 대한 여섯 가지 '탐냄이 의지하는 곳'[貪所依處]의 '평등한 부분'[平等分位]이 있다. 탐냄이 의지하는 곳의 평등한 부분과 같이, '분노가 의지하는 곳'[瞋所依處]의 '불평등한 부분'[不平等分位]과, '어리석음이 의지하는 곳'[癡所依處]의 '평등하지도 않고 불평등하지도 않은 부분'[非平等非不平等分位]도 마찬가지이다.

(2) 육항주六恒住·육계六界·최고 다스림

아울러 최고로[最極] 청정淸淨하여 자기를 의지하여 전개되고 '첫째 궁극'[第一究竟]으로서 '쉴 새 없고'[無間] 결함이 없고 물듦이 없이 항상 평등平等하게 '머무르는 것'[住]이 여섯 가지 있다. 다니든 머물든 눈眼으로 식별하는 '보이는 것'[色] 내지는 의意로 식별하는 존재[法]에 대해 항상 평등平等하게 '머무는 것'[住]을 가리킨다.

아울러 여섯 가지 존재가 있어, 모든 '물질로 된 근'[色根]과 '근거가 되는 곳'[所依處][58]은 알맞게 의지하고 장애障礙없이 '잘 길러져서'[安養] 여기저기 생기며 자유롭게 전개된다. 바로 네 가지 대종大種, '허공 영역'[空界], '식 영역'[識界]을 가리킨다. 이와 같은 '식 영역'[識界]은 지금은 '즐거운 결과를 짓는 일'[福業]· '즐겁지 않은 결과를 짓는 일'[非福業]을 '쌓고 지니며'[積集任持], 장차 '사랑스러운 결과'[愛果]·'사랑스럽지 않은 결과'[非愛果]를 초래한다. 또한 식識이 의지하는 다섯 가지 물질로 된 근과

---

58) '물질로 된 근'[色根]과 '근거가 되는 곳'[所依處]: 본역주본 제1권 p.55 갈라람 단계에 대한 설명 참조.

근거가 되는 곳을 유지[執持]하여 문드러지지[爛壞] 않게 한다. 그리고 지금생[現法]과 내내생[後後]에 생기는 식識의 자유로운 힘 때문에, 모든 유정은 선업善業, 불선업不善業, '(도덕적으로) 중립인 업'[無記業] 중에 구별하여 전개하게 된다.

세 가지 곳[處]이 있어, 모든 수행하는 이가 뛰어넘기 어렵다. 첫째, '욕계의 탐냄'[欲貪], 분노[恚], 해코지[害], '즐거워하지 않음'[不樂] 등이 속한 하계(下界: 욕계)는 뛰어넘기 (어렵다). 둘째, 모든 '변천하는 모습'[行相]이 '나타나 작용하는 것'[現行]은 뛰어넘기 (어렵다). 셋째, (무색계의 맨 위인) 유정천[有頂]은 뛰어넘기 (어렵다). 이 세 가지 뛰어넘기 어려운 곳을 뛰어넘는 것은 여섯 가지 '최고의 다스림'[無上對治] 때문인 것을 알라. 곧 '네 가지 무수한 (선정)'[四無量]이 맨 처음 다스림이다. 무상심삼마지(無相心三摩地: 모습이 없는 마음의 삼마지)가 그다음 다스림이다. 아만(我慢: 나라고 으스댐)을 영원히 소멸시키는 것이 마지막 다스림이다. '다스려야 할 대상'[所對治]을 영원히 없애기 때문에 모든 삼마지三摩地가 모두 완성되는데[成滿], (그것은) 다스림을 잘 수행하기 때문에 '다스려야 할 대상'[所對治]을 없애게 되어 그것들이 절대로 다시는 '나타나 작용하지'[現行] 않게 되는 것이다. 이미 아만我慢을 끊은 이는 끝내 '남[彼]이다', '나[我]다', '궁극[究竟]이다', '궁극[究竟]이 아니다' 등의 의혹(疑惑: 머뭇거림과 헷갈림)이 마음을 얽어 흔들지 않는다. 의혹이 있는 이는 결코 아만으로부터 떠나지 않은 것이고, (반대로) 아만으로부터 떠났다면 반드시 의혹이 없다는 것을 알라.

(3) 다툼의 근본·위력과 궁극

아울러 여섯 가지 다툼[諍]의 근본인 것이 있다. 첫째, 점점 서로 어긋나

뜻이 같지 않게 된다. 둘째, 여러 악惡을 숨긴다. 셋째, 무리 가운데에서 이익[利養]의 여분을 받아 자기 것으로 삼는다. 넷째, 의복 등에서 서로 속인다. 다섯째, 계율[學處]을 어긴다. 여섯째, 교법[法]과 그 의미[義]에 대해 전도되게 집착한다.

아울러 여섯 가지 존재가 있어, 이와 같은 다툼[諍]의 근본인 것을 끊는다. '자애로운 마음'[慈心]에서 나온 동작[身業], 말[語業], '마음먹는 것'[意業]은 처음 두 가지를 끊는다. 똑같이 이익을 받는 것은 셋째와 넷째를 끊는다. 똑같이 시라(尸羅: 계戒)로 나아가는 것은 다섯째를 끊는다. 똑같이 정견(正見: 바른 견해)으로 나아가는 것은 여섯째를 끊는다.

아울러 여섯 가지 존재가 있어, 모든 수행하는 이의 위력[威德]과 궁극[究竟]을 포함한다. 이를테면 신경통(神境通: 신족통神足通), 천이통天耳通, 숙주통宿住通, 타심통(他心通: 심차별통心差別通), 생사지통(生死智通: 사생지통死生智通)은 위력[威德]을 포함하고, 누진지통漏盡智通은 궁극[究竟]을 포함한다.

(4) 제현관諦現觀의 장애

아울러 '성스러운 진리'[聖諦]에 대해 아직 '나타난 것을 살핌'[現觀]을 이루지 못한 보특가라補特伽羅가 '진리가 나타난 것을 살피는'[諦現觀] 것을 장애하는 여섯 가지 존재가 있다. 앞서 설명한 것과 같이 세 가지 어리석음[愚癡]의 강한 힘 때문에 세 가지 전도顚倒를 일으키고, '몸에 이로운 것'[利養]을 '탐내며 찾고'[規求], '수명이 오래기'[壽命]를 바란다. (앞의 다섯 가지와) 다른 것은 (여섯째) '악하게 보는 것'[惡見], '악하게 듣는 것'[惡聞], '악하게 말하는 것'[惡說], '악하게 추리하는 것'[惡分別]을 따라 다니는 존재 가운데, 악하게 보는 것, 악하게 듣는 것, 악하게 말하는 것,

악하게 추리하는 것을 '기쁘고 즐거워하는 것'[喜樂]이다. 이것은 아직 성제현관聖諦現觀을 이루지 못한 이생(異生: 중생)의 마음을 최고로 떠돌게 하고 가장 장애 하지만, 성자聖者에게는 그렇지 않다. 그렇기 때문에 이 (여섯째인 기쁘고 즐거워 함)은 명분明分에 있는 것이지, 해탈성숙분解脫成熟分에 있는 것이 아니라고[59] 한다. 그리고 이와 같은 장애 하는 존재를 다스리는 것이 여섯 가지 '바르게 모습을 취하는 것'[六種正取相]임을 알라. (이는) 앞서 설명한 다섯 가지 '모습을 취하는 것'[取相]과 모든 세상[世間]은 즐거울 수 없다는 모습을 취하는 것이다.

(5) 육수념六隨念·큰 스승을 따름

아울러 두 종류의 함께 '마음에 떠올리는 것'[隨念][60]은 여섯 가지의 실천[行]으로 세분되는데, 마음이 가라앉은 모든 수행하는 이가 마음을 바르게 격려하여 '매우 기쁘게'[歡喜]한다. 이를테면 의지함[歸依]과 함께 마음에 떠올리는 것도 세 가지 실천으로 세분되고, 경험[證]과 함께 마음에 떠올리는 것도 세 가지 실천으로 세분된다. 부처님[佛], 교법[法], 승단[僧]을 마음에 떠올리는 실천을 '의지하려고 마음에 떠올리는 것'[歸依隨念]이라고 한다. (그리고 계戒를 지킴으로써) 열반涅槃으로 나아가는 실천, (보시하려는) 재물[資財]로 나아가는 실천, (선정을 수행함으로써) '천계에 태어남'[生天]으로 나아가는 실천을 마음에 떠올리는 것을 '경험하려고 마음에 떠올리는 것'[證隨念]이라고 한다.

---

59) 유가론기 제5권상(대정장 40. p.409c8-10): 성취분成就分이란 가행도加行道를 가리킨다. 명분明分이란 자량도資糧道이다. 비로소 무루無漏의 지혜[惠明]를 추구하기 때문에 명분에 있는 것이다.   此在明分中非在解脫成就分中者. 成就分謂加行道. 明分者是資糧道. 創求無漏惠明故在明分.

60) 이 책 p.61 각주11) 육수념六隨念에 대한 설명 참조.

아울러 여섯 가지 존재가 있어, 교법[法]과 비나야毘奈耶를 잘 설명하는 것 중에 최고[無上]로 치니, 모든 외도外道와는 다른 것이다. (첫째) 큰 스승을 뵙고, (둘째) '바른 교법'[正法]을 듣고, (셋째) '깨끗한 믿음'[淨信]을 이루고, (넷째) 모든 계율[學處]을 따라 배우고, (다섯째) 큰 스승을 마음에 떠올리되, "부처님 세존世尊께서는 '바르고 완전하게 깨달은 분'[正等覺者]이어서 '모든 존재'[一切法]를 설명하실 수 있다." 등등을 떠올린다. (여섯째) 큰 스승께 동작과 말로써 섬기고 공양供養한다.

(6) 마음의 결박·업業

아울러 여섯 가지 존재가 있다. (이는) '탐내고 애착함'[貪愛]이 끝나게 하려고, '관행하는 이'[修觀行者]가 "나는 지금 아직도 '탐내고 애착함'[貪愛]이 있는 것이지 탐내고 애착함이 없는 것이 아니다."라는 것을 반드시 '경험으로 알게'[證知] 한다. '보이는 대상영역'[色境]부터 '존재 대상영역'[法境]까지에 마음이 '잡혀 결박되어'[繫攝]있는 것을 가리킨다.

아울러 여섯 가지 '원인과 조건'[因緣]이 있다. (이 때문에) 모든 업業이 실제 의지할만한 것이지, 부족[種姓]이나 가문[家姓]은 실제 의지할만한 것이 아니라는 것을 알게 된다. 이를테면 (서열이) 낮은 부족[種性]의 보특가라補特伽羅가 (첫째) 불선不善한 (업을) 지은 경우에는 '나쁜 세상'[惡趣]으로 가고, (둘째) 선업善業을 지으면 '좋은 세상'[善趣]으로 가고, (셋째) 지금생[現法]에 반열반般涅槃할 수도 있다. (서열이) 높은 부족 (보특가라의) 세 가지 경우도 마찬가지이다.

1.4.7 일곱 가지인 경우

앞서 '부처님의 가르침인 알아야 할 것'[佛教所應知處] 가운데 여섯 가지인 경우를 설명하였다. 다음으로 일곱 가지인 경우를 설명하겠다.

(1) 칠각지七覺支·보특가라

이를테면 일곱 ('깨달음의 세목'[覺支]이라는) 존재가 있어, 모든 진리[諦]에 대해 사실대로 깨닫고[覺了] 해탈을 완성할 수 있다. '비발사나 종류'[毘鉢舍那品]가 세 가지인데, 첫째, '존재를 선택함'[擇法], 둘째, 정진精進, 셋째 기뻐함[喜]이다. '사마타奢摩他 종류'[毘鉢舍那品]도 세 가지인데, 첫째, 가뿐함[安: 경안輕安], 둘째, 삼마지(三摩地: 정定), 셋째, 평정[捨]이다. 그리고 유념[念]은 두 종류 모두에 공통이다.

아울러 근기[根] 때문에, 결과[果] 때문에, 해탈解脫 때문에 일곱 가지 보특가라補特伽羅를 성립시킨다. '향하는 과정'[向道] 중에서는 '둔한 근기'[鈍根]와 '예리한 근기'[利根]를 기준으로 하기 때문에 (첫째) '믿음을 따르는 수행'[隨信行], (둘째) '교법을 따르는 수행'[隨法行][61]을 성립시킨다. '결과(단계)의 과정'[果道] 중에서는 이 두 가지를 각각 (셋째) '믿음의 해탈'[信解脫], (넷째) '보기에 이름'[見到]이라고 한다. (다섯째) '선정의 장애'[定障]에서는 해탈했지만 번뇌장煩惱障에서 해탈한 것은 아니므로 '몸으로 경험함'[身證]을 성립시킨다. (여섯째) 번뇌장煩惱障에서는 해탈했지만 선정의 장애에서 해탈한 것은 아니므로 혜해탈慧解脫을 성립시킨다. (일곱째) 선정의 장애와 번뇌장煩惱障 모두에서 해탈했으므로 '모든 해탈'[俱分解脫]을 성립시킨다.

(2) 팔성도八聖道중 일곱 가지·성재聖財

아울러 세 가지 '원인과 조건'[因緣] 그리고 일곱 가지 실천[行] 때문에, 수행하는 이의 마음이 '안으로 안정'[內定]을 이루고 '하나의 대상'[一緣]

---

61) 본역주본 제1권 p.89 각주104) 참조.

으로 바루게[正] 된다. (우선) 들어감[趣入], '편히 머묾'[安住], 받아들임[攝受]이 (세 가지) '원인과 조건'[因緣]이다. 만일 세상[世間]의 (첫째) '바른 견해'[正見]로 반드시 시여施與 등의 실천이 있음을 분명하게 알고, 이에 근거해 '가정에 있는 것'[居家]은 급박하고[迫迮] '더럼에 물드는'[塵染] 실천이라는 것을 분명하게 안다면, '벗어나는 것'[出離]을 유도하는 (둘째) '바른 사유'[正思惟]를 한 것이다. (이를) '들어가는 원인과 조건'[趣入因緣]이라고 한다. 들어간 뒤에 (셋째) 바른말[正語], (넷째) '바른 행동'[正業], (다섯째) '바른 생활'[正命]을 받아 지니는 것을 '편하게 머무는 원인과 조건'[安住因緣]이라고 한다. '들어가는 원인과 조건'[趣入因緣]과 '편하게 머무는 원인과 조건'[安住因緣]에 대한 것과, 나중에 '수행방법의 의도'[方便作意]를 따르는 수행 중의 (여섯째) '바른 정진'[正精進], (일곱째) '바른 유념'[正念]을 '받아들이는 원인과 조건'[攝受因緣]이라고 한다.

아울러 모든 세상[世間]에서 '재물을 추구하는 것'[求財]을 즐거워하는 이는 그 즐거움을 얻으려고 모든 평범한 재물을 쌓아놓고 즐거워한다 할지라도, 일곱 가지 성재(聖財: 깨달음을 추구하는 재산)에서 나는 즐거움[62]을 얻을 수 없다. (첫째) 믿음[信]으로 실천하는 청정淸淨한 즐거움, (둘째) '좋은 세상'[善趣]에 태어나 생기는 즐거움, (셋째) 자기의 '훌륭한 점'[妙好]을 돌아보아 모든 악을 실천하지 않아서 후회 없는 데서 생기는 즐거움, (넷째) 남의 비난을 돌아보아 모든 악을 실천하지 않아서 후회 없는 데서 생기는 즐거움, (다섯째) 교법[法]과 의미[義]에 대해 바르게 이해하여 생기는 즐거움, (여섯째) 내생[後世]에 자산[資財]이 불만족스럽지[匱乏] 않는 데서 생기는 즐거움, (일곱째) 승의제(勝義諦: 뛰어난 진리)를

---

62) 성재聖財에서 나는 즐거움: 본역주본 제1권 p.168 참조.

사실대로 깨닫는 데서 생기는 즐거움이다. 모두 이처럼 무수[無量]하고 무한[無邊]하고 죄罪 없는 즐거움이다. 세상의 재물을 추구하여 쌓는 것을 즐거워하는 이는 (이것을) 전혀 얻을 수 없고, 단지 지금생[現法]의 자산[資財]이 불만족스럽지[匱乏] 않은 데서 생기는 죄罪있고 '이치에 맞지 않는 생각'[妄想]의 즐거움을 얻을 뿐이다.

(3) 마라의 호림魔惑·쇠하여 줄어듦

아울러 일곱 가지 '마라에게 호리는'[魔惑] 종류의 힘이 있다. 첫째, '성스러운 가르침'[聖教]을 '미워하고 질투한다'[憎嫉]. 둘째, '나쁜 세상'[惡趣]에 갈 '악한 실천'[惡行]을 '대놓고 한다'[現行]. 셋째, 자기의 '훌륭한 점'을 돌아보는 것을 장애하는 존재를 익히는 것을 즐거워하는 것이다. 넷째, 남의 비난을 돌아보는 것을 장애하는 존재를 익히는 것을 즐거워하는 것이다. 다섯째, 선善·불선不善, '죄 있음'[有罪]·'죄 없음'[無罪], 못난[劣] 경우·뛰어난[勝] 경우, 검은[黑: 불선] 경우·흰[白: 선] 경우 및 수많은 종류의 연기법緣起法에 대해 이해할 수 없다. 여섯째, 인색함[慳]의 때가 마음을 덮어 여러 도구를 쌓아놓는다. 일곱째, 지혜智慧가 부족해 어리석음[愚癡]이 자란다. 만일 이와 같은 일곱 가지 '마라에게 호리는'[魔惑] 종류의 힘을 항복降伏시키면 성스러운 교법[法]과 계율[律] 중의 믿음[信] 등 일곱 가지 힘인 것을 알라.

아울러 제일의(第一義: 최고 의미) 교법인 열반涅槃에서 다스려야할 존재 일곱 가지가 있는데, 정법正法이 쇠퇴하고 없어지게 한다. 이와 같은 존재는 세 가지 (정법이) '쇠하여 줄어듦'[衰損]에 속하는데, '받아씀에서 (정법이) 쇠하여 줄어듦'[受用衰損], '뛰어난 의욕이 쇠하여 줄어듦'[意樂衰損], '수행방법에서 (정법이) 쇠하여 줄어듦'[方便衰損]을 가리킨다. (우선 첫째로) 의복 등에 대해 훌륭한 것을 구하기를 즐거워하고, 많이 구하려는 욕망에 즐거워하고, 여기에 기인한 여러 가지 받아씀을 받아씀에서 (정법이) 쇠하여 줄어듦이라고 한다. (둘째) 수행과정[道]과 (셋째) 수행과정의 결과인 열반涅槃에 대해서 마음으로 믿지[信解] 않는 것을 뛰어난 의욕이 쇠하여 줄어듦이라고 한다. (넷째) 게으름[懈怠], (다섯째) '기억 못함'[失念], (여섯째) 심란함[心亂], (일곱째) '나쁜 지혜'[惡慧]를 수행방법에서 (정법이) 쇠하여 줄어듦이라고 한다. (이 가운데) 받아씀에서 쇠하여 줄어듦은 탐냄[貪]이라는 불선근不善根 종류[品類]이고, 의욕이 줄어듦과 (수행)방법에서 줄어듦은 어리석음[癡]이라는 불선근不善根 종류이다. 지금까지와 반대면 '흰 종류'[白品: 선법善法]의 일곱 가지 존재임을 알라.

(4) 열반

아울러 제일의(第一義: 최고 의미) 교법인 열반涅槃 종류의 존재가 일곱 가지 있어서, 정법正法이 쇠퇴하지 않고 오래 머무르게 한다. 첫째, 문소성혜(聞所成慧: 들어서 완성되는 지혜). 둘째, 사소성혜(思所成慧: 생각해서 완성되는 지혜). 셋째, 수소성혜(修所成慧: 수행해서 완성되는 지혜). 넷째, '의지하는 것'[依止: 육근六根]이 '나쁜 조건'[惡緣]에 침해 입지 않는 것. 다섯째, 바르게 재물을 추구하는 것. 여섯째, 증상만(增上慢: 이루지 못한 것을 이루었다고 착각하여 으스댐)이 없는 것. 일곱째, 공양供養해도 되는 보특가라補特伽羅와 공양해서는 안 될 보특가라에 대해서, 이에는 공양해도 된다는 것과 이에는 공양해서는 안되겠다는 것을 잘 선택하는 것.

이제까지에서 '듣는 지혜'[聞慧] 때문에 아직 분명하지 않은 것을 바르게 이해하고, '생각하는 지혜'[思慧] 때문에 아직 잘 결정하지 못한 의미에 대해 잘 생각한다. '수행하는 지혜'[修慧] 때문에 모든 번뇌를 끊는다. '의지하는 것'[依止: 육근六根]이 '나쁜 조건'[惡緣]에 침해 입지 않기 때문에 (번뇌) 끊는 수행을 감당할 수 있다. 바르게 재물을 추구하기 때문에 빠르게 신통지혜[通慧]를 경험한다. 증상만增上慢이 없기 때문에 '낮은 종류'[下品]를 경험한 것에 대해 만족스럽게 기뻐하지 않는다. 보특가라를 잘 선택하기 때문에 모든 '세상 지혜'[世智]와 '크게 즐거운 결과'[大福](를 갖춘) 이에게 친근하는 것을 즐거워하지도 않고 공양도 하지 않으며, 오직 '욕망이 적은 이'[少欲者]에게 친근하고 공양하는 것을 즐거워한다.

(5) 칠식주七識住

아울러 모든 유정 종류가 '생명을 받아 머무는 곳'[受生處所: 칠식주七識住][63]이 일곱 가지 있다. 그 머무는 곳에서 생명을 받은 유정은 모든 식識이 바로 앞에 나타나 지속해서 머문다. 다만 삼계三界 가운데 (나락[那落迦], 아귀餓鬼, 동물[畜生] 등) '나쁜 세상'[惡趣]과 무상(천)無想天의 유정 및 비상비비상처非想非非想處는 제외된다. '나쁜 세상'[惡趣]은 아주 싫어할 만한 것이기 때문에 '식이 머무는 것'[識住]이 성립될 수 없다. 무상(천)無想天의 유정은 꾸준하게 전식(轉識: 아뢰야식阿賴耶識 이외의 식)이 '나타나 작용하지'[現行] 않기 때문에 식이 머무는 것이 성립될 수 없다. 비상비비상처非想非非想處는 작용하는지[行] '작용하지 않는지'[不行]가 결정될 수 없기 때문에 식이 머무는 것이 성립될 수 없다. (식이 머무는 곳은 첫째) 몸[身]의 종류가 (서로) 다르기 때문에 '여러 가지 몸'[種種身]이라 하고, 생각[想]의 종류가 (서로) 다르기 때문에 '여러 가지 생

---

63) 본역주본 제1권 p.122 각주179) 칠식주七識住에 대한 설명 참조.

각'[種種想]이라고 하는 경우이다. (둘째) 이와는 반대로 몸이 한 종류이고 생각도 한 가지인 경우이다. (셋째) 범천세상[梵世] 이하는 '몸의 생김새'[身形]의 종류가 (서로) 다르다. 생겨나는 몸의 생김새가 여러 가지 '보이는 모습'[色相]으로 구별되기 때문이다. 그러나 범천세상에서는 처음 생명을 받아날 때 모든 '범천의 무리'[梵衆]는, "우리는 모두 대범천大梵天에게서 생겨났다."라고 생각한다. 이때 대범천[梵王]도, "범천의 무리는 모두 내게서 생겨났다."라고 생각한다. 이와 같이 그들의 생각은 (서로) 종류가 다르지 않다. (넷째) 제이정려(천)第二靜慮天이상 모든 천天은 몸에서 빛이 나오기 때문에 한 가지 몸이라고 한다. 그러나 (제이정려천의) 광음천(光音天: 극광정천極光淨天)의 무리로 생겨난 이들은 (기세간이 '붕괴되는 겁'[壞劫]이 되어 화재로 제일정려천의) 범천세상이 거세게 타오르는 것을 보고서는 공포스런 생각, 공포스럽지 않은 생각을 하기 때문에 그들의 생각하는 종류는 (서로) 다르다. (다섯째는 무색계의 공무변처空無邊處, 여섯째는 식무변처識無邊處, 일곱째는 무소유처無所有處이다.)

(6) 추중麤重·악설惡說의 잘못

아울러 모든 유정은 일곱 가지 추중(麤重: 번뇌에 결박됨)이 있어, 모든 번뇌 종류의 추중麤重을 두루 포함한다. '못난 계'[劣界: 욕계]의 탐냄[貪], 분노[瞋] 종류의 추중麤重이다. '중간 계'[中界: 색계]와 '훌륭한 계'[妙界: 무색계]의 탐냄[貪] 종류의 추중麤重이다. 못난 계와 중간 계와 훌륭한 계의 '(남에게) 으스댐'[慢], '이치에 어두움'[無明], 견해[見], 머뭇거림[疑] 종류의 추중麤重이다.

아울러 외도外道들이 '나쁘게 설명하는'[惡說] 교법[法]·계율[律] 가운데에는 일곱 가지 잘못[過失]이 있음을 알라. (첫째) 이해[解]의 잘못, (둘째) 실천[行]의 잘못, (셋째) '의지하는 것'[依止]의 잘못, (넷째) 사유思惟의 잘못, (다섯째) 작용[功用]의 잘못, (여섯째) '뛰어난 마음'[增上心]의 잘못, (일곱째) '뛰어난 지혜'[增上慧]의 잘못이다. (그 내용을 보자면, 첫째) 모든 외도는 교법[法]에 대해 약간 듣고 받아 지니기는 하지만, 항상 네 가지 전도顚倒를 따른다. (그 때문에) 논의[言論]가 일어났다 하면 오직 남을 비난하고 (자기가) 비난을 받는 것을 피하는 것을 뛰어난 이익으로 삼기 때문에 그 이해[解]는 모두 잘못이 있다. (둘째 실천을 위해) 받은 '금지할 것'[禁]과 '준수할 것'[戒]은 '비뚠 모범'[邪範]과 '비뚠 생활'[邪命]을 따르기[攝受] 때문에 스스로 '벗어나는 것'[出離]을 이루지 못하게 하므로 역시 잘못이 있다. (셋째 의지하는 것으로서) 모시는 스승이나 (손 위) 동료가 오직 전도顚倒되게 (수행)과정[道]을 밝혀 말하므로 역시 잘못이 있다. (넷째) 사유思惟는 비뚤게 벗어나려[出離]고 하여 마음을 망치므로[損壞] 역시 잘못이 있다. (다섯째) (마음의) 작용[功用]은 수행방법[方便]에서 벗어났기 때문에 역시 잘못이 있다. (여섯째) '뛰어난 마음'[增上心]은 '기억 못함'[忘念], 애착[愛], '(남에게) 으스댐'[慢] 및 '이치에 어두움'[無明], 머뭇거림[疑]에 근거하는 정려靜慮에 속하므로 역시 잘못이 있다. (일곱째) '뛰어난 지혜'[增上慧]는 '예순두 가지 견해'[六十二見]에 의해 망쳐지므로 역시 잘못이 있다. 이와 반대면 잘 설명한 교법[法]·계율[律] 가운데 일곱 가지 잘못이 없는 것인 줄 알라.

(7) 칠멸쟁법七滅諍法

아울러 일곱 가지 교법[七法: 칠멸쟁법七滅諍法]이 있다. (이는) 모든 비구[苾芻]가 일으킨 '(계戒를) 어겼기 때문에 다투는 일'[違犯諍事]을 멈추게 한다. 나머지는 섭사분攝事分 가운데[64]에서와 같으니 설명을 들으면 알 것이다. 여기에는 일곱 가지 '(계戒를) 어겼기 때문에 다투는 일'[違犯諍事][65]이 있다. 첫째, '앞에 나타난'[現前] (계를) 어겼기 때문에 다투는 일에 대하여 깨닫는[開悟] 것이다. 둘째, 과거의 '기억을 잃어서'[失念] (계戒를) 어겼기 때문에 다투는 일에 대하여 깨닫는 것이다. 셋째, (정신이) 부자유[不自在]하여 (계戒를) 어겼기 때문에 다투는 일에 대하여 깨닫는 것이다. 넷째, (계戒를) 어겼기 때문에 다투는 일에 대하여 '캐물으며 생각하는'[尋思] 것이다. 다섯째, (계戒를) 어겼기 때문에 다투는 일에 대하여 (많은 사람의) '선택으로 마무리하는'[決擇] 것이다. 여섯째, (계戒를) 어겼기 때문에 다투는 일에 대하여 '스스로 참회하는'[自悔] 것이다. 일곱째, 두 무리로 나뉘어 계속 (상대편의) 죄를 들어 다투는 일을 '차마 (남) 부끄러워'[忍愧] 하는 것이다.

1.4.8 여덟 가지인 경우

앞서 '부처님의 가르침인 알아야 할 것'[佛教所應知處] 가운데 일곱 가지인 경우를 설명하였다. 다음으로 여덟 가지인 경우를 설명하겠다.

---

64) 유가사지론 제99권(대정장 30. p.875a3-b16) 참조.
65) 본문 순서대로 1. 현전現前 비니(毘尼: vinaya: 율律), 2. 억념憶念 비니, 3. 불치不癡 비니, 4. 죄처소罪處所 비니, 5. 다어多語 비니, 6. 자언自言 비니, 7. 초부지草覆地 비니를 가리킨다. 아울러 이러한 서술 순서는 유가사지론 제99권의 상세한 설명 순서와도 일치한다. 그러나 『사분율四分律』에서는 유가사지론의 4와 6이 서로 바뀐 순서로 설명되어 있다. 즉, 『사분율』에서는 넷째가 자언自言 비니이고 여섯째가 죄처소罪處所 비니이다. 아울러 유가론기의 주석은 『사분율』 순서로 되어 있는데, 유가사지론 제99권 설명에 대해서도 그 멸쟁법滅諍法의 세목을 유가사지론의 설명에 맞지 않게 『사분율』 제목 순서대로 붙였다.

(1) 팔지성도八支聖道·사향사과四向四果

'여덟 세목의 성스러운 방도'[八支聖道]에 속하는 것인데, 모든 비구[苾芻]가 궁극에까지 매임[結]을 끊게 한다. 세 가지 수행하는 방법으로 '계戒를 수행하는 것'[修戒], '선정을 수행하는 것'[修定], '지혜를 수행하는 것'[修慧]을 가리킨다. 바른말[正語], '바른 행동'[正業], '바른 생활'[正命]은 '계戒를 수행하는 것'[修戒]이라고 한다. '바른 유념'[正念], '바른 선정'[正定]은 '선정을 수행하는 것'[修定]이라고 한다. '바른 견해'[正見], '바른 사유'[正思惟], '바른 정진'[正精進]은 '지혜를 수행하는 것'[修慧]이라고 한다.

아울러 바른 수행방법[方便]과 (그) 결과[果]의 강한 힘 때문에 청정淸淨한 종류의 여덟 가지 보특가라補特伽羅를 성립시킨다. '네 가지 향함'[四向]을 실천하고 '네 가지 결과'[四果]에 머무는 이를 가리킨다.

(2) 보시의 모습

아울러 보시[施]는 두 가지 종류에 여덟 가지 모습[相]으로 구별된다. 첫째 종류는 잘못[過失]이 있는 보시, 둘째 종류는 잘못이 없는 보시인데, 앞의 일곱 모습은 잘못이 있는 보시이고, 마지막 한 모습은 잘못이 없는 보시라고 한다. (첫째) 어떤 보시[布施]는 게으름[懈怠]에 상해서 잘못이 있다. (둘째) 어떤 보시는 바라는 대로 따르지 않는 것이어서 잘못이 있다. 이를테면 어떤 '(욕망에) 마음이 물든'[染心] 이가 가난을 두려워하여 '부유함과 즐거움'[富樂]을 바라고서 보시를 실천하는 것이다. (셋째) 어떤 보시는 과거에 연연[顧戀]해하기 때문에 잘못이 있다. (넷째) 어떤 보시는 미래를 바라기 때문에 잘못이 있다. (다섯째) 어떤 보시는 '으스대는 마음에 남을 하찮게 여기기'[輕慢] 때문에 잘못이 있다. (여섯째) 어떤 보시는

'부유함과 즐거움'[富樂]를 바라기 때문에 잘못이 있다. (일곱째) 어떤 보시는 남에게 소문나기를 바라기 때문에 잘못이 있다. (여덟째) 잘못이 없는 보시란 (보시한 공을 모든 이가) 열반涅槃(하는 결과가 오는 것으로) 돌리기[迴向] 때문에, 그 (열반하기 위한 수행의) 식량[資糧]으로 삼기 때문에, 물들지 않은 마음으로 '좋은 세상'[善趣]에 가려 하고 큰 재물을 얻으려 하기 때문에 보시를 실천하는 것이다.

(3) 게으름

아울러 네 곳[處] 기준으로 여덟 시기[時]에 게으름[懈怠]에 빠져 정진精進하지 않는다. 이런 보특가라補特伽羅는 '게으른 종류'[懈怠類]이지 '정진하는 종류'[精進類]가 아니라는 것을 알라. (네 곳이란) '걸식하는 곳'[乞食處], '일하는 곳'[所作處], '돌아다니는 곳'[遊行處], (지地, 수水, 화火, 풍風 등의) 영역[界]이 '조화롭지 못해'[不平等] (질병에 걸린) 곳[處]을 가리킨다. 이 네 곳을 기준으로 여덟 시기가 구별된다. (여덟 시기란 첫째) '좋은 음식'[精美]을 잔뜩 먹고 몸이 무거워졌을 때, (둘째) '거친 음식'[麁惡]을 조금 먹고 몸이 허기졌을 때, (셋째) 장차 일을 하려고 힘을 아낄 때, (넷째) 이미 일을 마치고 몸이 피곤해졌을 때, (다섯째) 장차 돌아다니[遊行]려고 기운을 아낄 때, (여섯째) 이미 먼 길을 돌아다녀 몸이 피곤해졌을 때, (일곱째) 바로 병고病苦에 얽혀 혼란스러울 때, (여덟째) 질병이 이미 치유되었지만 다시 걸릴까봐 두려울 때이다. 이 게으른 종류의 보특가라는 아직 (앞서의 여덟 가지) '게으름 근거'[懈怠所依]와 마주치지 않았을 때에는 조금 정진하는 듯하다가도 (게으름 근거와) 마주치고 나면 얼른 게을러진다. 그래서 게으른 종류라고 한다. 이와 반대면 마찬가지로 네 곳[處] 기준으로 여덟 시기[時]에 정진[勤精進]하니 이와 같은 보특가라는 게으름을 굴복시키고 정진할 수 있는 종류라는 것을 알라. 비록 게으를 근거와 마주쳐도 정진하니 마주치지 않을 때는 어떻겠는가! 그래서 정진하는 종류라고 한다.

(4) 사랑스러운 생겨남·사중四衆

아울러 '올바른 바람'[正願]에 속한 '사랑스러운 생겨남'[可愛生]의 원인이 여덟 가지 있다. 모든 욕망 가운데 '뛰어난 생겨남'[增上生]을 좋아하되 모든 욕망에서 영원히 떠나기를 추구하지는 않는 이가 장차 여덟 가지 '사랑스러운 생겨남'[可愛生]의 처소에 생겨나게 한다. (첫째) 사람 가운데 낮은 계층을 바라 작은 보시와 계戒 등 두 가지 '복 짓는 일'[福業事]을 수행한다. 이와 같이 (둘째) 사람 가운데 높은 계층, (셋째로 욕계 육천六天 가운데 가장 낮은 데 위치한) 사대왕천四大王天, (넷째로 그 다음에 위치한) 삼십삼천三十三天, (다섯째로 그 다음에 위치한) 야마천(夜摩天: 시분천時分天), (여섯째로 그 다음에 위치한) 도사다천(覩史多天: 지족천知足天), (일곱째로 그 다음에 위치한) 낙화천樂化天, (여덟째로 욕계 육천 가운데 가장 높은데 위치한) 타화자재천他化自在天을 바라고 좋아하여 작은 보시와 계戒 등 두 가지 '복 짓는 일'[福業事]을 수행한다.

아울러 네 가지 '원인과 조건'[因緣] 때문에 사람세상[人趣] 가운데 여래如來의 '네 무리'[四衆]를 성립시키고, 세 가지 원인과 조건 때문에 천계[天趣]에 '네 무리'[四衆]를 성립시킨다. 네 가지 원인과 조건인즉, 가장 뛰어나기 때문에,[66] 세상[世間]에서 모두 복전(福田: 미래의 즐거운 결과

---

66) 유가론기 제5권상(대정장 42. p.410b22): 첫째 가장 뛰어나기 때문이란 국왕 곧 찰제리를 가리킨다.   一最增上故。謂國王則刹帝利。

를 키워주는 터전)으로 삼기 때문에,[67] 쓰는[受用] 재물[資財]이 남으로부터 오지 않은 것이기 때문에,[68] 세상의 재물을 모두 버렸기 때문에,[69] 사람세상 가운데 '네 무리'[四衆]를 성립시킨다. (그리고) 세 가지 원인과 조건 즉, 땅의 한계에 의지하기 때문에,[70] '욕계의 한계'[欲界邊際]이기 때문에,[71] '말하는 것의 한계'[語行邊際]이기 때문에,[72] 천계[天趣] 가운데 '네 무리'[四衆]를 성립시킨다.

(5) 팔법八法·승해勝解·삼마지三摩地

아울러 세상에서 (다음과 같은) 세 곳에서 옮겨 다닐 때에는 항상 세상[世間]의 '여덟 가지 이치'[八法][73]에 접촉된다. '욕망을 즐거워하는 곳'[樂欲處], '작용하는 곳'[功用處], '여러 조건(이 있는) 곳'[衆緣處]을 가리키는

---

67) 유가론기 제5권상(대정장 42. p.410b22-24): 둘째 세상의 복전이기 때문이란 바라문을 가리킨다. 많은 깨끗한 실천으로 세상이 복전으로 삼는 것을 허락한다.　　二世間福田故。謂婆羅門。以多淨行世許爲福田。
68) 유가론기 제5권상(대정장 42. p.410b24): 셋째 쓰는 재물이 남으로부터 오지 않음이란 큰 장자長者를 가리킨다.　　三用財不由他。謂大長者
69) 유가론기 제5권상(대정장 42. p.410b24-25): 넷째 모든 세상의 재물을 버렸음이란 모든 사문을 가리킨다.　　四棄諸世財。謂諸沙門。
70) 유가론기 제5권상(대정장 42. p.410b26-28): 의지할 땅의 한계에 건립한 무리란 첫째 사대왕중천을 가리킨다. 지쌍산 정상과 수미산 정상에 머무르기 때문이다. 둘째 삼십삼천이다. 수미산 정상에 머무르기 때문이다.　　一依地邊際建立二衆。謂一四大王衆天居持雙山頂及須彌山頂等故。二三十三天居須彌頂故。
71) 유가론기 제5권상(대정장 42. p.410b28-29): 둘째 욕계의 한계에 건립한 것은 마라의 무리이다.　　二欲界邊際建立魔衆。
72) 유가론기 제5권상(대정장 42. p.410b29): 셋째 말하는 것의 한계에 건립한 것은 범천의 무리이다.　　三語行邊際建立梵衆。
73) 본역주본 제1권 p.82 각주91) 팔세법八世法에 대한 설명 참조.

데, (우선) 욕망을 즐거워하는 곳에서 옮겨 다닐 때에는 이익[利]에 접촉되거나 '이익을 보지 못함'[非利]에 접촉된다. 작용하는 곳에서 옮겨 다닐 때에는 남의 뜻에 맞기도 하고 맞지 않기도 한다. 즉 등 뒤에서는 욕[毀]이나 칭송[譽]에 접촉되고, 면전에서는 칭찬[稱]이나 욕[譏]에 접촉된다. 여러 조건(이 있는) 곳에서 옮겨 다닐 때에는 전생이나 지금생의 괴로움과 기쁨의 여러 조건 때문에 괴로움[苦]과 기쁨[樂]에 접촉된다.

아울러 여덟 가지 해석[勝解: 해탈解脫][74]은 불환과[不還]나 아라한阿羅漢 등 모든 성인의 신통神通과 '가장 뛰어난 머무름'[最勝住]을 유도한다. 이를테면 아직 '(마음) 속'[內] '모습[色]의 생각'[想: 개념형성]은 아직 제어[伏]하지 못하지만, 그 외[外] '물든 모습'[染汚色]이 없는 해석[勝解]을 첫째라고 한다. 이미 '(마음) 속'[內] '모습[色]의 생각'[想: 개념형성]을 제어[伏]한 것을 둘째라고 한다. 깨끗함[淨]과 '깨끗지 않음'[不淨] 모두 아니어서 모습[色]에 관해 최고인 평정[捨]의 해석[勝解]을 셋째라고 한다. 이 세 가지 해탈(解脫: 승해勝解)은 모든 모습[色]에 대해 자유로움을 이루었기 때문에, 곧 모든 성인의 신통神通을 유도하여 발생시킬 수 있다. (그래서) 모든 신통은 모든 이생(異生: 중생)과 공유하지 않는다고 이른다. (그리고 넷째로 무색계인) '공무변처의 해석'[空無邊勝解], (다섯째) '식무변처의 해석'[識無邊勝解], (여섯째) '무소유처의 해석'[無所有勝解], (일곱째) '비상비비상처의 해석'[非想非非想勝解], 그리고 (여덟째) 미미微微하게 '저절로 되는'[任運] 마음의 해석[勝解] 등, 다섯 가지 해석[勝解]은 차례로 잘 '수행해 다스림'[修治]으로써 상수멸등지想受滅等至라는 가장 뛰어난 머무름을 유도한다.

---

74) 이 책 p.83 팔해탈八解脫에 대한 설명 참조.

아울러 혹은 '모든 모습'[諸色]을 '자세히 살핀다'[觀]든지, 혹은 '자세히 살피는 대상'[所觀]을 처음의 세 가지 해탈解脫 중에 수행하는[修習] 것처럼 한다든지 하는 것은 바로 세 가지 해탈解脫에 '접근하는 과정'[方便道]에 속한 세 가지 승처(勝處: 뛰어나게 있는 것)를 말하는 것이다. 이 중에서 '바깥의 모든 모습'[外諸色]의 작거나 큰 것, 좋거나 나쁜 것, 못났거나 뛰어난 것을 '자세히 살핀다'[觀]고 하는 것은 삼마지三摩地가 아닐 때에 작용하여 나타나 이루어지는 모습[色]을 '자세히 살피는'[觀] 것이다. 삼마지의 작용을 조건으로 하는 의도[作意]는 여러 가지 (모습)이 앞에 나타나지 않기 때문에 뛰어나다[勝]고 한다. 삼마지가 작용하는 가운데 사마타를 실행하면 지知라고 하고, 비발사나毘鉢舍那를 실행하면 견見이라고 한다. 삼마지三摩地가 작용할 때 지知나 견見과 같이 그 모습[色]에 대해서는 이미 '깊이 생각하고'[尋思], 이미 식별[了別]한 것이다. 마찬가지로 삼마지가 작용하지 않을 때 바깥[外]의 생각[想: 개념형성] 대상인 '모든 모습'[諸色]을 자세히 살피는 것도 그러하다.

1.4.9 아홉 가지인 경우

앞서 '부처님의 가르침인 알아야 할 것'[佛教所應知處] 가운데 여덟 가지인 경우를 설명하였다. 다음으로 아홉 가지인 경우를 설명하겠다.

아홉 가지 매임[結]이 있는데 섭사분攝事分[75]에서 자세히 성립시킬 것이다.

아울러 ('일곱 가지 식識이 머무는 곳'[七識住]에 무상천無想天과 비상비비상처非想非非想處를 더한) '아홉 가지 사는 곳'[九種生處]이 있는데

---

75) 유가사지론 제89권(대정장 30. p.802a20-b3) 참조.

생명을 받은 유정이 이곳저곳에서 함께 머문다. 이를테면 삼계三界 가운데 모든 '나쁜 세상'[惡趣]은 싫어할만한 곳이므로 제외하고 (나머지는) 앞에서 이미 설명한 것과 같다.

1.4.10 열 가지인 경우

앞서 '부처님의 가르침인 알아야 할 곳'[佛敎所應知處] 가운데 아홉 가지인 경우를 설명하였다. 다음으로 열 가지인 경우를 설명하겠다. (우선) 열 가지 변처(遍處: 두루하게 있는 것)는 모든 해탈解脫을 지어 성취하는 것임을 알라. 그 외 해탈解脫, 승처(勝處: 뛰어나게 있는 것), 변처遍處는 섭사분攝事分에서 자세히 설명할 것이다.

아울러 열 가지 무학無學의 갈래가 있다. 무학無學의 오온(五蘊: 다섯 가지 유위법)에 속함을 알라. (바른말[正語], '바른 행동'[正業], '바른 생활'[正命] 등의) 계온戒蘊, ('바른 유념'[正念], '바른 선정'[正定] 등의) 정온定蘊, ('바른 견해'[正見], '바른 사유'[正思惟], '바른 정진'[正精進] 등의) 혜온慧蘊, 해탈온解脫蘊, '해탈한 지견'[解脫知見]의 온蘊을 가리킨다.

지금까지 설명한 열 가지 '부처님의 가르침인 알아야 할 곳'[佛敎所應知處] 및 앞서 설명한 '부처님의 가르침인 알아야 할 곳'[佛敎所應知處] 등은 모두 내명처(內明處: 안의 이치를 밝히는 곳: 불교佛敎)에 속하는 것임을 알라.

2. 의방명처醫方明處: 의약학

무엇이 의방명처(醫方明處: 의술의 이치를 밝히는 곳: 의약학)라고 하는가? 이 '이치를 밝히는 것'[明]에는 간략히 네 가지가 있음을 알라. '질병의 모습'[病相]에 정교[善巧]한 것, '질병의 원인'[病因]을 잘 다루는 것, '이미 생긴 질병을 끊어 소멸시키는 것'[已生病斷滅]을 잘 다루는 것, '이미 끊은 질병이 다시 생기지 않는 방법'[已斷病後更不生方便]을 잘 다루는 것을 가리킨다. 이와 같이 잘 다루는 것을 자세하게 설명한 의미는 경經에서와 같이 알라.

3. 인명처因明處: 불교논리학

이미 의방명처醫方明處를 설명하였다. 무엇이 인명처(因明處: 이유의 이치를 밝히는 곳: 불교논리학)인가? 의미[義]를 '자세히 살피는'[觀察] 모든 것을 가리킨다. 이는 또 무슨 뜻인가? 요약[嗢拕南]하자면 다음과 같다.

'이론의 체성'[論體], '이론의 처소'[論處所],
'이론의 근거'[論據], '이론의 장식'[論莊嚴],
'이론의 패배'[論負], '이론의 외적인 조건'[論出離],
'이론을 많이 짓는 이치'[論多所作法]이다.

인명처因明處에는 대략 일곱 가지가 있음을 알라. 첫째, '이론의 체성'[論體性]. 둘째, '이론의 처소'[論處所]. 셋째, '이론의 근거'[論所依]. 넷째, '이론의 장식'[論莊嚴]. 다섯째, '이론의 패배'[論墮負]. 여섯째, '이론의 외적인 조건'[論出離]. 일곱째, '이론을 많이 짓는 이치'[論多所作法].

3.1 이론의 체성論體性

'이론의 체성'[論體性]이란 무엇인가? 여섯 가지를 가리킨다. 첫째, '말로 하는 이론'[言論], 둘째, '(세상에서) 받드는 이론'[尚論], 셋째, '다투는 이론'[諍論], 넷째, '훼방 놓는 이론'[毁謗論], 다섯째, '바른 것을 따르는 이론'[順正論], 여섯째, '가르쳐 이끄는 이론'[敎導論]이다.

(첫째) '말로 하는 이론'[言論]이란 모든 말[言說], 말소리[言音], 말씨[言詞]를 가리켜 말로 하는 이론이라고 한다.[76]

(둘째) '받드는 이론'[尙論]이란 모든 세상[世間]에서 따르며 들어야할 '말로 하는 이론'[言論]이다.

(셋째) '다투는 이론'[諍論]이란 어떤 경우에는 모든 욕망[欲]에 의해 일어난다. 예를 들어 자기에게 속한 모든 욕망을 남이 빼앗든지, 남에게 속한 욕망을 자기가 빼앗든지, 사랑스러운[所愛] 유정에게 속한 모든 욕망을 서로 빼앗는다. 어떤 경우에는 차지하려는[攝受] 것이 아닌 모든 욕심, 이를테면 춤과 노래, 농지거리[戱笑]나 기녀[倡女], 하인 등을 구경하려거나 (임시로) 부리려고[受用], 이러한 욕망의 대상에서 아직 떠나지 못한 이와 욕계의 탐냄[貪]에 물든 이는 고집 때문에, 집착 때문에, 즐거움[耽嗜] 때문에, '탐내고 애착함'[貪愛] 때문에, 화를 내며 '어깃장을 놓으므로'[乖違] (다투는 이론이라고 한다.) 또한 다투기 좋아하는 이는 여러 가지 이론을 펴고, '원망하고 해치는'[怨害] 이론을 펴기 때문에 다투는 이론이라고 한다.

어떤 경우에는 '악한 실천'[惡行]에 의해 일어난다. 예를 들어 자기가 지은 악한 동작[身行]과 말[語行]을 남이 비난[譏毁]한다든지, 남이 지은 악

---

[76] 유가론기 제5권상(대정장 42. p.411b18-20): '말로 하는 이론'[言論]이란 음성 音聲을 본성으로 삼는다. 말[言說]은 바로 체體이다. 말소리[言音]는 바로 모습 [相]이다. 말씨[言詞]는 바로 작용[用]이다. 이것이 세 가지의 구별이다. 言論者以音聲爲性。言說是體。言音者是相。言詞是用。是三差別。

한 동작과 말을 자기가 비난 한다든지, 사랑스러운 유정이 지은 악한 동작과 말을 서로 비난한다. 이와 같은 '악한 실천'[惡行]을 하면서 아직 짓지 못한 악한 실천을 짓기 바라는 이, 아직 욕계의 탐냄[貪]·분노[瞋]·어리석음[癡]에서 떠나지 못한 이, 무거운 탐냄·분노·어리석음에 '잡혀 가려진'[拘蔽] 이는 고집 때문에, 집착 때문에, 즐거움[耽嗜] 때문에, '탐내고 애착함'[貪愛] 때문에, 화를 내며 '어깃장을 놓으므로'[乖違] (다투는 이론이라고 한다). 또한 다투기 좋아하는 이는 여러 가지 이론을 펴고, '원망하고 해치는'[怨害] 이론을 펴기 때문에 '다투는 이론'[諍論]이라고 한다.

어떤 경우에는 여러 견해[見][77]에 의해 일어난다. 살가야견(謂薩迦耶見: 신견身見), '없어진다는 견해'[斷見], '원인이 없다는 견해'[無因見], '(자재천 등이 세상의 결과를 만든다는) 불평등한 원인의 견해'[不平等因見], '항상하다는 견해'[常見], '우중외도雨眾外道'[78]의 (원인 속에 결과가 있다는) 견해'[雨眾見] 등 여러 가지 '비뚠 견해'[邪見] 및 나머지 무수한 여러 '악한 견해'[惡見] 종류를 가리킨다. 이와 같은 여러 견해 가운데, 예를 들어 자기에게 속한 것을 남이 차단遮斷하거나, 남에게 속한 것을 자기가 차단하거나, 사랑스러운 유정에게 속한 것을 남이 때마침 차단하거나, 아니면 이미 차단했거나, 아니면 아직 차지하지[攝受] 못한 것을 차지하려고 한다. 이 때문에 아직 욕망에서 떠나지 못한 이는 앞서 설명한 것과 같이 결국 여러 가지 이론을 펴고, 원망하고 해치는 이론을 펴기 때문에 '다투는 이론'[諍論]이라고 한다.

(넷째) '훼방 놓는 이론'[毁謗論]이란 분노를 품고 있는 이가 물든 마음

---

77) 본역주본 제1권 pp.201-202 참조.
78) 본역주본 제1권 p.202 각주296) 우중외도에 대한 설명 참조.

으로 위력을 부리며 서로 '배척하며 비난'[擯毀]하는 '말로 하는 이론'[言論]을 가리킨다. 추악함[麁惡]에 유도되거나, 불손不遜함에 유도되거나, '꾸며대는 말'[綺言]에 유도되어, 악하게 설명한 교법[法]과 계율[律]로 여러 유정을 위한답시고 그 교법을 밝혀 말하고 연구하여 결택(決擇: 선택을 마무리 지음)하고 '가르쳐 지도'[敎授敎誡]한다. 이와 같은 이론을 '훼방 놓는 이론'[毀謗論]이라고 한다.

(다섯째) '바른 것을 따르는 이론'[順正論]이란 선善하게 설명한 교법[法]과 계율[律]로 여러 유정을 위하여 정법正法을 밝혀 말하고 연구하여 결택(決擇: 선택을 마무리 지음)하고, '가르쳐 지도'[敎授敎誡]하는 것을 가리킨다. 유정의 의혹(疑惑: 머뭇거림과 헷갈림)을 끊게 하려고, 매우 깊은 모든 구절[句]의 의미를 통달하게 하려고, 지견知見을 끝내 깨끗하게 하려고, '바른 실천'[正行]을 따르고 해탈解脫을 따른다. 그래서 이 이론을 '바른 것을 따르는 이론'[順正論]이라고 한다.

(여섯째) '가르쳐 이끄는 이론'[敎導論]이란 '뛰어난 마음을 배움'[增上心學]과 '뛰어난 지혜를 배움'[增上慧學]을 수행하는 보특가라補特伽羅를 가르쳐서 아직 마음이 안정[定]되지 않은 이는 마음이 안정을 이루게 하고, 마음이 이미 안정된 이는 해탈解脫을 이루게 하는 '말로 하는 이론'[言論]이다. 그가 '진실한 지혜'[眞實智]를 깨닫게 하고 그가 진실한 지혜를 이해하게 하기 때문에 이 이론을 '가르쳐 이끄는 이론'[敎導論]이라고 한다.

질문 이 여섯 가지 이론 가운데 몇 가지가 진실하여 이익[義利]을 유도하므로 반드시 수행해야 하며, 몇 가지가 진실하지 않아 이익이 없는 것을 유도하므로 멀리해야 하는가?

대답 ('바른 것을 따르는 이론'[順正論], '가르쳐 이끄는 이론'[教導論] 등) 끝의 두 가지는 진실하여 이익을 유도하므로 반드시 수행해야 한다. ('다투는 이론'[諍論], '훼방 놓는 이론'[毀謗論] 등) 중간의 두 가지는 진실하지 않아 이익이 없는 것을 유도하므로 멀리해야 한다. ('말로 하는 이론'[言論], '(세상에서) 받드는 이론'[尚論] 등) 맨 앞의 두 가지 이론은 알맞게 추리[分別]해야 한다.

3.2 이론의 처소論處所

'이론의 처소'[論處所]란 무엇인가? 여섯 가지라는 것을 알라. 첫째, 왕가王家에서. 둘째, '정부의 일을 맡아 처리하는 곳'[執理家]에서. 셋째, 대중 가운데에서. 넷째, '어질고 이치에 밝은 이'[賢哲者] 앞에서. 다섯째, '교법의 의미'[法義]를 잘 이해하는 사문沙門, 바라문婆羅門 앞에서. 여섯째, '교법의 의미를 즐기는 이'[樂法義者] 앞에서.

3.3 이론의 근거論所依

'이론의 근거'[論所依]란 무엇인가? 열 가지가 있다는 것을 알라. '성립되는 의미'[所立義]가 두 가지이고, '성립시키는 존재'[能立法]가 여덟 가지이다.

3.3.1 성립되는 의미所立義

(우선) '성립되는 의미'[所立義]가 두 가지란 첫째는 본성[自性], 둘째는 구별[差別]이다. (그리고 이 가운데) '성립되는 본성'[所立自性]이란 있음[有]이 성립되는 것을 있음[有]이라고 하고, 없음[無]이 성립되는 것을 없음[無]이라고 한다. (다음으로) '성립되는 구별'[所立差別]이란 '위

가 있음'[有上]을 '위가 있음'[有上]이라 하고, '위가 없음'[無上]을 '위가 없음'[無上]이라 하고, 항상[常]을 항상[常]이라 하고, 무상無常을 무상無常이라 하는 것이다. 마찬가지로 '보이는 것이 있음'[有色]과 '보이는 것이 없음'[無色], '볼 수 있는 것'[有見]과 '볼 수 없는 것'[無見], '있다는 느낌이 드는 것'[有對]과 '있다는 느낌이 들지 않는 것'[無對], '번뇌가 있는 것'[有漏]과 '번뇌가 없는 것'[無漏], '지어진 것'[有爲]과 '지어진 것이 아닌 것'[無爲] 등 무수히 구별되는 부문을 '성립되는 구별'[所立差別]이라고 함을 알라.

3.3.2 성립시키는 존재能立法

'성립시키는 존재'[能立法] 여덟 가지란 첫째는 '주장을 성립시킴'[立宗], 둘째는 '이유를 가림'[辯因], 셋째는 '비유를 듦'[引喩], 넷째는 '같은 종류'[同類], 다섯째는 '다른 종류'[異類], 여섯째는 직각[現量], 일곱째는 추리[比量], 여덟째는 '부처님 가르침으로 헤아림'[正敎量]이다.

(1) 주장을 성립시킴立宗

(우선) '주장을 성립시킴'[立宗]이란 두 가지 '성립되는 의미'[所立義]를 기준으로 어떤 경우에는 각각 '자기 종류'[自品]로 허락된 것을 받아들이고, 어떤 경우에는 '이론의 주장'[論宗]을 받아들이되, 자기 언변[辯才]에 (걸맞아서), 남을 경멸해서, 남으로부터 들은 것이어서, 진실眞實을 깨달아서 이다. 어떤 경우에는 자기 주장을 성립시키려고, 어떤 경우에는 남의 주장을 파괴하려고, 어떤 경우에는 남을 제압하려고, 어떤 경우에는 땅바닥에 엎드리게 하려고, 어떤 경우에는 남을 불쌍히 여겨, '주장의 의미'[宗義]를 성립시킨다.

(2) 이유를 가림辯因

'이유를 가림'[辯因]이란 성립되는 '주장의 의미'[宗義]를 성취하기 위하여 '드는 비유'[所引喩], '같은 종류'[同類]와 '다른 종류'[異類], 직각[現量]과 추리[比量], 그리고 '부처님의 가르침으로 헤아림'[正教]을 기준으로 이치를 성립시키며 이익을 따르는 '말로 하는 이론'[言論]을 가리킨다.

(3) 비유를 듦引喩

'비유를 듦'[引喩]이란 역시 '주장의 의미'[宗義]를 성취하기 위하여 이유[因]가 의지하는, 세상에서 관습적으로 모두 수긍하는 이해하기 쉬운 존재[法]를 들어 비교하는 '말로 하는 이론'[言論]을 가리킨다.

(4) 같은 종류同類

'같은 종류'[同類]란 '있음의 존재'[有法]를 다른 존재[法]와 비교하며 그 모습[相]을 전개[展轉]하여 조금 유사한[相似] 것을 가리킨다. 이것은 다섯 가지이다. 첫째, 형상[相狀]이 유사함. 둘째, 자체自體가 유사함. 셋째, 작용[業用]이 유사함. 넷째, '존재(가 속한) 부문'[法門]이 유사함. 다섯째, '원인과 결과'[因果]가 유사함.

(이 가운데 우선) 형상[相狀]이 유사함이란 지금이나 과거에 본 형상이 서로 속하여 전개되는 것이 유사함을 가리킨다. 자체自體가 유사함이란 전개되는 그 모습[相]이 유사한 것을 가리킨다. 작용[業用]이 유사함이란 그 전개되는 작용이 유사한 것을 가리킨다. '존재(가 속한) 부문'[法門]이 유사함이란 그 전개되는 존재(가 속한) 부문이 유사한 것을 가리킨다. (즉 이는 각각) 무상無常과 괴로움[苦]이라는 존재[法], 괴로움[苦]과 '나라고 할 만한 것이 없음'[無我]이라는 존재, '나라고 할 만한 것이 없음'[無我]과 생겨남[生]이라는 존재, 생겨남[生]이라는 존재와 늙음[老]이라는 존재,

늙음[老]이라는 존재와 죽음[死]이라는 존재(의 관계)와 같다. 마찬가지로 '보이는 것이 있음'[有色]과 '보이는 것이 없음'[無色], '볼 수 있는 것'[有見]과 '볼 수 없는 것'[無見], '있다는 느낌이 드는 것'[有對]과 '있다는 느낌이 들지 않는 것'[無對], '번뇌가 있는 것'[有漏]과 '번뇌가 없는 것'[無漏], '지어진 것'[有爲]과 '지어진 것이 아닌 것'[無爲] 등 무수히 존재(가 속한) 부문이 전개됨이 유사한 것이다. '원인과 결과'[因果]가 유사함이란 그 전개되는 원인[因], 결과[果], 즉 '성립시키는 것'[能成], '성립되는 것'[所成]이 전개됨이 유사한 것이다. 이를 '같은 종류'[同類]라고 한다.

(5) 다른 종류異類

'다른 종류'[異類]란 '있음의 존재'[有法]를 다른 존재[法]와 비교하며 그 모습[相]을 전개[展轉]하여 조금도 유사하지[相似] 않은 것을 가리킨다. 이것도 다섯 가지인데, 위와 반대로 그 모습을 알라.

(6) 직각現量

직각[現量]은 세 가지가 있다. 첫째, '나타나 보이지 않는 것이 아닌 것'[非不現見], 둘째, '이미 생각하였거나 장차 생각할 것이 아닌 것'[非已思應思], 셋째, '착각한 대상영역이 아닌 것'[非錯亂境界]이다.

(이 가운데) '나타나 보이지 않는 것이 아닌 직각'[非不現見現量]이란 다시 네 가지가 있다. '모든 근'[諸根]이 뭉개지지 않아 의도[作意]가 '앞에 나타나는 것'[現前]은 (첫째) '유사하게 생겨나기'[相似生] 때문에, (둘째) '뛰어넘어 생겨나기'[超越生] 때문에, (셋째) '장애가 없기'[無障礙] 때문에, (넷째) '너무 멀지 않기'[非極遠] 때문에 라는 것을 가리킨다.

(우선) '유사하게 생겨난다'[相似生]는 것은 욕계의 '모든 근'[諸根]은 욕계의 대상영역[境]에 대하여, '위 영역'[上地: 색계와 무색계]의 모든 근은

위 영역의 대상영역에 대하여, '이미 생기고'[已生], '이미 같이 생기고'[已等生], '혹은 생기거나'[若生], '혹은 일어나는'[若起] 것[79]을 유사하게 생겨난다고 한다.

'뛰어넘어 생겨난다'[超越生]는 것은 위 영역[上地: 색계와 무색계]의 '모든 근'[諸根]이 '아래 영역'[下地: 욕계]의 대상영역[境]에 대하여 '이미 생기는'[已生] 등 앞서 설명한 것과 같은 것을 뛰어넘어 생겨난다고 한다.

'장애가 없다'[無障礙]는 것은 다시 네 가지로 세분된다. 첫째, '덮여서 장애 되는 것이 아닌 것'[非覆障所礙]. 둘째, '숨겨서 장애 되는 것이 아닌 것'[非隱障所礙]. 셋째, '비추어서 장애 되는 것이 아닌 것'[非映障所礙]. 넷째, '홀려서 장애 되는 것이 아닌 것'[非惑障所礙].

(여기에서 우선) '덮여서 장애 되는 것'[覆障所礙]이란 '검어서 어두운 것'[黑闇], '빛이 없어 어두운 것'[無明闇], '선명한 색깔이 아니라 어두운 것'[不澄清色闇]에 덮이는 것이다. '숨겨서 장애 되는 것'[隱障所礙]이란 약초의 힘이나, 주술呪術의 힘이나, 신통력神通力에 의해 장애 되는 것이다. '비추어서 장애 되는 것'[映障所礙]이란 아주 작은 물건이 수많은 물건 때문에 '못 비추게'[映奪] 되어 (그 모습을) 이룰 수 없는 것이다. 음식 가운데의 약의 경우나 털끝[毛端]과 같다. 이와 같은 종류는 무수하고 무한하다. 아울러 작은 빛에 큰 빛이 비추어 (그 모습을) 이룰 수 없는 것과 같

---

79) 유가론기 제5권상(대정장 42. p.412c2-6): 삼장께서는 두 가지로 해석하셨다. 이르기를, 과거를 이미 생겼다고 하고, 지금 이미 같이 생겼다고 하고, 미래를 혹은 생기거나 혹은 일어난다고 하셨다. 다른 한편으로 이르기를, 과거에 이미 생긴 것을 혹은 생긴 것이라 하고, 지금 이미 같이 생긴 것을 또한 혹은 일어난 것이라고 한다고 하셨다. 　　三藏兩釋。一云過去名已生。現在已等生。未來名爲若生若起。一云過去已生則名若生。現在已等生亦復名若起。

다. 이를테면 햇빛이 별, 달 등에 비추는 것을 가리킨다. 또 달빛이 뭇별을 못 비추게 하는 것과 같다. 그리고 '다스리는 주체'[能治]가 '다스려야 할 대상'[所治]을 못 비추게 하여 (그 모습을) 이룰 수 없게 하는 것과 같다. 이를테면 (수행할 때) '깨끗지 못하다는 의도'[不淨作意]가 '깨끗한 모습'[淨相]을 못 비추게 하고, 무상함[無常]·괴로움[苦]·'나라고 할 만한 것이 없음'[無我]이라는 의도가 항상됨[常]·즐거움[樂]·나[我]라는 모습[相]을 못 비추게 하고, '모습이 없음이라는 의도'[無相作意]가 '모든 모습'[一切衆相]을 못 비추게 한다. '홀려서 장애 되는 것'[惑障所礙]이란 이를테면 '허깨비나 변화'[幻化]로 지어진 것, 빛깔[色相]이 뛰어나거나 비슷한 것이어서, 또는 안[內]에서 눈이 어지러우면서 흐릿하고 취한 듯 방종[放逸]해서, 미쳐서[顚狂], 이를 홀려서 장애 되는 것이라고 한다. 만일 이 네 가지 때문에 장애 되지 않으면 장애가 없다고 한다.

'너무 멀지 않다'[非極遠]는 것은 (다음과 같은) 세 가지 '너무 멀 정도로 먼 것'[極遠所遠]이 아닌 것을 가리킨다. 첫째, '장소가 너무 먼 것'[處極遠], 둘째, '시간적으로 너무 먼 것'[時極遠], 셋째, '잘아져서 너무 먼 것'[損減極遠]이다.[80]

이와 같은 모든 것을 아울러서 '나타나 보이지 않는 것이 아닌 것'[非不現見]이라고 한다. '나타나시 않는 것이 아니기'[非不現] 때문에 직각[現量]이라고 한다.

'이미 생각하였거나 장차 생각할 것이 아닌 직각'[非已思應思現量]이란 다시 두 가지가 있다. 첫째, '취取할라치면 곧 취取하는 데에 의지되는 대상영역'[纔取便成取所依境], 둘째, '대상영역을 성립시켜 취取하는 데에

---

80) 본역주본 제1권 p.108 각주149) 손감극원損減極遠에 대한 설명 참조.

의지되는 대상영역'[建立境界取所依境]이다.

'취취할라치면 곧 취취하는 데에 의지되는 대상영역'[纔取便成取所依境]이란 어떤 대상영역이 취할라치면 곧 취하는 데에 의지되는 것을 말한다. 가령 좋은 의사가 환자에게 약을 투여할 때 (그 약이) 색깔[色], 향[香], 맛[味], 감촉[觸]이 모두 '잘 어우러지고'[圓滿], 작용이 커서 위력[威德]이 완성된 것과 같다. 그 약의 색깔[色], 향[香], 맛[味], 감촉[觸]은 취할라치면 곧 취하는 데에 의지되는 것이라는 것을 알라. 약이 작용이 커서 위력을 지녔어도 질병이 아직 치료되지 않았으면 '장차 생각할 것'[應思]이라고 하고, 그 질병이 치료되었으면 '이미 생각한 것'[已思]이라고 한다. (그런데 지금의 대상영역이므로) 이런 종류를 (직각으로서) 취할라치면 곧 취하는 데에 의지되는 대상영역이라고 한다.

'대상영역을 성립시켜 취취하는 데에 의지되는 대상영역'[建立境界取所依境]이란 어떤 대상영역[境]이 대상영역을 성립시켜 취하는 데에 의지되는 것을 말한다. 가령 유가사(瑜伽師: 관행자觀行者)가 지영역[地界]에서 수영역[水界], 화영역[火界], 풍영역[風界]을 생각하는 것과 같다. 만일 지地에 머무르며 수水를 생각한다면, 곧 지地의 생각[想]에 머무르는 것이 전환되어 수水의 생각을 짓는 것이다. 만일 지地에 머무르는 것이 화火나 풍風을 생각한다면, 곧 지地의 생각[想]에 머무르는 것이 전환되어 화火나 풍風의 생각을 짓는 것이다. 이 가운데 지地의 생각[想]이 곧 대상영역[境界]을 성립시켜 취취하는 것이고, 지地는 대상영역[境界]을 성립시켜 취취하는 데에 의지대상[所依]인 것이다. 지地에 머무르는 것과 같이 수水나 화火나 풍風에 머무르는 것도 마찬가지라는 것을 알라. 이를 '대상영역을 성립시켜 취취하는 데에 의지대상이 되는 대상영역'[建立境界

取所依境]이라고 한다. 이 내용에서 '대상영역을 성립시켜 취取하는 데에 의지되는 대상영역'[建立境界取所依境]은 '이미 사유한 것'[已思惟]도 아니고, '장차 사유할 것'[應思惟]도 아니다. 지지地 등 모든 영역[界]이 아직 이해[解]가 되지 않았으면 '장차 사유할 것'[應思惟]이라고 하고, 이해가 되었으면 '이미 사유한 것'[已思惟]이라고 한다. 이와 같은 것을 '이미 생각하였거나 장차 생각할 것이 아닌 직각'[非已思應思現量]이라고 한다.

'대상영역을 착각한 것이 아닌 직각'[非錯亂境界現量]이란 다섯 가지 또는 일곱 가지를 가리킨다. (우선) 다섯 가지란 (다음과 같은) 다섯 가지 대상영역을 착각한 것이 아닌 것이다. 다섯 가지는 무엇인가? 첫째, '생각의 착각'[想錯亂], 둘째, '수의 착각'[數錯亂], 셋째, '모습의 착각'[形錯亂], 넷째, '색깔의 착각'[顯錯亂], 다섯째, '업의 착각'[業錯亂]이다. (다음으로) 일곱 가지란 (다음과 같은) 일곱 가지 대상영역을 착각한 것이 아닌 것이다. 일곱 가지란 무엇인가? 즉 앞서의 다섯 가지와 두 가지 두루 작용하는 착각을 더해 일곱 가지로 한다. 그 두 가지란 무엇인가? 첫째, '마음의 착각'[心錯亂], 둘째, '견해의 착각'[見錯亂]이다.

(일곱 가지 중에 우선) '생각의 착각'[想錯亂]이란 그 모습이 아닌 것에 그 모습이란 생각이 드는 것이다. 마치 사슴이 목이 말라 아지랑이[陽焰]의 모습에 대해 물이라고 생각하는 것과 같다. '수의 착각'[數錯亂]이란 적은 수에 대해 많은 수라는 증상만(增上慢: 이루지 못한 것을 이루었다고 착각하여 으스댐)을 일으키는 것이다. 마치 '안질에 걸려 눈이 침침한 이'[瞖眩者]가 달 하나가 있는 곳에 대해 많은 달의 모양[像]을 보는 것과 같다. '모습의 착각'[形錯亂]이란 어떤 모습[形色][81]에 대해 그와 다른 모

---

81) 본역주본 제1권 p.24 참조.

습이라는 증상만增上慢을 일으키는 것이다. 마치 '불덩이를 돌리는 것'[旋火]에 대해 '불 수레바퀴'[彼輪]의 모습[形]을 보는 것과 같다. '색깔의 착각'[顯錯亂]이란 어떤 색깔[顯色][82]에 대해 그와 다른 색깔이라는 증상만增上慢을 일으키는 것이다. 마치 가말라(迦末羅: kāmalā)[83]병이 안근眼根을 망쳐서[損壞] 노랑이 아닌데 노랑 모습으로 보는 것과 같다. '(하는) 일의 착각'[業錯亂]이란 (하는) 일이 없는 것을 (하는) 일이 있다고 증상만增上慢을 일으키는 것이다. 마치 주먹을 쥐고 내달릴 때 나무가 '내달리듯 흐른다'[奔流]고 보는 것과 같다. '마음의 착각'[心錯亂]이란 앞의 다섯 가지 착각한 내용에 대해 마음이 기쁘고 즐거운 것이다. '견해의 착각'[見錯亂]이란 앞의 다섯 가지 착각한 내용을 받아들여 드러내 말하고, '상서롭다는 생각'[吉祥想]을 하여 집착하며 버리지 않는 것이다. 만일 이와 같이 대상영역을 착각한 것이 아니라면 직각[現量]이라고 한다.

질문 이와 같은 직각[現量]은 무엇에 속하는가?

대답 간략히 말해 네 가지에 속한다. 첫째, '물질로 된 근'[色根]의 직각, 둘째, 의意로 느끼는[受] 직각, 셋째, 세상[世間]의 직각, 넷째, 청정淸淨한 직각이다. (이 가운데 첫째) '물질로 된 근'[色根]의 직각이란 다섯 가지 물질로 된 근이 대상영역[境界]을 대하는[所行] 것이다. 앞서 설명한 (앞의 다섯 가지) 직각[現量] '자체의 모습'[體相]이다. (둘째) 의意로 느끼는 [受] 직각이란 모든 의근意根이 대상영역에 작용하는[所行] 것이다. 앞서 설명한 (마지막 두 가지) 직각[現量] '자체의 모습'[體相]이다. (셋째) 세상

---

82) 본역주본 제1권 p.24 참조.

83) kāmalā는 황달[黃病], 열병熱病, 대풍병大風病이라고 번역한다. 가말라迦末羅는 음역이다. 『佛教思想大辭典』, 吳汝鈞, 臺灣商務印書館, 1992. p.360

[世間]의 직각이란 두 가지를 아울러 하나의 세상의 직각이라고 한다. (넷째) 청정淸淨한 직각이란 (우선) 모든 세상의 직각도 청정한 직각이라고 한다. 다른 경우 어떤 청정한 직각은 세상의 직각이 아니다. 이를테면 '세상을 벗어나는 지혜'[出世智: 출세간지出世間智]는 작용하는 대상영역에 대해 있음[有]을 알아 있음[有]이라 하고 없음[無]을 알아 없음[無]이라 하며, '위가 있음'[有上]을 알아 '위가 있음'[有上]이라 하고 '위가 없음'[無上]을 알아 '위가 없음'[無上]이라 한다. 이와 같은 종류는 '세상과 달리하는 청정한 직각'[不共世間淸淨現量]이라고 한다.

(7) 추리比量

추리[比量]란 '생각하여 선택하면서'[思擇] 대상영역[境界]을 '이미 생각하였거나'[已思] '장차 생각하는'[應思] 것이다. 이는 다시 다섯 가지가 있다. 첫째, '모습 추리'[相比量], 둘째, '자체 추리'[體比量], 셋째, '작용 추리'[業比量], 넷째, '존재 추리'[法比量], 다섯째, '원인과 결과 추리'[因果比量]이다.

(우선) '모습 추리'[相比量]란 형상[相狀]이 '서로 속함'[相屬]에 의해서, 지금 (보고 있거나) 과거에 보았던 대상영역을 추측[推度]하는 것이다. 마치 깃발[幢]을 보기 때문에 수레가 있다는 것을 '비교하여 아는 것'[比知]과 같고, 연기[烟]를 보기 때문에 불[火]이 있다는 것을 아는 것과 같다.

마찬가지로 왕으로 나라를 비교하고, 남편으로 아내를 비교하고, 쇠뿔[角犎] 등으로 소가 있다는 것을 비교하여 안다. 피부가 부드럽고, 머리카락이 검고, 경박하고, 얼굴빛이 고운 것으로 젊은이[少年]인줄 비교하여 안다. 얼굴이 주름지고, 머리카락이 하얀 등의 모습으로 노인인줄 비교하여 안다. 유지하는 '고유한 모습'[自相]으로 '수행하는 이'[道]인지 일반인

[俗]인지 비교하여 안다.

성자를 뵙기 즐거워하고, 정법(正法: 바른 교법)을 듣기 즐거워하고, '인색하고 탐냄'[慳貪]을 멀리하는 것으로 '바른 믿음(을 가진 이)'[正信]인 줄 비교하여 안다. 생각할 것을 잘 생각하고, 말할 것을 잘 말하고, 지을 것을 잘 짓는 것으로 '총명하고 이치에 밝은 (이)'[聰叡]인 줄 비교하여 안다. '자애롭고 불쌍히 여기며'[慈悲] '친애하는 말(을 하고)'[愛語], 용맹하게 보시[施]를 즐기며, 매우 깊은 의미[義趣]를 잘 이해하는 것으로 보살菩薩인줄 비교하여 안다.

건들거리며 가볍게 돌고, 농지거리하고 노래하고 웃는 등의 일로 '아직 욕망에서 떠나지 못한 (이)'[未離欲]라는 것을 비교하고, 모든 행동[威儀]이 항상 고요[寂靜]한 것으로 '욕망에서 떠난 (이)'[離欲]인줄 비교하여 안다. 여래如來의 '섬세하게 훌륭한'[微妙] 모습[相好], 지혜智慧, 고요함[寂靜], '바른 실천'[正行], 신통神通을 갖춘 것으로 일체지一切智를 갖춘 여래응등정각(如來應等正覺: 여래이며 아라한[應供]이며 완전한 깨달음을 이룬 분)이라는 것을 비교하여 안다. '늙은 시절(의 사람)'[老時]에 대해서는 그의 어린 시절의 형상[相狀]을 보았던 (기억)으로 이 (노인)이 그 (소년)이라는 것을 비교하여 안다. 이와 같은 종류를 '모습 추리'[相比量]라고 한다.

'자체 추리'[體比量]란 그 스스로의 체성體性이 '나타난 것을 보기'[現見] 때문에 그 사물의 나타나 보이지 않는 자체[體]가 '비슷한지 비교하는'[比類] 것이다. 어떤 경우에는 나타나 보이는 그것 자체自體의 일부분으로 나머지 부분이 비슷한지 비교한다. 마치 지금으로 과거와 비슷한지 비교하고, 과거로 미래와 비슷한지 비교하고, 지금과 가까운 일로 먼 것과 비교하고, 지금으로 미래와 비교하는 것과 같다. 아울러 마치 음식, 의복, 장신구, 수레 등 탑승물의 일부분의 좋고 나쁜 모습을 보아 전체를 비교하여 아는 것과 같다. 아울러 성숙된 일부분으로 나머지 성숙한 부분을 비교한다. 이와 같은 종류를 '자체 추리'[體比量]라고 한다.

'작용 추리'[業比量]란 작용作用으로 '(그) 작용이 의지하는 대상'[業所依]을 비교하는 것이다. 예를 들어 먼 데 있는 사물이 움직임이 없고 새가 그 위에 머물러 있는 것을 보면, 이런 작용 때문에 바로 나무그루터기[杌]임을 비교하여 알고, 아니면 움직이는 작용으로 바로 사람임을 비교하여 안다.

넓은 발자국이 있는 것은 코끼리임을 비교하여 안다. 몸을 끌며 간 것은 뱀임을 비교하여 안다. 만일 '말이 우는 소리'[嘶聲]가 들리면 말임을 비교하여 안다. '(맹수가) 으르렁대고 울부짖음'[哮吼]이 들리면 사자임을 비교하여 안다. 만일 '발끈하며 고함지르는 것'[咆勃]이 들리면 큰소[牛王]임을 비교하여 안다.

'보는 것'[見]은 눈[眼]임을 비교하고, '듣는 것'[聞]은 귀[耳]임을 비교하고, '(냄새) 맡는 것'[嗅]은 코[鼻]임을 비교하고, '맛보는 것'[甞]은 혀[舌]임을 비교하고, '감촉을 느끼는 것'[觸]은 몸[身]임을 비교하고, '아는 것'[識]은 의意임을 비교한다. 물속에 가로막는 것이 보이면, 땅이 있음을 비교하여 안다. 만일 어떤 곳에 초목이 축축하고 줄기와 잎사귀가 파릇하면, 물이 있음을 비교하여 안다. 만일 뜨거운 재를 보면, 불이 있음을 비교하여 안다. 나무숲[叢林]이 건들거리면, 바람이 있음을 비교하여 안다.

'어두운 눈'[瞑目]에 지팡이를 짚고 갔다 멈췄다 하며 남에게 묻고 넘어지고 길을 잃으면, 이러한 작용으로 시각장애인인줄 비교하여 안다. 큰소리를 기울여 들으면, 청각장애인인 줄 비교하여 안다.

'바른 믿음(을 가진 이)'[正信]와 '총명하고 이치에 밝은 (이)'[聰叡], '욕망을 떠난 (이)'[離欲]와 '아직 욕망을 떠나지 못한 (이)'[未離欲], 보살菩薩과 여래如來 등, 이와 같은 종류는 '작용을 비교하여 추측함'[業比度: 업비량業比量]으로 앞서와 같이 알라.

'존재 추리'[法比量]란 '가깝고 서로 속하는 존재'[相隣相屬法]로 다른 가깝고 서로 속하는 존재와 비교하는 것이다. 예를 들어 무상無常에 속한 것을 '괴로움이 있는 것'[有苦]과 비교하여 안다. 괴로움[苦]에 속한 것으로 공空·무아無我와 비교한다. 생겨남[生]에 속한 것으로 '늙음이 있는 존재'[有老法]와 비교한다. 늙음[老]에 속한 것으로 '죽음이 있는 존재'[有死法]와 비교한다. '보이는 것이 있음'[有色], '볼 수 있는 것'[有見], '있다는 느낌이 드는 것'[有對]에 속한 것으로 위치[方所]가 있는 것과 '모습과 본질'[形質]이 있는 것과 비교한다.

'번뇌가 있는 것'[有漏]에 속하기 때문에 '괴로움이 있는 것'[有苦]과 비교하여 안다. '번뇌가 없는 것'[無漏]에 속하기 때문에 '괴로움이 없는 것'[無苦]과 비교하여 안다. '지어진 것'[有爲]에 속하기 때문에 생기고[生], 머무르고[住], 달라지고[異], 소멸하는[滅] 존재와 비교하여 안다. '지어진 것이 아닌 것'[無爲]에 속하기 때문에 생김[生], 머무름[住], 달라짐[異], 소멸함[滅]이 없는 존재와 비교하여 안다. 이와 같은 종류를 '존재 추리'[法比量]라고 한다.

'원인과 결과 추리'[因果比量]란 원인과 결과로 점점 서로를 비교하는 것이다. 예를 들어 가는 것을 보면 다른 장소에 이르는 것과 비교하고, 다른 장소에 이르는 것을 보면 이전에 가던 것과 비교한다. 만일 어떤 사람이 '이치에 맞게'[如法] 왕을 보좌하는 것을 보면, 장차 '크나큰 관직'[廣大祿位]에 오르리라는 것을 비교하여 안다. (반대로) '높은 관직(을 수행하는 사람)'[大祿位]을 보면, 이전에 이미 이치에 맞게 왕을 보좌하였음을 비교하여 안다. 만일 어떤 사람이 선善한 업業을 지어 갖추는 것을 보면, 장차 반드시 큰 재부財富를 얻으리라는 것을 비교하여 안다. (반대로) 큰 '재부(를 얻은 사람)'[財富]을 보면, 이전에 이미 선善한 업業을 지어 갖추었음을 비교하여 안다. 이전에 '선한 실천'[善行]·'악한 실천'[惡行]을 익히는 것을 보았으면, 장차 (있을) 일어남[興]·쇠함[衰]과 비교한다. (반대로) 일어남[興]·쇠함[衰]을 보면, 이전에 '선한 실천'[善行]·'악한 실천'[惡行]을 지었음과 비교한다.

풍성한 음식을 보면, 배부를 것과 비교하여 안다. (반대로) 배부른 것을 보면, 음식이 풍성했음과 비교하여 안다. 만일 어떤 사람이 고르지 못하게 먹는 것을 보면, 장차 병病이 날것과 비교한다. (반대로) 지금 병이 나 있는 것을 보면, 이 사람이 고르지 않게 먹었음과 비교하여 안다.

정려靜慮에 든 것을 보면, '욕망에서 떠났음'[離欲]과 비교하여 안다. (반대로) '욕망에서 떠난 이'[離欲者]를 보면, 정려靜慮에 들었었음과 비교하여 안다. '도(道: 사성제의 진리)를 수행하는 것'[修道]을 보면, 장차 '사문의 (수행)결과를 경험하는 것'[沙門果證]을 얻으리라는 것을 비교하여 안다. (반대로) 만일 '사문의 (수행)결과를 경험하는 것(을 얻은 이)'[沙門果證]를 보면, 도를 수행했음을 비교하여 안다. 이와 같은 종류는 아울러 '원인과 결과 추리'[因果比量]라고 한다는 것을 알아. 여태까지를 추리[比量]라고 한다.

⑻ 부처님의 가르침으로 헤아림正教量

'부처님의 가르침으로 헤아림'[正教量]이란 일체지一切智(를 갖춘 분)께서 말씀하신 가르침, 또는 그분으로부터 들은 것, 또는 그분의 교법[法]을 따르는 것을 가리킨다. 이것은 다시 세 가지가 있다. 첫째, '성인의 말씀'[聖言]을 어기지 않는 것, 둘째, '물드는 것'[雜染]을 다스림, 셋째, '교법의 모습'[法相]을 어기지 않는 것이다. (여기에서 우선) '성인의 말씀'[聖言]을 어기지 않는 것이란 '성인 제자'[聖弟子]의 말씀, 또는 부처님께서 스스로 말씀하신 경經의 가르침으로 점점 유포되어 지금까지 정법正法에 어긋나지 않고 '바른 의미'[正義]에 어긋나지 않는 것을 가리킨다. '물듦'[雜染]을 다스림이란 이 교법을 따라 잘 수행할 때는 탐냄[貪], 분노[瞋], 어리석음[癡] 등 모든 번뇌와 수번뇌[隨煩惱: 따라다니는 번뇌]를 영원히 굴복시킬 수 있다는 것을 가리킨다. '교법의 모습'[法相]을 어기지 않는 것이란 '교법의 모습을 어기는 것'[違法相]을 반대로 하면 곧 교법의 모습을 어기지 않는 것임을 알라.

무엇을 '교법의 모습을 어기는 것'[違法相]이라고 하는가? 이를테면 '모습이 없는'[無相] 데에 보태서 '모습이 있는 것'[有相]으로 하는 것인데, 나[我], 살타(薩埵: sattva: 유정), '수명을 (누리는) 이'[命者], '사는 이'[生者] 등의 종류가 있다고 집착하는 것과 같이, 어떤 경우는 항상하다[常], 또는 없어진다[斷], '보이는 것이 있음'[有色], '보이는 것이 없음'[無色] 등의 종류가 있다고 집착하는 것이다.

어떤 경우는 '모습이 있는'[有相] 데서 줄여 '모습이 없는 것'[無相]으로 하고, 결정決定된 데에 '결정된 것이 아니라고'[不定] 주장하는 것이다. 예를 들어 '모든 변천하는 존재'[一切行]는 무상無常하고, 모든 '번뇌가 있는 것'[有漏]은 그 성질이 '괴로운 것'[苦]이고, '모든 존재'[諸法]는 '빈 것'[空]이고 '나라고 할 만한 것이 없는 것'[無我]인데도, '이치에 맞지 않게'[妄] 주장하기를 일부분은 항상하고[常] 일부분은 무상無常하며, 일부분은 괴로움[苦]이고 일부분은 '괴로움이 아니며'[非苦], 일부분은 '내가 있고'[有我] 일부분은 '나라고 할 만한 것이 없으며'[無我], 부처님께서 성립시킨 '대답할 수 없는 존재'[不可記法]에 대해 대답[記別]을 찾아 헤매며 대답할 수 있다고 하고 또는 대답을 내세우는 것이다.

어떤 경우는 '결정되지 않은'[不定] 데에 정해진[定] 것이라고 주장하는 것이다. 예를 들자면 모든 '즐거운 느낌'[樂受]은 모두 탐냄[貪]이 '잠재하는 번뇌'[隨眠]이다. 모든 '괴로운 느낌'[苦受]은 분노[瞋]가 잠재하는 번뇌이다. 모든 '괴롭지도 않고 즐겁지도 않은 느낌'[不苦不樂受]은 어리석음[癡]이 잠재하는 번뇌이다. 모든 '즐거운 느낌'[樂受]은 모두 '번뇌가 있는 것'[有漏]이다. 즐거워 고의[故思]로 업業을 짓는 모든 것은 한결같이 '괴로운 이숙'[苦異熟]을 받을 것이 결정된 것이다. 이와 같은 등의 종류에 집착하는 것이다.

어떤 경우는 '모습이 있는 존재'[有相法] 가운데에서 '구별이 없는 모습'[無差別相]에 구별[差別]을 성립시키고[84], '구별이 있는 모습'[有差別

---

84) 유가론기 제5권상(대정장 42. p.413b10-13): '모습이 있는 존재'[有相法] 가운데에서 '구별이 없는 모습'[無差別相]에 구별[差別]을 성립시킨다는 것은 혜경惠景 논사에 의하면, '지어진 것'[有爲]은 '모습이 있는 존재'[有相法]라고 한다. '지어진 것'[有爲]은 (생주이멸生住異滅 등) 네 가지가 고르므로 '구별이 없는 것'[無差別]이라고 한다. 그런데 억지로 일부분은 '네 가지 모습'[四相]이 있고, 일부분은 네 가지 모습이 없다는 등 구별되는 의미로 설명하는 것이다.　於有相法中無差別相建立差別等者。景云。有爲名有相法。有爲齊四故名無差別。而強安立一分有四相。一分無四相差別之義。

相에 '구별이 없는 것'[無差別]을 성립시킨다.[85] (이는) '지어진 것'[有爲]에다 '구별이 없는 모습'[無差別相]을 (성립시킨 것)처럼 '지어진 것이 아닌 것'[無爲] 가운데에도 성립시키며,[86] '지어진 것이 아닌 존재'[無爲法]에다 '구별이 없는 모습'[無差別相]을 (성립시킨 것처럼) '지어진 존재'[有爲法]에도 성립시키는 것이다.[87]

'지어진 것'[有爲]과 '지어진 것이 아닌 것'[無爲]에서와 마찬가지로 '보이는 것이 있음'[有色]과 '보이는 것이 없음'[無色], '볼 수 있는 것'[有見]과 '볼 수 없는 것'[無見], '있다는 느낌이 드는 것'[有對]과 '있다는 느낌이 들지 않는 것'[無對], '번뇌가 있는 것'[有漏]과 '번뇌가 없는 것'[無漏]도 각각 알맞게 모두 분명하게 알라.

아울러 '모습이 있는 것'[有相]에다 '바른 이치'[正理]에 맞지 않게 '원

---

[85] 유가론기 제5권상(대정장 42. p.413b13-14): '구별이 있는 모습'[有差別相]에 '구별이 없는 것'[無差別]을 성립시킨다는 것은 '지어진 것'[有爲]과 '지어진 것이 아닌 것'[無爲]은 그 성질이 구별되는 데도 '구별이 없는 것'[無差別]을 성립시키는 것이다. 有差別相立無差別者。有爲無爲其性差別立無差別。

[86] 유가론기 제5권상(대정장 42. p.413b14-16): '지어진 것'[有爲]에다 '구별이 없는 모습'[無差別相]을 (성립시킨 것)처럼 '지어진 것이 아닌 것'[無爲] 가운데에서도 성립시킨다는 것은 그 '지어진 것'[有爲]에 생주멸生住滅이 '구별이 없는 모습'[無差別相]이 있는 것과 같이 '지어진 것이 아닌 것'[無爲] 가운데에도 성립시키는 것이다. 如於有爲無差別相於無爲中亦建立者。如彼有爲有生住滅無差別相。於無爲中亦復建立。

[87] 유가론기 제5권상(대정장 42. p.413b17-18): '지어진 것이 아닌 존재'[無爲法]에다 '구별이 없는 모습'[無差別相]을 (성립시킨 것처럼) '지어진 존재'[有爲法]에도 성립시키는 것이라는 말은 '지어진 것이 아닌 것'[無爲]에는 생주멸生住滅이 없는데 '지어진 것'[有爲] 가운데에도 (생주멸生住滅이 없음을) 성립시키는 것이다. 言於無爲法無差別相於有爲法復立者。於無爲中無生住滅없는데 於有爲中亦復建立。

인·결과의 모습'[因果相]을 성립시킨다. 예를 들어 '훌륭한 실천'[妙行]은 '사랑스럽지 않은 결과'[不愛果]를 얻는다[感]고 주장하고, 모든 '악한 실천'[惡行]은 '사랑스러운 결과'[可愛果]를 얻는다고 주장하는 것이다. 또 악하게 설명한 교법[法]과 비나야毘奈耶 가운데에서 모든 '비뚠 실천'[邪行]을 해 버릇해서 청정淸淨을 이룰 수 있다고 헤아리고, 선선善하게 설명한 교법[法]과 비나야毘奈耶 가운데에서 정행正行을 수행하는 것은 물듦[雜染]이라고 한다. '실제가 아닌 모습'[不實相]에 대해 '임시로 설명하기'[假言說]를 '진실한 모습'[眞實相]이라 주장하고, '진실한 모습'[眞實相]에 대해서는 임시로 여러 가지를 설명[安立]한다. 또 예를 들어, 모든 '말을 떠난 존재'[離言法] 가운데에서 말로 제일의(第一義: 최고 의미)라고 설명하는 것이다. 이와 같은 종류를 '교법의 모습을 어기는 것'[違法相]이라고 한다. 이와 반대면 곧 '교법의 모습을 어기지 않는 것'[不違法相]임을 알라. 지금까지를 '부처님의 가르침'[正敎]이라고 한다.

질문(1) 만일 '모든 존재'[一切法]가 '고유한 모습'[自相]을 성취하여 각자 자기 '존재의 본성'[法性]을 성립하는 것이라면, 어째서 다시 (본성[自性], 구별[差別] 등) 두 가지 '성립되는 의미'[所成義]를 성립시키는가?

대답(1) 남들이 믿음[信解]이 생기게 하려고 하는 것이지, '모든 존재'[諸法]의 '본성의 모습'[性相]을 만들려는 것이 아니다.

질문(2) '성립되는 의미'[所成立義]를 성취하려는데 왜 주장[宗]부터 성립시키는가?

대답(2) 우선 자기가 '사랑스러워하고 즐거워하는'[所愛樂] '주장의 의미'[宗義]를 보여주려고 하기 때문이다.

질문(3) 그다음으로는 어째서 '이유를 가림'[辯因]인가?

대답(3) '나타나 보이는 일'[現見事]에 의해 결정된 이치를 보여 주어 남들이 '성립된 주장의 의미'[所立宗義]를 받아들이게 하려는 것이다.

질문(4) 어째서 그다음은 '비유를 듦'[引喩]인가?

대답(4) '성립시키는 이치'[能成道理]의 '의지대상'[所依止]인 '나타나 보이는 일'[現見事]를 보여 주려고 하기 때문이다.

질문(5) 어째서 그다음으로 '같은 종류'[同類]와 '다른 종류'[異類], 직각[現量]과 추리[比量], '부처님 가르침으로 헤아림'[正教量] 등을 설명하는가?

대답(5) 이유[因]·비유[喩] 두 가지에 대한 '어긋나는 것'[相違]과 '어긋나지 않는 것'[不相違]의 지혜[智]를 보여주려고 하기 때문이다. 그리고 어긋나는 것은 두 가지 때문이다. 첫째, '결정할 수 없기'[不決定] 때문에, 둘째, '성립되는 것이 같기'[同所成] 때문이다. 어긋나지 않는 것도 두 가지 때문이다. 첫째, 결정決定되기 때문에, 둘째, '성립되는 것이 다르기'[異所成] 때문이다. 그 어긋나는 것은 '성립된 주장의 의미'[所立宗義]를 성취하려 할 때 헤아릴[量] 수 없기 때문에 헤아림[量]이라고 하지 않는다. 어긋나지 않는 것은 '성립된 주장의 의미'[所立宗義]를 성취하려 할 때 '바르게 헤아릴'[正量] 수 있기 때문에 헤아림[量]이라고 한다. 지금까지를 '이론의 근거'[論所依]라고 한다.

3.4 이론의 장식論莊嚴

'이론의 장식'[論莊嚴]이란 간략히 다섯 가지이다. 첫째, 자기와 대론자(對論者: 他他)의 주장[宗]을 잘 안다. 둘째, 말[言]이 완성[圓滿]되어 있다. 셋째, '두려움이 없다'[無畏]. 넷째, '성실하고 정중하다'[敦肅]. 다섯째,

'공양을 받을 만하다'[應供].

3.4.1 자타의 주장宗을 앎

(우선) 자기와 대론자(對論者: 타他)의 주장[宗]을 잘 안다는 것은 이를테면 어떤 이가 '부처님의 교법'[此法]과 비나야毘奈耶 가운데에서 깊이 '사랑스러워함과 즐거워함'[愛樂]이 생겨, 부처님 이론의 '주장의 취지'[宗旨]를 읽고 외워 받아 지니고, 듣고 생각하며, 익숙하여 수행함으로써 잘 알고 설명하고 이치에 밝다. '대론자의 교법'[此法]과 비나야毘奈耶에 대해서는 사랑스러워하지도 즐거워하지도 않지만, 대론자 이론의 '주장의 취지'[宗旨]를 읽고 외워 받아 지님으로써 익숙하긴 하다. 그러나 수행하지는 않는다. 하지만 잘 알고 설명하고 이치에 밝다. 이를 자기와 대론자의 주장[宗]을 잘 안다고 한다.

3.4.2 말의 완성言圓滿

말[言]이 완성[圓滿]되어 있다는 것은 어떤 이가 말할 것이 있으면 모두 소리[聲]로 하지 '소리가 아닌 것'[非聲]으로 하지 않는 것이다. 소리란 무엇인가? 다섯 가지 능력[德]을 갖추어야 소리라고 한다. 첫째, 너절하지[鄙陋] 않다. 둘째, '가볍고 쉽다'[輕易]. 셋째, 웅장하다[雄朗]. 넷째, '관련해 있다'[相應]. 다섯째, 의미가 선善하다.

(여기에서 우선) 너절하지[鄙陋] 않다는 것은 변방邊方이나 '변두리 국가'[邊國]의 거친 말씨[言詞]에서 떠나는 것이다. '가볍고 쉽다'[輕易]는 것은 말하는 것이 있으면 모두 세상에서 같이 쓰는 말씨로 하는 것이다. 웅장하다[雄朗]는 것은 의미 있는 말씨로 하는데 그 의미가 정묘하고 웅장한 것이다. '관련해 있다'[相應]는 것은 앞 뒤 존재[法]의 의미가 서로 부

합하여 흩어지지 않는 것이다. 의미가 선善하다는 것은 '뛰어나게 태어남'[勝生]과 '선정이 뛰어남'을 유도하여 발생시키는 데 전도됨이 없다. 또한 이 소리이론[聲論]은 아홉 가지 모습 때문에 말[言]이 완성[圓滿]되어 있다. 첫째, 뒤섞여 있지 않다. 둘째, 추악[麁獷]하지 않다. 셋째, 말이 분명하다. 넷째, 한도가 있다. 다섯째, 의미와 부합한다. 여섯째, 시각에 맞는다. 일곱째, 결정한다. 여덟째, 분명하다. 아홉째, 지속된다. 이와 같은 모든 모습을 아울러 말이 완성되어 있다고 한다.

3.4.3 두려움 없음無畏

'두려움이 없다'[無畏]는 것은 어떤 이가 '많은 무리'[多衆], '섞여 있는 무리'[雜衆], '높은 무리'[大衆], '맡아 다스리는 무리'[執衆], '진리(를 깨달은) 무리'[諦衆], '선한 무리'[善衆][88] 등의 가운데 머물러 있으면서 그 마음에 못나거나 두려워하는 것이 없고, 몸에서는 식은땀을 흘리지 않으며, 얼굴에는 두려운 기색이 없고, 음성은 더듬지[謇吃] 않고, 말에 겁이 없다. 이와 같이 말하는 이를 두려움이 없다고 한다.

---

88) 유가론기 제5권상(대정장 42. p.413c13-17): '많은 무리'[多衆]란 크게 베푼 모임의 무리이다. '섞여있는 무리'[雜衆]란 '여덟 부류의 무리'[八部衆]를 가리킨다. '높은 무리'[大衆]란 국왕, 왕자 무리를 가리킨다. '맡아 다스리는 무리'[執衆]란 맡아 다스리는 무리를 가리키니, 곧 일을 판단하는 무리이다. '진리를 (깨달은) 무리'[諦衆]란 여러 진실한 말을 하는 무리, 또는 이미 진리를 본 성인의 무리를 가리킨다. '선한 무리'[善衆]란 사문의 무리를 가리키거나 교법의 의미를 즐거워하는 (무리)이다. 多衆者謂大施會衆。雜衆者謂八部衆。大衆者謂國王王子衆。執衆者謂執理衆則斷事衆諦衆者謂諸實語衆。或諸聖衆已見諦者。善衆者謂沙門衆或樂法義。

3.4.4 성실하고 정중함敦肅

'성실하고 정중하다'[敦肅]는 것은 어떤 이가 시각과 장소를 기다려 말하여 '남의 말을 가로채거나'[嚵] 빠르게 하지 않는 것이다. 이를 성실하고 정중하다고 한다.

3.4.5 공양받을 만함應供

'공양받을 만하다'[應供]는 것은 어떤 이가 성품이 '온화하고 선하여'[調善] 남을 괴롭히지 않으며, 끝내 모든 온화하고 선한 이들의 온화하고 선한 지위에 어긋장을 놓지 않는다. 남의 마음에 따라 말을 하며, 때 맞춰 사실대로 이익을 유도하며, 말씨가 부드럽기가 '착한 벗'[善友]을 대하듯 한다. 이를 '공양받을 만하다'[應供]고 한다.

3.4.6 공덕功德

만일 이 다섯 가지 '이론의 장식'[論莊嚴]을 기준으로 '말로 하는 이론'[言論]을 일으킨 이가 있다면, 또한 스물일곱 가지 칭찬받는 '훌륭한 결과를 내는 능력'[功德]이 있음을 알라.

무엇을 스물일곱 가지라고 하는가? 첫째, (모여 있는) 군중에게 존경을 받는다. 둘째, 말하면 반드시 신뢰를 받는다. 셋째, '(왕과 왕자 등) 높은 무리'[大衆] 가운데 머물러 있어도 두려움이 없다. 넷째, 대론자의 '주장의 취지'[宗旨]에 대해 '잘못과 빈틈'[過隙]을 깊이 안다. 다섯째, 자기 '주장의 취지'[宗旨]에 대해 뛰어난 능력을 안다. 여섯째, 선입견[僻執] 없이 이론을 받아들이며, 감정적으로 '한쪽 편으로 치우치지'[偏黨] 않는다. 일곱째, 자기의 '바른 교법'[正法] 및 비나야毘奈耶에 대해 '유도되거나 빼앗기지'[引奪] 않는다.

여덟째, 대론자가 말한 것을 빨리 깨닫는다. 아홉째, 대론자가 말한 것을 빨리 받아들인다. 열째, 대론자가 말한 것에 빨리 응대한다. 열한째, 언변[語言德]으로 군중이 '사랑스러워하고 즐거워하게'[愛樂] 한다. 열두째, 부처님[此]의 '이치에 밝은 이론'[明論]을 믿는 이를 기뻐한다. 열셋째, 의미[義]·구절[句]·글자[文字]를 잘 '밝혀 풀이'[宣釋]한다.

열넷째, 몸이 게으르게 하지 않는다. 열다섯째, 마음이 게으르게 하지 않는다. 열여섯째, 말이 더듬거리지 않는다. 열일곱째, 언변[辯才]이 무궁무진하다. 열여덟째, 몸이 야위지 않는다. 열아홉째, 기억을 잃지 않는다. 스무째, 마음이 괴롭지[損惱] 않다. 스물한째, 목구멍[咽喉]이 상하지 않는다. 스물두째, 말하는 것이 분명하고 쉽다.

스물셋째, 자기 마음을 잘 보호하여 분노忿怒가 없게 한다. 스물넷째, 대론자의 마음을 잘 따라서 분노[憤恚]하지 않게 한다. 스물다섯째, 대론자가 '깨끗한 믿음'[淨信]이 생기게 한다. 스물여섯째, 실천하는 바가 원한을 초래하지 않는다. 스물일곱째, 큰 명성이 시방[十方]에 퍼져 세상에서는 다 함께 이 '큰 법사'[大法師]를 말로 전하여 '큰 스승'[大師]의 지위에 이른다.

마치 '욕망을 느끼는 이'[受欲者]가 옥[末尼: mani], 진주眞珠, 에메랄드[綠柱石: 유리琉璃] 등의 보배를 팔찌[環釧] 등의 보배 장신구[莊嚴具]에 끼워 자신을 장식하면 위력[威德]이 번성해 빛이 널리 비추는 것과 같이, '이론을 펴는 이'[論者]가 스물일곱 가지 칭찬받는 '훌륭한 결과를 내는 능력'[功德]을 이러한 다섯 가지 '이론의 장신구'[論莊嚴具]에 끼워 자신을 장식[莊嚴]하면 위력[威德]이 번성해 빛이 널리 비춘다. 그러므로 이를 이론의 장식이라고 한다. 지금까지가 '이론의 장식'[論莊嚴]이다.

3.5 이론의 패배論墮負

'이론의 패배'[論墮負]에는 세 가지가 있다. 첫째, '말을 포기함'[捨言], 둘째, '말의 굴복'[言屈], 셋째, '말의 잘못'[言過]이다.

3.5.1 말의 포기捨言

(이 가운데 우선) '말을 포기함'[捨言]이란 입론자(立論者: 이론을 성립시킨 이)가 열세 가지의 말로 대론자에게 양보하며 (자기의) '말로 하는 이론'[言論]을 포기하는 것이다. 무엇을 열세 가지 말이라고 하는가? 입론자立論者가 대론자에게 양보하며 (다음과 같이) 말하는 것이다. (첫째) 나의 이론은 좋지 않다. (둘째) 너의 이론은 좋다. (셋째) 나는 잘 살피지 못했다. (넷째) 너는 잘 살폈다. (다섯째) 나의 이론엔 이치가 없다. (여섯째) 너의 이론엔 이치가 있다. (일곱째) 나의 이론은 무능하다. (여덟째) 너의 이론은 유능하다. (아홉째) 나의 이론은 굴복했다. (열째) 너의 이론은 성립됐다. (열한째) 나의 언변[辯才]은 여기까지이다. (열두째) 여기서부터는 잘 '생각하고 헤아려보고'[思量] 너에게 말하겠다. (열셋째) 지금 일은 차치하고 나는 다시 말하지 않겠다.

이와 같이 열세 가지의 말로 대론자에게 양보하며 (자기의) '말로 하는 이론'[言論]을 포기하는 것이다. (자기의) '말로 하는 이론'[言論]을 포기했기 때문에 (자기 이론은) 깨졌고, 대론자는 이긴 것이고, 대론자의 뒤로 쳐지고, 대론자에게 굴복한 것임을 알라. 그래서 '말을 포기함'[捨言]을 '패배한 곳'[墮負處]이라고 한다.

3.5.2 말의 굴복言屈

'말의 굴복'[言屈]이란 예를 들자면 입론자가 대론자에게 굴복한 것이다. 어떤 경우는 (첫째) 다른 일을 핑계 대는 방법으로 물러나기도 하고, (둘째, 대론 분야) 이외의 말을 끌어대기도 하고, (셋째) 격분[憤發]하기도 하고, (넷째) 분노[瞋恚]하기도 하고, (다섯째) 교만憍慢을 부리기도 하고, (여섯째 대론자가) 숨기고 있는 것을 들추기도 하고, (일곱째) 해코지하는 [惱害] (말을) 하기도 하고, (여덟째) 참지 못하기도 하고, (아홉째) 불신不信을 나타내기도 하고, (열째) 침묵하기도 하고, (열한째) 근심[憂感]하기도 하고, (열두째) 어깨를 움츠리며 고개를 떨구기도 하고, (열셋째) 생각에 잠겨 말이 없기도 한다.

(이 가운데 첫째) 다른 일을 핑계 대는 방법으로 물러나기도 한다는 것은 앞서 성립시켰던[所立] 것을 포기하고 다시 다른 주장[宗]을 하는 것이다. 곧 앞서의 이유[因], 비유[喩], '같은 종류'[同類], '다른 종류'[異類], 직각[現量], 추리[比量] 및 '바른 가르침으로 헤아림'[正教量]을 포기하고, 다시 다른 이유[因]부터 '바른 가르침으로 헤아림'[正教量]을 성립시키는 것이다.

(둘째 대론 분야) 외의 말을 끌어대기도 한다는 것은 '논쟁하던 대상'[論事]을 포기하고 음식, 왕, 신하, 도적, 저잣거리, 가무[倡], 그 외 지저분한 대상을 말하면서 '외부의 조건'[外緣]을 핑계대며 본래 성립시켰던 것을 포기하고 다른 비난을 하는 것이다.

(셋째) 격분[憤發]하기도 한다는 것은 '거칠고 사나우며'[麁獷] 불손한 말로 대론자를 쫓아내는 것이다. (넷째) 분노[瞋恚]하기도 한다는 것은 앙갚음[怨報]하는 말로 대론자를 헐뜯는 것이다. (다섯째) 교만을 부리기도 한다는 것은 (지위가) 낮은 부족[種族]이라는 등의 말로 대론자(의 체면을) 깎아 내리는 것이다.

(여섯째 대론자가) 숨기고 있는 것을 들추기도 한다는 것은 남에게 숨기는 것을 들추어 나쁜 말로 대론자에게 들이대는 것이다. (일곱째) 해코지하는[惱害] (말을) 하기도 한다는 것은 심하게 해코지하는 말로 대론자에게 욕하는 것이다. (여덟째) 참지 못하기도 한다는 것은 원망하는 말을 쏟아내 대론자를 겁을 주는 것이다. (아홉째) 불신不信을 나타내기도 한다는 것은 허물어뜨리는 말로 대론자를 비난하는 것이다.

(열째) 침묵하기도 한다는 것은 할 말이 갑자기 없어진 것이다. (열한째) 근심[憂慼]하기도 한다는 것은 '생각하는 것'[意業]이 애타게 괴로운 것이다. (열두째) 어깨를 움츠리며 고개를 떨구기도 한다는 것은 동작[身業]의 기세가 갑자기 쇠약해지는 것이다. (열셋째) 생각에 잠겨 말이 없기도 한다는 것은 언변이 모두 없어지는 것이다.

이와 같은 열세 가지 일이 말의 굴복임을 알라. 맨 앞 두 가지는 '이치에 맞지 않게'[妄] '호려서 어지럽히는'[矯亂] 것이고, 그다음 일곱 가지는 '비뚠 실천'[邪行]을 일으키는 것이며, 마지막의 네 가지는 '헤아리는 작용'[計行]이 다한 것이다. 이것을 '말이 굴복'[言屈]하여 '패배하는 곳'[墮負處]에 있게 된다고 한다.

3.5.3 말의 잘못言過

'말의 잘못'[言過]이란 입론자立論者가 아홉 가지 잘못으로 (자기) 말을 오염시키는 것이기 때문에 말의 잘못이라고 한다. 무엇이 아홉 가지인가? 첫째, 혼란[雜亂]스럽다. 둘째, '거칠고 사납다'[麁獷]. 셋째, 말이 분명하지 않다. 넷째, 한도가 없다. 다섯째, '의미를 (이루지) 못하는 것'[非義]과 관련된다. 여섯째, 시기에 맞지 않다. 일곱째, 결정決定하지 않는다. 여덟째, 드러나지[顯了] 않는다. 아홉째, 지속되지 않는다.

(이 가운데 첫째) 혼란[雜亂]스럽다는 것은 '논쟁하던 대상'[論事]을 포기하고 다른 말을 섞어서 말하는 것이다. (둘째) '거칠고 사납다'[麁獷]는 것은 격분하며 삿대질하고[掉擧], 조급하게 성화를 대는 것이다. (셋째) 말이 분명하지 않다는 것은 존재[法]나 의미[義]를 대중과 대론자가 이해하지[領悟] 못한다는 것이다. (넷째) 한도가 없다는 것은 설명하는 의미와 말이 중복되거나 감소하는 것이다.

 (다섯째) '의미를 (이루지) 못하는 것'[非義]과 관련된다는 것은 다시 열 가지로 세분된다는 것을 알라. 첫째, '의미가 없음'[無義]. 둘째, '의미에 어긋남'[違義]. 셋째, '이치를 손상시킴'[損理]. 넷째, '어느 쪽이나 성립됨'[所成等]. 다섯째, '잘못에 대한 비난'[過難]을 초래함. 여섯째, 이익이 없음. 일곱째, 의미에 순서가 없음. 여덟째, 의미를 결정하지 않음. 아홉째, '성립시키는 주체'[能成]를 (오히려) 성립시킴. 열째, 이치에 맞지 않는 여러 '비뚤고 악한 이론'[邪惡論]을 따름.

 (여섯째) 시기에 맞지 않다는 것은 할 말의 순서가 맞지 않는 것이다. (일곱째) 결정決定하지 않는다는 것은 성립시켰다가는 부수고, 부쉈다가는 다시 성립시키는 것을 빨리 전환하여 분명하게 알기 어렵다는 것이다. (여덟째) 드러나지[顯了] 않는다는 것은 농지거리[譏弄]나 하고 이해하지도 못한 채 대답부터 하며, 앞에서는 표준어[典語]를 쓰다가 뒤에서는 방언[俗語]을 쓰고, 어떤 경우에는 앞에서는 방언을 쓰다가 뒤에서는 표준어를 쓴다는 것이다. (아홉째) 지속되지 않는다는 것은 하던 말이 도중에서 끊어진다는 것이다.

 '말로 하는 이론'[言論]에서 이와 같이 아홉 가지 잘못을 하면 이것을 '말의 잘못'[言過]으로 '패배하는 곳'[墮負處]에 있게 된다고 한다.

3.6 이론의 외적인 조건論出離

'이론의 외적인 조건'[論出離]이란 입론자가 우선 다음의 세 가지 관찰 즉 '이론의 단서'[論緒]를 관찰해서야 '말로 된 이론'[言論]을 펼치든[興] 펼치지 말든 하는 것을 이론의 외적인 조건이라고 한다. 세 가지 관찰이란 첫째, 득실得失을 관찰함, 둘째, '그 당시의 대중'[時衆]을 관찰함, 셋째, (자기 이론이) 정교善巧한지 정교하지 않은지 관찰함이다.

3.6.1 득실得失의 관찰

득실得失을 관찰함이란 입론자가 이제 이론을 펼치려고 할 때 우선 다음과 같이 관찰해야 하는 것이다. "내가 이 이론을 주장하여 장차 스스로 손해를 보고, 남에게 손해를 끼치고, 또는 둘 다 손해를 끼치게 되지 않을까? 지금생[現法], 내생[後法], 또는 모두 다에 죄罪가 생기지는 않을까? 몸과 마음 모두에 근심과 괴로움이 생기지는 않을까? 이 때문에 칼과 몽둥이를 들고 '싸우면서 욕하고'[鬪罵], '소송 걸고'[諍訟], '알랑대며 홀리고'[諂誑], 거짓말[妄語]하는 일이 일어나지는 않을까? 장차 여러 가지 '악하고 불선한 존재'[惡不善法]가 자라나지는 않을까? 자기에게나, 남에게나, 또는 많은 무리[多衆]에게 이익되고 안락하겠나? 모든 세상을 '불쌍히 여기겠나'[憐愍]? 이 때문에 모든 '천계에 머무는 유정'[天]과 '세상 사람'[世人]에게 이익[義利]도 없고 안락安樂함도 없지는 않겠나?"

이 입론자가 이와 같이 살필 적에 만일 자기가 성립시킨 이론이 자기에게 손해를 보게 할 수 있고, 내지는 천계에 머무는 유정과 사람에게 이익도 없고 안락함도 주지 못할 수 있다는 것을 스스로 분명히 알게 되면 스스로 생각에 힘써 이론을 주장하지 말아야 한다. 만일 자기가 성립시킨 이론이 자기에게 손해를 보지 않게 하고, 내지는 천계에 머무는 유정과 사람에게 이익과 안락함을 유도할 수 있다는 것을 알게 되면 스스로 생각에 힘써 '바른 이론'[正論]을 주장해야 한다. 이것을 이론을 주장할지 말지에 관한 첫째 '이론의 외적인 조건'[論出離]의 모습이라고 한다.

3.6.2 대중時衆의 관찰

'그 당시의 대중'[時衆]을 관찰함이란 입론자가 이제 이론을 펼치려고 할 때 모임에 나타나 있는 대중을 다음과 같이 잘 관찰해야 하는 것이다. "선입견[僻執]이 있는가, 없는가? '어질고 바른가'[賢正], 아니면 그렇지 않은가? 정교함[善巧]이 있는가, 아니면 그렇지 않은가?"

이와 같이 살필 적에 만일 '모여 있는 대중'[衆會]이 선입견이 있기만 한즉 선입견이 없는 것이 아니고, 어질고 바르지 않기만 한즉 어질고 바름이 있지 않으며, 정교하지 못하기만 한즉 정교함이 없다는 것을 알았다면, 스스로 생각에 힘써 이러한 대중에게는 이론을 주장해서는 안 된다. 만일 모여 있는 대중이 선입견이 없은즉 선입견이 있는 것이 아니고, 어질고 바르기만 한즉 어질고 바르지 않음이 없고, 정교함이 있기만 한즉 정교하지 않음이 없다는 것을 알았다면, 스스로 생각에 힘써 이러한 대중에게는 이론을 주장해야 한다. 이것을 이론을 주장할지 말지에 관한 둘째 '이론의 외적인 조건'[論出離]의 모습이라고 한다.

3.6.3 정교함의 관찰

(자기 이론이) 정교[善巧]한지 정교하지 못한지 관찰함이란 입론자가 이제 이론을 펼치려고 할 때 정교한지 정교하지 못한지에 관해 다음과 같이 스스로를 관찰해야 하는 것이다. "나는 (첫째) '이론의 체성'[論體性],

(둘째) '이론의 처소'[論處所], (셋째) '이론의 근거'[論所依], (넷째) '이론의 장식'[論莊嚴], (다섯째) '이론의 패배'[論墮負], (여섯째) '이론의 외적인 조건'[論出離] 등에 대해 정교한가, 아니면 정교하지 못한가? 나는 힘차게 자기 이론을 주장하여 대론자의 주장을 꺾을 수 있을까? '이론이 패배할 곳'[論負處]에서 잘 빠져나올 수 있을까?"

이와 같이 살필 적에 만일 자기에게는 정교함이 없은즉 정교함이 있는 것이 아니고, 자기에게는 힘이 없은즉 힘이 있는 것이 아니라는 것을 분명하게 알았다면 스스로 생각에 힘써 대론자와 더불어 이론을 주장하지 말아야 한다. 만일 자기에게는 정교함이 있은즉 정교함이 없는 것이 아니고, 자기에게는 힘이 있은즉 힘이 없는 것이 아니라는 것을 분명하게 알았다면 스스로 생각에 힘써 대론자와 더불어 이론을 주장해야 한다. 이것을 이론을 주장할지 말지에 관한 셋째 '이론의 외적인 조건'[論出離]의 모습이라고 한다.

3.7 이론을 많이 짓는 이치論多所作法

'이론을 많이 짓는 이치'[論多所作法]는 세 가지가 있다. '성립되는 이론'[所立論]을 많이 짓는 이치인데, 첫째, 자기와 대론자의 주장[宗]을 잘 아는 것이다. 둘째, 용맹하여 두려움이 없는 것이다. 셋째, 언변[辯才]이 다 하지 않는 것이다.

질문 이와 같은 세 가지 이치를 어째서 '성립되는 이론'[所立論]을 많이 짓는 것이라고 하였는가?

대답 자기와 대론자의 주장[宗]을 잘 알기 때문에 '모든 존재'[一切法]에 대해 담론談論을 일으킬 수 있다. 용맹하여 두려움이 없기 때문에 어떤 대중 앞에서도 논의를 일으킬 수 있다. 언변[辯才]이 다 하지 않기 때문에 질문이나 비난[難]에 모두 잘 답변할 수 있다. 그러므로 이 세 가지는 '성립되는 이론'[所立論]을 많이 짓는 이치인 것이다.

4. 성명처聲明處: 문법

이제 인명처(因明處: 이유의 이치를 밝히는 곳: 불교논리학)에 대한 설명을 모두 마쳤다. 성명처(聲明處: 소리의 이치를 밝히는 곳: 문법)란 무엇인가? 이곳에는 여섯 가지 모습이 있음을 알라. 첫째, 존재[法]를 설명하는 모습, 둘째, 의미[義]를 설명하는 모습, 셋째, 보특가라補特伽羅를 설명하는 모습, 넷째, 시기[時]를 설명하는 모습, 다섯째, 수효[數]를 설명하는 모습, 여섯째, 처소(處所: 성명처聲明處)와 뿌리[根栽: 글자][89]를 설명하는 모습이다. 요약하면 다음과 같다.

존재[法], 의미[義], 삭취취(數取趣: 보특가라),
시기[時], 수효[數], 처소處所와
'뿌리가 의지하는 것'[根栽所依],
이를 간략히 '소리의 이치를 밝히는 모습'[聲明相]이라고 한다.

---

89) 유가론기 제5권상(대정장 42. p.414a25-28): 처소와 뿌리를 설명한다는 것은 나무의 뿌리와 같은 것이다. 뿌리는 나무의 근본이기 때문에 소리의 근본을 뿌리라고 하니, 곧 글자이다. 소리가 나오는 곳을 처소라고 한다. 소리가 나오는 곳이기 때문에 '소리의 이치를 밝히는'[聲明] 근본이다. 處所根栽施設建立者. 如樹根栽樹之根本. 故聲根本名曰根栽. 則是字也. 出聲處所名爲處所. 出聲所故本聲明也.

4.1 존재法

무엇이 존재[法]를 설명하는 것인가? 이름들[名身]·구절들[句身]·글자들[文身], 그리고 다섯 가지 능력[德]과 관련하는 소리이다. 첫째, 거칠지[鄙俚] 않을 것, 둘째, '가볍고 쉬울'[輕易] 것, 셋째, 웅장할[雄朗] 것, 넷째, '(의미가 서로) 관련 있을'[相應] 것, 다섯째, 의미가 선善할 것이다.

4.2 의미義

무엇이 의미[義]를 설명하는 것인가? 열 가지가 있음을 알라. 첫째, 육근[根]을 설명함, 둘째, 대종大種을 설명함, 셋째, 업業을 설명함, 넷째, 찾음[尋求]을 설명함, 다섯째, '교법을 어기는 것'[非法]을 설명함, 여섯째, 교법[法]을 설명함, 일곱째, 번성함[興盛]을 설명함, 여덟째, 줄어듦[衰損]을 설명함, 아홉째, 받아씀[受用]을 설명함, 열째, 보호[守護]를 설명함이다. 요약하자면 다음과 같다.

눈[眼] 등 및 땅[地] 등,
몸[身] 등 및 찾음[尋求],
'교법을 어기는 것'[非法], 교법[法], 번성함[興盛],
줄어듦[衰損], 받아씀[受用], 보호[護].

육근[根]을 설명한다는 것은 본다[見]는 의미, 듣는다[聞]는 의미, 맡는다[嗅]는 의미, 맛본다[嘗]는 의미, 접촉한다[觸]는 의미, 안다[知]는 의미이다. 대종大種을 설명한다는 것은 의지依持(할 땅) 등의 의미, 축축한[澆潤] (물) 등의 의미, 비추는[照了] (불) 등의 의미, 흔드는[動搖] (바람) 등의 의미이다.

업(業)을 설명한다는 것은 가고 오는 (동작) 등의 의미, '밝혀 말하는'[宣

說] 등의 의미, '생각하고 유념함'[思念]과 '깨닫고 살핌'[覺察] 등의 의미이다. 찾음[尋求]을 설명한다는 것은 '따르며 찾아보는'[追訪] 등의 의미이다.

'교법을 어기는 것'[非法]을 설명한다는 것은 살해[殺]하고, 도둑질[盜]하는 등의 의미이다. 교법[法]을 설명한다는 것은 보시[施], 계戒 등의 의미이다. 번성함[興盛]을 설명한다는 것은 경험[證得], 기쁨[喜悅] 등의 의미이다.

줄어듦[衰損]을 설명한다는 것은 파괴破壞, 공포[怖畏], 근심[憂慽] 등의 의미이다. 받아씀[受用]을 설명한다는 것은 음식飲食, 집[覆障], '끌어안고 성교함'[抱持受行] 등의 의미이다. 보호[守護]를 설명한다는 것은 보호하고, 키우고[育養], 장성시키는[盛滿] 등의 의미이다.

아울러 간략히 설명하면 여섯 가지 의미가 있다. 첫째, 본성[自性]이라는 의미, 둘째, 원인[因]이라는 의미, 셋째, 결과[果]라는 의미, 넷째, 작용作用이라는 의미, 다섯째, (자체는) 구별[差別]돼도 (같은 종류면) 관련[相應]한다는 의미, 여섯째, ('존재는 하나'[一法]일지라도 의미는 무수히) 전개[轉] 된다는 의미이다. 요약하자면 다음과 같다.

본성[自性]과 원인[因]·결과[果],
작용作用, 관련[相應]함, 전개[轉].

4.3 보특가라補特伽羅

무엇이 보특가라補特伽羅를 설명하는 것인가? 남성명사[男聲], 여성명사[女聲], 중성명사[非男非女聲]의 모습을 구별하여 설명하는 것이다. 또는 '아이의 소리'[初士聲], '평범한 사람의 소리'[中士聲], '뛰어난 사람의 소리'[上土聲]의 모습을 구별하여 설명하는 것이다.

4.4 시기時

무엇이 시기[時]를 설명하는 것인가? 세 가지 '시기의 소리 모습'[時聲相: 시제時制]을 구별하는 것이다. 첫째, 과거過去와 대과거[過去殊勝]. 둘째, 미래未來와 '먼 미래'[未來殊勝]. 셋째, '(비교적 긴 시간의) 지금'[現在]과 찰나(刹那: 현재수승現在殊勝).

4.5 수효數

무엇이 수효[數]를 설명하는 것인가? 세 가지 수효의 소리 모습을 구별하는 것이다. 첫째, 단수[一數], 둘째, 양수(兩數: 이수二數), 셋째, (셋 이상의) 복수(複數: 다수多數)이다.

4.6 처소處所와 뿌리根栽

무엇이 처소(處所: 성명처聲明處)와 뿌리(根栽: 글자)를 설명하는 것인가? 처소處所에는 다섯 가지가 있음을 알라. 첫째, 지속[相續: 합성合聲, 합자合字하는 방법], 둘째, 명칭[名號], 셋째, 총략(總略: 근본이 되는 것과 요약), 넷째, 더함[彼益: 사물에 이해를 더함], 다섯째, '밝혀 말함'[宣說]이다. 또한 영역[界: 글자체]과 게송[頌: 게송으로 된 문법서] 등을 뿌리[根栽]라고 한다. 이와 같이 두 가지를 아울러 처소處所와 뿌리[根栽]의 설명이라고 한다.

5. 공업명처工業明處: 기술

이제 성명처(聲明處: 소리의 이치를 밝히는 곳: 문법)에 대한 설명을 모두 마쳤다. 공업명처(工業明處: 기술의 이치를 밝히는 곳: 기술)이란 무엇인가? 열두 곳에 관해 간략히 기술[工業]의 '뛰어난 지혜'[妙智]를 설명하는 것을 공업명처工業明處라고 한다. 무엇이 열두 가지 공업명처인가? 영농營農기술. 장사[商估]기술. 행정[事王]기술. '글씨쓰기·계산'[書算]·계측[計度]·'새김이 있는 장신구 제조'[數印]기술. 점치는[占相] 기술. 주술呪術거는 기술. 건축[營造]기술. 목축[生成]기술. 직물[防邪: vāna]기술. (소송에서) 화해시키는[和合] 기술. 요리[成熟]기술. 음악音樂기술이다.

제 8 사소성지思所成地

앞에서는 문소성지(聞所成地: 들어서 이루어진 영역)를 설명하였다. (그러면) 무엇이 사소성지(思所成地: 생각하여 이루어진 영역)인가? 간략히 설명해 세 가지 모습에서 비롯된 것임을 알라. 첫째, 본성[自性]이 청정淸淨함에서 비롯된 것, 둘째, '알아야 할 대상'[所知]을 '생각하여 선택함'[思擇]에서 비롯된 것, 셋째, '모든 존재'[諸法]를 생각하여 선택함에서 비롯된 것이다.

1. 본성의 청정自性淸淨

본성[自性]이 청정淸淨하다는 것은 무엇인가? 아홉 가지 관련한 앎[知]이 있다. 첫째, 어떤 이가 '빈 곳'[空閑]에 혼자 머물며 들은 대로 통달한 대로 '모든 존재'[諸法]의 이치를 자세히 살피며 생각하는 것이다. 둘째, 모든 '생각할 수 없는 것'[不思議處]을 멀리하고 생각해야 할 것을 자세히 살피며 생각하는 것이다. 셋째, '외도의 설명'[黑說]과 '부처님께서 하신 설명'[大說]에 대해 분명하게 잘 아는 것이다. 넷째, 생각은 오직 의미[義]를 기준으로 하지 글자[文]를 기준으로 하지 않는 것이다. 다섯째, 교법의 '어떤 부분'[少分]은 믿음[信解]만 생기게 하고,[90] 교법의 어떤 부분은 지혜[慧]로 '자세히 살피는'[觀察] 것이다. 여섯째, 견고堅固하게 생각하는 것이다. 일곱째, 편안히 머물며 생각하는 것이다. 여덟째, 지속하여 생각하

---

90) 유가론기 제5권하(대정장 42. p.414c17-19): 교법에 대해 부분적으로는 오직 믿음만 생기게 한다는 것 등에서, 자기의 분수로는 약간이라도 이해할 수 없는 것을 교법의 어떤 부분이라고 한다. 단지 믿음으로 이해해야지 비난해서는 안되기 때문이다. 자기의 분수로 약간이라도 알 수 있는 교법은 지혜로 자세히 살펴야 한다.   於法少分唯生信解等者。謂非已分少所知解處名法少分。但應信解不應謗故。若於已分少所知法應以慧觀察。

는 것이다. 아홉째, 생각을 궁극[究竟]에까지 잘하여 끝내 중도에 '염증 내고 두려워하거나'[厭怖] 물러서지[退屈] 않는 것이다. 이 아홉 가지 모습 때문에 청정淸淨하고 '참 깨끗한'[善淨] 생각이라고 한다.

2. 알아야 할 대상을 생각하여 선택함所知思擇

'알아야 할 대상을 생각하여 선택함'[所知思擇]이란 무엇인가? '자세히 살펴야 할 의미'[所觀察義]를 잘 생각하여 선택하는 것이다. (그러면) 무엇을 자세히 살펴야 할 의미라고 하는가? 유법(有法: 있음의 존재)에 대해서는 유상(有相: 있는 상태)을 분명하게 알고, 유법(有法: 있음의 존재)이 아닌 것에 대해서는 무상(無相: 없는 상태)을 분명하게 아는 것이다. 이 같은 것을 자세히 살펴야 할 의미라고 한다.

2.1 있음의 존재有法

무엇을 '자세히 살펴야 할'[所觀] '있음의 존재'[有法]라고 하는가? 이 존재는 다섯 가지가 있음을 알라. 첫째, '고유한 모습'[自相]으로서의 유법有法. 둘째, '공통된 모습'[共相]으로서의 유법有法. 셋째, '임시의 모습'[假相]으로서의 유법有法. 넷째, '원인의 모습'[因相]으로서의 유법有法. 다섯째, '결과의 모습'[果相]으로서의 유법有法.

2.1.1 고유한 모습自相으로서의 유법

(이 가운데 우선) 무엇을 '고유한 모습'[自相]으로서의 유법有法이라고 하는가?[91] 이 존재에는 간략히 세 가지가 있음을 알라. 첫째, '뛰어난 의미

---

91) '고유한 모습'[自相]으로서의 유법有法에 관한 상세한 설명은 유가론기 제5권

의 모습'[勝義相]으로서 있음[有]. 둘째, '형상의 모습'[相狀相]으로서 있음[有]. 셋째, '지금의 모습'[現在相]으로서 있음[有].

(이 가운데 우선) '뛰어난 의미의 모습'[勝義相]으로서 있음[有]이란 (진여眞如, 근본지根本智처럼) 모든 존재 가운데 '말을 벗어난 의미'[離言說義]이자 '세상을 벗어난 지혜'[出世間智]가 작용하는[所行] 영역[境界]으로서 '말로 표현되지 않는'[非安立] 모습[相]이다. '형상의 모습'[相狀相]으로서 있음[有]이란 ('다른 것에 의해서 생기는 성질'[依他起性] 즉 상대적인 성질의 모습인데) 네 가지 자세히 살펴야 할 형상[相狀]에서 비롯한다. 첫째, 이곳[是處]에서는 이름[名]을 얻을 수 있다. 둘째, 이곳에서는 대상[事]을 얻을 수 있다. 셋째, (파란 것을 보고 파랑이라고 이름 짓는 것처럼) 이 이름[名]은 이 대상[事]에서 결정決定되지 않는 것이 없지만, 어떤 경우에는 (열병에 걸린 경우와 같이) '정신이 혼란스러워서'[迷亂] (파랑인지 노랑인지) 결정하지 못하기도 하고, 어떤 경우에는 (항아리[甁]가 부서지면 사금파리[陶片]라고 불리듯이) 무상無常해서 (그 이름이) 결정되지 못하기도 한다. 넷째, (색깔의 경우처럼) 이 이름[名]은 이 대상[事]을 장애 없이 (어디든지) 따라다니며 (동일하게) 전개된다. (항아리[甁]처럼) 이곳 (즉 항아리 모습)에서만 (그 이름이) 따라 전개되고 (항아리가 부서져 사금파리가 되어 그 이름을) 취소[退還]하는 경우는 아니다.

(과거나 미래가 아닌) '지금의 모습'[現在相]으로서 있음[有]은 이미 생긴 것 그리고 '원인·결과의 성질'[因果性]이다. 이와 같은 모두를 아울러 '고유한 모습'[自相]으로서의 유법有法이라고 한다.

하(대정장 42. pp.414c22-415a13) 참조.

2.1.2 공통된 모습共相으로서의 유법

무엇을 '공통된 모습'[共相]으로서의 유법有法이라고하는가? 이 모습에는 세부적으로 다섯 가지가 있음을 알라. 첫째, 종류種類로서 공통된 모습. 둘째, '지을 대상을 완성하는 것'[成所作]으로서 공통된 모습. 셋째, '모든 변천하는 존재'[一切行]로서 공통된 모습. 넷째, '모든 번뇌가 있는 것'[一切有漏]으로서 공통된 모습. 다섯째, '모든 존재'[一切法]로서 공통된 모습.

(이 가운데 첫째로) 종류種類로서 공통된 모습이란 물질[色], 느낌[受], 개념형성[想], 의지작용[行], 인식[識] 등 서로 다른 종류를 아울러 (각) 한 종류로서 공통된 모습이라고 한다.

(둘째로) '지을 대상을 완성하는 것'[成所作]으로서 공통된 모습이란 선善한 '번뇌 있는 존재'[有漏法]가 '사랑스러운 결과'[愛果]를 이루는[感] 것은 지을 대상을 완성할[成辦] 수 있는 공통된 모습이므로 공통된 모습이라고 한다. 선善한 번뇌 있는 존재가 사랑스러운 결과를 이루는 것에 대한 것과 같이, '불선한 존재'[不善法]가 '사랑스럽지 않은 결과'[非愛果]를 이루는 것에 대한 것이나, 네 가지 염주(念住: 생각을 머물게 함), 네 가지 정단(正斷: 바르게 결단함), 네 가지 신족(神足: 신통한 능력), 다섯 가지 근根, 다섯 가지 역력, 일곱 가지 각지(覺支: 깨달음의 세목), 여덟 가지 도지(道支: 괴로움의 소멸에 이르는 방도의 세목) 등, 서른일곱 가지 '깨달음의 부분을 이루는 수행법'[菩提分法]이 깨달음을 이루는 것에 대한 것도 지을 대상을 완성할 수 있는 공통된 모습이므로 공통된 모습이라고 하는 것도 마찬가지라는 것을 알라.

(셋째로) '모든 변천하는 존재'[一切行]로서 공통된 모습이란 모든 변천

하는 존재의 '무상한 성질'[無常性]의 모습을 가리킨다.

(넷째로) '모든 번뇌가 있는 것'[一切有漏]으로서 공통된 모습이란 '번뇌가 있는 변천하는 존재'[有漏行]의 모든 '괴로운 성질'[苦性]의 모습을 가리킨다. (다섯째로) '모든 존재'[一切法]로서 공통된 모습이란 모든 존재의 비어있음[空]과 '나라고 할 만한 것이 없는 성질'[無我性]의 모습을 가리킨다. 이와 같은 모두를 아울러 하나의 '공통된 모습'[共相]으로서의 유법有法이라고 한다.

2.1.3 임시의 모습假相으로서의 유법

무엇을 '임시의 모습'[假相]으로서의 유법有法이라고 하는가? 만일 이곳에서 간략히 여섯 가지의 언론(言論: 말로 하는 이론)이 생긴다면 이곳을 '임시의 모습'[假相]으로서 있음[有]이라고 한다는 것을 알라. 무엇이 여섯 가지 언론言論인가? (첫째) '(물질, 심心, 심소유心所有 등) 주된 것에 (부분적으로) 속하면서 관련하는 언론'[屬主相應言論], (둘째) '이것도 저것도 멀리하는 언론'[遠離此彼言論], (셋째) '대중이 함께 성립시키는 언론'[衆共施設言論], (넷째) '여러 존재가 모여 있는 언론'[衆法聚集言論], (다섯째) '모든 것에 두루하지는 않는 언론'[不遍一切言論], (여섯째) '항상하지는 않는 언론'[非常言論]이다.

(이 가운데 첫째로) '(물질, 심心, 심소유心所有 등) 주主된 것에 (부분적으로) 속하면서 관련[相應]하는 언론'[屬主相應言論]이란 대체로 언론이 주主된 것에 속해서야 그 모습을 이해하는 것으로 주된 것에 속하지 않는 것이 없는 것을 가리킨다. 예를 들어 생겨남[生: 태어남]을 말할 경우, "이는 누구의 생겨남인가[此誰之生]"처럼 (물질, 심心, 심소유心所有 등) '주된 것'[누구]에 속해서야 이 언론이 말해진다[發話]. 그런데 물질[色]의 생

김[生]과 느낌[受]·개념형성[想]·의지작용[行]·인식[識]의 생김[生]의 경우, 물질[色]을 말할 때 (물질은 이미 주된 것인 물질, 심心, 심소유心所有의 일부이므로) "이는 누구의 물질인가[此誰之色]"처럼, (다시금) '주된 것'[누구]에 속해서야 이 언론이 말해지는[發話] 것이 아니다. 생겨남[生]과 마찬가지로 늙음[老], 머무름[住], 무상無常 등 '심과 심소 등에 기반하지만 (전체적으로는) 이들과는 독립적으로 작용하는 것'[心不相應行]을 각각에 알맞게 모두 알라. 이것을 (물질, 심心, 심소유心所有 등) 주主된 것에 (부분적으로) 속하면서 관련[相應]하는 언론이라고 한다. 만일 이 범위[處]에서 이 언론을 일으킨다면 여기는 '임시의 모습'[假相]으로서 있음[有]이라는 것을 알라.

(둘째로) '이것도 저것도 멀리하는 언론'[遠離此彼言論]이란 대체로 언론이 이것으로 이것을 나타내는 것도 아니고, 저것으로 저것을 나타내는 것도 아닌 것을 가리킨다. 이를 이것도 저것도 멀리하는 언론이라고 한다.

만일 이것으로 이것을 나타내는 언론이면, 이 언론은 '실제 모습'[實相] 범위[處]에서도 전개되고, '임시의 모습'[假相] 범위에서도 전개되는 것이다. 그리고 저것으로 저것을 나타내는 언론이면, 이 언론도 역시 실제 모습 범위에서도 전개되고, 임시의 모습 범위에서도 전개되는 것이다. 만일 이것으로 이것을 나타내는 것도 아니고 저것으로 저것을 나타내는 것도 아닌 언론이면 이 언론은 꾸준히 임시의 모습 범위에서만 전개되는 것이다.

(이 가운데 우선) 이것으로 이것을 나타내는 언론이 '실제 모습'[實相] 범위[處]에서 전개된다는 것은 무엇인가? 지地영역이 단단함을 말하는 경우이다. 아울러 이것이 '임시의 모습'[假相] 범위에서도 전개된다는 것은

무엇인가? 돌이 둥글둥글함을 말하는 경우이다. 지地영역이 단단함과 돌이 둥글둥글함과 마찬가지로, 수水영역이 축축함과 기름이 방울짐, 화火영역이 따뜻함과 불이 타오름, 풍風영역이 움직임과 회오리가 두드리듯 함도 그렇다.

저것으로 저것을 나타내는 언론이 '실제 모습'[實相] 범위에서 전개된다는 것은 무엇인가? 눈으로 앎, 몸으로 접촉함 등을 말하는 경우이다. 아울러 이것이 '임시의 모습'[假相] 범위에서도 전개된다는 것은 무엇인가? 불수佛授, 덕우德友의 음식, '수레, 전차戰車 (등의 탑승물)'[車乘], 의복衣服, 장신구[莊嚴具] 등을 말하는 경우이다.

이것으로 이것을 나타내는 것도 아니고, 저것으로 저것을 나타내는 것도 아닌 언론이 꾸준히 '임시의 모습'[假相] 범위에서만 전개된다는 것은 무엇인가? 주택의 문, 숙소의 벽, 항아리의 주둥이, 옹기의 배, 군대의 수레, 숲의 나무, '백 가운데 열'[百之十], '열 가운데 셋'[十之三] 등을 말하는 경우이다. 지금까지를 이것도 저것도 멀리하는 언론이라고 한다.

(셋째로) '대중이 함께 성립시키는 언론'[衆共施設言論]이란 여섯 가지 형상[相狀]의 말[言說]의 본성[自性]에서 언론을 '임시로 성립시킨다'[假立]. 여섯 가지 형상[相狀]이란 첫째, 대상[事]의 형상, 둘째, '알려는 대상'[所識]의 형상, 셋째, '깨끗하고 훌륭함'[淨妙] 등의 형상, 넷째, 이로움[饒益] 등의 형상, 다섯째, 단어[言說]의 형상, 여섯째, '비뚠 실천'[邪行] 등의 형상이다.

(이 가운데) 대상[事]의 형상이란 식識이 '취하는 대상'[所取]이다. '알려는 대상'[所識]의 형상이란 의도[作意]가 취하는 대상이다. 식識을 일으킬 수 있다. '깨끗하고 훌륭함'[淨妙] 등의 형상이란 접촉[觸]이 취하는 대상

이다. 이로움[饒益] 등의 형상이란 느낌[受]이 취하는 대상이다. 단어[言說]의 형상이란 상(想: 생각: 개념형성)이 취하는 대상이다. '비뚠 실천'[邪行] 등의 형상이란 의사[思]가 취하는 대상이다.

(넷째로) '여러 존재가 모여 있는 언론'[衆法聚集言論]이란 여럿이 어우러져 본성[自性]을 성립시키는 언론이다. 예를 들어 안[內]의 물질[色], 느낌[受], 개념형성[想], 의지작용[行], 인식[識]에서 여러 가지 나[我] 등의 언론을 성립시킨다. 또한 외부[外]의 '보이는 것'[色], 냄새[香], 맛[味], 접촉[觸] 등의 대상이 어우러져 구별되어 주택, 항아리, 옷, 수레, 전차(戰車: 승乘), 군대, 숲, 나무 등 여러 가지 언론을 성립시킨다.

(다섯째로) '모든 것에 두루하지는 않는 언론'[不遍一切言論]이란 대체로 언론이 어떤 데에 대해서는 따라 전개되지만 어떤 곳에 대해서는 취소[旋還]되는 것이다. 예를 들어 주택[舍宅]의 경우, 주택이라는 언론이 여러 주택 곳곳에 대해 따라 전개되지만, 마을[村], 취락(聚落: 마을이 모여 있는 것), 정자[亭: 벽 없이 기둥으로 지붕을 지탱하는 건물], 나(邏: 벽으로 기둥 사이사이를 막은 건물), 나라[國] 등에 대해서는 곧바로 취소된다. 또한 동이[盆], 옹기[甕] 등의 경우, 동이 등의 언론이 동이, 옹기 등에 대해서는 곳곳에서 따라 전개되지만, 항아리[瓶], 그릇[器] 등에 대해서는 곧바로 취소된다. 또한 군대[軍]의 경우, 군대라는 언론은 여러 군대에 대해 따라 전개되지만, (이와는) 다른 남자, 여자, 아이, 젊은이 등의 종류에 대해서는 곧바로 취소된다. 또한 숲[林]의 경우, 숲이라는 언론은 여러 숲을 따라 전개되지만, (이와는) 다른 나무, 뿌리, 줄기, 가지, '가늘고 긴 나뭇가지'[條], 잎사귀, 꽃, 열매 등의 종류에 대해서는 곧바로 취소된다.

(여섯째로) '항상하지는 않는 언론'[非常言論]은 (세분하면) 네 가지 모

습 때문임을 알라. 첫째, 파괴破壞되기 때문이다. 둘째, 파괴되지 않기 때문이다. 셋째, 힘쓰기[加行] 때문이다. 넷째, 변화[轉變]하기 때문이다.

(이 가운데) 파괴破壞되기 때문이란 항아리[瓶] 등이 파괴되고 나면 항아리라는 등의 말을 버리고 사금파리[瓦] 등의 말이 생기는 것이다. 파괴되지 않기 때문이란 여러 가지 사물[物]이 함께 어우러져 덩어리[丸]가 되거나 가루[散]가 되고 나면 여러 가지 사물을 구별하는 말은 버리고 덩어리, 가루라는 말이 생기는 것이다. 힘쓰기[加行] 때문이란 '순금 조각'[金段]에 여러 가지로 힘을 써 귀고리, 팔찌 등 (원래의 모습과는) 다른 장신구를 만들면 순금 조각이라는 말은 버리고 귀고리, 팔찌라는 말이 생기는 것이다. 변화[轉變]하기 때문이란 음식飮食 등이 변화하면 음식이라는 말을 버리고 대변[便穢] 등의 말이 생기는 것이다. 지금까지를 항상하지는 않는 언론이라고 함을 알라.

여러 사물을 따라 이와 같은 여섯 가지 언론이 발생하는데, 이 사물은 모두 '임시로 있는 것'[假有]임을 알라. 이를 '임시의 모습'[假相]으로서의 유법有法이라고 한다.

2.1.4 원인의 모습因相으로서의 유법

무엇을 '원인의 모습'[因相]으로서의 유법有法이라고 하는가? 이 원인에는 간략히 다섯 가지가 있음을 알라. 첫째, '사랑스러운 원인'[可愛因]. 둘째, '사랑스럽지 않은 원인'[不可愛因]. 셋째, '기르는 원인'[長養因]. 넷째, 유전(流轉: 존재의 인과가 계속됨)하는 원인. 다섯째, 환멸(還滅: 괴로움을 도로 없앰)하는 원인.

(이 가운데) 사랑스러운 원인이란 선善한 '번뇌 있는 존재'[有漏法]이다. 사랑스럽지 않은 원인이란 '불선한 존재'[不善法]이다. 기르는 원인이란

오래전에 생긴 선善·불선不善·중립[無記]의 존재가 수행하고 잘 수행하며 많이 수행하기 때문에 오랜 뒤에 생길 선·불선·중립의 존재가 점점 더 뛰어나게 하기 때문에 기르는 원인이라고 하는 것이다. '유전하는 원인'[流轉因]이란 이 종자(種子: 업종자業種子) 때문에, 이 '배는 것'[薰習: 명언종자名言種子] 때문에, 이 보조[助伴: 무명無明, 애애愛, 취취取] 때문에, 저 존재[法]가 유전流轉하는 것이다.[92] 저 존재[法]에 대한 이것들을 유전인流轉因이라고 한다. '환멸하는 원인'[還滅因]이란 '모든 변천하는 존재'[諸行]가 환멸하고, '물드는 것'[雜染]이 환멸하여 모든 것이 '고요해지는 과정'[寂靜道]인데, 반열반般涅槃할 수 있고, 깨달음[菩提]으로 나아갈 수 있고, 그 (깨달음)의 식량[資糧: 자량도資糧道]과 그 (깨달음에) '접근하는 방법'[方便: 가행도加行道]을 생기게 할 수 있고, 갖출[辦] 수 있는 것을 환멸인還滅因이라고 한다. 이와 같은 것을 아울러 '원인의 모습'[因相]으로서의 유법有法이라고 한다. 만일 상세하게 설명하자면 의사[思]의 인과因果 중[93]에서와 같으니 그 모습을 알라.

---

92) 유가론기 제5권하(대정장 42. p.415c17-19): 유전하는 원인 중에 이 종자 때문이란 업종자이다. 이 배는 것 때문이란 명언종자이다. 이 보조 때문이란 무명, 애愛, 취취이다. 그 존재가 유전한다는 것은 생겨남[生]과 늙어죽음[老死]이다.　　流轉因中。由此種子者業種也。由此熏習者名言種也。由此助伴者無明愛取也。彼法流轉者生老死也。
93) 유가론기 제5권하(대정장42. p.416a4-5): 혜경惠景논사에 의하면 수행으로 이루어지는 영역을 가리켜 수행의 결과라고 한다. 또한 뒤의 '택함을 마무리 짓는 부분'[決擇(分)]을 가리켜 수행의 결과라고 하는 것도 가능하다.　　景云。指修所成地名爲修果。亦可指後決擇名思果。

2.1.5 결과의 모습果相으로서의 유법

무엇을 '결과의 모습'[果相]으로서의 유법有法이라고 하는가? 저 다섯 가지 원인으로부터 생기거나[生], 이루거나[得], 완성하거나[成], 갖추거나[辦], 전개[轉]되면, 이를 '결과의 모습'[果相]으로서의 유법有法이라고 함을 알라.

2.2 없음의 존재無法

무엇을 '자세히 살펴야 할'[所觀] '없음의 존재'[無法]라고 하는가? 이 모습도 또한 다섯 가지가 있음을 알라. 첫째, '아직 생기지 않아 없음'[未生無], 둘째, '이미 소멸해서 없음'[已滅無], 셋째, '서로 없음'[互相無], 넷째, '뛰어난 의미로서 없음'[勝義無], 다섯째, '끝까지 없음'[畢竟無]이다.

(이 가운데) '아직 생기지 않아 없음'[未生無]이란 미래의 '모든 변천하는 존재'[諸行]를 가리킨다. '이미 소멸해서 없음'[已滅無]이란 과거의 '모든 변천하는 존재'[諸行]를 가리킨다. '서로 없음'[互相無]이란 여러 '다른 존재'[餘法]가 '(이 다른 존재의) 대상이 되는 (또) 다른 모습'[所餘相]과는 '멀리하는 성질'[遠離性]이거나 '있지 않은 성질'[非有性]이거나, 어떤 경우에는 '(여러 다른 존재의) 대상이 되는 (또) 다른 존재'[所餘法]가 여러 다른 존재와 '어우러지지 않는 성질'[不和合性]인 것을 가리킨다. '뛰어난 의미로서 없음'[勝義無]이란 세상의 말[言說] 때문에 (뛰어난 의미의) 본성[自性]을 설명할 때, 임시로 언론言論으로 표현[安立]해야하는 성질을 가리킨다. '끝까지 없음'[畢竟無]이란 '불임증 걸린 여자가 낳은 아이'[石女兒] 등 '끝까지 없는'[畢竟無] 종류를 가리킨다.

2.3 있는 성질有性과 없는 성질無性

다섯 가지 '있는 성질'[有性]과 다섯 가지 '없는 성질'[無性]이 있다.

2.3.1 있는 성질有性

무엇을 다섯 가지 '있는 성질'[有性]이라고 하는가? 첫째, 원성실상(圓成實相: 완성된 실제 모습)으로서 있는 성질, 둘째, 의타기상(依他起相: 다른 것에 의해 생기는 모습)으로서 있는 성질, 변계소집상(遍計所執相: 두루 헤아림으로써 주장하는 모습)으로서 있는 성질, 넷째, '구별되는 모습'[差別相]으로서 있는 성질, 다섯째, '말할 수 없는 모습'[不可說相]으로서 있는 성질이다.

이 가운데 처음 것은 '뛰어난 의미의 모습'[勝義相]이다. 둘째는 '조건에 의해 생긴 것의 모습'[緣生相]이라는 모습[相]이다. 셋째는 '임시로 성립시킨 모습'[假施設相]이다. 넷째는 '둘이 아닌 모습'[不二相]인데, '생겨나는 모습'[生相], '늙는 모습'[老相], '머무는 모습'[住相], '무상한 모습'[無常相], '괴로운 모습'[苦相], '비어있는 모습'[空相], '나라고 할 만한 것이 없는 모습'[無我相], '대상의 모습'[事相], '알려는 대상의 모습'[所識相], '취하려는 대상의 모습'[所取相], '깨끗하고 훌륭함 등의 모습'[淨妙等相], '이로움 등의 모습'[饒益等相], '언어의 모습이라는 모습'[言說相相], '비뚠 실천 등의 모습이라는 모습'[邪行等相相] 등 이와 같은 모습을 '구별되는 모습'[差別相]이라고 함을 알라. 다섯째는 네 가지 말할 수 없는 것 때문에 '말할 수 없는 모습'[不可說相]이라고 한다. 첫째, 없기 때문에 말할 수 없는 것이다. 보특가라補特伽羅는 그 '모든 온'[諸蘊: 오온五蘊]에 대해 (보특가라와) 다른지 다르지 않은지를 '밝혀 말할'[宣說] 수 없다. 둘째, '매우 깊기'[甚深] 때문에 말할 수 없는 것이다. '말을 벗어난 존재의 성질'[離言法性], '생각으로는 알 수 없는'[不可思議] 여래如來의 법신法身, '생각으로는 알 수 없는'[不可思議] '여러 부처님'[諸佛]의 영역[境界], 여래如來의 (육신이) 소멸[滅]한 뒤에는 계시는지 안 계시는지 등은 밝혀 말할 수 없다. 셋째, '의미 없는 것'[無義]을 유도할 수 있기 때문에 말할 수 없는 것이다. 만일 '모든 존재'[諸法]에서 '교법의 의미'[法義]와 범행(梵行: 음욕을 떠난 행동)을 유도하여 발생시킬 수 없다면 '모든 부처님'[諸佛] 세존世尊께서는 경험[證]했다 하더라도 설명하시지 않는다. 넷째, '존재의 모습'[法相]이란 '존재가 으레 그렇게'[法爾] 편안하게 성립한 것이므로 설명하시지 않는다. 이를테면 진여眞如는 '모든 변천하는 존재'[諸行]와 다른 성질이다, 다르지 않은 성질이다 라고 밝혀 말할 수 없다.

2.3.2 없는 성질無性

무엇을 다섯 가지 '없는 성질'[無性]이라고 하는가? 첫째, '뛰어난 의미의 모습'[勝義相]으로서 없는 성질, 둘째, '자기에 의지하는 모습'[自依相]으로서 없는 성질, 셋째, '끝까지 고유한 모습'[畢竟自相]으로서 없는 성질, 넷째, '구별되지 않는 모습'[無差別相]으로서 없는 성질, 다섯째, '설명할 수 있는 모습'[可說相]으로서 없는 성질이다.

3. 모든 존재를 생각하여 선택함諸法思擇

'모든 존재를 생각하여 선택함'[諸法思擇]이란 무엇인가? 이는 다시 두 가지로 세분됨을 알라. 첫째, 소달람(素咀纜: sūtra: 經經)의 의미를 생각하여 선택함, 둘째, 가타(伽他: gāthā: 게송偈頌: 운문)의 의미를 생각하여 선택함이다. (이 가운데) (첫째인) 소달람(素咀纜: 經經)의 의미를 생각하여 선택함은 (뒤의) 섭사분攝事分과 보살장菩薩藏의 가르침 중에서와 같이 상세하게 설명하겠다. (둘째인) 가타(伽他: 게송偈頌: 운문)의 의미를 생각하여 선택함은 다시 세 가지로 세분된다. 첫째, (무아無我의 이치를 밝히는) '뛰어난 의미'[勝義]의 가타를 성립시킴, 둘째, '(배우는) 뜻이 나아가는 의미'[意趣義]의 가타를 성립시킴, 셋째, (제법諸法의) '체體의 의미'[體義]의 가타를 성립시킴이다.

3.1 뛰어난 의미의 가타勝義伽他

(이 가운데) '뛰어난 의미'[勝義]의 가타를 성립시킴이란 경經에서 말씀하신 바와 같다.

3.1.1 가타

① 주재자[宰主] 및 '짓는 이'[作者],
'받는 이'[受者]가 전혀 없고,
'모든 존재'[諸法]도 작용[用]이 없다.
그런데 '작용이 전개됨'[用轉]이 없는 것은 아니다.

② 오직 (연기緣起의) '열두 세목'[十二有支]과
오온蘊, 십이처處, 십팔계界가 유전流轉할 뿐이니,
자세히 생각해보니 이 모든 것에서
중생衆生을 얻을 수 없다.

③ 안[內]에서도 외부[外]에서도
모든 것이 다 비어있고[空],
비어있음[空]을 수행하는 이도

항상 가진 것이 없다.

④ 나[我]와 나[我]는 정녕코 있는 것이 아니니
전도顚倒된 '이치에 맞지 않는 헤아림'[妄計]에서 비롯된다.
유정有情, 나[我] 모두 없다.
오직 '원인이 있는 존재'[有因法]만 있다.

⑤ 제행(諸行: 모든 변천하는 존재)은 모두 찰나刹那로,
머무름[住]도 없는데 하물며 작용[用]이랴.
곧 그것이 생기는 것을 두고
작용[用]이네, '짓는 이'[作者]네 하는 것을.

⑥ 눈은 '보이는 것'[色]을 볼 수 없고,
귀는 소리[聲]를 들을 수 없고,
코는 냄새[香]를 맡을 수 없고,
혀는 맛[味]을 맛볼 수 없고,

⑦ 몸은 접촉[觸]을 느낄 수 없고,
의意는 존재[法]를 알 수 없으니,
이것에 맡아지니고[任持]
몰아가는[驅役] 이가 있을 수 없다.

⑧ 존재[法]는 다른 것을 생기게 못하고
스스로도 생기지 못하며
'여러 조건'[衆緣]이 있기 때문에 생겨
묵은 것이 아니게 새록새록 있게 된다.

⑨ 존재[法]는 다른 것을 소멸시킬 수 없고
　스스로도 소멸하지 못하며
　'여러 조건'[衆緣]이 있기 때문에 생겨
　생기고 나면 저절로 소멸한다.

⑩ '두 종류'[二品]에 의지했기 때문에
　생길 수 있었는데
　항상 대상영역[境]에 대해서 방종[放逸]하고
　또 비뚤게[邪]만 나아간다.

⑪ 어리석음에 떠내려가
　그는 끝내 비뚤게[邪]만 나아가
　모든 '탐내고 애착함'[貪愛]에 유도되어
　대상영역[境]에 대해서 항상 방종[放逸]한다.

⑫ '원인이 있는 모든 존재'[有因諸法] 때문에
　'여러 괴로움'[衆苦]도 그리되며
　'두 가지 근본번뇌'[根本二惑] 때문에
　(연기緣起) '열두 세목'[十二支]이 둘로 나뉜다.[94]

⑬ 스스로 작용作用할 수 없고
　다른 것 때문에도 작용하지 않는다.

---

94) 연기緣起 '열두 세목'[十二支]이 둘로 나뉜다: 무명(無明: 이치에 어두움) - 행(行: 실천: 작용) - 식識 - 명색(名色: 의근意根과 물질로 된 오근五根) - 육처(六處: 육근六根) - 촉(觸: 접촉) - 수(受: 느낌) 등 일곱 세목과, 애(愛: 애착) - 취(取: 집착) - 유(有: 존재함) - 생김[生] - 늙어죽음[老死] 등 다섯 세목으로 구분됨을 가리킨다.

그 나머지 것이 작용할 수 있는 것이 아닌데

작용이 없는 것은 아니다.

⑭ 안[內]도 아니고 외부[外]도 아니고

그 두 가지의 중간도 아닌 것은

행(行: 작용)이 아직 생기지 않았기 때문인데

'어떤 시기'[有時]에는 이룰 수도 있다.

⑮ 제행諸行이 이미 생겼더라도

이 때문에 이루는 것은 없다.

미래는 모습이 없지만

과거는 추리[分別]할 수 있다.

⑯ '이전에 겪은 것'[曾更]도 추리하지만

'이전에 겪지 않은 것'[非曾]도 추리한다.

행行은 처음이 없는데도

처음을 이룰 수 있다.

⑰ '모든 물질'[諸色]은 '물거품 덩어리'[聚沫] 같고,

'모든 느낌'[諸受]은 '뜬 거품'[浮泡] 종류이고,

'모든 개념형성'[諸想]은 아지랑이[陽焰]와 똑같고,

'모든 (의지)작용'[諸行]은 파초芭蕉와 비슷하며,

⑱ '모든 인식'[諸識]은 마치 '허깨비 짓'[幻事] 같다는 것은

일친(日親: gotama: 부처님)께서 말씀하신 것이니

제행諸行은 한순간 생기고

한순간 머무르고 소멸한다.

⑲ 어리석음[癡]은 어리석음을 어리석게 할 수 없고,
그를 어리석게 할 수도 없으며,
나머지도 어리석지 않지만
어리석음[愚癡]이 없지는 않다.

⑳ '바르지 않은 사유'[不正思惟] 때문에
모든 어리석음이 생기는 것이니
이 바르지 않은 의사는
어리석지 않은 이가 생기게 하는 것이 아니다.

㉑ '복 짓는'[福], '복 짓는 것이 아닌'[非福], '동요 없는'[不動]
실천[行]은 셋임을 알라.
또한 세 가지 업업이 있다.
모두 어우러지지 않는다.

㉒ 지금[現在]은 빠르게 무너져 소멸하며
과거는 장소 없이 머물며
아직 생기지 않은 것은 '여러 조건'[衆緣]에 의지하며
다시 마음이 따르며 전개된다.

㉓ 끝내는[畢竟] 모두 관련[相應]하며
'관련하지 않음'[不相應]도 마찬가지로
모든 것은 모든 것이 아닌데
마음이 따르며 전개된다고 한다.

㉔ 여기에서 흐름이 끊어지지 않음은
'유사한 것'[相似], '유사하지 않은 것'[不相似][95]이니
아견我見을 따르기 때문인데
세상[世俗]에서는 작용[用]이 없지는 않다.

㉕ 만일 색신(色身: 물질로 된 오근五根)이 뭉개지면
명신(名身: 의근意根)도 따라서 소멸한다.
말들 하기를 지금생과 내생에
스스로 지어 스스로 결과를 받는다고 한다.

㉖ 앞뒤가 구별되기 때문에
스스로 인과因果를 받아들이기 때문에
'짓는 이'[作者]와 '받는 이'[受者]가
(서로) 같다 다르다 말할 수 없다.

㉗ '원인의 과정'[因道]이 끊어지지 않기 때문에
어우러져 작용作用이 전개된다.
'자기 원인'[自因]으로부터 생긴 것과
지은 것을 받아들인다[攝受].

㉘ 희론戱論[96]을 즐기는 것이 원인이 되어
경우에 따라서 '깨끗하고 깨끗지 않은 업'[淨不淨業],

---

95) '유사한 것'[相似]이란 등류과(等流果: 유사한 결과)이고, '유사하지 않은 것'[不相似]이란 증상과(增上果: 확연하도록 도운 결과), 사용과(士用果: 사람의 작용에 의한 결과), 이숙과(異熟果: 원인과 다른 결과, 즉 선업과 불선업이 초래한 무기無記의 오온五蘊)이다.
96) 본역주본 제1권 pp.23-24 각주7) 참조.

'모든 종자'[諸種子]의 이숙異熟 및

'사랑스럽고 사랑스럽지 않은 결과'[愛非愛果]가 생긴다.

㉙ 모든 종자의 이숙異熟에 의해

아견我見이 생기고,

자기 안[内]에서 '경험하여 아는'[證知] 것은

'보이는 것이 없어'[無色] 볼 수 없다.

㉚ 식별[了別]하지 못하는 범부(凡夫: 중생)는

이를 헤아려 '안의 나'[内我]로 삼고

아견我見이 이지가 되기 때문에

수많은 '이치에 맞지 않는 견해'[妄見]를 일으킨다.

㉛ 모두 '자기 종자'[自種]를 지녔기 때문에

'전생부터 익혀온'[宿習] 보조[助伴] 때문에

듣고서 따르기 때문에

아견我見을 발생시킨다.

㉜ '탐내고 애착함'[貪愛]과 조건[緣]으로

'안의 나'[内我]를 생기게 하고

받아들이고 바라기 때문에

외부[外]를 '습관적으로 물들이는'[染習] 장소로 삼는다.

㉝ 세상[世間]은 참으로 두려울 만한데

어리석기 때문에 받아들여[攝受],

우선 애착[愛]을 일으켜 간직하고서

이로 말미암아 희론戲論으로 나아간다.

㉞ 그가 애착하여 간직한 것을
현성賢聖은 통달하여 괴로움으로 삼는다.
이 괴로움은 어리석은 이를 짓눌러
한 찰나刹那도 쉬지 않는다.

㉟ '고르지 못함'[不平等]은 마음을 얽어[纏]
여러 괴로움을 쌓으니
쌓는 것은 어리석은 이고
나[我]라고 헤아리는 것은 고락苦樂의 조건이다.

㊱ 모든 어리석은 이가 집착하기가
큰 코끼리가 진흙탕에 빠지듯 하니
어리석음 때문에 더욱
'두루 작용하고'[遍行] '두루 짓는다'[遍所作].

㊲ 이 연못은 여러 줄기가 되어
세상에서는 '거센 물결'[暴流]이 되니
'바른 법의 실천'[正法行]만 빼고
불이나 바람이나 볕으로는 말릴 수가 없다.

㊳ 괴로움에 대해 내[我]가 받는다고 헤아리면서
고락苦樂 (가운데) 괴로움을 분명하게 알며
이를 추리[分別]하여 견해[見]를 일으키고
그로부터 생기기도 하고, 그를 생기게 하기도 한다.

㊴ '물든 의'[染汚意]는 언제나
'모든 번뇌'[諸惑]와 함께 생기고 소멸한다.

만일 모든 번뇌에서 해탈解脫한다면
먼저도 아니고 나중도 아니다.

㊵ 그 존재[法]가 생기고 나서
나중에 깨끗함[淨]이 달리 생기는 것이 아니니
그가 우선 물듦[染汚]이 없어야
'여러 번뇌'[衆惑]에서 해탈한다고 한다.

㊶ 그 물든 이도
결국 본성이 청정清淨해지니
이미 '깨끗하게 해야 할 것'[所淨]이 없는데
어떻게 (다시) 깨끗할 수 있겠는가?

㊷ 모든 종자種子가 소멸했기 때문에
모든 번뇌煩惱가 다했기 때문에
곧 여기에 물듦이 없으니
두 가지 구별을 나타낸다.

㊸ '자기 안에서 경험했기'[自內所證] 때문에
다만 여러 괴로움이 다했기 때문에
영원히 희론戱論이 끊겼기 때문에
모든 것에 희론戱論이 없다.

㊹ 중생衆生의 이름[名]이 지속되는 것과
'존재 개념형성'[法想]의 모습 중에는
생사生死가 유전流轉한다는 것이 없으며
열반涅槃이란 것도 없다.

3.1.2 가타에 대한 상세한 해설

이 가운데에서는 보특가라補特伽羅는 무아無我라는 '뛰어난 의미'[勝義]에 의지하여 이와 같은 뛰어난 의미로서의 가타를 밝혀 말한 것이다. 늘어남[增益] 그리고 줄어듦[損減]의 두 가지 한계[邊]에 대한 집착을 다스리기 위해서이다.

(①게송에서) '받아들이는 것'[所攝受]에 대해 주재자[宰主]라고 한다. 모든 작용[業用]에 대해서 '짓는 이'[作者]라고 한다. 모든 결과[果報]에 대해서 '받는 이'[受者]라고 한다. 이와 같은 '반 게송'[半頌: 두 구절]은 각각의 의미로 나[我]라고 추리[分別]하는 것을 '막아 없애는'[遮遣] 것이다.

"'모든 존재'[諸法]도 작용[用]이 없다."는 것은 존재에 대해서 나[我]라고 추리하는 것을 막아 없애는 것이다. 이로 말미암아 늘어난[增益] 한계[邊]에 대한 집착을 멀리한다. "그런데 '작용이 전개됨'[用轉]이 없는 것은 아니다."라고 하는 것은 존재의 '있는 성질'[有性]을 나타내는 것이다. 이로 말미암아 줄어든[損減] 한계[邊]에 대한 집착을 멀리한다. 작용은 세 가지가 있다. 첫째, 주재자[宰主]로서의 작용, 둘째, '짓는 이'[作者]로서의 작용, 셋째, '받는 이'[受者]로서의 작용이다. 이 작용 때문에 주재자, 짓는 이, 받는 이를 '임시로 성립시킨'[假立] 것이다.

이렇게 '모든 존재'[諸法]에 대해 말했더라도 아직 밝혀 말한 것은 아니다. 무엇을 존재[法]라고 하는가? 그렇기 때문에 다음으로 (②게송에서) "오직 (연기緣起의) '열두 세목'[十二支]이 있다."는 등의 반 게송을 말했다. 세목과 같이 차례대로 모든 온蘊 등도 유전流轉하는 것이다. 이는 미세微細하게 많은 나[我]를 취하지 않으면 곧 주재자, 짓는 이, 받는 이에 대한 집착을 다스릴 수 있음을 나타낸다. 눈과 '보이는 것'[色]이 조건[緣]

이 되어 안식이라는 결과를 내므로 별도의 받는 이가 없으며, 이 중에서는 십팔계十八界를 가지고 받는 이의 성질[性]이라고 말하는 것을 보여 준다.

주재자[宰主]가 없다고 말했더라도 아직 무엇이 주재자인가에 대해 밝혀 말하지 않았다. 이를 밝혀 말하려고 다음으로, "자세히 생각해보니 이 모든 것에서 중생衆生을 얻을 수 없다."라고 말한 것이다. 여기에서 '자세히 생각한다'[審思]는 말은 (직각[現量], 추리[比量], '부처님 가르침으로 헤아림'[正敎量] 등) '세 가지 헤아림'[三量]에 의해 '자세히 살피는'[審諦觀察] 것이다.

이 (중생衆生이) 만일 없다면 어떻게 안[內]과 외부[外]를 성취할 수 있겠는가? 그래서 다음으로 (③게송에서), "안[內]에서도 외부[外]에서도 모든 것이 다 비어있다."라고 말한 것이다. 이는 안과 외부는 단지 임시로 성립된 것임을 나타낸다.

그렇다면 어떻게 '살피는 주체'[能觀], '살피는 대상'[所觀] 등 두 가지를 성취할 수 있겠는가? 그러므로 "비어있음[空]을 수행하는 이도 항상 가진 것이 없다."라고 말하였다.

어떻게 성자聖者·이생(異生: 중생) 등 두 가지를 성취할 수 있겠는가? 그래서 다음으로 (④게송에서), "나[我]와 나[我]는 정녕코 있는 것이 아니니, 전도顚倒된 '이치에 맞지 않은 헤아림'[妄計]에서 비롯된다."라고 하였다. 이는 성자와 이생(異生: 중생)인 나[我]는 정녕코 진실한 '나의 성질'[我性]이 없으며, 단지 전도된 이치에 맞지 않은 헤아림으로 말미암아 있다고 함을 나타낸 것이다.

어떻게 남[彼]과 나[此]를 성취할 수 있겠는가? 그러므로 다음으로, "유정有情, 나[我] 모두 없다."라고 하였다. 어떻게 물듦[染]·깨끗함[淨]을 성취할 수 있겠는가? 그래서 다음으로, "오직 '원인이 있는 존재'[有因法]만 있다."라고 하였다. 물든 것[染者]·깨끗한 것[淨者] 모두 얻을 수 없는 것이다.

'모든 존재'[諸法]는 모두 작용作用이 없다고 말을 했더라도 아직 어떻게 작용[用]이 없는지는 밝혀 말하지 않았다. 그래서 다음으로 (⑤게송에서), "제행(諸行: 모든 변천하는 존재)은 모두 찰나刹那로 머무름[住]도 없는데 하물며 작용[用]이랴."라고 말하였고, 또 앞서 말한 것과 같이, "'작용이 전개됨'[用轉]이 없는 것은 아니다."라고 하였다. 그렇다면 작용이 없는데 어떻게 작용의 전개됨이 있는가? 그래서 다음으로, "곧 그것이 생기는 것을 두고, 작용[用]이네, '짓는 이'[作者]네 하는 것을."이라고 말하였다. 결과[果]이기 때문에 작용이라고 하고, 원인[因]이기 때문에 '짓는 이'[作者]라고 한다. 그것이 생긴다는 것은 '모든 근'[諸處: 제근諸根]으로부터 '모든 식'[諸識]이 생길 수 있다는 것을 나타낸다. 눈[眼] 등을 떠나서는 그것[識]이 성취되지 않기 때문이다.

앞서 말한 것과 같이 '모든 존재'[諸法]은 작용[用]이 없다. 이는 간략히 일곱 가지의 '작용이 없음'[無用]을 나타낸다. (⑥, ⑦게송에서) 첫째, '작용하는 작용'[作用用]이 없다. "눈이 '보이는 것'[色]을 볼 수 없고," 등을 가리킨다. 둘째, '따르며 전개되는 작용'[隨轉用]이 없다. "이것[눈 등]에는 또한 맡아지니고[任持] 몰아가는[驅役] 이가 있을 수 없다." 즉 차례대로 주재자[宰主], '짓는 이'[作者]가 모두 없기 때문에 따르며 전개되는 작용이 없다는 것을 가리킨다. (⑧게송에서) 셋째, '다른 것을 생기게 하는 작용'[生他用]이 없다. "존재[法]는 다른 것을 생기게 못하고"를 가리킨다. 넷째, '스스로 생기는 작용'[自生用]이 없다. "스스로도 생기지 못하며"를 가리킨다. 다섯째, (시각時刻을) '옮기며 전개되는 작용'[移轉用]이 없다. "'여러 조건'[衆緣]이 있기 때문에 생겨, 묵은 것이 아니게 새록새록 있게 된다."를 가리킨다. (⑨게송에서) 여섯째, '다른 것을 소멸시키는 작용'[滅他用]이 없다. "존재[法]는 다른 것을 소멸시킬 수 없고"를 가리킨다. 일곱째, '스스로 소멸하는 작용'[自滅用]이 없다. "스스로도 소멸하지 못하며"를 가리킨다.

질문 '여러 조건'[衆緣]이 있기 때문에 생기는 것처럼 또한 '여러 조건'[衆緣]이 있기 때문에 소멸하는가?

대답 "여러 조건이 있기 때문에 생기고, 생기고 나면 저절로 소멸한다." 앞서 말한 것과 같이 '원인이 있는 존재'[有因法]는 있으며, '가정이 있는 이'[在家]든 '출가한 이'[出家]든 물듦[雜染]의 본성[自性]인 '원인이 있는 존재'[有因法]가 있음을 나타내려고 했다. 그 때문에 다음으로 (⑩, ⑪게송에서), "'두 종류'[二品]에 의지했기 때문에 생길 수 있었는데"를 말하였다. 이 '두 게송'[⑩, ⑪게송]으로 말미암아 무명(無明: 이치에 어두움), 애(愛: 애착) 등 원인이 있는 존재가 있음을 나타낸다.

이어지는 '다섯 게송'[⑫부터 ⑯게송까지]에서는 '물드는 종류'[雜染品]가 구별되어 '의지하는 원인'[所依因]과 시기[時分]를 나타낸다.

이 가운데 (⑫게송에서) '원인이 있는 모든 존재'[有因諸法]란 무명無明부터 수(受: 느낌)까지의 원인이 있는 것을 가리킨다. '여러 괴로움'[衆苦]이란 애(愛: 애착)부터 늙어죽음[老死]까지(의 연기 세목)을 가리킨다. 이 말은 번뇌煩惱, 업業, 태어남[生] 등 세 가지 물듦[雜染]을 나타낸다. "'두 가지 근본 번뇌'[根本二惑] 때문에"란 말은 '번뇌에 물듦'[煩惱雜染]을 보여 주되 '가장 뛰어난'[最勝] 번뇌에 물듦만을 취한 것이다.

(⑬게송에서) "스스로 작용作用할 수 없고" 등의 말은 다시 한 번 '업에 물듦'[業雜染]의 의미를 나타낸 것이다. 그가 '지은 것'[所作]은 구별되기 때문이고, 그 이숙과[果異熟]는 '생각할 수 없기'[不思議] 때문이고, 스스로 작용할 수 없다는 것은 '착한 벗'[善友], '악한 벗'[惡友] 등 남이 유도하는 것을 기다리는 것이기 때문이다.

또한 "다른 것 때문에도 작용하지 않는다."는 것은 자기의 작용[功用]을 기다려서 갖추기[成辦] 때문이다. "그 나머지 것이 작용할 수 있는 것이 아닌데"란 요컨대 전생前生의 구별되는 원인을 기다려서 짓는 것이 있기 때문이다.

"안[內]도 아니고 외부[外]도 아니고" 등의 게송(⑭, ⑮게송)에서는 미래에 의지해서는 물듦[雜染]이 생기지 않고, 지금, 과거의 '모든 작용'[諸行]에 의지해서야 물듦이 생길 수 있음을 나타낸다. 작용[行]이 생겼다 하더라도 이 모습[相]으로는 추리[分別]할 수 없다. 미래는 모습이 없기 때문에 추리할 수 없는 것이다. 이러저러하게 미래는 정녕코 알 수 없기 때문이다. 만일 이와 같지 않게 '다른 종류'[異類]를 추리한다면 '어떤 시기'[或時]에는 이룰 수 있다. 만일 과거에 대해서 추리가 가능하다면 이러저러하게 일찍이 모습[相貌]이 있어서 추리할 수 있었기 때문이다.

(⑯게송에서) '이전에 겪은 것'[曾更]만 추리할 수 있는 것이 아니고, '이전에 겪지 않은 것'[非曾更]도 분명하게 그 모습을 취하지는 못하지만 종류에 따라서는 추리[分別]할 수 있다. 이는 곧 지금의 작용[行]에 의해 추리하는 것이 원인이 되어 모든 물듦이 생긴다는 것을 보여 준다.

"행行은 처음이 없는데도 처음을 이룰 수 있다."는 것은 물듦의 시기[時分]가 구별됨을 보여 준다. 아득한 옛날부터 항상 따라다니기 때문이고,

찰나刹那 찰나刹那 새롭게 생기기 때문이다.

여기[⑰부터 ⑳게송까지]부터는 '청정한 종류'[淸淨品]를 나타낸다. 사실대로[如實] 살필 때에는 청정淸淨함을 이루기 때문이다. 어떤 경우는 '고유한 모습'[自相] 때문인데, 물질[色] 등을 '물거품 덩어리'[聚沫] 등으로 살피는 것이다. 어떤 경우는 '공통된 모습'[共相] 때문인데, '지어진 것'[有爲]은 (모두) 동일하게 생기고[生], 머무르고[住], 소멸하는[滅] '공통된 모습'[共相]이 있다는 것을 살피는 것이다. 어떤 경우는 세속제(世俗諦: 세상의 진리)와 승의제(勝義諦: 뛰어난 의미의 진리) 때문인데, '어리석지 않은 이'[無癡者]일지라도 어리석지 않은 것은 아니라는 것이다. '여러 조건'[衆緣]으로 생긴 세속제世俗諦 때문에, 어리석음[癡]은 어리석게[癡]할 수 있다고 한다. 또한 '어리석지 않은 이'[不愚者]가 아니면 '바르지 않게'[不正] 사유思惟한다. 그러므로 그가 어리석음[愚癡]에 의하여 어리석어짐[所癡]을 보여 준다.

(㉑, ㉒게송에서)) 세속제世俗諦로 말미암아 '모든 식'[諸識]이 '복 짓는'[福] 등의 실천[行]을 따른다고 밝혀 말하는데, 만일 승의제勝義諦로 나아간다면 쫓아다닐[隨逐] 대상이 없다. 또한 "셋임을 알라"라고 했는데 과거, 미래, 지금을 가리킨다. "세 가지 업업이 있다."라는 것은 몸[身](, 말[語], 의意) 등의 업業을 가리킨다. "모두 어우러지지 않는다."라는 것은 서로 상대하여[相望] 어우러지지 않기 때문이다. 왜 그러냐면 "지금[現在]은 빠르게 무너져 소멸[滅壞]하며, 과거過去는 머무르되 장소가 없고, '아직 생기지 않은 것'[未生]은 '여러 조건'[衆緣]에 의지하며, 다시 마음이 따르며 전개"되기 때문이다. 만일 저것[彼]과 이것[此]이 서로 관련[相應]하는 것에 관해서라면, '복 짓는'[福] 등의 실천[行]은 어우러짐이 없다고 한

예例와 같다.

　(㉓게송에서) 그 마음이 관련[相應]하는 이치도 마찬가지로, 어찌 실제로 '따르며 전개되는 성질'[隨轉性]이 있으리오. 왜냐하면 마음과 저 '모든 변천하는 존재'[諸行]가 관련[相應]하거나, '관련하지 않는'[不相應] 것은, 이것[此]과 저것[彼]이 어떤 시기에는 (결정적으로) 관련하지 않음도, 어떤 시기에는 (결정적으로) '관련하지 않음이 아님'[非不相應: 관련함]도 아니며, 또한 '모든 마음'[一切心]은 어떤 경우는 관련[相應]하는 것도 아니고, 어떤 경우는 '관련하지 않는'[不相應] 것도 아니다. 이와 같이 승의제勝義諦로 말미암아 마음이 '따르며 전개되는 성질'[隨轉性]은 성취될 수 없다. 지금은 세속제世俗諦로 말미암아 마음이 따르며 전개됨을 말하여 '원인과 조건'[因緣]이 있음을 보여준다.

　(㉔, ㉕게송에서) "여기에서 흐름이 끊어지지 않음은"이라는 것은 이제 이 게송 중에서는 세속제世俗諦로는 작용作用과 '따르며 전개됨'[隨轉]이 없지 않음을 나타낸다. 또한 승의제勝義諦로 말미암으면 '짓는 이'[作者]와 '받는 이'[受者]가 없지만, 세속제世俗諦로 말미암기 때문에 '스스로 지어 스스로 받는다'[自作自受]고 밝혀 말할 수 있다.

　아울러 짓는 이와 받는 이가 같다, 다르다는 모두 말할 수 없는 것이다. 이 의미를 나타내려고 다음으로 (㉖게송에서) "앞뒤가 구별되기" 등의 게송을 말한 것이다. 이와 같이 승의제勝義諦에 의하기 때문에 주재자, 짓는 이, 받는 이는 없고 다만 '원인과 결과'[因果]만 있을 뿐이다.

　'원인과 결과의 모습'[因果相]에 있어서 '의심스러워하는 비난'[疑難]이 '사라져 순조롭게'[釋通]하는 것을 '다섯 게송'[㉗부터 ㉛게송]으로 하여, 여기에서는 '나라는 전도'[我顚倒]를 일으킨 것임을 보여준다.

첫 게송[㉗게송]에서는 나[我]는 없는데도 후유(後有: 뒤의 존재)가 끊어지지 않으며, 또한 모든 '원인과 결과'[因果]는 갑자기 있게 되는 것이 아니며, 모든 것으로부터 모든 것이 생기는 것이 아니며, 이 '원인의 과정'[因道]은 끊어지지 않음을 보여준다. 이 게송의 네 구절은 차례대로 네 가지 비난[難]을 해설한 것이다. 둘째 게송[㉘게송]으로 말미암아 '원인과 결과의 모습'[因果相]을 나타낸다.

이 뒤의 '세 게송'[㉙, ㉚, ㉛게송]으로 말미암아 무아無我인 모든 원인과 결과 중에서 생기는[起] '나라고 하는 전도'[我顚倒]를 나타낸다. 이 (세 게송) 중에서는 그 '대상으로 삼는 영역'[所緣境], 그 '의지하는 대상'[所依止], 그 원인[因], 그 결과[果]를 보여 준다.

첫 게송[㉙게송]은 그 '대상으로 삼는 영역'[所緣境]을 보여준다. '자기 안에서 경험한 것'[自內所證]은 '보이는 것이 없는 것'[無色]이어서 보기[見]도 어렵고, '깊이 생각하기'[尋思]도 어렵기 때문에 보이는 것이 없는 것이라고 한다. 경經에서 말씀하시기를, "'보이는 것의 모습'[色相]은 '깊이 생각'[尋思]하기 때문에, 남에게 '말로 표현하기'[說示] 어렵기 때문에 '볼 수 없다'[不可見]."라고 하였다.

둘째 게송[㉚게송]은 그 '의지하는 대상'[所依止]과 그 결과[果]를 나타낸다. 범부(凡夫: 중생)는 바로 의지하는 대상이고, '여러 견해'[衆見]는 바로 결과[果]이다.

셋째 게송[㉛게송]으로 말미암아 그 원인[因]을 보여준다. 선천적[俱生: 생겨남과 동시적인] 아견我見은 모두 '자기 종자'[自種]를 '집착하여 헤아리는'[執計] 수면(隨眠: 잠재적인 번뇌)에서 생긴[生起] 것이다. 모든 외도外道 등의 후천적인[分別: 추리하는] 아견我見은 '전생부터 익혀온'[宿習]

것 등으로 말미암아 생긴 것이다. 이들 외도의 견해는 요컨대 '자주 익혔기'[數習] 때문에, 바르지 못한 '깊은 생각'[尋思] 때문에, 또 따르면서 남으로부터 들은 '바른 교법이 아닌 것'[非正法] 때문에 자란 것이다. 이 중에서는 '의지하는 대상'[所依止], 의도[作意], 대상[所緣] 등 여러 잘못 때문에 '후천적인 아견'[分別我見]이 생길 수 있음을 보여준다.

다음 '다섯 게송'[㉜부터 ㊱게송까지]은 아견我見이 점점 쌓여[集] 괴로움[苦]을 발생시킴을 나타낸다. 또한 이 괴로움과 아견我見이라는 두 가지 괴로움의 원인과 조건은 해탈에도 장애가 될 수 있음을 나타낸다.

이 첫 게송[㉜게송]은 쌓임[集]을 보여준다. 둘째[㉝게송]와 셋째 게송[㉞게송]은 '변천하는 괴로움'[行苦]에 속하는[所攝] 아뢰야식阿賴耶識이 이것들을 '애착하고 간직하고서'[愛藏] 희론戲論으로 나아가는 것을 보여주는 것이니, 이를테면 나[我]는 '당연히 있네'[當有], '당연히 있는 것이 아니네'[非當有] 등이라고 하는 것이다. '애착하고 간직한다'[愛藏]는 것은 받아들이고[攝] '자기 체성'[己體]으로 삼기 때문이며, 또한 이 괴로움은 '모든 시각'[一切時]에 항상 쫓아다녀[隨逐] 한 찰나刹那라도 쉰다는 것이 없다.

넷째 게송[㉟게송]에 의해서 이 괴로움은 바로 나[我] 및 고락苦樂을 헤아리는 조건[緣]임을 보여준다. 다섯째 게송[㊱게송]에 의해서 '나라고 헤아리는 것'[計我]은 어리석음 때문에 해탈을 장애한다는 것을 보여준다. "더욱[增上]"이란 나머지 두 가지 괴로움을 상대하기 때문이다. '두루 작용한다'[遍行]는 것은 모든 느낌[受]을 쫓아다니기 때문이고, '두루 짓는다'[遍所作]는 것은 선善·악惡·중립[無記]에 두루하기 때문이다.

(㊲게송에서) 이제 아뢰야식阿賴耶識에 속하는 '변천하는 괴로움'[行

苦]이 다른 것과 유사함을 보여주고자 한다. 그리고 구별됨을 나타내고자 한다. '바른 법의 실천'[正法行]에 의해서 말릴 수가 있는 것은 세상의 여러 물줄기 중에서 가장 거센[暴惡] 것이다. '여러 물줄기'[衆流]라고 함은 눈[眼] 등 육근六根, 오취(五趣: 나락[那落迦: 지옥地獄], 동물[傍生]세상, 아귀餓鬼세상, 사람[人]세상, 천계[天] 등의 다섯 세상), 삼계(三界: 욕계, 색계, 무색계 등의 세 가지 영역) 등을 비유한다.

(㊳게송에서) '교법의 실천'[法行]이란 '해탈에 대해 두루 앎'[解脫遍知]과 '얽힘에 대해 두루 앎'[縛遍知]을 이해함[解了]을 보여주는 것이다. '얽힘에 대해 두루 앎'[縛遍知]을 이해함이란 괴로움에 대해 '분명하게 아는 것'[了知]이다. 이를테면 "내가 괴로움을 느끼고, 즐거움[樂]을 느끼는 것은 모두 괴로움에 의한 것이다."라고 분명하게 아는 것이다. 또한 "이를 추리[分別]하여 견해[見]를 일으키고, 그로부터 생기기도 하고, 그를 생기게 하기도 한다."는 것은 '얽힘에 대해 두루 앎'[縛遍知]을 이미 이해했음을 보여준다.

나머지 '여섯 게송'[㊴부터 ㊹게송까지]은 '해탈에 대해 두루 앎'[解脫遍知]을 이해함을 보여준다.

(㊴게송의) "'물든 의'[染汚意]는 언제나 '모든 번뇌'[諸惑]와 함께 생기고 소멸한다. 만일 모든 번뇌에서 해탈解脫한다면 먼저도 아니고 나중도 아니다."에서, '먼저가 아니다'란 '모든 번뇌'[諸煩惱]와 항상 함께 생기기 때문이고, '나중이 아니다'란 '그 번뇌'[彼惑]와 동시[俱時]에 소멸하기 때문이다.

(㊵게송에서) 아울러 설명할 대상인 해탈解脫의 모습을 나타낸다. 그가 생기고 나서야 청정해지는 것도 아니고, 달리 그 밖에 청정한 의意가 생기

는 것도 아니다. 곧 그가 원래 물들지[染汚] 않았기 때문에 해탈한다고 말하는 것이다.

이 의미를 완성하려고 다시 (㊶게송에서) "그 물든 이도 결국 본성이 청정清淨해지니" 등을 말한다.

게송[㊷게송]은 다시 두 가지 해탈을 보여준다. 번뇌해탈(煩惱解脫: 번뇌에서 해탈하는 것)과 사해탈(事解脫: 대상에서 해탈하는 것)을 가리킨다. "모든 종자種子가 소멸했기 때문에, 모든 번뇌가 다했기 때문에" 라는 것은 번뇌해탈煩惱解脫을 보여준다. "곧 여기에 물듦이 없으니"라는 것은 사해탈事解脫을 보여준다. 경經에서, "필추(苾芻: 비구比丘)들은 알라. 눈[眼] 가운데에서 탐냄[貪欲]이 영원히 끊어지면, 이처럼 이 눈[眼]도 당연히 영원히 끊어진다." 등등을 말씀하신 것과 같다. 이와 같이 유여의해탈(有餘依解脫: 의지할 것, 곧 몸이 있는 해탈)을 보여 준다.

다음으로 (㊸게송에서) 무여의해탈(無餘依解脫: 의지할 것, 곧 몸이 없는 해탈)을 보여주고자 한다. '자기 안에서 경험했다'[自內所證]는 것은 그것이 '생각할 수 없기'[不思議] 때문이다. "다만 여러 괴로움이 다했다"는 것은 '다만 본성은 없을 뿐'[唯無性]이라며 '이치에 맞지 않게 헤아리는'[妄計] 집착을 떨쳐버리는[遣] 것이다. 이를테면 유여의(有餘依: 의지할 것, 곧 몸)가 영원히 소멸[寂滅]했기 때문에 소멸했다고 말하는 것이지 완전히 '본성이 없는'[無性] 것이 아니다. "희론戱論이 없다"는 것은 이 해탈의 본성이 다만 '안에서 경험한 것'[內所證]이어서 다르다, 다르지 않다, 죽은 뒤에도 있을 것이다, 없을 것이다 등 모든 희론戱論은 설명할 수 없기 때문이다. (㊹게송에서) 보특가라補特伽羅와 존재[法]는 모두, 생사生死를 유전流轉하거나 반열반般涅槃하는 것이 아니라는 것을 나타내려고,

다시 게송은, "중생衆生의 이름[名]이 지속되는 것과 '존재 개념형성'[法想]의 모습 중에는 생사生死가 유전流轉한다는 것이 없으며 열반涅槃이란 것도 없다."라고 말한다.

3.2 배우는 뜻이 나아가는 의미의 가타意趣義伽他

'뛰어난 의미'[勝義]로서 '성스러운 가르침'[聖教]의 가타를 해설하였다. 다음으로, '(배우는) 뜻이 나아가는 의미'[意趣義]의 가타를 성립시키겠다. 경經에서 말씀하신 것과 같이, 한 때 삭하세계(索訶世界: sahā lokadhātu: 감인토堪忍土: 괴로움을 견뎌야 하는 곳)를 주관하는 대범천왕大梵天王이 세존世尊 계신 곳에 가서 부처님 발에 정수리를 조아리고 한 편으로 물러나 앉아, 훌륭한 가타伽他로 (부처님을) 찬탄하고 청하였다.

3.2.1 가타

① 배움[學]에 대해서 궁극究竟에까지 이르고,
　모든 '의혹의 그물'[疑網]을 잘 끊으셨나니
　이제 배움[學]과 '배워야할 것'[所學]과
　'배움을 수행함'[修學]을 청하오니, 저를 위해 설명하소서.

② 대선大仙은 잘 들으라.
　배움[學]에는 세 가지가 있으니
　뛰어난[增上] 계戒, 마음心, 지혜慧이다.
　그것에 대해 '배움을 수행'[修學]하라.

③ '여섯 세목'[六支]을 완성[圓滿]하고
　'네 가지 즐거움에 머묾'[四樂住]을 성취하고
　네 가지 각각에 '네 가지 변천하는 존재'[四行]에 있어서
　지혜智慧를 항상 청정淸淨히 하라.

④ 처음에는 근본根本에 잘 머무르고
　다음으로는 즐거이 마음을 고요히[寂靜] 하고
　나중은 '성스러운 견해'[聖見]와 '악한 견해'[惡見] (각각에)
　관련하고[相應], '관련하지 않는다'[不相應].

⑤ 우선 깨끗이하여 정려靜慮를 즐기고
　진리[諦]에 대해 정교[善巧]하니
　곧 '모든 진리'[諸諦] 가운데에서
　생기게[生]하고, 멀리[遠]하고, 자라게[增長]하라.

⑥ 모든 '배워야할 것'[學處] 가운데
　'네 가지 세상'[四趣]과 '세 가지 처소'[三所]가 있으니
　'두 가지 세상'[二趣]을 멀리하고
　'두 가지 세상'[二趣]을 경험[證得]한다.

⑦ 둘은 두 가지에 '편히 미무르고'[安住]
　하나는 열반涅槃으로 나아가는 데에
　점점 '원인과 조건'[因緣]이 되느니
　따로[純], (또는) 아울러[雜] 수행[修習]한다.

⑧ 가장 먼저 후회[惡作]로부터 떠나고
　마지막은 즐거움[樂]이 완성되니

모든 배움에서 이것이 처음이 되므로

이를 배움에 '총명하고 이치에 밝다'[聰叡].

⑨ 이 지혜[智]로 말미암아 깨끗함[淨]을 수행하고

깨끗함이 생기면 즐거움[樂]이 완성되니

모든 배움은 이 중간이므로

이를 배움에 '총명하고 이치에 밝다'[聰叡].

⑩ 이로부터 심해탈心解脫하여

영원히 모든 희론戱論을 소멸하니

모든 배움에서 이것이 제일 존경 받으므로

이를 배움에 '총명하고 이치에 밝다'[聰叡].

⑪ 만일 실천[行]이 '깨끗지 않은 데'[不淨]로 나아가기도 하고

'좋은 세상'[善趣]으로 나아가기도 한다면

이 실천은 처음이라고 한다.

이것은 '함께하는 것이 아님'[非共]을 알라.

⑫ 만일 실천[行]이 청정淸淨한 데로 나아간다 해도

모든 세상[趣]의 궁극[究竟]이 아니면,

이 실천은 중간이라고 한다.

역시 '함께하는 것이 아님'[非共]을 알라.

⑬ 만일 실천[行]이 청정淸淨한 데로 나아가

모든 세상[趣]의 궁극[究竟]이 되면,

이 실천은 존경받는다고 한다.

이것은 반드시 함께 하는 것임을 알라.

⑭ 유학有學과 무학無學

모두 '총명하고 이치에 밝다'[聰叡]는 것을 알라.

유학有學과 무학無學

모두 '어리석은 이'[愚夫]라는 것을 알라.

⑮ 만일 '챙겨주는 것'[攝受]⁹⁷⁾을 버리고

또한 추중(麁重: 번뇌에 결박됨)을 끊고

'알아야할 것'[所知]이 '나타난 것을 보면'[現見],

바로 '세 가지 배움'[三學]을 받아 지니는 것이다.

⑯ '조건이 있음'[有緣]과 '조건이 없음'[無緣],

또한 미세함[細]과 거칢[麁]이 '뚜렷이 나타나고'[顯現]

받아 지님, 멀리함,

'말이 깨달음을 발생시킴'[言發悟]에 의해서 유도된다.

⑰ 첫째 배움은 하나뿐이고

둘째 배움은 두 가지이고

셋째 배움은 세 가지이다.

지혜로운 이는 모두를 뛰어넘는다.

⑱ 시라尸羅를 허물어뜨리지[毁壞] 않음의

배움에서, 맹세[誓]를 따르고

규칙[軌範]을 비난[譏論]하지 않고

다섯 군데를 멀리한다.

---

97) '챙겨주는 것'[攝受]: 본역주본 제1권 p.84 참조.

⑲ 어기지 않았는데 벗어나고
　후회[惡作](할 일)이 없는데 후회하며
　그 배움을 찾고[尋求]
　그 실천을 부지런히 수행한다.

⑳ 끝내 버리지 않으며
　'생활이 어려워도'[命難] 저버리지 않고
　항상 '바른 실천'[正行]에 머무르며
　비나야毘柰耶를 따라 전개한다.

㉑ 먼저 맹세[誓]를 '제대로 수행하고'[修治]
　또한 '깨끗한 생활'[淨命]을 제대로 수행한다.
　'두 극단'[二邊]을 모두 멀리하고
　또한 '비뚠 맹세'[邪願]를 버린다.

㉒ 모든 장애 되는 존재[法]에 대해
　끝내 '즐거워 물들지'[耽染] 않고,
　마음을 혼란스럽게 하는 존재[法]가 조금이라도 생기면
　찾아서 빠르게 멀리해야 한다.

㉓ '크게 가라앉았다'[太沈] '크게 떴다'[太浮]하지 않고
　항상 '바른 유념'[正念]에 잘 머물러
　근본根本과 보조[眷屬]가 깨끗하니,
　범행梵行을 수행함이다.

㉔ 근정진勤精進을 발생시키며,
　항상 견고하고 용맹勇猛하며,

항상 '방종하지 않음'[不放逸]으로
수행하는 '다섯 가지 세목'[五支]에 편안히 잘 머무르라.

㉕ 자기의 모든 선善함은 숨기고
'여러 악함'[衆惡]은 드러내며,
여러 의복 등을 얻으면
거친 것[麁]·훌륭한 것[妙] 모두 기뻐해야 한다.

㉖ '세상 일'[世務]을 적게 따르면
'거칠고 해진 것'[麁弊] 또한 따라 전개되어
두다(杜多: 의식주의 욕망을 떨어버림)의 공덕功德을 받는다.
번뇌로부터 고요히 떠나기 위해서이니.

㉗ 행동[威儀]을 '충분히 갖추고'[具足]
'양에 맞게'[應量] 받아들이며,
끝내 해서는 안 될 것은
속여서[詐] 행동을 보이는 모습이다.

㉘ 스스로 '실제 능력'[實德]을 말하지 않고,
남 시켜 말하게도 않으며,
구하는 것이 있더라도
'별스러운 모습'[異相]을 보이지 않는다.

㉙ 다른 쪽에서 구걸할 때도
끝내 윽박지르지[強威逼] 않고
교법[法]에 맞게 얻는다.
얻은 뒤에는 가벼이 덜어내지[毀] 않는다.

㉚ '좋아 애착하지'[耽著] 않는 것은 '이익 보는 것'[利養],
그리고 공경恭敬이다.
또한 집착하지 않는 모든 견해[見]는
'늘어난 것'[增益]과 '줄어든 것'[損減]이다.

㉛ 세상을 따르는 것에 집착하지 않나니
'의미 없는'[無義] 글과 주술呪術이요,
또한 쌓아두는 것을 좋아하지 않나니
의미 없는 여분의 옷과 식기[鉢]이다.

㉜ 모든 번뇌가 늘어나는 것을 두려워하고
'가정에 머무르는'[居家] 것을 습관들이지[染習] 않으며,
깨끗한 지혜를 수행하기 위해
현성賢聖과 가까이 지내라.

㉝ 친구를 기르지 않는다.
근심[憂]과 슬픔[悲]의 흐트러짐이 발생하여
괴로움의 번뇌가 생기는 것을 두려워한다.
(이것이) 조금 일어나면 찾아내어 멀리한다.

㉞ 신자의 보시를 받지 않는다.
해침[加害]과 종기[瘡皰]가 두려우니.
여래如來의 '바른 교법'[正法]에서는
일찍이 버릴 것이 없다.

㉟ 남이 어기는[愆犯] 중에도
작용함[功用]이 없이 편안히[安樂]하며,

항상 자기 잘못[過失]을 살피고
안 뒤에는 빨리 드러낸다.

㊱ 만일 '어기는 대상'[所犯]을 어긴다면
'교법에 맞게'[如法] 벗어나야 한다.
'해야 할 일'[營事]은
힘써[勇勵] 스스로가 짓는다.

㊲ 부처님과 그 제자의
위력[威德]과 가르침[言教]
그 모두를 '믿고 받아들이며'[信受],
큰 죄인지 살펴 비난하지 않는다.

㊳ 아주 매우 깊은 교법에서
'헤아릴 수 없는 것'[不可思度處]은
옛 스승의 주장을 버리고,
자기 견해에 굳게 집착하지 않는다.

㊴ 항상 '멀리하는 (곳)'[遠離]에 머무는 것과
낡아빠진[邊際] 침구[臥具]를 즐긴다.
항상 선법善法을 수행하되
굳세게 용맹정진勇猛精進한다.

㊵ 욕(欲: 욕망)이 없는데 욕(欲: 의욕)이 생기고,
'몹시 미워하지'[憎惡] 않는데 '몹시 미워하며'[憎惡],
잠에서 떠나는데 잠자고,
때로는 고요함[寂靜]에 머무르지 않으며,

㊶ 후회[惡作]에서 떠나는데 후회[惡作]하고,
바라지[希慮] 않는데 바라며[希慮],
모든 종류에서 항상
바른 수행방법[方便]을 성취한다.

㊷ '직접적으로 유도함'[引發]과 깨달음[覺悟],
그리고 '어우러져 맺어짐'[和合所結],
'어떤 모습'[有相] 또는 친밀함[親昵],
그리고 여러 가지 기쁘고 즐거움,

㊸ 들이닥침[侵逼]과 '아주 친밀함'[極親昵]을
'이치에 맞지 않는 추리'[虛妄分別]라고 한다.
'욕계의 탐냄'[欲貪]이 생기게 하니
지혜로운 이는 멀리해야 한다.

㊹ 모든 욕망[欲]은 포만감이 없게 하는데
'많은 것'[衆多]이 함께 소유한 바,
바로 '정법이 아닌'[非法] '원인과 조건'[因緣]으로서
'탐내고 애착함'[貪愛]을 기른다.

㊺ 현성賢聖이 떠나야 하는 것이니
빠르게 괴멸壞滅시키는 데로 나아간다.
'여러 조건'[衆緣]에 의지하는 것은
'위태롭게 없어짐'[危逸]이 '의지하는 곳'[所依地]이다.

㊻ 모든 욕망[欲]은 '마른 뼈'[枯骨] 같고,
또한 무른 '고기 조각'[肉段] 같으며,

'풀로 만든 횃불'[草炬] 비슷하고,
마치 큰 불구덩이[火坑] 같으며,

㊼ 비유하자면 이무기[蟒]나 독사毒蛇 같고,
또한 꿈에 본 것과 같으며,
빌린 장신구[莊嚴具] 같고,
가지 끝에 익은 열매[果] 같다.

㊽ 모든 욕망을 이와 같이 알아
모두 즐거워해서는[耽樂] 안 된다.
'바른 교법'[正法]을 청해 듣고,
항상 생각하고 수행해야하며,

㊾ 먼저 거칢[麁]과 고요함[靜]을 살펴보고,
다음으로 수행에 있어 한결같이
'번뇌에 묶여있는 것'[煩惱麁重]을 버리고,
끊음[斷]에 있어 '기쁨과 즐거움'[欣樂]이 생기게 하고,

㊿ '모든 모습'[諸相]을 '자세히 살펴'[觀察]
'궁극에까지 힘씀'[加行究竟]을 이루어
'욕계의 욕망'[欲界欲],
그리고 '색계의 욕망'[色界欲]을 떠나

(51) '진리가 나타난 것을 살핌'[眞諦現觀]에 들어
모든 욕망에서 떠나
'지금생의 열반'[現法涅槃]을 경험하고,
'의지할 것'[餘依]이 영원히 다한다.

3.2.2 가타에 대한 상세한 해설

(①게송에서) "배움[學]에 대해서 궁극究竟에까지 이르고, 모든 '의혹의 그물'[疑網]을 잘 끊으셨나니 이제 배움[學]과 '배워야할 것'[所學]과 '배움을 수행함'[修學]을 청하오니, 저를 위해 설명하소서."라고 하였다. 이 게송 중에서는 대범천왕大梵天王이 우선 세존世尊을 찬탄하고, 뒤에 청하여 묻는다.

세존世尊을 찬탄한다는 것은 모든 배움에 대해 이미 '첫째가는 궁극'[第一究竟]을 이룬 것을 가리킨다. 이는 자리행(自利行: 자기 이익을 위한 실천)이 완성된 '(남과) 함께하지 않는 능력'[不共德]을 기준으로 말하는 것이다. 또한 점점 생기는 모든 의혹의 그물을 잘 끊으셨다는 것은 이타행(利他行: 남의 이익을 위한 실천)이 완성된 '(남과) 함께하지 않는 능력'[不共德]을 기준으로 말하는 것이다. 청하여 묻는다는 것은, 무엇이 배움이며, 배움에는 몇 가지가 있으며, 그것에 대해 어떻게 배움을 수행해야 하는가 하는 것이다.

(②게송에서) 그러므로 세존世尊의 의도[意]로는, 지어야 할 것이 많아 두려워하는 게으른 중생衆生을 격려하려고 모든 것을 아울러 간략하게 '세 가지 배움'[三學]을 말씀하셨다. 그래서 다음으로 이르시기를, "대선大仙은 잘 들으라. 배움[學]에는 세 가지가 있으니 뛰어난[增上] 계戒, 마음心, 지혜慧이다. 그것에 대해 '배움을 수행'[修學]하라."라고 하였다.

이 중에서는 계戒, 마음[心], 지혜[慧]에 의해, 흐트러진[散亂] 이의 경우에는 흐트러지지 않게 하려는 방법[方便]으로 증상계학(增上戒學: 뛰어난 계를 배움)을 말하고, 마음이 '안정되지 못한'[未定] 이의 경우에는 안정이 이루어지게 하려는 방법으로 증상심학(增上心學: 뛰어난 마음을 배움)을 말하고, 마음이 이미 안정을 이루었으나 아직 해탈하지 못한 이의 경우에는 해탈하게 하려는 방법으로 증상혜학(增上慧學: 뛰어난 지혜를 배움)을 말한다. 이러한 '원인과 조건'[因緣] 때문에 모든 수행하는 이는 모든 지어야 할 것을 다 궁극[究竟]에까지 이룸을 보여 주는 것이다. 이는 세존世尊께서 '깊은 뜻'[密意]으로, 모든 배움은 이 '세 가지 배움'[三學]에 포함되어 있지 않은 것이 없다는 것을 밝혀 말씀하셨음을 나타낸다.

(③게송에서) 모든 배움은 이 방법으로 배워야 할 것을 갖춘다는 것을 보여주려고 다음에 말씀하시기를, "'여섯 세목'[六支]을 완성[圓滿]하고, '네 가지 즐거움에 머묾'[四樂住]을 성취하고, 네 가지 각각에 '네 가지 변천하는 존재'[四行]에 있어서 지혜智慧를 항상 청정淸淨히 하라."라고 하였다.

이제 이 게송 중에서는 그 차례대로 '세 가지 배움'[三學]을 갖추는 방법을 보여 준다. 여섯 세목을 완성하라고 하는 것은 증상계학增上戒學에 의한 방법으로 '배움을 수행'[修學]하라는 것이다. 무엇이 '여섯 세목'[六支]인가? 첫째, '깨끗한 시라'[淨尸羅]에 편히 머무르는 것이다. 둘째, 별해탈율의(別解脫律儀: 오계五戒, 십계十戒, 비구의 구족계具足戒 등 각각 몸이나 말로 짓는 악업惡業으로부터 벗어나는 계)를 보호한다. 셋째, 규칙[軌則]을 완성한다. 넷째, 실천[所行]을 완성한다. 다섯째, 모든 '작은 죄'[小罪]를 보고 매우 두려워한다. 여섯째, '배워야할 것'[學處: 계율]을 배운다. 이와 같은 여섯 세목은 네 가지 '시라가 청정함'[尸羅淸淨]을 보여 준다.

깨끗한 시라에 편히 머무르는 것은 바로 의지할 근본根本이다. 별해탈율의別解脫律儀를 보호한다는 것은 벗어나는[出離] 시라가 청정함을 보여 준다. 해탈解脫을 추구해 벗어나기 때문이다. 규칙과 실천을 완성한다는 것, 이 두 가지는 비난[譏毀] 받지 않는 시라가 청정함을 보여 준다. 모든 작은 죄를 보고 매우 두려워한다는 것은 '뚫리거나 약화되지'[穿缺] 않는 시라尸羅가 청정함을 보여 준다. '배워야 할 것'[學處: 계율]을 배운다는 것은 전도顚倒되지 않는 시라尸羅가 청정함을 보여준다. 이와 같은 여섯 세목이 아주 완성됨으로 해서 증상계학增上戒學은 다른 방법[方便]이 의지하는 대상이 된다.

'네 가지 즐거움에 머묾'[四樂住]을 성취한다는 것은 증상심학增上心學의 방법을 보여 준다. '네 가지 정려'[四種靜慮]를 네 가지 즐거움에 머묾이라고 한다. '지금생의 즐거움에 머물기'[現法樂住] 때문에 즐거움이라고 한다. 네 가지 각각의 '네 가지 변천하는 존재'[四行]에 있어서 지혜를 항상 청정히 한다는 것은 증상혜학增上慧學에 의해 말한 것이다. 괴로움[苦], '(괴로움의) 원인'[集], '(괴로움의) 소멸'[滅], '(괴로움의 소멸에 이르는) 방도'[道] 등 '네 가지 성스러운 진리'[四聖諦] 가운데 하나하나마다 모두 무상無常 등 네 가지 변천하는 존재가 있다. 증상혜학增上慧學은 이 깨끗한 지혜로 말미암아 나타나기 때문이다.

(④게송에서) "처음에는 근본根本에 잘 머무르고, 다음으로는 즐거이 마음을 고요히[寂靜] 하고, 나중은 '성스러운 견해'[聖見]와 '악한 견해'[惡見] (각각에) 관련하고[相應], '관련하지 않는다'[不相應]."라는 것은 '뛰어난 세 가지 배움'[增上三學]이 차례로 생김을 보여 준다. 근본根本이라는 것은 증상계(增上戒: 뛰어난 계)를 가리킨다. 나중의 두 가지는 바로 이 처음의 배움에서 흘러나오는 종류이기 때문이다. 이미 시라尸羅를 갖추면 '후회 없음'[無悔]등으로 말미암아 차례로 수행하여 둘째인 '마음이 즐거

운 고요한 선정'[心樂靜定]을 이룰 수 있다. 마음이 선정[定]을 이룬 이는 사실대로 보기 때문에 셋째인 '성스러운 견해'[聖見]를 성취하고, '악한 견해'[惡見]를 멀리할 수 있다.

(⑤게송에서) "우선 깨끗이 하여 정려靜慮를 즐기고 진리[諦]에 대해 정교[善巧]하니, 곧 '모든 진리'[諸諦] 가운데에서 생기게[生] 하고, 멀리[遠]하고, 자라게[增長] 하라."라는 것은 '세 가지 배움'[三學]이 차례로 청정淸淨이 구별됨을 보여준다. 우선 깨끗이 한다는 것은 바로 '처음의 배움'[初學: 증상계학增上戒學]이다. 정려를 즐긴다는 것은 '둘째 배움'[第二學: 증상심학增上心學]이다. 진리[諦]에 대해 정교[善巧]하다는 것은 바로 '셋째 배움'[第三學: 증상혜학增上慧學]이다. 또한 이와 같이 진리에 정교한 가운데 생기게 한다는 것은 도제道諦이다. 생기게 해야 하기 때문이다. 멀리한다는 것은 고제苦諦와 집제集諦이다. 멀리해야 하기 때문이다. 자라게 한다는 것은 멸제滅諦이다. 약한[軟]·중간의[中]·강한[上] 종류[品]의 번뇌煩惱를 차례대로 자주 점점 끊음으로써 소멸시킴[滅]을 자라게 하기 때문이다.

(⑥게송에서) "모든 '배워야 할 것'[學處] 가운데 '네 가지 세상'[四趣]과 '세 가지 처소'[三所]가 있으니, '두 가지 세상'[二趣]을 멀리하고, '두 가지 세상'[二趣]을 경험[證得]한다."라는 것은 증상계·심·혜增上戒心慧의 배워야 할 것에서 '배움을 수행하는'[修學] 것에는 완성과 실패가 있기 때문에, 각각에 알맞게 얻는 과보(果報: 결과)로서 네 가지 세상이 구별됨을 보여준다. 이를테면 욕계의 사람세상[人]·천계[天]에 속한 '착한 세상'[善趣]은 바로 증상계(增上戒: 뛰어난 계)를 성공하여 이룬 결과이다. 마찬가지로 욕계의 나머지 세상에 속한 '나쁜 세상'[惡趣]은 바로 증상계增上戒에

실패하여 이룬 결과이다. 색계·무색계의 천계[天趣]에 속한 '위 세상'[上趣]는 바로 증상심(增上心: 뛰어난 마음)의 결과이다. (욕계, 색계, 무색계 등) 삼계三界에 속하지 않는 열반계[涅槃趣]는 바로 증상혜(增上慧: 뛰어난 지혜)의 결과이다. 이와 같은 모든 세상 가운데 앞의 두 세상인 '착한 세상'[善趣]과 '나쁜 세상'[惡趣]을 멀리하고 나서 뒤의 둘인 '위 세상'[上趣]과 '열반계'[涅槃趣]를 경험해야 한다. 이 말은 세상[世間]과 '세상에서 벗어난'[出世間] 두 과정[道]에서 이루는 것을 보여준다.

(⑦게송에서) "둘은 두 가지에 '편히 머무르고'[安住], 하나는 열반涅槃으로 나아가는 데에 점점 '원인과 조건'[因緣]이 되느니, 따로[純], (또는) 아울러[雜] 수행[修習]한다."라는 것에서는 맨 처음 (방법[方便])으로서의 증상계학增上戒學과 증상심학增上心學은 점점 증상심학增上心學과 증상혜학增上慧學에 편히 머무르는 '원인과 조건'[因緣]이 된다는 것을 보여준다. 곧 (번뇌 없는 증상심학과 증상혜학으로 가는) 중간의 (동시에 수행하는) 증상혜增上慧·정려靜慮, (그리고) 율의(律儀: 규범에 적합함)에 속한 증상계학增上戒學은 (번뇌 없는 증상심학과 증상혜학 등) 두 가지에 편히 머무르는 원인과 조건이 된다는 것을 보여 준다. '맨 위'[증상혜학] 한 가지는 열반涅槃에 편히 머무르는 원인과 조건이 된다는 것을 보여준다. 이 가운데에서는 (증상심학과 증상혜학을) 따로, 또는 아울러 수행하는 것을 보여줌을 각각에 알맞게 알라.

(⑧게송에서) "가장 먼저 후회[惡作]로부터 떠나고, 마지막은 즐거움[樂]이 완성되니, 모든 배움에서 이것이 처음이 되므로 이를 배움에 '총명하고 이치에 밝다'[聰叡]."라고 하는 것은 증상계학增上戒學이란 '후회 없음'[無悔] 등으로써 점점 수행함으로 말미암아 뒤로 '전개되는 원인'[轉因]

이 된다는 것을 보여 준다.

(⑨게송에서) "이 지혜[智]로 말미암아 깨끗함[淨]을 수행하고, 깨끗함이 생기면 즐거움[樂]이 완성되니, 모든 배움은 이 중간이므로 이를 배움에 '총명하고 이치에 밝다'[聰叡]."라고 하는 것은 증상심학增上心學에서 '수행해서 완성되는 지혜'[修所成慧]는 가장 뛰어난 선근善根이 점점 생기게 하므로 최고 배움의 원인이라는 것을 보여 준다.

(⑩게송에서) "이로부터 심해탈心解脫하여 영원히 모든 희론戲論을 소멸하니, 모든 배움에서 이것이 제일 존경 받으니, 이를 배움에 '총명하고 이치에 밝다'[聰叡]."라고 하는 것은 증상혜학增上慧學으로 말미암아 가장 뛰어난 '열반이라는 결과'[涅槃果]의 원인이 될 수 있음을 보여준다.

(⑪게송에서) "만일 실천[行]이 '깨끗지 않은 데'[不淨]로 나아가기도 하고, '좋은 세상'[善趣]으로 나아가기도 한다면, 이 실천은 처음이라고 한다. 이것은 '함께하는 것이 아님'[非共]을 알라."라고 하는 것은 혹 증상계학增上戒學을 망쳐 '나쁜 세상'[惡趣]으로 가는 원인이 되기도 하고, (증상계학을) 성공하여 '좋은 세상'[善趣]으로 가는 원인이 되기도 한다는 것을 보여준다. 이것은 함께하는 것이 아니라는 것은 나중의 (증상심학, 증상혜학 등) 두 가지 배움을 떠나서도 성공할 수 있기 때문이다.

(⑫게송에서) "만일 실천[行]이 청정淸淨한 데로 나아간다 해도 모든 세상[趣]의 궁극[究竟]이 아니면, 이 실천은 중간이라고 한다. 역시 '함께하는 것이 아님'[非共]을 알라."라고 하는 것은 중간 배움의 실천은 욕계의 욕망을 떠나 청정을 이루기 때문에 '청정으로 나아감'[趣淸淨]이라고 한다. 아직 (색계, 무색계 등) 위 영역의 욕망을 다하여 떠나지 못했기 때문에, 또한 아직 욕망의 수면(隨眠: 잠재된 번뇌)을 영원히 제거하지 못했기

때문에 모든 세상에서 '궁극에까지 청정'[究竟淸淨]해졌다고 할 수 없다는 것을 보여준다. 이것은 최고를 떠나서도 갖출 수 있기 때문에 '함께하는 것이 아님'[非共]이라고 하는데 맨 처음을 떠난 것이 아니다.

(⑬게송에서) "만일 실천[行]이 청정淸淨한 데로 나아가 모든 세상[趣]의 궁극[究竟]이 되면, 이 실천은 존경받는다고 한다. 이것은 반드시 함께하는 것임을 알라."라고 하는 것은 최고 배움의 실천은 삼계三界 모든 욕망을 모두 멀리하기 때문에, 또한 모든 수면隨眠을 영원히 제거하기 때문에, 모든 세상에서 가장 궁극[究竟]이 된다. 앞서의 두 가지를 떠나 홀로 갖출 수 있는 것이 아니기 때문에 반드시 함께하는 것이라고 한다.

(⑭게송에서) "유학有學과 무학無學 모두 '총명하고 이치에 밝다'[聰叡]는 것을 알라."라고 하는 처음의 '반 게송'[半頌]은 '세 가지 배움'[三學]에서 총명하고 이치에 밝은 이의 모습을 보여 준다. '바른 배움'[正學]이 있기 때문이고, 비뚠 배움이 없기 때문이다. "유학有學과 무학無學 모두 '어리석은 이'[愚夫]라는 것을 알라."라고 하는 뒤의 반 게송은 세 가지 배움에서 어리석은 이의 모습을 보여 준다. '비뚠 배움'[邪學]이 있기 때문이고, 바른 배움이 없기 때문이다.

(⑮게송에서) "만일 '챙겨주는 것'[攝受]을 버리고, 또한 추중(麁重: 번뇌에 결박됨)을 끊고, '알아야 할 것'[所知]이 '나타난 것을 보면'[現見] 바로 '세 가지 배움'[三學]을 받아 지니는 것이다."라고 하는 것은 가정, 친척 등 챙겨줘야 할 대상을 버리기 때문에, 삼마지에 장애되는 모든 추중麁重을 끊기 때문에, 사성제四聖諦의 모습인 알아야 할 이치가 나타난 것을 보기 때문에, 그 순서대로 세 가지 배움을 완성한다는 것을 보여 준다.

(⑯게송에서) "'조건이 있음'[有緣]과 '조건이 없음'[無緣], 또한 미세함

[細]과 거칢[麁]이 '뚜렷이 나타나고'[顯現]"라고 하는 처음 반 게송은 '뒤의 두 가지 배움'[後二學: 증상심학, 증상혜학] 및 '맨 처음 배움'[最初學: 증상계학]이 그 차례대로 조건이 있음과 조건이 없음, 또한 미세함과 거칢의 구별이 있음을 나타낸다. "받아 지님, 멀리함, '말이 깨달음을 발생시킴'[言發悟]에 의해서 유도된다."라고 하는 뒤의 반 게송은 처음, 중간, 뒤의 차례대로 '직접적으로 유도하는 원인과 조건'[引發因緣]을 나타낸다. 이를테면 서기(誓期: 서원誓願: 맹세하고 바람)에 유도되기 때문이고, 몸과 마음을 멀리하는 것에 유도되기 때문이고, '남의 말'[他言音] 때문에 안으로 '바른 사유'[正思惟]를 하는 것에 유도되기 때문이다.

(⑰게송에서) "첫째 배움은 하나뿐이고, 둘째 배움은 두 가지이고, 셋째 배움은 세 가지이다. 지혜로운 이는 모두를 뛰어넘는다."라고 하는 것은 처음의 하나는 '함께하지 않고'[不共], 중간은 처음을 떠나지 않고, 위의 것은 (이) 둘을 떠나지 않으니, 그 모든 것을 뛰어넘는 이는 무학無學이니 바로 아라한(阿羅漢: 무학위에 든 남자 승려)임을 알라.

(⑱게송에서) "시라尸羅를 허물어뜨리지[毀壞] 않음의 배움에서, 맹세[誓]를 따르고, 규칙[軌範]을 비난하지[譏論] 않고, 다섯 군데를 멀리한다."라고 하는 것은 이후 계戒를 받아 지니는 모습을 보여준다. 시라尸羅를 허물어뜨리지 않음을 배움에서라는 것은 '깨끗한 계'[淨戒]에 편히 머무르는 것을 가리킨다. 맹세를 따른다는 것은 별해탈율의別解脫律儀를 보호하는 것이다. 규칙[軌範]을 비난하지[譏論] 않는다는 것은 규칙[軌則]을 어기지 않는다는 것이다. 다섯 군데를 멀리한다는 것은 갈 곳을 어기지 않는 것을 가리킨다. 간략히 다섯 군데이다. 모든 필추(苾芻: 비구比丘)는 가서는 안되는 곳이다. 왕가王家, 창령가唱令家, 술집[酤酒家], '기

녀의 집'[倡穢家], 전다라(旃茶羅: caṇḍāla: 도살업자) 및 갈치나(羯恥那: khaṭṭika: 도살업자, 형벌집행자)의 집이다. 창령가창슈家란 양을 도살하는 것인데, 이 양을 도살한다는 것을 널리 알리고 다니기 때문에 매우 무거운 죄를 짓는 것이다. 많은 악업惡業을 지으면서 양을 죽이기 때문이다.

(⑲게송에서) "어기지 않았는데 벗어나고 후회[惡作](할 일)이 없는데 후회하며"라고 하는 것은 모든 '작은 죄'[小罪]에 대해 큰 두려움을 보이는 것을 보여준다. (죄에서) 벗어나는 경우처럼 후회(할 일)은 없는 것이며, 후회의 경우처럼 어긴 적이 없는 것이다. "그 배움을 찾고[尋求], 그 실천을 부지런히 수행한다."라는 것은 '배워야할 것'[學處: 계율]을 받아 배우는 것을 보여 준다.

(⑳게송에서) "끝내 버리지 않으며, '생활이 어려워도'[命難] 저버리지 않고, 항상 '바른 실천'[正行]에 머무르며, 비나야毘奈耶를 따라 전개한다."라고 하는 네 구절은 그 차례대로 항상된 시라尸羅의 성질[性], 굳센 시라尸羅의 성질, 항상 짓는 성질, 항상 따라 전개하는 성질을 보여 준다.

(㉑게송에서) "먼저 맹세[誓]를 '제대로 수행하고'[修治], 또한 '깨끗한 생활'[淨命]을 제대로 수행한다."라고 하는 처음 반 게송은 규칙[軌範]과 생활이 청정함을 보여준다. 모든 규칙에 의해서 우선 서원誓願을 발생시키고서야 수행하기 때문에 맹세[誓]라고 한다. "'두 극단'[二邊]을 모두 멀리하고, 또한 '비뚠 맹세'[邪願]를 버린다."라고 하는 뒤의 반 게송은 욕망[欲樂]을 받아쓰는[受用] 것과 '스스로를 괴롭히는'[自苦] 등의 두 극단을 멀리하고, 천계에 태어남을 맹세하는 것 등을 버리기 때문에 시라尸羅가 청정함을 보여 준다.

(㉒게송에서) "모든 장애 되는 존재[法]에 대해 끝내 '즐거워 물들지'[耽

染] 않고, 마음을 혼란스럽게 하는 존재[法]가 조금이라도 생기면 찾아서 빠르게 멀리해야 한다."라고 하는 것은 모든 근문根門을 보호하지 못하는 등 청정한 배움의 대상을 장애 하는 존재[法] 가운데에서는, '훌륭한 결과를 내는 능력'[功德]을 보지 않아 즐거워 물들지 않기 때문에, 모든 불선不善한 욕망[欲], 분노[恚], 찾음[尋] 등 의意를 시끄럽고 떠들썩하게 하는 존재가 잠시라도 생기면 제거하기 때문에, 배움이 청정해진다는 것을 보여 준다.

(㉓게송에서) "'크게 가라앉았다'[太沈] '크게 떴다'[太浮]하지 않고, 항상 '바른 유념'[正念]에 잘 머물러 근본根本과 보조[眷屬]가 깨끗하니, 범행梵行을 수행함이다."라고 하는 것은 자질구레한[微劣] (것에 대한) 후회[惡作]를 멀리하기 때문에, '바르지 못한 곳'[非處](에 대한) 후회를 멀리하기 때문에, '기억 못함'[失念]을 멀리하기 때문에, 구경究竟(의 과정을 수행하는) 시기[時]와 (구경의 과정에) '접근하는'[方便] 시기에 범행(梵行: 음욕婬欲을 떠난 실천)을 수행하여 모두 청정해진다는 것을 보여 준다.

(㉔게송에서) "근정진勤精進을 발생시키며, 항상 견고하고 용맹勇猛하며, 항상 '방종하지 않음'[不放逸]으로 수행하는 '다섯 가지 세목'[五支]에 편안히 잘 머무르라."라고 하는 것은 '갑옷(과 투구)를 걸친'[被甲(冑)] 방법[方便]으로 도로 물러나지 않는 정진精進을 하기 때문에, 다섯 가지 세목을 방종하지 않고 수행하기 때문에, 수행해야 할 배움을 청정하고 뛰어나게 함을 보여 준다. 다섯 가지 세목에 방종하지 않는다는 것은 과거, 미래, 지금, 그간에 지어온 것 및 다 함께 실천[所行]하는 것을 가리킨다.

(㉕, ㉖게송에서) "자기의 모든 선善함은 숨기고 '여러 악함'[衆惡]은 드러내며, 여러 의복 등을 얻으면 거친 것[麤]·훌륭한 것[妙] 모두를 기뻐해

야 한다. '세상 일'[世務]을 적게 따르면 '거칠고 해진 것'[麤弊] 또한 따라 전개되어 두다(杜多: dhuta: 의식주의 욕망을 떨어버림)의 공덕(功德: 훌륭한 결과를 내는 능력)을 받는다. 번뇌로부터 고요히 떠나기 위해서이니."라고 하는 것은 친척[眷屬], 탐냄[貪欲], '욕망이 많음'[多欲]을 멀리하는 것은 '만족할 줄 모른다'[不知足]는 원인 때문이요, 욕망이 많아 만족할 줄 모른다는 장애를 멀리하는 것은 깨끗한 배움의 원인이기 때문에 배움이 청정해진다는 것을 보여 준다.

(㉗게송에서) "행동[威儀]을 '충분히 갖추고'[具足], '양에 맞게'[應量] 받아들이며, 끝내 해서는 안 될 것은 꾸며낸[詐] 행동을 하는 것이다."라고 하는 것은, 행동[威儀]을 충분히 갖추기 때문에, 남 앞에서 꾸며낸 행동을 하지 않기 때문에, 대체로 받아들이는 것은 양량을 잘 알기 때문에, 범행 梵行을 수행하고 수명壽命을 '도와 유지하기'[資持] 위해 받는 것이기 때문에, 배움이 청정해진다는 것을 보여 준다.

(㉘, ㉙게송에서) "스스로 '실제 능력'[實德]을 말하지 않고, 남 시켜 말하게도 않으며, 구하는 것이 있더라도 '별스러운 모습'[異相]을 보이지 않는다. 다른 쪽에서 구걸할 때도 끝내 윽박지르지[强威逼] 않고 교법[法]에 맞게 얻는다. 얻은 뒤에는 가벼이 덜어내지[毀] 않는다."라고 하는 것은, 꾸며대는 말, 거짓으로 보이는 모습, 윽박지르기, 얻은 이익을 전개시켜 (또 다른) 이익을 초래하기 등을 멀리하기 때문에 배움의 수행을 청정하고 뛰어나게 함을 보여준다.

(㉚게송에서) "'좋아 애착하지'[耽著] 않는 것은 '이익 보는 것'[利養], 그리고 공경恭敬이다. 또한 집착하지 않는 모든 견해[見]는 '늘어난 것'[增益]과 '줄어든 것'[損減]이다."라고 하는 것은 이익 보는 것과 공경을 좋아

애착하지 않기 때문에, 다섯 가지 '악한 견해'[惡見]에 집착하지 않기 때문에, 배움의 수행을 청정하고 뛰어나게 함을 보여 준다.

(㉛게송에서) "세상을 따르는 것에 집착하지 않나니 '의미 없는'[無義] 글과 주술呪術이요, 또한 쌓아두는 것을 좋아하지 않나니 의미 없는 여분의 옷과 식기[鉢]이다."라고 하는 것이 보여주는 것은 (우선) 모든 악한 견해의 원인인 외도外道의 '비뚠 이론'[邪論]에 집착하지 않는다는 것이다. 이는 취온(取蘊: 집착된 온)에서 해탈하는 것을 장애 한다. (그리고) 이것으로 만들어진 것을 '세상을 따른다'[順世間]고 한다. 또한 이익 보는 것과 공경을 '좋아 애착하는'[耽著] 원인인 여분의 옷과 식기 등의 원인을 멀리하는 것은 청정하기 때문에 배움은 청정하게 된다.

(㉜게송에서) "모든 번뇌가 늘어나는 것을 두려워하고 가정에 머무르는[居家] 것을 습관들이지[染習] 않으며, 깨끗한 지혜를 수행하기 위해 현성賢聖과 가까이 지내라."라고 하는 것은 '다스릴 대상의 원인'[所治因]을 멀리하고, '다스리는 주체의 원인'[能治因]을 가까이하기 때문에 배움이 청정해진다는 것을 보여 준다.

(㉝게송에서) "친구를 기르지 않는다. 근심[憂]과 슬픔[悲]의 흐트러짐이 발생하여 괴로움의 번뇌가 생기는 것을 두려워한다. (이것이) 조금 일어나면 찾아내어 멀리한다."라고 하는 것은 만일 가정에 머무르는 이를 가까이하면 근심과 슬픔의 흐트러짐[散亂]이 생겨 모든 번뇌를 길러서 여러 괴로움의 원인이 된다. 그를 가까이함에 의해 여러 괴로움이 생긴다. 번뇌가 조금 생기면 찾아서 곧 제거함을 보여 준다. 이와 같이 '(번뇌를) 없애는 원인'[對治之因]을 보여 준다.

(㉞게송에서) "신자의 보시를 받지 않는다. 해침[加害]과 종기[瘡皰]가

두려우니. 여래如來의 '바른 교법'[正法]에서는 일찍이 버릴 것이 없다."
라고 하는 것은 이익 보는 것과 공경을 '탐내고 집착하지'[貪著] 않고, 모
든 악한 견해와 비뚠 견해를 굳게 집착하지 않으며, 헛되게 신자의 보시를
받아쓰지[受用] 않고, 바른 교법을 훼방놓지 않는다. 또한 내생의 모든 욕
망을 탐내고 집착하는 것과 모든 '악한 견해의 원인'[惡見因]이 생기는 것
을 멀리하여 이와 같이 배움이 청정해진다는 것을 보여 준다.

(㉟게송에서) "남이 어기는[愆犯] 중에도 작용함[功用]이 없이 편안히
[安樂]하며, 항상 자기 잘못[過失]을 살피고 안 뒤에는 빨리 드러낸다."라
고 하는 것은 의도[作意]적으로 다른 사람의 잘못을 보려하는 것을 멀리
하고, 자기의 '선한 종류'[善品]에 대해 흐트러짐[散亂]이 없이 항상 기쁨
이 생기게 한다. 자기의 잘못에 대해 사실대로 분명하게 알고 드러내어 참
회하고 없애 증상만增上慢으로부터 떠난다. 이 원인과 조건 때문에 배움
이 청정해진다는 것을 보여준다.

(㊱게송에서) "만일 '어기는 대상'[所犯]을 어긴다면 '교법에 맞게'[如法]
벗어나야 한다. '해야 할 일'[營事]은 힘써[勇勵] 스스로가 짓는다."라고 하
는 것은 어기는 대상에서 벗어나고, 다른 사람으로부터 받들고[恭奉] 모
심[侍衛]을 받으려고 탐내는 것을 멀리하는 것이다. 이 원인과 조건 때문
에 배움이 청정해진다는 것을 보여 준다.

(㊲게송에서) "부처님과 그 제자의 위력[威德]과 가르침[言敎] 그 모두
를 '믿고 받아들이며'[信受], 큰 죄인지 살펴 비난하지 않는다."라고 하는
것은 믿음이 완성되었기[圓滿] 때문에, 비난하는 것은 큰 죄라고 보기 때
문에 배움이 청정해진다는 것을 보여 준다.

(㊳게송에서) "아주 매우 깊은 교법에서 '헤아릴 수 없는 것'[不可思度

處]은 옛 스승의 주장을 버리고, 자기 견해에 굳게 집착하지 않는다."라고 하는 것은 자기 '견해의 집착'[見取]에 편안히 머무는 것을 멀리하기 때문에 청정하고 뛰어나진다는 것을 보여 준다.

(㊴게송에서) "항상 '멀리하는 (곳)'[遠離]에 머무는 것과 낡아빠진[邊際] 침구[臥具]를 즐긴다. 항상 선법善法을 수행하되 굳세게 용맹정진勇猛精進한다."라고 하는 것은 몸이나 마음이나 (시끄러움을) 멀리하기 때문에, 선정에 맞는 모든 침구를 익숙하게 가까이 하기 때문에, 모든 불선不善의 '깊은 생각'[尋思]을 멀리하고 오로지 희고 깨끗한 모든 선법善法을 수행하기 때문에, '흐릿하게 가라앉음'[沈]과 요동함[掉] 등 모든 수번뇌(隨煩惱: 따라다니는 번뇌)에 꺾이거나 가려지지 않기 때문에, 선善함이 완성되어 바르게 힘쓰기[加行] 때문에, 증상심학增上心學이 곧 뛰어나진다는 것을 보여 준다.

(㊵, ㊶게송에서) "욕(欲: 욕망)이 없는데 욕(欲: 의욕)이 생기고, '몹시 미워하지'[憎惡] 않는데 '몹시 미워하며'[憎惡], 잠에서 떠나는데 잠자고, 때로는 고요함[寂靜]에 머무르지 않으며, 후회[惡作]에서 떠나는데 후회[惡作]하고, 바라지[希慮] 않는데 바라며[希慮], 모든 종류에서 항상 바른 수행방법[方便]을 성취한다."라고 하는 것이 보여 주는 것은, 탐냄[貪欲], 분노[瞋恚], '(정신이) 흐릿하게 가라앉고 잠듦'[惛沈睡眠], '(마음이) 요동하고 후회함'[掉擧惡作] 및 머뭇거림[疑] 등의 개(蓋: 덮개)를 멀리하기 때문에, 모든 '선한 존재'[善法]에 대해 의욕[欲]이 생기기 때문에, 모든 욕망[欲] 가운데에서는 매우 미워하고 싫어하기 때문에, '선한 종류'[善品]의 수행방법에 힘쓰는 것을 감당하여 마음이 고요하고 시간이 나면 잠자기 때문에, 만일 마음이 가라앉거나 그럴까봐 염려될 경우에는 깨끗하고 흘

륭한 모습을 사유思惟하며 의도[作意]하고 돌아다닐 적에는 고요함[靜]에 머무르지 않기 때문에, 앞서 어긴 것에 대해서는 곧 근심과 후회가 생기지만 어기지 않은 것에 대해서는 근심과 후회가 없기 때문에, 오랜 뒤에는 뛰어나질 것이라는 바람[希慮]이 생기기 때문에, 정성스럽게[殷重] 쉴 새 없이 바른 방법으로 수행하기 때문에, 증상심학增上心學이 점점 청정해진다는 것이다.

(㊷, ㊸게송에서) "'직접적으로 유도함'[引發]과 깨달음[覺悟], 그리고 '어우러져 맺어짐'[和合所結], '어떤 모습'[有相] 또는 친밀함[親昵], 그리고 여러 가지 기쁘고 즐거움, 들이닥침[侵逼]과 '아주 친밀함'[極親昵]을 '이치에 맞지 않는 추리'[虛妄分別]라고 한다. '욕계의 탐냄'[欲貪]이 생기게 하니 지혜로운 이는 멀리해야 한다."라고 하는 것이 보여 주는 것은, 여덟 가지 '이치에 맞지 않는 추리'[虛妄分別]는 성욕[婬欲]과 '탐내고 애착함'[貪愛]이 생기게 하되 처음 방법으로부터 차례로 생겨나 궁극[究竟]에까지 이르게 하니, (이를) 멀리하기 때문에 수행하는 배움이 청정하고 뛰어나게 된다는 것이다.

(여기에서) 직접적으로 유도함의 분별(分別: 추리)이란 사랑스러운 일을 바르지 않게 사유思惟하는 것과 관련한 마음의 분별이다. 깨달음의 분별이란 그 사랑스러운 일 가운데에서 탐전(貪纏: 탐냄이라는 얽힘)을 깨닫는 것과 관련한 분별이다. 어우러져 맺어짐의 분별이란 그 사랑스러운 일 가운데의 분별이다. 어떤 모습의 분별이란 그 사랑스러운 일 가운에서 여러 가지 '깨끗하고 훌륭한 형상'[淨妙相狀]에 집착하는 분별이다. 친밀함의 분별이란 이미 이룩한 사랑스러운 일 가운데에서 '힘쓰는 것'[勇勵]과 관련한 분별이다. 여러 가지 기쁘고 즐거움이란 그 이룩한 일 가운데

에서 여러 가지로 받아쓰고[受用], 그리워하고[悕慕], '애착하여 즐거워하며'[愛樂] 여러 가지 부문으로 전개되는 분별이다. 들이닥침의 분별이란 '남자생식기와 여자생식기'[兩根]가 합쳐질 때의 분별이다. 아주 친밀함의 분별이란 정액·애액[不淨: 정혈精血]을 내놓을 때의 분별이다.

(㊹, ㊺송에서) "모든 욕망[欲]은 포만감이 없게 하는데 '많은 것'[衆多]이 함께 소유한 바, 바로 '정법이 아닌'[非法] '원인과 조건'[因緣]으로서 '탐내고 애착함'[貪愛]을 기른다. 현성賢聖이 떠나야 하는 것이니 빠르게 괴멸壞滅시키는 데로 나아간다. '여러 조건'[衆緣]에 의지하는 것은 '위태롭게 없어짐'[危逸]이 '의지하는 곳'[所依地]이다."라고 하는 것은 여덟 가지로 지금생과 내생 각각에 알맞게 모든 욕망의 잘못을 보여준다. 만일 자세히 살펴볼 수 있다면 욕망하고 애착하는 방법을 '끊고 제거'[斷除] 한다.

(㊻, ㊼, ㊽의 앞 반 게송에서) "모든 욕망[欲]은 '마른 뼈'[枯骨] 같고, 또한 무른 '고기 조각'[肉段] 같으며, '풀로 만든 횃불'[草炬] 비슷하고, 마치 큰 불구덩이[火坑] 같으며, 비유하자면 이무기[蟒]나 독사毒蛇 같고, 또한 꿈에 본 것과 같으며, 빌린 장신구[莊嚴具]같고, 가지 끝의 익은 열매[果] 같다. 모든 욕망을 이와 같이 알아 모두 즐거워해서는[耽樂] 안 된다."라고 하는 것은, 앞서 말한 포만감이 없게 하는 등과 같이 모든 욕망 가운데에서는 여덟 가지 잘못이 모든 세상에서 다 같이 이루진다는 비유를 자세히 들어, 모든 욕망의 잘못이 매우 무거움을 보여주는 것이다. 또한 모든 욕망 가운데에는 이와 같이 많은 잘못을 갖추고 있음을 분명히 알 수 있으니, 어찌 지혜로운 이가 그것을 즐거워하겠는가[耽樂]를 보여주기 위한 것이다. 아울러 그 모든 욕망은 마른 뼈 같기 때문에 포만감이 없게 한다. 고기 조각 같기 때문에 '많은 것'[衆多]이 함께 소유한다. 마치 풀로 만든

횃불 같아 바로 앞에서 일어나면 몹시 뜨거워 괴롭기 때문에 '정법이 아닌'[非法] 원인과 조건이다. 큰 불구덩이와 같이 '목이 타는듯한 애착'[渴愛]이 생기게 하기 때문에 탐내고 애착함을 기른다. 이무기나 독사 같기 때문에 현성賢聖이 멀리한다. 꿈에서 본 것 같기 때문에 빠르게 괴멸시키는 데로 나아간다. 마치 빌린 장신구 같기 때문에 '여러 조건'[衆緣]에 의지한다. 마치 가지 끝의 무르익은 열매 같기 때문에 '위태롭게 없어짐'[危亡]과 '달아나 없어짐'[放逸]이 의지하는 곳이다.

(㊽의 뒤 반 게송-㊶게송에서) "'바른 교법'[正法]을 청해 듣고, 항상 생각하고 수행해야 하며, 먼저 거칢[麁]과 고요함[靜]을 살펴보고, 다음으로 수행에 있어 한결같이 '번뇌에 묶여있는 것'[煩惱麁重]을 버리고, 끊음[斷]에 있어 '기쁨과 즐거움'[欣樂]이 생기게 하고, '모든 모습'[諸相]을 '자세히 살펴'[觀察] '궁극에까지 힘씀'[加行究竟]을 이루어 '욕계의 욕망'[欲界欲], 그리고 '색계의 욕망'[色界欲]을 떠나 '진리가 나타난 것을 살핌'[眞諦現觀]에 들어 모든 욕망에서 떠나 '지금생의 열반'[現法涅槃]을 경험하고, '의지할 것'[餘依]이 영원히 다한다."라고 하는 것은, 요상(了相: 모습을 자세히 앎) 등 일곱 가지 의도[作意], '세상의 과정'[世道]과 '세상을 벗어난 과정'[出世道]이 모두 청정함에 의해 '의지할 데 있는 열반의 결과'[有餘依涅槃果]와 '의지할 데 없는 열반의 결과'[無餘依涅槃果]를 경험하여[證得] 증상혜학增上慧學이 궁극에까지 청정淸淨한 것을 보여 준다.

(여기에서) 바른 교법을 청해 듣고, 항상 생각한다는 말은 요상작의(了相作意: 모습을 자세히 알리는 의도)를 보여 준다. 항상 수행한다는 말은 승해작의(勝解作意: 해석하려는 의도)를 보여 준다. 해석[勝解]이 생겨서 수행하기 때문이다. 먼저 거칢과 고요함을 살펴본다는 말은 원리작의(遠

離作意: 멀리하려는 의도)를 보여 준다. 수행에 있어 한결같이 등의 말은 섭락작의(攝樂作意: 즐거워지려는 의도)를 보여 준다. 모든 모습을 자세히 살핀다는 말은 관찰작의(觀察作意: 자세히 살피려는 의도)를 보여 준다. 궁극에까지 힘씀이라는 말은 가행구경작의(加行究竟作意: 궁극에까지 힘쓰는 의도)를 보여 준다. 욕계의 욕망과 색계의 욕망을 떠나 진리가 나타난 것을 살핌에 들어 모든 욕망에서 떠난다는 등의 말은 세상[世間]과 '세상을 벗어난'[出世間] 가행구경과작의(加行究竟果作意: 궁극에까지 힘쓴 결과의 의도)를 보여 준다.

3.3 체의 의미의 가타體義伽他

'(배우는) 뜻이 나아가는 의미'[意趣義]로서의 가타를 해설하였다. 다음으로, '체體의 의미'[體義]로서의 가타를 성립시키겠다. 게송으로 말씀하신 것과 같다.

3.3.1 악함惡

몸[身], 말[語], 의도[意] 모든 것에서
모든 세상의 악惡을 짓지 말라.
유념[念]과 '바르게 앎'[正知]으로 모든 욕망[欲]에서 떠나고,
'의미 없는 괴로움'[無義苦]을 유도하는 것에 가까이 말라.

지금 이 게송에서 말하는 악惡이란 모든 '악의 실천'[惡行]을 가리킨다. '모든 종류'[一切種], '모든 원인과 조건'[一切因緣], '모든 곳'[一切處]에서 '악한 실천'[惡行]을 모두 지어서는 안 된다. (그렇다면) 무엇이 모든 종류의 악惡을 짓지 않는다는 것인가? 몸[身], 말[語], 의도[意]로 여러 악을 짓

지 않기 때문이다. 무엇이 모든 원인과 조건에서 악惡을 짓지 않는다는 것인가? 탐냄[貪], 분노[瞋], 어리석음[癡]에 의해 생긴 모든 악惡 끝내 짓지 않기 때문이다. 무엇이 모든 곳에서 악惡을 짓지 않는다는 것인가? '유정의 일'[有情事] 하는 곳과 '유정이 아닌 일'[非有情事] 하는 곳에서 여러 악을 짓지 않기 때문이다.

무엇이 유념과 바르게 앎으로 모든 욕망을 멀리한다는 것인가? '대상의 욕망'[事欲]을 끊고, '번뇌인 욕망'[煩惱欲]을 끊기 때문이다. (그렇다면) 무엇이 대상의 욕망을 끊는다는 것인가? 어떤 이가 여래如來께서 경험하신 '바른 교법'[正法]과 계율[毘柰耶] 가운데에서 청정한 믿음을 이루고, '가정에 있는 것'[居家]은 급박하고 감옥같다는 것을 분명히 알고 벗어날 것을 추구하는 등등 바르게 믿는 마음으로 '가정의 방식'[家法]을 버리는 것에 의해 집이 아닌 곳에 다다른다. 그런데 '욕계의 탐냄'[欲貪]을 아직 영원히 떠난 것은 아니다. 이를 '대상의 욕망'[事欲]을 끊어버렸다고 한다.

무엇이 '번뇌인 욕망'[煩惱欲]을 끊는다는 것인가? 그는 이미 가정을 떠나서, 욕계의 탐냄을 남김없이 끊으려고 '너른 들판'[曠野]이나 숲으로 가서 낡아빠진[邊際] 침구[臥具]에 편안히 머물기도 하고, 아란야[阿練若: aranya: 적정처寂靜處]에 머물기도 하고, 내지 '비고 조용한 방'[空閑靜室]에 있기도 하면서 모든 '대상의 욕망'[事欲]이 일으킨 모든 '번뇌인 욕망'[煩惱欲]에 속한 '이치에 맞지 않는 추리'[妄分別]와 탐냄[貪]을 다스리기 위해 사념주(四念住: 네 가지 염주)를 수행한다. 또는 도로 나와서 취락(聚落: 마을이 모여 있는 것)이나 마을[村邑] 근처에 머물며 몸을 잘 보호하고 제근諸根을 잘 지키며 '바른 유념'[正念]에 잘 머물면서, 취락에 들어가기도 하고 마을에서 돌아다니다가 되돌아가고 오가며 동작할 때 항상

'바르게 앎'[正知]에 머무른다. 잠자고 모든 피로를 풀기 위해 그는 곧 이 사념주四念住 가운데에서 바른 유념을 의지로 삼아서, '욕계의 탐냄'[欲貪]이라는 수면隨眠을 영원히 끊고자 '(번뇌를) 없앰'[對治]을 수행한다.

아울러 그는 '바르게 앎'[正知]에 머물러 의지로 삼기 때문에 모든 개(蓋: 덮개)를 멀리하고, 몸과 마음이 조화로워 감당해내며 왕성한 수행방법으로 수행하고, 끊고, 고요해진다. 그는 이와 같은 유념[念]과 '바르게 앎'[正知]을 의지로 삼기 때문에 곧 '번뇌인 욕망'[煩惱欲]이 끊어짐을 경험하고 모든 욕망[欲]을 멀리하여 내지는 초정려初靜慮에 충분히 머무른다. 이와 같이 욕망[欲樂]의 작용을 받아쓰는 곁에서 못나고 너절한 성질의 모든 '이생의 방식'[異生法]을 끊기도 하고, 알기도 한다.

무엇을 '의미 없는 괴로움'[無義苦]을 유도하는 것이라고 하는가? 어떤 사문이나 바라문이 스스로 고행苦行을 하며 지금생 중에 여러 가지 괴로움을 스스로 '달달 볶듯이 사무치게'[逼切] 그리고 두루 '탈 듯이 괴롭히며'[燒惱] 이르기를, "나는 이제 지금생에 괴로움을 '달달 볶듯이 괴롭게'[逼惱] 겪었기 때문에 장래의 괴로움으로부터 해탈한다."고 한다. 비록 이런 일을 추구하며 스스로 '달이고 달달 볶는다'[煎逼]해도 그는 이런 일을 끝내 이루지 못한다. 그리고 또한 크게 '괴로운 일'[損惱事]을 초래한다. 이를 의미 없는 괴로움을 유도하는 것이라고 한다. 모든 '성인 제자'[聖弟子]는 이와 같이 스스로 고행苦行을 받아쓰는 곁에서 성스롭지 못한 의미 없는 괴로움을 유도하는 방식을 잘 분명하게 안 뒤에는 멀리 피하고 가까이하지 않으며 받들지도 않는다.

이제 위에서 말한 의미를 간략히 설명하고자 한다. 요점[略義]이란 무엇인가? 모든 유정은 두 가지 완성[滿]이 있다. 첫째, '뛰어나게 태어남의 완성'[增上生滿], 둘째, '결정적으로 뛰어남의 완성'[決定勝滿]이다. '뛰어나게 태어남의 완성'[增上生滿]이란 '좋은 세상'[善趣]으로 가는 것을 가리킨다. '결정적으로 뛰어남의 완성'[決定勝滿]이란 애착이 다하고 욕망을 떠나 고요하게[寂滅] 열반涅槃하는 것을 가리킨다. 이 두 가지 완성[滿]을 장애하는 것을 끊어 (완성을) 경험하는[證] 것을 '간략한 설명'이라고 한다. 만일 '모든 종류'[一切種], '모든 원인과 조건'[一切因緣], '모든 곳'[一切處]에서 '악한 실천'[惡行]을 짓지 않으면, 그는 뛰어나게 태어남의 완성을 장애하는 것을 끊고, 뛰어나게 태어남의 완성을 경험할 수 있다. 만일 욕망[欲樂]의 작용을 받아쓰는 곁과 스스로 고행苦行을 받아쓰는 곁에서 결정코 (그것을) 멀리하면, 그는 곧 결정적으로 뛰어남의 완성을 장애 하는 것을 끊고, 결정적으로 뛰어남의 완성을 경험할 수 있다. 이를 이 중의 요점이라고 하는 것을 알라.

3.3.2 말說

말하여[應説] 생각[想: 개념형성]하는 중생衆生은
말함[應説]에 의해 편안히 머무르며,
말함[應説]을 분명하게 알지 못해
생사生死를 초래한다.

만일 말함[應説]을 분명하게 알면
'말하는 이'[説者]에게 염려가 없으며,
이런 것이 없기 때문에
남이 비난해서는 안 된다.

만일 같음[等], 뛰어남[勝], 못남[劣]을 헤아리면

그는 마침내 논쟁[諍論]를 하게 되며,

세 가지에 흔들리지 않으면

같음[等], 뛰어남[勝], 못남[劣] 모두가 없다.

명색名色, 애착[愛], 으스댐[慢]을 끊으면

집착이 없어 연기[煙]가 고요해지며[寂靜],

괴로움[惱]과 바람[悕]이 없어 볼 수 없는 것은

바로 천계[天]와 사람세상[人世]이다.

  이 네 가지 게송 중에 처음으로 말한 말함[應說]이란 모든 유위법有爲法을 가리킨다. 왜냐하면 모든 유위법은 세 가지 '말의 대상'[言事]에 속하기 때문이다. 지금은 이 의미 가운데 묘오욕(妙五欲: 뛰어난 오욕)을 말함[應說]이라고 한다. 또한 묘오욕妙五欲은 여러 사문沙門, 바라문婆羅門 등이 시주施主 곁에서 말로 구걸[求索]하기 때문에 말함[應說]이라고 한다. 또한 모든 군주君主는 묘오욕妙五欲에 대해 하인[僕使]을 말로 불러내어 받아쓴다. 이 때문에도 말함[應說]이라고 한다. 또한 모든 '욕망을 느끼는 이'[受欲者]는 묘오욕妙五欲에 대해 저절로 잘못을 잘 알지 못한다. 다만 모든 부처님과 부처님 제자가 그를 위해 잘못을 '밝혀 말해'[宣說] 주어 분명하게 아는 경우는 제외한다. 이 때문에도 말함[應說]이라고 한다. 모든 '욕망을 느끼는 이'[受欲者]는 모든 욕망 가운데에서 '바른 사유'[正思惟]를 하지 못해 그 모습을 취하고 또한 좋아하는 대로 취하니 그 욕망에 대해 곧 '애착에 물들어'[愛染] 받아쓰고 즐거워하여[耽嗜] '굳게 집착한다'[堅著].

  아울러 모든 욕망에 대해 여러 잘못이 있음을 사실대로 알지 못한다. 이를테면 모든 욕망은 무상無常하고, 가짜[虛僞]이고, 비어서 실재[實]가 없는 '잃고 무너지는'[敗壞] 존재이다. 마치 마술[幻事]로 어리석은 이를 '속여 호리는'[誑惑] 것과 같다. '사랑스러운 맛'[愛味]은 아주 적고 잘못은 많은데, 이와 같이 맛은 적고 잘못은 많은 모든 욕망에서 벗어나는 것을 사실대로 분명하게 알지 못한다. 이를테면 '욕계의 탐냄'[欲貪]을 굴복시키고 뛰어넘는 것이 바로 벗어남[出離]인데, 그는 이미 이와 같은 잘못을 보지 못하였고 벗어나는 것을 알지 못해 모든 욕망을 느낀다. 이 '원인과 조건'[因緣]에 의해 욕계에 생겨남[生]을 근본으로 삼는 제행(諸行: 모든 변천하는 존재)에 대해 '즐거워 집착함'[樂著]이 깊이 일어난다. 또한 생겨남[生]을 근본으로 삼는 업업을 짓고 나면 욕계에 생겨남을 받고, 생겨난 뒤에는 '죽어 소멸하며'[死滅], 생겨난 뒤에는 '죽어 떨어진다'[殞歿]. 이와 같기 때문에 말하기를, "말하여[應說] 개념형성[想]하는 중생衆生은 말함[應說]에 의해 편안히 머무르며, 말함[應說]을 분명하게 알지 못해 생사生死를 초래한다."라고 하였다.

　만일 '선한 분'[善士]을 만나 '바른 교법'[正法]을 듣고 '이치에 맞게 의도하면'[如理作意] 곧 모든 욕망에 대해 잘못에서 벗어나는 것을 사실대로 분명하게 안다. 이를테면 모든 욕망은 무상無常하고, 가짜[虛僞]라는 등등 욕계의 탐냄을 뛰어넘는다는 것이다. 그는 여래如來께서 경험하신 '바른 교법'[正法]과 계율[毘柰耶] 가운데에서 청정한 믿음을 이루고, 곧 모든 욕망의 잘못을 깊이 보고 점점 뛰어나져[增勝] 마침내 많든 적든 '귀한 재물'[財寶], 창고[庫藏], 친척[眷屬], '따르는 이'[遊從]를 버리고, 바르게 믿는 마음으로 '가정의 방식'[家法]을 버리고 집이 아닌 곳에 다다른다. 이를테면 모든 생겨남[生], 늙음[老], 병듦[病], 죽음[死]을 다 영원히 소멸시킨다. 이와 같이 출가出家하여 바라는 것이 없이 범행梵行을 수행한다.

이를테면, "나는 이처럼 '계를 지니고'[持戒] 정진精進하며 범행梵行을 수행하기 때문에 장차 천계[天]나 '천계와 다른 곳'[異天處]에 생겨나리라."라고 하는 것과 같은 '비뚠 바람'[邪祈願]이 없기 때문에, 자기에 대한 남들의 비난을 볼 수 없고 두려워하지도 않고 염려도 없다.

이를테면 남들이 이와 같이 비난[譏論]을 해서는 안 되는데도 비난하면 이르기를, "어진 이여, 그대는 지금 어째서 한창 때가 되어 나타나는 '뛰어난 욕망'[妙欲]을 버리고, 친척의 바람과 즐거움을 따르지 않고서는 이제 와서 다시 '때를 기다리는'[待時] 모든 욕망을 바라며 범행梵行을 수행할 것을 맹세하는가?"라고 한다. 이렇기 때문에, "만일 말함[應說]을 분명하게 알면 '말하는 이'[說者]에게 염려가 없으며, 이런 것이 없기 때문에 남이 비난해서는 안 된다."라고 하였다.

이는 곧 청정淸淨한 시라尸羅와 청정한 견해[見]를 성취하는 것이다. 왜냐하면 견해가 전도顚倒됐기 때문에 으스댐[慢]을 발생시키고, 으스댐을 지니기 때문에 다른 사문, 바라문 등과 논쟁을 하는 것이다. 이 때문에 이와 같은 견해는 논쟁의 근본이라고 한다. 만일 어떤 사문, 바라문이 같음[等], 뛰어남[勝], 못남[劣] 등 논쟁의 근본이 되는 견해에 의해 마음에 '높이는 것'[高擧]이 나타나면, 이 때문에 마침내 다른 사문, 바라문 등과 서로 번갈아 논쟁하게 된다. '나는 뛰어나다'[我勝], '나는 같다'[我等], '나는 못났다'[我劣] 등 세 가지 으스대는[慢] 종류에 의지해서 자기를 내세워 뛰어나다거나, 같다거나, 못났다고 한다.

만일 '성인 제자'[聖弟子]라면 나[我], 내 것[我所], 아만(我慢: 나라고 으스댐)에 흔들리지 않으며 내지는 또한 "나는 장차 '생각이 있는 것'[有想]도 아니요, '생각이 없는 것'[無想]도 아니리라."하는 것에 흔들리지 않는다. 제행(諸行: 모든 변천하는 존재)은 모두 여러 조건[緣]에서 생긴다는 것을 분명하게 알고, 제행諸行 가운데에서 '존재의 성질'[法性]만을 본다. 여전히 자기를 남과 비교하여 뛰어나다, 같다, 못났다고 하지 않는데, 하물며 견해와 으스댐을 일으켜 논쟁하겠는가! 그 성인 제자는 비록 이측, 저측이 자기 주장을 내세우면서 남의 이론을 굴복시키기는 하지만, 제법(諸法: 모든 존재)에 대해서 오직 자비(慈悲: 자애롭고 불쌍히 여김)에서 비롯하여 '존재의 성질'[法性]로만 삼아 이르기를, "장차 어찌할까? 만일 내가 말한 '훌륭한 의미'[妙義] 한 구절이라고 이해하여 이러저러하게 바르게 수행하는 이가 있다면, 그가 오랜 세월 동안 큰 의미 있는 이익과 안락함을 얻게 하고 여래如來의 정법正法도 오래 머무르게 하리라."라고 하며, 견해[見]와 으스댐[慢]에 의해 '이익 보는 것'[利養]과 공경恭敬을 위하는 것 때문에 논쟁을 하지 않는다.

이와 같이 지금생의 모든 '뛰어난 욕망'[妙欲]을 바라지 않기 때문에 범행梵行을 수행할 것을 맹세한다. 그는 이와 같이 범행梵行을 수행하기 때문에 '비뚠 바람'[邪願]과 모든 '비뚠 견해'[邪見]를 멀리하고 이익 보는 것과 공경에 대한 탐냄을 버려 모든 종류에서 청정淸淨해지고 빛이 왕성해 널리 비추지 않는 데가 없어 모든 천天과 세상 사람들이 오직 칭송[讚美]할 뿐 비난하지 않는다. 또한 생겨남[生], 늙음[老], 병듦[病], 죽음[死]을 뛰어 넘는다. 이렇기 때문에 "만일 같음[等], 뛰어남[勝], 못남[劣]을 헤아리면 그는 마침내 논쟁[諍論]를 하게 되며, 세 가지에 흔들리지 않으면 같음[等], 뛰어남[勝], 못남[劣] 모두가 없다."라고 하였다.

명색(名色: 의근意根과 물질로 된 오근五根)이란 오취온(五取蘊: 다섯 가지 집착된 온)을 가리킨다. 만일 그것을 살펴 괴로움[苦]을 본다면 제현관(諦現觀: 진리가 나타난 것을 살핌)을 해야 한다. 오취온五取蘊에 대해 모두 괴로움을 보았을 때는 오취온의 '탐내고 애착함'[貪愛]은 의향[意樂] 때문이므로 모두 끊는다[斷]고 한다. 수면(隨眠: 잠재된 번뇌)이 아니기 때문이다.

그가 만일 자기가 이룬 과정대로 점점 수습을 하여 아만我慢을 남김없이 끊어 없애면, 아라한(阿羅漢: 무학위無學位)을 이루어 모든 번뇌가 영원히 다한다. 이미 아라한과阿羅漢果를 경험했기 때문에, 마음이 잘 해탈解脫하여 곧 '자기 몸'[自身]과 자기 몸의 여러 도구에 대한 전(纏: 얽힘)과 수면隨眠이 모두 영원히 끊어지며, 애착[愛]에서 떠나고, '지나치게 자부함'[憍]에서 떠나고, 모든 방종[放逸]에서 떠난다. 그는 이와 같이 애착에서 떠나고, 지나치게 자부함에서 떠나고, 방종에서 떠났기 때문에, 연기가 고요해진다고 하며, 타는 듯한 괴로움도 없고, 바람[悕望]도 없다. (그렇다면) 무엇을 '연기가 고요해진다'[煙寂靜]고 하는가? 연기[煙]는 애착[愛]이라고 한다. 왜냐하면 세상의 연기가 바로 불[火] 직전의 모습으로서 눈을 손상시키고 곧 편안히 있지 못하게 시끄럽고 떠들썩하게하는 것과 마찬가지로, 애착[愛]도 탐냄[貪], 분노[瞋], 어리석음[癡]이라는 불 직전의 모습으로서 혜안慧眼을 손상시키고, 지속적으로 마음을 혼란스럽게 하며 의미 없는 '깊은 생각'[尋思]을 직접적으로 유도한다. 그는 이 애착[愛]을 이미 끊었고 이미 알았으며 내지는 그것이 장차[當來世]로는 생기지 않게 하는 방법을 이루는 것을 '연기가 고요해진다'[煙寂靜]고 한다. 그는 이미 이와 같이 연기가 고요해져 집착을 떠났으므로 비록 다시 생활[命]의 조건인 여러 도구를 추구하므로, 추구하지 않는 것은 아니라고 하더라도 '탐내고 애착함'[貪愛]을 추구하는 것에서 해탈解脫했기 때문에 구하는 대상에 물듦이 없다.

 괴로움[惱]이 없다는 것은 무엇인가? 그가 이와 같이 지금 추구할 때에 남이 스스로 보시하거나 다른 이에게 권하여 보시하거나 하되 정중[殷重]한 즉 정중하지 않음이 없고, 정성을 들여 거칠지 않고, 많은 즉 적은 것이 아니고, 빠른 즉 늦추지 않을 경우에도 '그 맛에 애착하지'[愛味] 않고, 얻는 물건에 물들지 않고 받아쓰며[受用], '즐거워 아낌'[耽吝] 내지는 '굳게 집착함'[堅著]이 생기지 않는다. 이와 같이 살림살이[命資具]를 받아쓸 때, '탐냄의 괴로움'[貪惱]에 의해 '타는 듯한 괴롭힘'[燒惱]을 당하지 않는다.

 어떤 시주施主가 스스로 보시를 않거나 다른 이가 보시하는 것을 막고, 보시한다 하더라도 정중하지 않음을 보이는 즉 (이측도) 정중함을 나타내지는 않고, 내지는 늦추어 빠르지 않은 경우에도 싫어 원망하지 않고, 이 때문에 '분노하는 괴로움'[恚惱]이 생기지 않는다. 또한 얻은 물건을 받아쓸 때, 우울해하거나 기억하지 않으며 '해코지하려는 마음'[損害心]과 '분노하는 마음'[瞋恚心]이 없다. 이와 같이 '분노하는 괴로움'[瞋惱]에 괴롭힘을 당하지 않는다. 또한 얻은 것이 정성스럽거나 거칠거나 간에 받아쓸 때, 잘못을 깊이 보고 벗어남을 잘 알며 '바른 유념'[正念]에 편안하게 머무르며 어리석음을 멀리한다. 이와 같이 '어리석음이라는 괴로움'[癡惱]에 괴롭힘을 당하지 않는다.

 바람[悕]이 없다는 것은 무엇인가? 바람[悕]은 희망悕望이라고 하는데 마음을 묶어두는 것이다. 그는 '코를 쳐들며'[擎鼻] 속에 탐냄의 바람을 품지 않고서,[98] 거주하는 집, 예를 들자면 찰제리(刹帝利: kṣatriya) '큰 가

---

98) 유가론기 제5권하(대정장 42. p.419c15-17): 그는 '코를 쳐들며'[擎鼻] 속에 탐

문 집'[大宗葉家]이나, 바라문(婆羅門: brāhman), 장자(長者: 자산가), 거사(居士: 우바새優婆塞: upāsaka: 재가신자 가운데 남자)의 큰 가문 집으로 나아가며, "내 장차 그곳에서 아주 훌륭한 '알맞은 곳'[應所], 음식 내지는 귀한 재물, 의복, 반찬, 여러 방석과 침구, '병과 관련한 의약품'[病緣醫藥], '몸을 돕는 살림살이'[供身什物]을 얻으리라."라고 한다. 이와 같이 추구하고 받아쓰는데 이 재물에 대해서는 도무지 희망悕望이 없다.

그는 또한 항상 '죽음의 생각'[死想]에 편안히 머무르며 이르기를, "밤이 지나면 낮이 오고 다시 낮이 가면 밤이 오는데, 그사이에도 나는 죽을만한 '원인과 조건'[因緣]이 한 없이 많다."라고 한다. 경經의 자세한 설명과 같은데, 예를 들어 풍병[發風] 내지는 '사람 아닌 존재'[非人]에 대한 공포恐怖이다. 이 때문에 추구하고 재물을 받아쓰는데, 이 수명壽命에 대한 희망悕望도 없다.

이와 같이 집착이 없고 연기가 고요해져 타는듯한 괴로움과 희망이 없기 때문에 천인天人, 제석帝釋, 자재천[自在], 세주천(世主天: 범천梵天) 등의 원인 중에서 도무지 볼 수 있는 것이 없고, 그 천인의 모든 인과因果 중에서도 볼 수 있는 것이 없다. 또한 (이곳) 사대주四大洲의 천天과 사람의 세상 및 그 외의 거처[處]에서도 도무지 볼 수가 없다. 이와 같기 때문에 말하기를, "괴로움[惱]과 바람[悕]이 없어 볼 수 없는 것은 바로 천계[天]와 사람세상[人世]이다."라고 하였다.

냄의 바람을 품지 않는다는 것은, 술에 잔뜩 취한 코끼리처럼 코를 쳐들고 남의 집으로 서슴지 않고 곧장 가서 바라는 것을 탐내며 요구해서는 안 된다고 모든 비구에게 권하는 것이다. 彼不擎鼻內懷貪願顚者。勸諸比丘不應如彼狂醉之象擧其鼻直往他家規求所欲。

처음 게송은 때를 기다리는 모든 욕망[欲]과 욕망에서의 '비뚠 실천'[邪行] 및 비뚠 실천의 결과를 보여 준다. 둘째 게송 중에서는 욕망을 버림은 바른 이치에 알맞다는 것과 범행梵行을 깨끗하게 수행하는데 비난을 받음은 이치에 맞지 않는다는 것 및 때를 기다리는 욕망을 보여준다. 둘째 게송과 같이 셋째 게송도 그렇다. 넷째 게송에서는 세존世尊께서 지금 '경험하신 존재'[所證法]는 '훨훨 타오르는 불길'[熾燃]을 영원히 떠나며 내지는 지혜로운 이가 '안으로 스스로가 경험한 것'[內自所證]을 보여 준다.

아울러 처음 게송 중에서는 모든 욕망은 바로 말함[應說]의 모습임을 밝혀 말하고, 때를 기다리는 욕망을 나타냈다. 그 모든 욕망은 잠깐의 시간이면 곧 이루어지는 것이 아니고 말이 앞선 연후에 받아씀[受用]을 추구하는 것이 필요하기 때문이다. 또한 그에 대한 생각(想: 개념형성) 때문에 편히 머무르지만 분명하게 알지 못하므로 '비뚠 실천'[邪行]을 일으키고, 생겨나고 죽는 비뚠 실천의 결과를 초래함을 나타낸다.

둘째 게송에서는 모든 욕망을 분명하게 알기 때문에, '비뚠 바람'[邪願]에서 떠나기 때문에, 범행梵行을 수행하기 때문에, '비뚠 견해'[邪見]를 떠나기 때문에, 견해[見]를 근본으로 하는 아만我慢 종류를 떠나기 때문에, '이익 보는 것'[利養]과 공경恭敬에 대해 '좋아 애착함'[耽著]을 멀리하기 때문에, 모든 욕망을 버려 바른 이치에 알맞고, 이 때문에 남에게 비난받는 것은 이치에 맞지 않는다는 것을 나타낸다. 또한 모든 욕망은 바로 때를 기다리는 성질이라는 것을 나타낸다. 왜냐하면 만일 전생[先世]에 복(福: 즐거운 결과)을 짓지 않은 이는 비록 지금 힘을 쓴다 해도 즐거워하고 바라는 결과를 내지 못하고, 또는 지금생[今世]에만 복福을 지은 이는 지금생에 즐거워하고 바라는 것과 우연히라도 마주치지 못하지만 이 '원인과 조건'[因緣] 때문에 나중에는 이루게 된다. 그래서 모든 욕망을 '때를 기다림'[待時]이라고 한다.

넷째 게송에서는 '견도에서 끊는 번뇌'[見斷煩惱]를 끊었기 때문에 지금 처음의 사문沙門과 '사문의 결과'[沙門果]를 경험하고, '수도에서 끊는 번뇌'[修所斷煩惱]를 끊었기 때문에 지금 뒤의 사문沙門과 '사문의 결과'[沙門果]를 경험한다는 것을 보여준다. '탐내고 애착함'[貪愛]을 끊었기 때문에, 아만我慢을 끊었기 때문에, 지금 '경험하는 존재'[所證法]를 이와 같이 보여 준다. 또한 집착에서 떠났기 때문에, 연기가 고요해졌기 때문에, '훨훨 타오르는 불길'[熾燃]에서 영원히 떠나며 내지는 지혜로운 이가 '스스로 안으로 경험함'[自內所證]을 보여 준다. 그가 이와 같은 스스로 안으로 경험함을 얻고 어떻게 남들이 분명하게 알 수 있게 하는가? '타는 듯한 괴로움'[燒惱]이 없고, 희망悕望하는 대상이 없는 모습이 드러남에 의해서이다.

이 중에 앞의 세 게송은 세존世尊께서 여러 천天을 위해 말씀하셨는데, "필추(苾芻: 비구比丘)는 여래如來의 '성스러운 가르침'[聖敎]의 '큰 의미'[大義]를 '높이 나타낼'[顯揚] 수 없고 나만이 가능하다."라고 말씀하실 때에 그들은 이미 '깨달아 알아서'[領悟] 필추苾芻에 대해 생기는 '업신여기는 마음'[陵蔑心]과 자기 몸에 대해 마음에 생기는 교만憍慢 모두를 소멸시킬 수 있음을 보여 준다. 넷째 게송에서는 여래如來의 성스러운 가르침의 큰 의미를 자세히 나타냈다.

3.3.3. 탐냄貪

'욕계의 탐냄'[欲貪]에 '꺾이거나 가려져'[摧蔽]
제 마음이 두루 불타고 있으니

오직 대선大仙께서는 가엾게 여겨

말씀하셔서 제 마음이 고요하게 하소서.

너의 생각[想: 개념형성]의 전도 때문에

마음이 두루 불타게 되었다.

그러니 항상 멀리할 것은

탐냄을 유도하는 '깨끗하고 예쁜 모습'[淨妙相]이다.

너는 부정관(不淨觀: 깨끗지 않다고 살피는 것)을 수행하여

항상 '하나의 대상영역'[一境]에 안정시켜야 하고

탐욕의 불을 빨리 소멸시키기 위해

자주 '물을 쏟아 부어야'[澆灌] 한다.

예쁘지 않은[非妙] '모든 변천하는 존재'[諸行]를 살피되

괴로움[苦]으로 삼고, 무아無我로 삼으며

또한 생각을 몸에 묶어[繫]

'염증 나서 떠나려는'[厭離] 수행을 많이 하라.

'모습이 없음'[無相]을 많이 수행하여

으스댐[慢]과 수면隨眠을 무너뜨리고,

으스댐[慢]에 대해 '나타난 것을 살핌'[現觀]에 의해

'괴로움의 한계'[苦邊際][99]를 경험[證]해야 한다.

 (이 다섯 게송 중에서 우선) 무엇을 생각[想: 개념형성]의 전도顚倒라고 하는가? '깨끗지 못한 대상영역'[不淨境]에 대해 깨끗지 못한 모습[相]을

---

99) '괴로움의 한계'[苦邊際]: 괴로움과 그 원인이 영원히 소멸함.

버리고 바르지 못하게 사유思惟하여, '깨끗하고 예쁜 모습'[淨妙相]을 취하여 좋은 대로 취하는 것을 가리킨다.

무엇이 탐냄을 유도하는 '깨끗한 모습'[淨相]을 멀리하는 것인가? 어떤 이가 젊어서 한창때의 모습인 사랑스럽고 즐길 만한 여러 여자[母邑: matṛ-grāma: 여색女色]를 보고서는 곧 '여러 근'[諸根: 육근六根]을 다잡아[攝] 생각해내지[隨念] 않는 것을 가리킨다.

무엇을 항상 '하나의 대상영역'[一境]에 안정시켜 부정관(不淨觀: 깨끗지 않다고 살피는 것)을 수행한다고 하는가? 어떤 이가 우선 '정교한 수행방법'[巧便]으로 '어질고 선한'[賢善] 삼마지三摩地의 모습[相]을 취하는 것이다. 이를테면 청어(青瘀: 시신의 피부가 푸릇하게 피가 맺힘) 내지는 백골白骨이다. 또는 '뼈가 부스러진 모습'[骨瑣相]이다. 곧 이 모습으로 지금 얻은 사랑스러운 대상영역에 '생각을 묶어'[繫念] 사유思惟하는 것이다. 앞에서와 같이 뒤에서 취하는 것도 그와 같다. 또한 '안 몸'[內身], 자기나 남에 대해 여러 가지 '깨끗지 못한 것'[不淨]으로 가득하다고 자세히 살피는 것이다. 이를테면 이 몸 안에는 털[髮]도 있고, 손발톱[爪] 내지는 대소변[便利] 등 여러 가지 깨끗지 못한 것이 있다.

무엇을 '예쁘지 않은'[非妙] '모든 변천하는 존재'[諸行]를 살피되 괴로움[苦]으로 삼는다고 하는가? 어떤 이가 사유思惟하기를, "젊어서 한창인 모습인 사랑스럽고 즐길 만한 여러 여자[母邑]를 보고서 생긴 '탐내고 애착함'[貪愛]·받아씀[受用]·희망悕望은 곧 집제(集諦: 괴로움이 모인다는 진리)로서 여러 '괴로움의 원인'[苦因]이다. 이 때문에 생겨나고[生], 생겨나면 늙어죽으며[老死], '울며 탄식하고'[愁歎] 근심하는[憂] 괴로움 등 여러 가지 '혼란스러운 괴로움'[擾惱]이 이로부터 생긴다."라고 하는 것이다.

무엇을 '예쁘지 않은'[非妙] '모든 변천하는 존재'[諸行]를 살피되 무아無我로 삼는다고 하는가? 어떤 이가 사유思惟하기를, "내 '몸의 생김새'[身形]와 여자 '몸의 생김새'[身形] 가운데 도무지 나[我] 및 유정有情 등이 없다. 누가 '받아쓰는 주체'[能受用]이고, 누가 '받아쓰는 대상'[所受用]이란 말인가? 다만 이들은 '모든 변천하는 존재'[諸行]일 뿐이고, '모든 존재'[諸法]일 뿐으로 '여러 조건'[衆緣]으로부터 생긴 것이다."라고 하는 것이다.

무엇을 몸에 '생각을 묶어'[繫念] '염증 나서 떠나려는'[厭離] 수행을 많이 한다고 하는가? 어떤 이의 성품이 바로 '욕계의 탐냄'[欲貪]이 왕성한 종류인데, 바로 왕성한 욕계의 탐냄의 종류이기 때문에 비록 여러 근根을 다잡는다 해도 '탐냄의 욕망'[貪欲]이 그 마음을 망친다[損壞]. 비록 다시 '깨끗지 못함'[不淨], 괴로움[苦] 및 무아無我를 의도하고 사유한다 해도 역시 욕계의 탐냄이 그 마음을 망친다. 이 때문에 그는 깨끗지 못함, 또는 괴로움, 무아無我에 의지해 의도하고 사유해도 잠시[權時]만에 '염증 나서 무너지고'[厭毀] 거슬러 순조롭지 않아서 신념주(身念住: 몸에 생각을 머무르게 함)에 생각을 묶어 앞에 있게 하여 가까이 하고 수행한다. 만일 많이 수행하면 그는 이와 같은 수행에 많이 머무름으로 말미암아 곧 이러한 왕성한 '욕계의 탐냄'[欲貪]을 끊을 수 있다. '모든 근'[諸根]을 다잡을 경우에는 욕계의 탐냄이 그 마음을 망치지 않는다. 다시 '깨끗지 못함'[不淨], 괴로움[苦] 및 무아無我를 의도하고 사유하는 경우에도 '탐냄의 욕망'[貪欲]이 그 마음을 망치지 않는다. 그는 이와 같은 수행을 수행함으로 말미암아 모든 '욕계의 탐냄'[欲貪] 전纏의 '나타나 작용하는 것'[現行]만 끊어지고, 수면(隨眠: 잠재하는 번뇌)은 끊어지지 않는다.

아울러 이 욕계의 탐냄 전纒 및 수면隨眠은 간략히 두 가지 보특가라補特伽羅에게서 지속적으로 이루어진다. 첫째, 이생異生에게서 지속적으로 이루어진다. 둘째, 유학有學에게서 지속적으로 이루어진다. 비록 일부는 유학有學 몸에서도 이루어지지 않을 수도 있는데, '하계의 탐냄'[下貪: 욕계의 탐냄]은 영원히 끊었기 때문에 편안[安隱]하지만, '상계의 탐냄'[上貪: 색계와 무색계의 탐냄]은 아직 못 끊었기 때문에 편안하지 않다. 무학無學의 몸에서는 '중간 영역'[中界: 색계], '훌륭한 영역'[妙界: 무색계]의 '탐냄의 욕망'[貪欲]이 아직 이루어지지 않는데, 하물며 '못난 영역'[劣界: 욕계]의 것이겠는가! 무학無學인 이는 하계와 상계의 탐냄이 끊어져 모든 부분에서 이미 편안해졌다. 이를 분명하게 아는, 아직 '욕계의 탐냄'[欲貪]의 일부에서 떠나지 못한 유학有學인 이는 나중의 무학無學에 대해 마음으로 바라고 즐거워한다.

반열반般涅槃이 고요함[寂靜]의 공덕(功德: 훌륭한 결과를 내는 능력)을 보는 것은 '모든 모습'[一切相]을 다시 사유思惟하지 않기 때문이고, 항상 '모습이 없는 영역'[無相界]을 바르게 사유하기 때문이고, '모습이 없는 선정'[無相定]을 부지런히 수행하고 배우기 때문이다. 또한 이에 대해 많이 수행하기 때문에 삼계三界의 수도修道에서 아만我慢을 끊고, 이를 끊었기 때문에 무학無學은 삼계三界의 욕망[欲]을 떠난다고 한다. 상계와 하계의 탐냄[貪]을 끊고 나서 편안해져 모든 '괴로움의 원인'[苦因]을 모두 버리고 떠났기 때문에 모든 '여러 괴로움'[衆苦]의 한계[邊際]를 경험한다. 이래서 '모습이 없음'[無相]을 수행하여 으스댐[慢]과 수면隨眠을 무너뜨리고, 으스댐에 대해 '나타난 것을 살핌'[現觀]에 의해 당연히 '괴로움의 한계'[苦邊際]를 경험한다고 한다.

이제 위에서 말한 의미를 간략히 설명하고자 한다. '탐냄의 욕망'[貪欲]은 이것 때문에 생김, 그리고 이것 때문에 고요함[寂靜]과 그 고요함을 나타낸다. 이것이 바로 이 중의 요점[略義]임을 알라. (그렇다면) '탐냄의 욕망'[貪欲]은 이것 때문에 생김이란 무엇인가? 다섯 가지 원인 때문임을 가리킨다. 첫째, '깨끗하고 예쁜 모습'[淨妙想] 때문이다. 둘째, '기쁜데다 즐겁고 좋아하기'[欣樂樂] 때문이다. 셋째, 유정有情이라는 개념형성[想] 때문이다. 넷째, 왕성한 탐냄[貪] 때문이다. 다섯째, 수면隨眠이 남아 다하지 않았기 때문이다.

'탐냄의 욕망'[貪欲]이 생기고 나서는 이것 때문에 고요함[寂靜]이란 무엇인가? 다섯 가지 원인 때문임을 가리킨다. 첫째, '깨끗지 못하다'[不淨]고 의도[作意]하여 사유思惟하기 때문이다. 둘째, 괴로움[苦]이라고 의도하여 사유하기 때문이다. 셋째, 무아無我라고 의도하여 사유하기 때문이다. 넷째, '생각을 묶어'[繋念] '염증 나서 떠나려는'[厭離] 수행을 많이 하기 때문이다. 다섯째, 수면隨眠을 남김없이 영원히 소멸시키기 때문이다.

고요함[寂靜]이란 무엇인가? 이 고요함은 두 가지가 있다. 첫째, '나타나 작용함'[現行]이 고요해진다. 둘째, 수면隨眠을 영원히 끊어 장차 일어나지 않는다. (앞서의 고요함의 원인 가운데) 앞의 네 가지 고요해지는 '원인과 조건'[因緣] 때문에 처음의 고요함이 완성된다. 다섯째 원인 때문에 둘째 (고요함이) 성취된다.

3.3.4 폭류暴流

어떻게 필추苾芻가 많이 머무는 곳에서
다섯 폭류暴流 넘고[越] 장차 여섯째 것을 건넙니까?
어떻게 선정하는 이는 건넌 것이

'욕망하고 애착함'[欲愛]인데, 아직 요주腰舟를 못 얻습니까?

몸이 가뿐하고[輕安] 마음이 잘 해탈解脫함은

무작無作하고, 계념繫念하고, 불경동不傾動하며,

'존재를 분명히 하고'[了法], 무심정無尋定을 수행하여

화[憤], 애착[愛], 혼침惛沈의 잘못에서 해탈解脫함이다.

이와 같이 필추苾芻가 많이 머무는 곳에서

다섯 폭류暴流 넘고[越] 장차 여섯째 것을 건넌다.

이와 같이 선정하는 이가 건넌 것이

'욕망하고 애착함'[欲愛]인데, 아직 요주腰舟를 못 얻는다.

이는 천녀天女의 질문으로 인한 가타伽他이다. 폭류(暴流: 거센 물결)에는 여섯 가지가 있다. '눈이라는 폭류'[眼暴流]가 모든 '보이는 것'[色]을 보는 것에서부터 '의라는 폭류'[意暴流]가 모든 존재를 식별하는 것까지를 가리킨다. 부처님, '성스러운 제자'[聖弟子], 유학有學은 '자취를 보았기'[見迹]때문에, 기쁨을 따르는 눈이 알려는 대상인 '보이는 것'[色]에 대해 애착함[愛]에 머무르지 않는다. 그리고 근심을 따르는 눈이 알려는 대상인 '보이는 것'[色]에 대해 분노에 머무르지 않는다. 그리고 (기쁨도 근심도 아닌) 중립[捨]을 따르는 눈이 알려는 대상인 '보이는 것'[色]에 대해 자주 '생각으로 선택하여'[思擇] 중립[捨]에 편안히 머무른다. 그것이 이미 생겨서 욕탐전(欲貪纏: 욕계의 탐냄이라는 얽힘)이나 진에전(瞋恚纏: 분노라는 얽힘)이나 우치전(愚癡纏: 어리석음이라는 얽힘)이 '기쁨의 몸'[喜身], '근심의 몸'[憂身], '중립의 몸'[捨身] 등 '세 가지 몸'[三身]을 대상[緣]으로 삼는다하더라도 '굳게 집착하지'[堅著] 않고 내지는 '변화시켜 뱉는다'[變吐]. 이러한 원인과 조건 때문에 세 가지 몸에 속한 모든 번뇌전(煩

惱纏: 번뇌의 얽힘)이 나타나 작용하지 않게 하여 가뿐함에 머무른다. 이를 '몸이 가뿐함'[身輕安]을 이루었다고 한다.

그런데 아직 마음이 잘 해탈解脫하지 않은 것은 그 수면隨眠이 아직 영원히 끊어지지 않았기 때문이다. 그는 나중에야 그 수면隨眠에 속한 것을 영원히 끊을 수 있으니, 곧 그에 속한 모든 번뇌 중에서 '따르며 묶는 것'[隨縛]을 멀리한다. 이와 같이 되어서야 세 가지 몸의 탐냄[貪], 분노[瞋], 어리석음[癡]의 처소로부터 마음이 잘 해탈解脫한다고 한다.

눈이 '알려는 대상'[所識]인 '보이는 것'[色]에 대한 것과 같이, 몸이 '알려는 대상'[所識]인 감촉[觸]까지 마찬가지임을 알라. 이와 같고 나서야 '다섯 가지 아래 부분의 매임'[五下分結]¹⁰⁰⁾을 끊고, 다섯 가지 폭류暴流를 넘는다[越]. 넘는 대상은, '눈이라는 폭류'[眼暴流]가 모든 보이는 것을 보는 것, 내지는 '몸이라는 폭류'[身暴流]가 모든 감촉을 느끼는 것까지를 가리킨다. 이와 같이 다섯 폭류暴流 '너머로 건너고'[越度]나면 나머지 여섯째 '의라는 폭류'[意暴流]가 있다. 장차 '너머로 건너기'[越度] 위해서 다시 '지음이 없음'[無作], '움직임이 없음'[無動], '생각을 묶음'[繫念]을 수행한다.

무엇이 '지음이 없음'[無作]인가? 열반涅槃에 대해 마음에서 바라고 즐거움이 생겨 아만我慢에 대하여 '기울어져 움직이는 것'[傾動]도, 사유함

---

100) 두 가지 '아래 부분'[下分]이 있다. 수도修道의 아래 부분은 견도見道이고, 색계와 무색계의 아래 부분은 욕계이다. 간략히 이 두 가지 아래 부분을 기준으로 '다섯 가지 아래 부분의 매임'[五下分結]이라고 한다. '첫째 아래 부분'[견도]을 기준으로 살가야견(薩迦耶見: 신견身見), 계금취(戒禁取: 계戒와 금지에 대한 집착), 의(疑: 머뭇거림)을 말하고, '둘째 아래 부분'[욕계]을 기준으로 탐냄[貪欲], 분노[瞋恚]를 말한다. 이 책 p.200 참조.

도, 지음도 없는 것이다. 또한 그는 "나[我]와 '내 것'[我所]은 장차 있을 것이고, 나[我]는 장차 '생각도 아니고 생각이 아닌 것도 아닐 것'[非想非非想]이다."라는 등의 헤아림에 대하여 기울어져 움직임도, 사유함도, 지음도 없는 것이다.

'움직임이 없음'[無動]이란 무엇인가? 그가 '위 부분의 모든 매임'[上分諸結][101]에 마음이 '얽혀 감기지'[纏繞]않고, '움직임이 없고'[無動], '변하지 않고'[無變], 또한 바뀌지[改轉] 않는 것이다. 또한 고요함[寂靜]을 따르는 모든 선정[定]에서 '그 맛에 애착하지'[愛味]도, 그리워하지[戀慕]도, '굳게 집착하지'[堅著]도 않는 것이다.

'생각을 묶음'[繫念]이란 무엇인가? 그 '위 부분의 모든 매임'[彼上分諸結]을 끊기 위해 '안 몸'[內身]에 대해 순신관(循身觀: 신념처身念處: 몸을 좇는 살핌: 사념주四念住 가운데 한 가지)에 머무르는 등, 넓게 설명하자면 염주念住이다.

그는 이와 같이 '지음이 없음'[無作]을 수행하기 때문에 모든 생겨남[生]에 대한 애착[愛]을 끊고, '움직임이 없음'[無動]을 수행하기 때문에 모든 선정[定]에 대한 애착[愛]을 끊는다. 이 '나타나 작용함'[現行]에서 떠나는 것을 끊음[斷]이라고 한다. '생각을 묶음'[繫念]을 수행하기 때문에 위 부분의 모든 매임을 다 남김없이 영원히 끊어지게 하기 위해 '(번뇌를) 없

---

101) 두 가지 '위 부분'[上分]이 있다. 색계色界와 무색계無色界를 가리킨다. 간략히 이 두 가지 위 부분을 기준으로 '다섯 가지 위 부분의 매임'[五上分結]이라고 한다. '구별이 없는 결'[無差別結]로는 '색계의 탐냄'[色貪]과 '무색계의 탐냄'[無色貪]을 말한다. '구별이 있는 결'[有差別結]로는 정려靜慮의 맛에 애착하는 이의 요동함[掉], 정려에 대해 으스대는 이의 으스댐[慢], 정려의 이치에 어두운 이의 '이치에 어두움'[無明]을 말한다. 이 책 p.200 참조.

앰'[對治]을 수행한다. 이와 같이 '지음이 없음'[無作], '생각을 묶음'[繫念], '기울어져 움직이지 않음'[不傾動]을 수행하기 때문에 '위 부분의 모든 매임'[上分諸結]을 다 남김없이 영원히 끊어지게 하는 것을 여섯째 폭류暴流 '너머로 건넌다'[越度]고 한다. (너머로 건너는 대상은) '의라는 폭류'[意暴流]가 '모든 존재'[諸法]를 분명히[了] 하는 것을 가리킨다.

또 다른 구별이 있다. 무엇을 '움직임이 없음'[無動]이라고 하는가? 움직임이 없음이라고 하는 것은 자애로움[慈]이라는 선근善根으로서 분노[瞋]가 없는 성질이기 때문이다. 이 때문에 모든 '성스러운 제자'[諸聖弟子]는 살가야(薩迦耶: 몸)에 대한 '비뚠 바람'[邪願]을 '끊고 제거하고'[斷除] 사마타奢摩他와 비발사나毘鉢舍那를 수행한다. 그 자애로움[慈] 때문에 사마타를 수행하고, 생각[念] 때문에 비발사나를 수행한다. 이와 같이 바르게 수행하는 이는 따르면서 '위 부분의 매임'[上分結]을 끊는 삼심三心을 수행하여 빠르게 완성[圓滿]을 이룬다. 이를테면 '위 몸'[上身]에 대해 '좋아서 물드는'[耽染] 마음이 없고, '아래 유정'[下有情]에 대해 분노하는[憤恚] 마음이 없고, '방종함이 없어'[不放逸] 위와 아래의 대상영역[境]에 대해 물드는[染汚] 마음이 없다. 나머지는 앞서 설명한 것과 같다. 이와 같은 것을 다섯 폭류暴流 넘고[越] 장차 여섯째 것을 건넌다[度]고 하는 것이다.

무엇을 '존재에 대해 분명히 한다'[了法]고 하는가? '괴로움의 존재'[苦法]에 대해 분명히 할 수 있고 살필 수 있으며, (괴로움의) 원인[集], (괴로움) 소멸[滅], (괴로움을 소멸시키는) 방도[道]의 존재[法]에 대해 분명히 할 수 있고 살필 수 있는 것을 가리킨다.

무엇을 무심정(無尋定: 찾음이 없는 선정)을 수행한다고 하는가? 이와 같이 존재[法]를 '분명하게 알고'[了知]나서 다시 '가정에 머물러'[居家] 여러 욕망이 의지하는 것을 '끊고 소멸시키고'[斷滅], 버리고 나온 가운데에서 편하게 머무른다. 또는 아란야阿練若나 나무 아래[樹下], '빈 곳'[空閑]에서, 기쁨을 따르는 눈이 알려는 대상인 '보이는 것'[色]에 대한 '기쁨의 몸'[喜身], 근심을 따르는 눈이 알려는 대상인 '보이는 것'[色]에 대한 '근심의 몸'[憂身], (기쁨도 근심도 아닌) 중립[捨]을 따르는 눈이 알려는 대상인 '보이는 것'[色]에 대한 '중립의 몸'[捨身] 등의 대상[所緣]에 대해 '욕망으로 찾는 얽힘'[欲尋纏]이 없이 마음이 아주 편안하게 머무른다. 내지는 또한 '자기가 태어난 집'[生家]과 세상에 관련한 '찾는 얽힘'[尋纏]이 없이 마음이 아주 편안하게 머무른다. 설혹 '욕망으로 찾음'[欲尋] 내지는 집과 세상에 관련한 찾음[尋] 등이 일어난다 해도 곧 사실대로 분명하게 알고 벗어나며, '욕망대로 찾음'[欲尋]에 장애 받지 않으며, 내지는 집과 세상에 관련한 찾음[尋]에 장애 받지 않으며 '고요하게 생각하고'[靜慮], '자세히 밝히며 생각하고'[審慮], '자세히 알며 생각한다'[諦慮]. 이 방법에 의해, 이 과정을 수행함에 의해 '기쁨의 몸'[喜身]이 '애착에 물드는'[染愛] 잘못을 끊을 수 있고, '근심의 몸'[憂身]이 분노하는[慎恚] 잘못을 끊을 수 있고, '중립의 몸'[捨身]이 '흐릿하게 가라앉는'[惛沈] 잘못을 끊을 수 있다. 모든 얽힘[纏]이 끊어졌기 때문에 몸은 가뿐하고[輕安], 수면隨眠이 끊어졌기 때문에 욕계欲界에 결박된 삼신三身의 물듦으로부터 마음이 잘 해탈解脫한다. 그는 이때 이미 드넓은 '욕망하고 애착함'[欲愛] '너머로 건넜다'[越度]고 한다. 이를테면 모든 '보이는 것'[色]부터 모든 감촉[觸]까지에 대해 두루 애착을 흘려보내는데, 경우에 따라 '어우러지려는 애착'[和合愛], '자라게 하려는 애착'[增長愛], '떠나지 않으려는 애착'[不離愛], '합하지 않으려는 애착'[不合愛], '줄이려는 애착'[退減愛], '떠나려는 애착'[別離愛], 또는 욕계에서 다시 '생명을 받으려는 애착'[受生愛]이다.

또 다른 구별이 있다. 어떻게 무심정無尋定을 수행하는가? 이미 무심무사정려(無尋無伺靜慮: 찾음[尋]도 없고 살핌[伺]도 없는 정려)를 이룬 것을 가리킨다. 나머지는 앞서 설명한 것과 같다.

이제 위에서 말한 의미를 간략히 설명하고자 한다. 그 천녀天女는 세 가지 요점을 세존世尊께 간략히 여쭈었다. 첫째, '아래 부분의 매임'[下分結]을 끊음, 둘째, '위 부분의 매임'[上分結]을 끊는 방법, 셋째, 그 '아래 부분의 매임'[下分結]을 끊는 방법과 그와 같이 잘 끊음이다.

이와 같이 묻자 세존世尊께서는 알맞게 답하셨다. 몸이 가뿐[輕安]하고 마음이 잘 해탈解脫함에 의해 천녀가 여쭌 '아래 부분의 매임'[下分結]을 끊음, 그리고 '끊어지지 않는'[非斷] 방법에 대해 답하셨다. 다음으로 '지음이 없음'[無作], '생각을 묶음'[繫念], '기울어져 움직이지 않음'[不傾動]에 의해 천녀가 여쭌 '위 부분의 매임'[上分結]을 끊는[斷] 방법[方便], 그리고 '끊어지지 않음'[非斷]에 대해 답하셨다. 그리고 그 끊음에 대해 천녀는 앞에서와 같이 곧 깨달았다. '아래 부분의 매임'[下分結]을 끊는 방법과 '그와 같이 잘 끊음'[如彼善斷](에 대한 답)만 남았는데, 이때 세존世尊께서는 우선 무심정無尋定을 수행하는 것을 가지고 구별하여 자세히 설명해서 끊는 방법에 대해 답하셨다. '끊는 주체'[能斷], 끊음[如斷], '끊는 대상'[所斷]인 경우를 가리킨다. 이 가운데 '존재를 분명히 함'[了法]을 끊는 주체라고 한다. 무심정無尋定을 수행하는 것을 끊음이라고 한다. 끊는 대상 중 화내는[憤] 잘못을 '분노 종류'[瞋恚品]라고 이르고, 끊는 대상 중 애착[愛]하는 잘못을 '탐냄 종류'[貪欲品]라고 이르고, 끊는 대상 중 '흐릿하게 가라앉는'[惛沈] 잘못을 '어리석음 종류'[愚癡品]라고 이른다. 이와 같은 것을 '끊는 주체'[能斷], 끊음[如斷], '끊는 대상'[所斷]이라고 한다.

이와 같이 '끊는 방법'[斷方便]에 대해 자세하게 답하셨으니 이제 '그와 같이 잘 끊음'[如彼善斷]만 남아 있다. 다시 두 번째로 무심정無尋定의 구별되는 '원인과 조건'[因緣]에 의해 그 '잘 끊음'[善斷]에 대해 답하셨다. 잘 끊음이란 것은 '궁극에까지 끊음'[畢竟斷], '먼 부분의 끊음'[遠分斷], '모든 물듦을 끊음'[一切雜染斷]을 가리킨다. 존재를 '분명하게 아는'[了知] 것을 궁극에까지 끊음이라고 풀이하셨다. 무심정無尋定을 수행함을 먼 부분의 끊음이라고 풀이하셨다. '탐냄 얽힘'[貪纏], '분노 얽힘'[瞋纏], '어리석음 얽힘'[癡纏] 및 수면隨眠을 모두 다 끊는 것을 모든 물듦을 끊음이라고 풀이하셨다. 이것이 이 가운데의 요점임을 알라.

아울러 그 천녀天女는 모든 유학有學이 아직 '뛰어난 의'[勝意]를 이루지 못했는데, 이미 '욕계의 탐냄'[欲貪]에서 떠났으면서도 아직 '위의 탐냄'[上貪]으로부터 떠나지 못한 것에 대해 여쭈었다. 의意란 요주(腰舟: 허리의 배)라고 한다. 경經에서 설명하신 바와 같이, '(자신에게) 부끄러움'[慚]은 굴대[軸]이고, 의意는 요주腰舟이다. 이 요주腰舟를 아직 얻지 못한 이를 그는 아직 요주腰舟를 아직 얻지 못했다고 한다.[102] 이중에서 무엇을 요주腰舟라고 하는가? 모든 매임[結]에서 잘 해탈解脫한 마음을

---

102) 유가론기 제5권하(대정장 42. p.420a20-22): 세상에서 바다를 건너는 경우 호리병박으로, 또는 가죽 부대, 또는 다른 것으로 '물에 뜨는 부대'[浮囊]를 만들어 무환자나무로 허리에 차서 '허리의 배'[腰舟]라고 한다. 바다는 생사를 비유하고, 의식意識은 허리와 같고, 지혜는 배와 같기 때문이다. 如世度海以葫蘆或皮袋或餘作爲浮囊梻置腰上名曰腰舟。海喩生死。意識如腰。慧如舟故。

가리킨다.

3.3.5 두려움怖

> 언제나 두려움이 있는 세상은
> 중생이 항상 싫어합니다.
> 아직 생기지 않은 여러 괴로움과
> 또는 이미 생긴 것 가운데에서.
>
> 만일 조금이라도 두려움이 없는 것이 있다면
> 이제 저를 위해 말씀해 주시기를 바랍니다.
> 천天이여, 내가 해탈解脫을 살폈는데
> '지혜의 정진'[智精進]에서 떠나지 않고,
>
> 모든 근根을 다잡는 데서 떠나지 말고,
> 모든 버림[捨]에서 떠나지 않는 것이다.
> 제가 아주 오랜 동안 살폈는데
> 범지梵志께서는 반열반般涅槃하셨습니다!
> 이미 모든 원망[怨]과 두려움[怖]을 지나치셨고
> 세상의 '탐내고 집착함'[貪著]을 뛰어넘으셨습니다.

지금 이 게송 중에서는 욕계로부터 시작하여 유정천[有頂]까지의 모든 살가야薩迦耶를 다 세상[世間]이라고 한다. 이 가운데는 욕계의 즐거움이 있고 괴로움이 있는 '유정 세상'[有情世間]이라는 데 그 의미가 있다. 만일 여러 유정이 열 가지 '몸을 돕는 살림살이'[資身具]로 '건강을 돌봐'[攝養] 불만족스러움[匱乏]이 없고 몸이 편안하고 병이 없으며 아직 노쇠하지 않은 시절을 즐거움이 있는 유정 세상이라고 한다. 이와 반대면 괴로움이 있는 유정 세상임을 알라.

세상 중생衆生은 즐거움은 적고 괴로움이 많아서 '모든 존재'[諸有]의 즐거움이 있는 유정 세상일지라도 항상 두려움을 품는다. "나의 '재물과 보배'[財寶]를 왕에게 빼앗기지나 않을까?" 등등, "혹시 이로 인해 여러 고난苦難과 맞닥뜨리지나 않을까?", "혹시 풍열병風熱이 몸에서 발생하지나 않을까?" 내지는 "혹시 사람이나 '사람이 아닌 존재'[非人] 등이 나에게 해코지하지나 않을까?"라고 한다. 이와 같이 미래에 '재물과 보배'[財寶]를 잃는 괴로움이나 몸이 망가지는[壞] 괴로움을 염려하여 마음이 항상 두려워한다.

'모든 존재'[諸有]의 괴로움이 있는 유정 세상은 여러 괴로움이 나타나 몸과 마음에 '달달 볶듯이 사무쳐'[逼切], 괴로움이 있고, 근심이 있고, 슬픔이 있고, 화살[箭: 번뇌]이 있다. 여러 '요동치는 괴로움'[擾惱]이 있어 항상 편안하게 머무르지 못한다. 이와 같기 때문에, "언제나 두려움이 있는 세상은 중생이 항상 싫어합니다. 아직 생기지 않은 여러 괴로움과 또는 이미 생긴 것 가운데에서."라고 하였다. 이러한 '원인과 조건'[因緣] 때문에 그 천天은 '모든 존재'[諸有]의 즐거움이 있는 유정 세상의 즐거움이 결정決定적인 것이 아님을 보고 여래如來께 결정적인 즐거움이 있고 두려움이 없는 곳에 대해 여쭈었다. 이때 세존世尊께서는 곧 그 천天을 위해서 수행방법을 보여주셨다. "오직 '성스러운 가르침'[聖敎] 가운데에서만 이러한 곳이 있고 모든 외도外道에게는 없다. 예를 들어 '바른 교법'[正法] 밖에서 머무르는 어떤 사문이나 바라문은 지금생과 내생의 모든 욕망[欲]의 잘못을 사실대로 알지 못한다. 사실대로 알지 못하기 때문에 미래의 모든 욕망 종류를 바란다. 지금생의 욕망을 버리고 내생의 욕망을 추구하여

'금지와 계'[禁戒]를 부지런히 받아 배운다."라고 하셨다. 비록 이와 같은 금지와 계에 편안하게 머무른다 해도 지혜智慧가 없어 근문根門을 보호하지 못하고, '바른 유념'[正念]을 지키지 못하고, 항상 '자세한 생각'[委念]을 하지 못한다는 등 상세한 설명을 하셨다.

그는 모든 근문根門을 보살피지[調攝] 않기 때문에 남이 베푸는 자잘한 '이익 보는 것'[利養]과 공경에 대해 여전히 '그 맛에 애착하여'[愛味] 따르며 그리워하는데 하물며 드넓은 것이겠는가! 이와 같은 '금지와 계'[禁戒]를 부지런하게 받아 배우는 이는 지혜智慧와 근문根門을 깊이 보호함을 멀리하고 지금생의 욕망을 여전히 끊을 수 없는데 하물며 내생의 욕망이겠는가!

또한 거기의 어떤 사문이나 바라문이 욕망[欲]의 잘못에 대해 거칠게나마 '분명하게 알기'[了知] 때문에, 지금생, 내생의 모든 욕망을 뛰어넘고도 다시 '위의 욕망을 떠난 영역'[上離欲地]을 기꺼이 추구한다. 해탈解脫이 아닌 것에 대해 해탈解脫이라는 생각을 일으켜 모든 욕망을 끊어버리고 곧 '멀리하는 곳'[遠離]에 이른다. 그는 '바른 사유'[正思惟]를 부지런히 허다하게 수행하기 때문에 욕계의 욕망에 떠나고 무소유처(無所有處: 아무것도 없는 곳)의 욕망에서 떠나기까지 한다. 이 때문에 '아래의 자체'[下自體]를 버리고, '위의 자체'[上自體]에 애착[愛]한다. 그것에 애착하기 때문에 내생에 여전히 '아래 영역'[下地]의 자체自體에서 해탈하지 못하는데 하물며 '위의 영역'[上地]이겠는가! 이와 같이 '재물과 보배'[財寶]인 자체自體를 버리고도 길을 잃은 이는 비록 다시 용맹勇猛하게 정진精勤함에 편안하게 머무르더라도 꾸준히 '유쾌하고 즐거우며'[快樂] 두려움이 없는 곳을 얻을 수 없다. 왜냐하면 그 외도外道의 스승은 여전히 이곳에 대해 알지도 못하고 보지도 못했는데 하물며 그 모든 제자 등을 위해 장차 자세히 보여주겠는가!

이와 같이 외도外道의 스승과 제자가 만든 이론 가운데에는 결정적인 여러 괴로움의 한계[邊際]가 없다. 이와 반대로 선하게 설명한 '바른 교법'[正法]과 비나야毘柰耶 가운데에는 모든 이익[義利]이 갖추어져 있고 내지는 결정적인 여러 괴로움의 한계[邊際]가 있음을 알라. 이러한 깊은 뜻으로 부처님께서는 그 천天을 위해 "천天이여, 내가 해탈解脫을 살폈는데 '지혜의 정진'[智精進]에서 떠나지 않고, 모든 근根을 다잡는 데서 떠나지 말고, 모든 버림[捨]에서 떠나지 않는 것이다."라고 하셨다.

이제 위에서 말한 의미를 간략히 설명하고자 한다. 이를테면 악惡하게 설명한 '비뚠 교법'[邪法]과 비나야毘柰耶 가운데의 스승과 제자에게는 모두 '쇠하여 줄어듦'[衰損]이 있고, 선善하게 설명한 '바른 교법'[正法]과 비나야毘柰耶 가운데에서는 모든 상서로움[吉祥]을 갖추고 모든 괴로움에 대해 그 한계[邊際]를 경험할 수 있다는 것을 보여 주기 위한 것이다. 이것이 이 가운데의 요점임을 알라.

이때 그 천天은 부처님 세존世尊께서 (자기가) 여쭌 것에 대한 답을 하신 것을 듣고 기뻐 펄쩍 뛰며 네 가지 최고[無上] 공덕功德을 들어 여래如來에 대해 감탄하였다. 이를테면 부처님 세존世尊께서 출현出現하기 어렵기 때문에, 출연하시고선 이타행(利他行: 남을 이롭게 하는 실천)을 완성하셨기 때문에, 또한 자리덕(自利德: 스스로를 이롭게 하는 능력)을 성립시켰기 때문에, 자타리(自他利: 자기와 남을 이롭게 하는 것)에서 물든 마음을 떠나셨기 때문이다.

"제가 아주 오랜 동안 살폈는데 범지梵志께서는 반열반般涅槃하셨습니다!"라고 하는 것은 세존世尊의 출현하기 어려운 능력[德]에 대해 감탄한 것이다. "이미 모든 원망[怨]을 지나치셨고"라고 한 것은 세존世尊의 이타행利他行의 능력[德]에 대해 감탄한 것이다. "이미 모든 두려움[怖]을 지나치셨고"라고 한 것은 세존世尊의 자리自利를 성립시킨 능력[德]에 대해 감탄한 것이다. "세상의 '탐내고 집착함'[貪著]을 뛰어넘으셨습니다."라고 한 것은 세존世尊께서 자타리自他利에서 물든 마음을 떠나신 능력[德]에 대해 감탄한 것이다. 이와 같은 네 가지 공덕功德의 구별을 알라.

다른 세 가지 구별이 있다. 출현出現하기 어렵기 때문이고, 보기[可見]가 어렵기 때문이고, 자기도 이롭게 하고 남도 이롭게 하는 실천을 성립시켰기 때문이다. (여기에서) 본다[見]는 것은 곧 '큰 의미'[大義]를 성취한다는 것이고, 큰 의미를 성취한다는 것은 물든 마음을 떠났기 때문에 두루 모든 삶에서 또한 여러 죄罪가 없는 것이다. 이와 같이 여러 능력[德]은 모든 부처님 세존世尊께서 가장 뛰어나시기 때문에 이러한 모습을 들어 여래如來에 대해 감탄하였다.

3.3.6 종류類

> 누가 '뛰어난 종류의 생겨남'[勝類生]을 장려하고
> '벗어나는 과정'[出離道]을 열어주며,
> 어디에 머무르고, 무엇을 배워야
> 내생[後世]의 죽음이 두렵지 않겠습니까?
>
> 계戒와 지혜[慧]를 스스로 '익숙할 정도로 수행하고'[薰修]
> 선정[定]과 생각[念]을 갖추고 정직正直하며,
> 모든 슬픔[愁]이 활활 타는 것을 끊어

바른 유념으로 마음이 해탈解脫한다.
'뛰어난 종류의 생겨남'[勝類生]을 장려하고
'벗어나는 과정'[出離道]을 열어주는 것에 있어서는,
여기에 머무르고, 이것을 배워야
내생[後世]의 죽음이 두렵지 않다.

이제 이 게송에서 '뛰어난 종류'[勝類]라고 하는 것은 네 가지 '뛰어난 부족'[勝上姓] 종류이다. 첫째, 바라문(婆羅門: brāhman), 둘째, 찰제리(刹帝利: kṣatriya), 셋째, 폐사(吠舍: vaiśya), 넷째, 술달라(戌達羅: śūdra)이다. 교법[法]으로, 올바름[正]으로, 제지(制持: 절제)로, 이끎[導]으로 '뛰어난 종류의 생겨남'[勝類生]을 가르치기 때문에 장려[奬]라고 한다. 이 중에서는 오직 부처님 세존世尊만 교법으로, 올바름으로, 제지制持로, 이끎으로 '뛰어난 종류의 생겨남'[勝類生]을 가르칠 수 있음을 보여준다. 이러한 '원인과 조건'[因緣]에 의해 세존世尊께서는 스스로 오직 나만 진정한 장려하고 이끄는 이라는 것을 나타내려고 그 천天을 위해 다음과 같이 말씀하셨다. "계戒와 지혜[慧]를 스스로 '익숙할 정도로 수행하고'[薰修]"라고.

아울러 오직 세존世尊만 네 가지 '뛰어난 종류의 생겨남'[勝類生]을 위해 여러 괴로움 모두에서 벗어나는 '성스러운 여덟 세목의 방도'[聖八支道]를 밝혀 말씀하신다. 이 가운데에서 세존世尊께서는 또한 스스로 진정하게 말하는 이라는 것을 보여 준다.

'계를 갖춤'[具戒]이란 무엇인가? 부처님 세존世尊께서는 옛날에 보살菩薩이었을 시기에 '아주 뛰어난 욕망'[上妙欲]을 버리고, '가정에 머무르는 것'[居家]을 버리고 떠나, 몸과 말의 계율[律儀]을 받아 지닌 것을 가리킨다.

'지혜를 갖춤'[具慧]이란 무엇인가? 이를테면 그곳에서 몸과 말의 계율을 받아 지녀 머무는 이가 다음과 같은 모습을 일키킨다. 곧 안[內]으로 '바른 사유'[正思惟]를 하고 마음 깊이 헤아리며[籌量] 자세히 관찰觀察하는 것이다. "이제 이 세상에서 '힘들고 고생스러움'[艱苦]을 많이 만날 텐데, 이를테면 생겨나고[生], 늙고[老]하는 것이다."라고 하는 것인데, 자세한 설명은 경經과 같다.

스스로 '익숙할 정도로 수행한다'[薰修]는 것은 무엇인가? 옛날 수많은 다른 생生에서 삼대겁三大劫 아승기야(阿僧企耶: asaṃkhya: 무수겁無數劫) 동안 여섯 가지 바라밀다(波羅蜜多: pāramitā: 도피안到波岸: 도度)를 잘 수행한 것을 가리킨다. 그 원인과 조건에 의해 이제 스승 없이 저절로 마음이 벗어난 데로 나아가고, 또한 여러 조건으로 생긴 '모든 변천하는 존재'[諸行]에 대해 '섬세하고 훌륭한 지혜'[微妙智]로 '깨달음에 따라 들'[隨悟入] 수 있음을 가리킨다.

'선정을 갖춤'[具定]이란 무엇인가? 무소유처(無所有處: 아무것도 없는 곳)에 이르기까지의 욕망을 떠나 비상비비상처(非想非非想處: 생각도 아니고 생각 아닌 것도 아닌 곳)를 경험하는 것을 가리킨다.

'생각을 갖춤'[具念]이란 무엇인가? 이를테면 이와 같이 이룬 '뛰어난 선정'[勝定]에 의해 '견도에서 끊는 모든 번뇌'[見斷諸煩惱]를 끊으려고 하기 때문에 사념주四念住를 수행한다. 그리고 이와 같이 수행한 염주念住로 맨 처음을 삼아 서른일곱 가지 '깨달음의 부분을 이루는 수행법'[菩提分法]을 수행하기에 이르는 것이다.

정직正直이란 무엇인가? 그가 유전流轉을 거스르는 정직正直한 '성스러운 여덟 세목의 방도'[聖八支道]를 일으켜 '견도에서 끊는 번뇌'[見斷所有煩惱]를 끊음으로써, '유전流轉을 거스르는 방도'[逆流道]에서 예수류(預隨流: 성자의 흐름에 참여함)를 이루는 것을 가리킨다.

무엇을 모든 '슬픔과 근심'[愁憂]이 훨훨 타는 것을 영원히 끊는다고 하는가? '진리가 나타난 것을 살핌'[諦現觀]으로부터 불환과不還果를 성취하고, 다섯 가지 '아래 부분의 매임'[下分結]을 끊는 것을 가리킨다. 분노[瞋恚]는 슬픔과 근심을 따르는 것과 비슷하고, '탐냄의 욕망'[貪欲]은 훨훨 타는 (불)을 따르는 것과 비슷하다. 이와 같은 것을 이미 영원히 끊은 것이다.

'바른 유념'[正念]이란 무엇인가? '위 부분의 모든 매임'[上分諸結]을 영원히 끊으려고 다시 네 가지 염주念住를 수행하여 서른일곱 가지 '깨달음의 부분을 이루는 수행법'[菩提分法]을 수행하기에 이르는 것이다.

'마음이 해탈함'[心解脫]이란 무엇인가? 이미 '위 부분의 매임'[上分結]을 영원히 끊었기 때문에 두 가지 장애로부터 마음이 잘 해탈解脫하는 것이다. (두 장애는) 바로 번뇌장(煩惱障: 번뇌의 장애)과 소지장(所知障: 알아야할 것을 장애함)을 가리킨다. 그 마음이 이와 같이 잘 해탈解脫했기 때문에 여래응정등각(如來應正等覺: 여래이며 아라한[應供]이며 완전한 깨달음을 이룬 분)을 이룰 수 있는데, 자세한 설명은 경經과 같다. 이렇기 때문에 '뛰어난 종류의 생겨남'[勝類生]을 장려하고, '벗어나는 과정'[出離道]을 열어줄 수 있는 것이다. '모든 존재'[諸有]의 네 가지 '뛰어난 종류'[勝類] 가운데 한 명이 이 성스러운 가르침에서 '바른 실천'[正行]을 '애호하고 즐겨'[愛樂], '성스러운 여덟 세목의 방도'[聖八支道]를 경험하려고 삼학(三學: 증상계학增上戒學, 증상심학增上心學, 증상혜학增上慧學) 가운데에서 부지런히 수행하고 배우면, 그는 결정적으로 '성스러운 여덟 세목의 방도'[聖八支道]와 열반과涅槃果를 경험할 수 있다. 그것을 경험[證]하기 때문에 내생의 생겨남[生], 늙음[老], 병듦[病], 죽음[死]을 두려워하지 않는다.

이제 위에서 말한 의미를 간략히 설명하고자 한다. 이를테면 오직 부처님 세존世尊만 네 종류가 빨리 청정을 이루게 할 수 있음을 보여 준다. 그가 만일 이를 바르게 수행하면 헛수고[唐捐]가 되지 않기 때문이다. 또한 여래如來의 성스러운 가르침인 선善하게 설명한 '바른 교법'[正法]과 비나야毘柰耶를 보여 주고, 또한 부처님이야말로 천天과 사람[人] 중의 최고의 큰 스승임을 나타낸다. 이것이 이 가운데 요점이라는 것을 알라.

3.3.7 명예譽

어떻게 해야 명예名譽로 뛰어나며
어떻게 해야 '보배 재물'[珍財]을 갖춥니까?
어떻게 해야 '아름다운 이름'[美稱]을 얻으며,
어떻게 해야 친구를 거느리겠습니까?

계戒를 지녀 명예名譽로 뛰어나며
보시布施하여 '보배 재물'[珍財]을 갖춘다.
진실하여 '아름다운 이름'[美稱]을 얻으며
'은혜롭게 베풀어'[惠捨] 친구를 거느린다.

어떻게 계戒를 지녀 명예名譽로 뛰어나는가[擅]? 예를 들어 어떤 남자나 여자가 시라(尸羅: 계戒)와 '현명하고 선한 교법'[賢善法]을 갖추고, 생명을 마칠 때까지 '죽이는 죄'[殺罪]를 끊고, 살생殺生을 멀리하는 등에 이르는 것은 경經에서 자세히 설명한 것과 같은데, 주변 지역의 사문沙門, 바라문婆羅門 등이 항상 칭찬하고 감탄하는 데까지 이르는 것이다. 이 때문에 여러 국왕, 여러 신하, 장자(長者: 자산가)에서 도시[城], 마을[邑], '마을이 모여 있는 곳'[聚落]의 사람들까지 공경恭敬하고 공양供養하는 것이다.

어떻게 보시布施하여 '보배 재물'[珍財]을 갖춘다고 하는가? 예를 들어 어떤 이가 옛날 다른 생生 중에 보시하는 '복 짓는 일'[福業事]을 짓고 늘려, 이 때문에 지금은 거부巨富, 대재산가[大財寶家]로 태어나 허다한 창고가 가득차게 되는 것이다.

어떻게 진실하여 '아름다운 이름'[美稱]을 얻는가? 예를 들어 어떤 이가 속임수[假僞] 말[斜]·저울[秤]·상자[函] 등으로 속이고, 업신여기고, 거짓말하여 '재물 보배'[財寶]를 이룩하지 않고, 다만 이치에 맞는 작업作業과 기능伎能으로 규범에 의지하고 난폭하지 않게 재물 보배를 이룩한다. 그는 이미 이와 같아서 여럿이 함께 외치기를, "어질도다! 선비여, 이치에 맞는 작업과 기능으로 재물 보배를 이루는 것을 유도하였구나!"라고 하는 것이다.

어떻게 '은혜롭게 베풀어'[惠捨] 친구를 거느리는가? 예를 들어 어떤 이가 지금 여러 가지 가산家産을 많이 소유하고 있는데, '인색한 때'[慳垢]를 멀리하고 살림살이를 아끼지 않아 바르고 안락하게 스스로 즐기며, 친구, 친척, 어르신[耆長] 등에 이르기까지 그 모든 이를 바로 서로 도우면서 '재물 보배'[財寶]를 이루는 것을 유도하고, 보호하고, 기르는 것이다.·

이제 위에서 말한 의미를 간략히 설명하고자 한다. 이를테면 공경恭敬, '이익 보는 것'[利養] 등 두 가지 '원인과 조건'[因緣]을 간략히 보여 준다.

계戒를 지녀 명예名譽로 뛰어나는 것은 공경恭敬의 원인과 조건을 나타낸다. 나머지 모든 구절은 '이익 보는 것'[利養]의 원인과 조건을 나타낸다. (그 순서대로 각각) '원인의 힘'[因力] 때문에, '사람의 힘'[士用力] 때문에, '보조하는 힘'[助伴力] 때문임을 나타낸다. 이것이 이 가운데 요점이라는 것을 알라.

3.3.8 연못池

어떻게 '고르게 해야'[齊] 샘[泉]이 멈추고,
어떻게 해야 길[逕]이 통하지 않습니까?
세상 모든 고락苦樂은
어디에서 남김없이 소멸됩니까?

이곳에서라면
눈眼, 귀耳, 그리고 코鼻,
혀舌, 몸身, 의意, 명색(名色: 의근意根과 물질로 된 오근五根)이
영원히 소멸되어 남김이 없다.

이것을 '고르게 해야'[齊] 샘[泉]이 멈추고,
이곳에서야 길[逕]이 통하지 않는다.
세상 모든 고락苦樂은
여기에서 남김없이 소멸된다.

무엇을 샘[泉]이라고 하는가? 육촉처(六觸處: 육근六根)를 가리킨다. 왜 그런지 비유하자면 샘과 연못은 모든 물이 생기게 하고 물에 속한 것들이 접촉[觸]하여 쓰게 한다. 또한 남자, 여자, 장년[大], 청년[小]을 기르며, 아래로는 금수禽獸에서 모든 것에 이르기까지 마르지 않게 하는 것과 같다.

여섯 가지 '안의 접촉하는 곳'[內觸處]도 이와 같아서 모든 어리석은 이는 여섯 '대상영역의 접촉'[境界觸]에 '접촉하여 쓰며'[觸用], 또한 길러지며, 이 가운데에서 모든 '탐내고 애착함이라는 물'[貪愛水]이 마르지 않는다.

무엇을 길[逕]이라고 하는가? 길에는 두 가지가 있다. 첫째, 번뇌煩惱라는 길, 둘째, 업業이라는 길이다. 이 가운데에서 길이라는 것은 의意가 원인이라는 의미를 밝힌 것이다.

무엇을 고락苦樂이라고 하는가? 지금생[現法]의 경우, '여섯 가지 접촉하는 곳'[六種觸處]를 조건으로 삼아 생기기도 하고, '편안한 느낌'[安受]이라는 느낌에 속하기도 하고, '불안한 느낌'[不安受]이라는 느낌에 속하기도 한다. 내생[後法]의 경우 번뇌에 속한 '훌륭한 실천'[妙行]과 '악한 실천'[惡行]이 조건이 되어 생기기도 하고, '편안한 느낌'[安受]이라는 느낌에 속하기도 하고, '불안한 느낌'[不安受]이라는 느낌에 속하기도 한다.

어느 곳에서 이와 같은 육처六處와 명색名色 등이 남김없이 소멸되는가? 무여의열반(無餘依涅槃: 의지할 것 없는 열반) 영역[界] 가운데에서이다. 만일 모든 이생異生이라면, 샘[泉]과 길[逕]과 고락苦樂 모두가 느슨함이 없고 아직 버린 것도 없다. 모든 유학有學인 이의 경우라면, 느슨해지기는 했어도 아직 버리진 못한다. 모든 무학無學인 이의 경우라면, 길[逕]과 장차의 고락苦樂은 느슨하기도 하고 버리기도 하여 다시는 '나타나 작용하지'[現行] 않는다. 그러나 샘[泉]과 지금생[現法]의 고락苦樂은 느슨하기도 하고 버리기도 하지만 '의지할 것이 있어서'[有餘依] 여전히 '나타나 작용한다'[現行]. 그러므로 무여열반無餘涅槃 영역[界] 가운데에서 그 모든 것이 남김없이 소멸한다고 한다.

이제 위에서 말한 의미를 간략히 설명하고자 한다. 지금생[現法]에서의 원인과 고락苦樂, 그리고 내생[後法]에서의 원인과 고락苦樂은 무여의열반無餘依涅槃 영역[界] 가운데에서 모두 다 영원히 소멸한다는 것을 간략히 보여 준다. 이것이 이 가운데 요점이라는 것을 알라.

3.3.9 물결流

무엇으로 '거센 물결'[暴流]을 건널[越] 수 있고,
무엇으로 '큰 바다'[大海]를 넘을[超] 수 있으며,
무엇으로 '여러 괴로움'[衆苦]을 버릴 수 있고,
무엇으로 청정淸淨을 이룰 수 있습니까?

'바른 믿음'[正信]으로 '거센 물결'[暴流]을 건너고[越],
'방종함이 없음'[無逸]으로 '큰 바다'[大海]를 넘으며[超],
정진精進으로 '여러 괴로움'[衆苦]을 버리고,
지혜智慧로 청정淸淨을 이룬다.

이 게송 중에서 어떻게 '바른 믿음'[正信]으로 '거센 물결'[暴流]을 건너는가[越]? 예를 들어 어떤 이가 모든 욕망의 잘못을 분명하게 알려고 부처님께서 하신 말씀이나 그 제자가 '바른 교법'[正法]에 대해 설명한 것을 듣는다. 들은 뒤에는 바른 믿음을 얻어 바로 의욕[欲樂]하여 사욕事欲과 번뇌욕煩惱欲을 끊기 위해, 드디어 가정에 머물러 생기는 사욕事欲을 버리고 바른 믿음으로 출가出家하여 '집이 아닌 곳'[非家]에 다다른다. 이미 출가한 뒤에는 모든 번뇌욕煩惱欲을 '끊고 제거하려고'[斷除] 멀리하는 곳에 머무른다. 그는 왕성하게 정진[勤精進]하기 때문에, 내지 '바른 사유'[正思惟]를 수행하기 때문에, 모든 번뇌욕煩惱欲을 끊고 '욕망을 떠난 선정의 영역'[離欲定地]을 이룬다. 이와 같이 바른 믿음에 의지하고 유도되어 곧 모든 욕망의 거센 물결 '너머까지 건넌다'[越度].

어떻게 '방종함이 없음'[無逸]으로 '큰 바다'[大海]를 넘는가[超]? 그 선정에서 끝내 '그 맛에 애착하지'[愛味] 않고 내지 굳게 집착해 편히 머무르지도 않는데, 오직 모든 '번뇌가 다한 지혜'[漏盡智]를 경험하려고 그 마음을 '집중하는 것'[專注]만은 제외된다. 이로 말미암아 선정하는 마음은 청정淸淨하고, 희디희며[鮮白], 정직正直하고, 부드러워져[調柔], 사성제四聖諦에 대해 '나타난 것을 살핌'[現觀]에 들 수 있으며, 내지 모든 번뇌[漏]가 영원히 다하는 것을 경험한다. 이와 같이 '방종하지 않음'[不放逸]에 의지하고 유도되어 색계와 무색계에 결박된 두 가지 존재[有]의 거센 물결을 끊고, 모든 무명無明, 견見의 두 가지 거센 물결을 끊는다. 그러므로 큰 바다 '너머까지 넘는다'[超渡]고 한다.

어떻게 정진精進으로 '여러 괴로움'[衆苦]을 버리는가? 예를 들어 어떤 유학有學이 '자취를 보고'[見迹] 이와 같이 사유思惟했다. "나는 장차 삼계三界의 욕망에서 떠나는 것을 경험하고, 모든 매임[結]을 영원히 다해야겠다." 곧 멀리하는 곳에 다다라 그곳에서 용맹勇猛하게 정진精勤하며 머무르며, 대체로 '탐냄의 욕망'[貪欲] 전纏의 마음에 편하게 있지 않는다. 또한 지금 모든 '욕계의 탐냄'[欲貪] 전纏에서 벗어남을 사실대로 분명하게 알아, '탐냄의 욕망'[貪欲] 개蓋에 대해 그 마음을 깨끗하게 수행하여, 마침내 모든 탐냄의 욕망 전纏을, 그리고 탐냄의 욕망 전纏이 조건이 되어 생긴 마음의 모든 근심[憂]·괴로움[苦]을 '끊고 소멸'[斷滅] 시킨다. 탐냄의 욕망 개蓋와 마찬가지로, 머뭇거림[疑] 개蓋에 이르기까지도 그렇다는 것을 알라. 이와 같이 정진精進에 의지하고 유도되어 '여러 괴로움'[衆苦]을 버린다.

어떻게 지혜智慧로 청정淸淨을 이루는가? 그는 궁극究竟의 열반涅槃(에 이르기)까지 마음을 물들이고 장애 하는 다섯 가지 개(蓋: 덮개)를 제거하고 소멸시킨 뒤에, 미지정[未至]에 의지해 미지정에 편하게 머무른다. 먼저 이룬 괴로움[苦], '괴로움의 원인'[集], '괴로움의 소멸'[滅], '괴로움의 소멸에 이르는 방도'[道] 등, (사성제四聖諦)의 모든 '번뇌 없는 지혜'[無漏智]와 마찬가지로, 모든 괴로움[苦] 가운데에서 '진짜 괴로움'[眞苦]에 대해 사유하고 내지는 '괴로움의 소멸에 이르는 방도'[道]에서 '진짜 방도'[眞道]에 대해 사유하고, 바로 남김없이 삼계三界 욕망[欲]에서 떠나 모든 번뇌가 영원히 다한다. 이와 같이 먼저 이룬 시혜智慧에 의지하고 유도되어 청정을 경험한다.

이제 위에서 말한 의미를 간략히 설명하고자 한다. 박가범薄伽梵께서는 이 게송 중에서 이생異生은 먼저 욕망에서 떠나고, 나중에 '성스러운 진리'[聖諦]에 대해 '나타난 것을 살펴'[現觀] 청정해짐을 간략히 나타내셨고, 유학은 '성스러운 진리'[聖諦]에 대해 '나타난 것을 살피는 것'[現觀]을 먼저로 하여 욕망에서 떠나 청정해짐을 보여 주셨다. 이것이 이 가운데 요점이라고 한다는 것을 알라.

    누가 '거센 물결'[暴流]을 넘고[超越]
    밤낮으로 흐릿함[惛昧]이 없으며
    '의지함이 없고'[無攀] '머무름이 없는'[無住] 곳에서
    매우 깊어 줄어듦[減劣]이 없습니까?

    '여러 시라'[衆尸羅]를 완성하고
    지혜를 갖추어 선정[定]에서 잘 편안하게 하고
    안[內]으로 사유思惟하고 '생각을 묶어'[繫念]

'아주 건너기 어려운 곳'[極難度]을 건널 수 있다.

모든 '욕망의 개념형성'[欲想]에 물듦을 떠나고

또한 '색계의 매임'[色界結]을 넘어

그 '의지함이 없고'[無攀] '머무름이 없는'[無住] 곳에서

매우 깊어 줄어듦[減劣]이 없다.

지금 이 게송 중에서 무엇을 '거센 물결'[暴流]이라고 하는가? 네 가지 물결[流]을 가리키는데, '욕망의 물결'[欲流], '존재의 물결'[有流], '견해의 물결'[見流], '무명의 물결'[無明流]이다. 무엇을 '의지함이 없고'[無攀] '머무름이 없는'[無住] 곳이라고 하는가? 모든 애착[愛]이 영원히 다하여 욕망에서 떠난 '고요한 열반'[寂滅涅槃]과 멸진정(滅盡定: 개념형성과 느낌이 모두 다 사라지는 선정)을 가리킨다. 왜냐하면 의지한다[攀]는 것은 모든 '번뇌에 얽힘'[煩惱纏]이고, 머문다[住]고 하는 것은 '번뇌의 수면'[煩惱隨眠]이기 때문이다. 그곳에는 두 가지 모두가 없다. 그러므로 의지함이 없고 머무름이 없는 곳이라고 한다. 이는 열반涅槃이 의지함이 없고 머무름이 없음을 가리킨다. 또한 개념형성[想]을 의지한다[攀]고 하고, 느낌[受]을 머문다[住]고 하는데, 만일 이곳에 두 가지 모두가 없다면 곧 그곳엔 의지함이 없고 머무름이 없다고 한다. 이와 같이 멸상수정(滅想受定: 개념형성과 느낌을 소멸시킨 선정)은 의지함이 없고 머무름이 없음을 보여 주는 것인데, 지금 이 의미 중에서는 '소멸시킨 선정'[滅定]을 취하려는 의도이다.

무엇을 '여러 시라'[衆尸羅]를 완성했다고 하는가? 몸과 말의 계율[律儀]에 편하게 잘 머무르며, '깨끗한 생활'[淨命]을 '제대로 수행하는 것'[修治]을 가리킨다.

무엇을 지혜[慧]를 갖추었다고 하는가? 고성제苦聖諦에 대해 사실대로 분명하게 알고, 도성제道聖諦에 이르기까지 또한 이와 같이 하는 것이다.

무엇을 선정[定]에서 편안히 잘한다고 하는가? 모든 욕망을 멀리하고, 제사정려第四靜慮 또는 제일삼마발저第一三摩鉢底까지 편안하게 머무는 것을 충분히 갖추는 것이다.

무엇을 안[內]으로 사유思惟한다고 하는가? '스물두 곳'[二十二處][103]에 대해 자주 관찰觀察하며 말하기를, "나는 지금 평상시의 몸치장[容飾]을 바꾸어 일반인[俗]의 생김새[形好]를 제거하겠다."라고 하는 등 자세한 설명은 경經과 같다.

무엇은 '생각을 묶는다'[繫念]고 하는가? '스물두 곳'[二十二處]에 대해서 자주 관찰觀察할 때, 사문沙門의 개념형성[想]에 의지해 항상 짓고, 항상 전개하며, '바로 앞에 나타나 있게'[現在前]하고, 이 원인과 조건에 의해 나머지 매임[結]을 끊기 위해 사념주四念住를 수행하는 것이다.

무엇이 '아주 건너기 어려운 곳'[極難度]을 건너는 것인가? 모든 매임[結]을 남김없이 끊기 때문에 '가장 건너기 어려운'[最極難度] 유정천[有頂]을 건넌다는 것인데, 그것은 모든 어리석은 이, 즉 이생異生은 건널 수 없기 때문이다.

무엇을 모든 '욕망의 개념형성'[欲想]에 물듦을 떠난다고 하는가? '아래 부분의 모든 매임'[下分諸結]을 이미 끊고 이미 아는 것을 가리킨다.

무엇을 '색계의 모든 매임'[色界諸結]을 넘는다고 하는가? '색계의 매임'[色繫]인 '위 부분의 모든 매임'[上分諸結]을 이미 끊고 이미 아는 것을 가리킨다.

---

103) '스물두 곳'[二十二處]: 이 책 pp.470-473 참조.

무엇을 '의지함이 없고'[無攀] '머무름이 없는'[無住] 곳에서 매우 깊어 줄어듦[減劣]이 없다고 하는가? 무색계無色界에 대해서 어떤 경우는 '이미 욕망에서 떠났기'[已離欲]도 하고, 어떤 경우는 '아직 떠나지 않았기'[未離欲]도 한데, 이미 비상비비상처(非想非非想處: 유정천有頂天)를 이루어 힘이 있어 멸진정滅盡定에 드는 것을 감당한다. 학學과 무학無學은 모두 이것이 허용되므로 결정적으로 '무색계의 매임'[無色結]을 넘는다고 하지는 않는다.

이제 위에서 말한 의미를 간략히 설명하고자 한다. 박가범薄伽梵께서는 이 게송 중에서 '가장 궁극의 과정'[最究竟道]을 이룰 수 있음을 간략히 나타내셨다. 그리고 '첫째에 머무르는 과정'[第一住道]을 경험할 수 있음을 나타내셨다. 이것이 이 가운데 요점이라는 것을 알라.

3.3.10 탐냄貪

　　탐냄[貪]과 분노[恚]는 무슨 '원인과 조건'[因緣]때문이고,
　　무엇 때문에 기뻐하고[欣] 근심하며[慼],
　　'털이 곤두서고'[毛竪], 의意로 '깊이 생각함'[尋思]이
　　아이가 유모乳母에게 의지하는 것 같습니까?

　　태어남[所生]과 '스스로 생겨남'[自生]을 '축축하게 함'[潤]은
　　'낙구타 나무'[諾瞿陀樹: nyagrodha] 같고,
　　모든 욕망에 각각 결박됨은
　　마가(摩迦: mālikā)가 숲에 있는 것 같다.

　　이것이 탐냄[貪]과 분노[恚]의 '원인과 조건'[因緣]이고,
　　이로 말미암아 기뻐하고[欣] 근심하며[慼],

'털이 곤두서고'[毛豎], 의意로 '깊이 생각함'[尋思]이
아이가 유모乳母에게 의지하는 것 같다.

그것과 그것의 '원인과 조건'[因緣]을 알고
생기고 나서는 찾아서 '제거하고 소멸시키면'[除滅]
그전에는 넘지 못하던 바다를 넘고[超]
'거센 물결'[暴流]은 '나중 존재'[後有]가 없다.

 지금 이 게송 중에서 탐냄[貪]과 분노[恚]란 무엇인가? 예를 들어 어떤 이가 '가정에 머무르고'[居家] 있으면서 '즐거운 대상영역'[可意境]이나 '즐거운 유정'[可意有情]과 서로 만나면 '탐내고 집착함'[貪著]이 생기고, '즐겁지 못한'[不可意] 대상영역이나 유정과 만나면 분노[瞋恚]가 생기는 것이다.

 기뻐하고[欣] 근심함[慼]이란 무엇인가? 예를 들어 어떤 이가 부처님께서 경험하신 교법과 비나야毘奈耶에 대해 갑자기 잠시 '바른 믿음'[正信]이 생겨, 앞뒤 득실得失을 잘 살피지 않고 갑자기 스스로 '가정의 방식'[家法]을 버리고 '집 아닌 곳'[非家]으로 다가간다. 이미 출가出家하고 나서는 '수행하는 이'[道], 일반인[俗]과 섞여 지내면서 마침내 거래하던 '돈·물건'[貨財]이나 친구를 기억해내고 그리워하며 근심스러운 마음에 얽힌다. 아니면 어떤 이는 바른 믿음 때문도 아니고 스스로에 의한 것도 아닌데 집 아닌 곳으로 다가간다. 왕에게 '못 견디게 괴롭힘'[驅迫]을 당하거나 생계를 못 이을 정도로 '비뚠 두려움'[邪畏]의 공포를 느껴 가정에 머무르는 것을 등지는 것이다. 이미 출가하고 나서는 바른 믿음을 가진 여러 바라문婆羅門과 거사居士 등의 곁에서 때때로 '이익 보는 것'[利養]과 공경恭敬을 많이 얻자 '그 맛에 애착함'[愛味]이 깊이 생겨 잠자코 생각하며 말하기를,

"나는 이 방면으로 잘하고도 '의외로 딱 맞는구나'[奇要]! 농사짓는 수고도 않고, 장사도 안한다. 조금만 고생하면 생계[活命]를 감당하기에 충분하다."라고 한다. 그는 이와 같은 이익 보는 것과 공경을 조건으로 곧 스스로 '기쁘고 즐거워하며'[欣悅] 편안하게 머무른다.

'털이 곤두서고'[毛竪], 의意로 '깊이 생각함'[尋思]이란 무엇인가? 어떤 이가 스스로에 의한 것도 아니고 생계[活命] 때문도 아닌데 가정에 머무르는 것을 등진다. 바로 바른 믿음 때문에 '가정의 방식'[家法]을 버리고 집 아닌 곳으로 다가간다. 이미 출가하고 나서는 '수행하는 이'[道], 일반인[俗]과 섞여 머무르지 않고 곧 멀리 떨어진 고요하고 '한가하게 머무르는 곳'[閑居]에 이른다. 그는 한가하게 머무르는 곳에 있을 때, '먼지 안개'[塵霧]나 밤에 크게 구름 낀 것을 보고 천둥소리를 듣거나, 우박[雹雨], 사자, 범, 표범과 마주치거나, '흉악하고 교활한'[凶猾] 도둑이나 '위협적인 강도'[抄虜]와 맞닥뜨리거나, '사람 아닌 것'[非人]이 다가와 괴롭히면 곧 놀람과 두려움이 생겨 온몸의 털이 곤두선다. 또는 낮에 '뛰어난 욕망'[妙欲]을 주고받던 친구에 대해 즐거워하는[耽嗜] 깊은 생각을 하기도 한다. '욕망의 깊은 생각'[欲尋思]을 가리키는데 경經에서 자세하게 설명한 것과 같다. 내지는 가정과 세상에 관련한 깊은 생각이다. 이와 같이 탐냄[貪]과 분노[恚] 등의 일을 모두 설명하였다.

태어남[所生]과 '스스로 생겨남'[自生]을 '축축하게 함'[潤]이 마치 세상의 '낙구타 나무'(諾瞿陀樹: nyagrodha: 인도 무화과나무) 같다고 하는 것은 무엇인가? '축축하게 함'[潤]은 '애착의 물'[愛水]이라고 한다. 이것을 조건 삼아 모든 집착[取]이 생긴다. 그 탐냄[貪]과 분노[恚] 등은 모두 다 이것을 공통된 조건으로 삼는다. 스스로[自]라는 것은 탐냄과 분노를 앞으로 하고, '깊이 생각함'[尋思]을 뒤로 하는 각각 구별되는 '종자 영역의 성질'[種子界性]이라는 것이다.

  탐냄[貪]과 분노[恚]부터 '깊은 생각'[尋思]까지의 모든 욕망[欲]이 각각 결박함이 마치 세상의 마노가(摩魯迦: mālikā) '긴 나뭇가지'[條][104]가 숲의 나무를 '얽어맨 것'[纏繞] 같다고 하는 것은 무엇인가? 간략하게 말해 여섯 가지 각각의 욕망을 일컫는다. (첫째로) 어떤 경우는 몸이나 손의 힘으로 유도하여 이룬 지금 '대상의 욕망'[事欲]이 있다. 가정에 머무르는 이의 모든 욕망은 이 대상영역에서는 이것을 조건으로 삼아 탐냄[貪]과 분노[恚]를 발생시킨다. (둘째로) 어떤 경우는 남으로부터 얻게 되는 여러 가지 지금 '대상의 욕망'[事欲]이 있다. 생계[活命]를 위해 출가한 이의 모든 욕망은 이 대상영역에서는 이것을 조건으로 삼아 '기쁘고 즐거움'[欣悅]을 발생시킨다. (셋째로) 어떤 경우는 과거와 미래의 '대상의 욕망'[事欲]이 있다. 갑자기 스스로 출가한 이의 모든 욕망은 이 대상영역에서는 이것을 조건으로 삼아 근심스러움[憂戚]을 발생시킨다. (넷째로) 어떤 경우는 그 외 모든 '번뇌인 욕망'[煩惱欲]이 있다. 대략 두 가지가 있는데 욕계의 자체自體에 대한 것과 '몸의 수명을 돕는 것'[資身命]에 대한 것이다. (다섯째로) 어떤 경우는 아직 끊지 못한 '이치에 어긋나게 추리하는'[妄分別] 탐냄[貪]이 있다. 바른 믿음으로 출가한 이가 고요하고 한가하게 머무를 적에, 먼지가 끼거나 밤이 되었을 때 마주치게 되는 여러 가지 일인데, 이 대상영역에서는 이것을 조건으로 삼아 곧 놀람과 두려움이 생겨 몸의 털이 곤두선다. (여섯째로) 어떤 경우는 (또 다른) 아직 끊지 못한 '이치에 어긋

---

104) 유가론기 제5권하(대정장 42. p.420c19): 마노가조摩魯迦條라는 것은 등나무 덩굴 종류이다.   摩魯迦條者。藤葛之類。

나게 추리하는'[妄分別] 탐냄[貪]이 있다. 이 보특가라補特伽羅가 낮이 되면 외부[外]의 '보이는 것'[色], 소리[聲], 냄새[香], 맛[味], 접촉[觸]의 대상영역[境]에 대해서 이것을 조건으로 삼아 '의영역'[意地]의 '깊은 생각'[尋思]을 발생시킨다.

아울러 어떤 사문沙門과 바라문婆羅門은 앞서 말한 탐냄[貪]과 분노[恚] 그리고 그 '원인과 조건'[因緣]을 사실대로 분명하게 안다. 또한 '여러 조건'[衆緣]으로 생긴 존재[法]의 '무상한 성질'[無常性]을 알고 나서 그를 따라 생긴 '탐냄의 집착'[貪著]을 일으키지 않고 곧 버리고, '변화시켜 뱉고'[變吐], '끊고 소멸시킨다'[斷滅]. 색계, 무색계의 탐냄[貪]을 떠났기 때문에 '존재의 거센 물결'[有暴流]을 건너고, '욕계의 탐냄'[欲貪]을 떠났기 때문에 '욕망의 거센 물결'[欲暴流]을 건너고, 이와 같은 거센 물결을 그전에는 건너지 못했는데, 지금은 이미 건넜기 때문에 끝내 '도로 물러남'[退]이 없다.

이제 위에서 말한 의미를 간략히 설명하고자 한다. 박가범薄伽梵께서는 이 게송 중에서 세 가지 단계를 간략히 나타내셨다. 첫째, '가정에 있는 단계'[在家位], 둘째, '출가한 단계'[出家位], 셋째, '멀리 떨어져 있는 단계'[遠離位]이다. 또한 공통된, 그리고 공통되지 않은 원인과 조건으로 생긴 애착[愛], 분노[恚]는 모두 욕망 중에서 두 가지로 '각각 결박되어 있음'[別縛][105]과 '끊는 방법'[斷方便]과 '끊음의 뛰어난 이익'[斷勝利]을 간

---

105) 유가론기 제5권하(대정장 42. p.420c21-23): 요점 가운데 모든 것에서 두 종류로 각각 결박되어 있다는 것은 본문에 각각 결박되어 있다고 하는 것인데, 각각 다른 종류로 생기는 것을 공통하지 않은 원인이라고 하고, 모두 애착에 젖음으로써 생기는 것을 공통된 조건이라고 한다. 略義中於諸中二種別縛者。論文自釋名爲別縛。各別種生名不共因。皆由愛潤名爲共緣。

략히 보여 주셨다. 이것이 이 가운데 요점이라고 한다는 것을 알라.

　아울러 이 가운데에서 탐냄[貪], 기쁨[欣], '좋음에 의지함'[依耽嗜]의 '깊은 생각'[尋思]은 '애착 종류'[愛品]임을 알라. 분노[恚], 근심[慼] 및 '놀람과 두려움'[驚怖]은 '분노 종류'[恚品]임을 알라.

3.3.11 지음作

　　바라문婆羅門이 지어야할 것은
　　이를테면 끊어서 방종함[縱逸]이 없게 하고
　　모든 욕망[欲]을 버릴 것을 추구하며
　　이러한 존재[有]를 바라지 않는 것이다.

　　만일 다시 지을 것이 있다면
　　진짜 바라문婆羅門이 아니니
　　알아야 할 것은 바라문婆羅門은
　　지을 것을 이미 갖추었다는 것이다.

　　몸[身分]이 애쓰는[劬勞] 모든 것은
　　아직 근원[底]까지 이르지 못하고 건너지[度] 못한 것이고,
　　이미 건너 육지에 머무른다는 것은
　　'건너편 물가'[彼岸]에 이르러야 하는 수고가 없는 것이다.

　　천天이여, 그대가 지금 알아야 할 것은
　　이것이 진짜 범지梵志에 관한 비유라는 것인데,
　　이를테면 '모든 번뇌'[諸漏]가 영원히 다하고
　　'항상 조용한'[常委] 정려靜慮를 이룬 것이다.

　　그가 영원히 끊은 모든 것은

'슬픔과 근심'[愁憂] 그리고 '훨훨 타오르는 불길'[熾燃]이니,
항상 '바른 유념'[正念]에 머무르고
또한 항상 마음이 해탈解脫해 있다.

이 게송 중에서는 그 천天이 세상의 모든 바라문婆羅門을 들어 세존世尊께서 설명해 주실 것을 보여준 것이다. 이를테면 어떤 부족[種姓]의 모든 바라문은 스스로 가리켜, "나는 진짜 범지梵志이다."라고 하며, 범세상[梵世間]을 가장 궁극적인 것이라고 헤아리고, 범세상에 편안하게 머무르는 것을 바라 색계에 대해 항상 정진[勤精進]한다. 마음에 게으름이 없이 항상 멀리 떨어져 고요하고 한가한 곳을 즐기며 잠을 줄여 '고요한 선정'[靜定]을 수행한다. 이는 '대상의 욕망'[事欲]과 '번뇌인 욕망'[煩惱欲]을 끊기 위한 것이다. 그 부족[種姓]의 모든 바라문은 범세상[梵世間]을 가장 궁극적인 것이라고 헤아리기 때문에 범세상을 바라고 '욕계의 존재'[欲有]는 추구하지 않는다.

아울러 (이 게송이) 나타낸 것은 다음과 같다. 여래如來께서는 '첫째 의미'[第一義]의 모든 바라문婆羅門을 들어 그 천天에게 답을 하셨다. 만일 바라문이 지을 것을 짓고 나서 자주 다시 지을 것이 있고, 곧 뛰어나게 '지을 일'[應作事]이 있다면, 이는 진짜 바라문이 아니라는 것을 알라는 것이다. 만일 바라문이 바라문으로서 지을 일을 경험[證]하여 모든 살가야薩迦耶 물가[岸]를 뛰어넘어[超登] 육지에 편안히 머무른다면, 이는 진짜 바라문임을 알라는 것이다. 이것에 의해 학學과 무학無學이 모두 바라문婆羅門임을 보여주셨다.

학學은 두 종류가 있다. 욕계에 대해 아직 욕망을 떠나지 못한 경우와 이미 욕망을 떠난 경우이다. 아직 욕망을 떠나지 못한 이는 아직 근원[源

底]을 이루지 못하고, 아직 '건너편 물가'[彼岸]에 이르지 못해 두 가지 존재에 대해 여전히 '충분하게 갖추지'[具足] 못하였다. 첫째, 아직 안[內]의 마음이 뛰어난 사마타奢摩他를 이루지 못하였다. 둘째, 이미 '뛰어난 지혜의 교법'[增上慧法]의 비발사나毘鉢舍那를 이루었더라도 아직 아주 청정하지 않다. 안[內]의 마음의 사마타에 결함[闕]이 있기 때문에, 이룩한 '성스러운 과정'[聖道]과 같은 '뜨는 자루'[浮囊: 구명대]에 올라탄다. 안[內]의 마음의 사마타를 경험하기 위해 발과 같이 용맹勇猛한 정진精進으로 움직인다. 또한 '뛰어난 지혜의 교법'[增上慧法]의 비발사나를 아주 청정하게 하기 위해 손과 같이 용맹한 정진으로 움직인다. 그가 이와 같은 정진[勤精進]을 할 때 욕계의 욕망을 떠남은 근원[源底]을 이룬 것과 같고, 아라한阿羅漢을 경험하는 것은 '건너편 물가에 이른 것'[到彼岸]과 같다.

  이미 욕망[欲]을 떠난 이는 안[內]의 마음이 뛰어난 사마타奢摩他를 경험하고, 또한 아주 깨끗한 비발사나毘鉢舍那를 이루고, 나아가 다만 '위 부분의 모든 매임'[上分諸結]을 끊는 것에 정진[勤精進]하는데, 여러 '몸 부분'[身分]으로써는 아니다.

  만일 이미 '너머까지 건너서'[越度] 아라한阿羅漢을 성취하고 지어야 할 것을 이미 갖추어 작용[功用]에 힘쓰는 것을 떠났다면, 육지에 머물러 이미 '건너편 물가'[彼岸]에 이르렀다[到]고 한다. 이는 곧 모든 바라문婆羅門에게 '첫째 의미'[第一義]를 기준으로 보여 주는 것인데, 대략 세 가지가 있다. 두 가지는 바로 유학有學이고, 한 가지는 바로 무학無學이다. (우선 무학의 경우인데) 만일 이미 '건너편 물가'[彼岸]에 '궁극에까지 이른'[究竟到] 모든 바라문은 영원히 번뇌[漏]를 다하였다고 한다. (다음은 유학의 경우인데 우선) 만일 아직 욕망에서 떠나지 못하고 모든 '몸 부분'[身分]으로 정진하는 이라면, '항상 조용함'[常委]을 이루었다고 한다. (다음은 유학의 둘째 경우인데) 만일 이미 욕망을 떠나 근원[源底]을 이룬 이라면, 정려靜慮를 이루었다고 한다.

정려를 이룬 이는 모든 '아래 부분의 매임'[下分結]을 영원히 끊었기 때문에 이미 탐냄의 욕망과 분노 종류[品]에 속한 모든 슬픔과 근심 그리고 훨훨 타오르는 불길을 끊었다.

번뇌[漏]가 영원히 다한 이는 '수도에서 끊는 모든 번뇌'[修斷諸煩惱]를 영원히 끊었기 때문에 이미 네 가지 염주念住를 잘 수행하여 항상 '바른 유념'[正念]에 머무르고 마음이 해탈解脫하여, 그는 지을 것을 짓고 나서 자주 다시 지을 것도 없고, 또한 뛰어나게 '지을 일'[應作事]도 없다. 그러므로 그를 '첫째 의미'[第一義]의 진짜 바라문婆羅門이라고 한다.

3.3.12 애씀劬勞

비구[苾芻]시여, 비구[苾芻]시여,

이미 '거센 물결'[暴流]을 건너셨습니까?

일러 말씀하시기를, 그러하다, 천天이여.

'의지함이 없고'[無攀] '머무름이 없이'[無住]

이미 '거센 물결'[暴流]을 건너셨습니까?

일러 말씀하시기를, 그러하다, 천天이여.

그대 비구[苾芻]께서는 지금

무엇처럼 해서

'의지함이 없고'[無攀] '머무름이 없이'[無住]

이미 '거센 물결'[暴流]을 건너셨습니까?

변함없이[如如] 내가 애썼더라면[劬勞]
이러저러하게[如是如是] 못나졌을[劣] 것이고,

이러저러하게[如是如是] 못나진[劣] 뒤에는
이러저러하게[如是如是] 머물렀을[住] 것이고,
변함없이[如如] 내가 머문[住] 뒤에는
이러저러하게[如是如是] 떠돌았을[漂] 것이다.

천天이여, 나는 변함없이[如如] '애쓰는 것'[劬勞]을 버려서
이러저러하게[如是如是] '못나지는 것'[減劣]이 없었다.
이와 같이 '희디흰 종류'[鮮白品]에 대해 자세히 말하니
이 게송 가운데 (내) 대답[祇焰頌: geya: 기야祇夜]을 알라.

지금 이 게송 중에서 '의지함이 없고'[無攀] '머무름이 없다'[無住]는 것은 열반涅槃과 멸진정(滅盡定: 개념형성과 느낌이 모두 다 사라지는 선정)을 가리키는데, 앞에서 이미 설명하였다. 세존世尊께서는 옛날, '나타내 보이려는 것'[示現]으로서, 보살행(菩薩行: 보살로서의 수행)을 수행할 때, 가장 어려운 수행, 고행苦行, 제대로 된 수행방법이 아닌 것에 속하는 용맹정진勇猛精進에 의지하였고, 또한, '나타내 보이려는 것'[示現]으로서, '깨닫는 자리'[菩提座]에 앉아 제대로 된 수행방법이 아닌 것에 속하는 용맹정진勇猛精進에 의지하였지만, '두루 앎'[遍知]으로 (모든 번뇌를) 끊었기 때문에 이와 같이 말씀하셨다. "천天이여, 내가 옛날에 헛되게 애썼더라면[劬勞], 나는 곧 이러저러하게 못나졌을[減劣] 것이고, 변함없이 못나진 뒤에는 나는 곧 이러저러하게 머물렀을[止住] 것이고, 변함없이 머문 뒤에는 또한 이러저러하게 떠돌았을[漂溺] 것이라는 점을 알라. 이와 반대면 '흰 종류'[白品]라는 것을 알라."

이 중에서 보여 주는 것은 다음과 같다. 고행苦行으로 수행할 때 제대로 된 수행방법이 아닌 것에 속하는 용맹정진勇猛精進에 의지한 것을 '애쓰는 것'[劬勞]이라고 한다. '비뚠 수행방법'[邪方便]으로 수행하여 '선한 존재'[善法]에서 멀어져 놓치는 것을 '못나지는 것'[減劣]이라고 한다. 모든 '선한 존재'[善法]에서 이미 멀어져 놓친 것을 알고 나서 '비뚠 수행방법'[邪方便]을 쉬는 것을 '머무르는 것'[止住]이라고 한다. 모든 고행苦行을 버리고 다시 다른 스승을 구하여 마침내 온달락가(嗢達洛迦: udrako rāmaputra), 아라다(阿邏荼: ārālakālāma) 등 '비뚠 것에 집착하는 곳'[邪所執處]에서 따르며 자세히 살피기 때문에 '떠도는 것'[漂溺]이라고 한다.

나중에 '깨닫는 자리'[菩提座]에 앉아 모든 제대로 된 수행방법이 아닌 것에 속하는 용맹정진勇猛精進을 버리고, '선한 존재'[善法]를 마침내 자라게 하였다. 변함없이 선한 존재가 자란 뒤에도 이러저러하게 선한 존재에 대해서 만족할 줄 몰라 머물러[止住] 방황하지 않고, '수행하여 끊을 것'[所修斷]에 대해 점점 뛰어나게 '섬세하고 훌륭한 것'[微妙]을 찾았다. 그러고는 이와 같은 것에 만족할 줄 모르기 때문에 마침내 다시는 다른 외도外道의 스승을 구하지 않고, 스승 없이 저절로 서른일곱 가지 '깨달음의 부분을 이루는 수행법'[菩提分法]을 수행하여 무상정등보리(無上正等菩提: 최고의 완전한 깨달음)를 경험[證得]했기 때문에, 대각자(大覺者: 크게 깨달은 이)라고 한다. 이 가운데에서 버린 '애쓰는 것'[劬勞], ('못나지는 것'[減劣], '머무르는 것'[止住], '떠도는 것'[漂溺]) 등 네 구절의 경문經文 의미를 그 차례대로 풀이하고 알라.

어떻게 열반涅槃이 '의지함이 없고'[無依] '머무름이 없음'[無住]이 구별되는가? 모든 번뇌煩惱, 전(纏: 얽힘), 수면(隨眠: 잠재하는 번뇌)의 '거센 물결'[暴流]을 건널 수 없는 것은 네 가지 원인이 있다. 무엇이 네 가지인가? (첫째로) 맨 처음에는 즐거움[耽嗜]에 의해 찾는다[尋]. (둘째로) 즐거움[耽嗜]에 의해 찾음[尋]이 의지가 되기 때문에 다시 게을러[懈怠] 진다. (셋째로) 또한 게으름[懈怠]이 의지가 되기 때문에 '이생의 부분'[異生分]으로 머무른다. (넷째로) 이생의 부분으로 머무르는 것이 의지가 되기 때문에 생사류(生死流: 생사가 계속되는 흐름)을 따르는 '탐내고 애착함'[貪愛]의 힘이 '다섯 세상'[五趣]에서 생사生死하는 강 속에서 그 흐름을 따라 표류[漂溺]하게 한다. 이와 반대인 네 가지 원인 때문에 '거센 물결'[暴流]을 건널 수 있다는 것을 각각에 알맞게 알라.

어떻게 상수멸정(想受滅定: 개념형성과 느낌을 소멸시킨 선정)이 구별되는가? (첫째로) 어떤 이가 먼저 이미 상수멸정想受滅定을 경험했는데 다시 방종하여[放逸] '개념형성과 느낌'[想受]에 많이 머무르고, 모든 '개념형성과 느낌'[想受]을 소멸[滅] 시키는 데에는 머무르지 않았다. (둘째로) 이 때문에 '소멸시키는 선정'[滅定]에서 '멀어져 놓쳤다'[退失]. (셋째로) '멀어져 놓치기'[退失] 때문에 도로 '아래 세상에 생겨나는 원인'[下地生因]에 머무른다. (넷째로) 그 원인에 머무르기 때문에 마음이 곧 결정적으로 그 (원인에 의해) 이루는 결과로 나아간다. 이와 반대인 '흰 종류'[白品] 네 구절의 구별을 알라.

3.3.13 의미를 이룸得意

혼자 아란야阿練若에 이르러
정려靜慮에 들어 '귀한 재물'[珍財]을 버리는 것은
따로 추구하는 것이 있는 것입니까?

허투루 '번성한 마을'[封邑]을 넘보시는 겁니까?

어째서 다른 사람과 사귀지 않고

끝내 친구들이 없습니까?

'의미 있는 것'[義: 목적]을 이루어 마음이 고요해

'예쁜 모습'[妙色]을 한 '마라의 군대'[魔軍]를 꺾으며

나 혼자 머물러 사유思惟하고

가장 뛰어난 안락安樂함을 받는다.

그래서 다른 사람과 사귀지 않으며

끝내 친구들이 없다.

  이는 천녀天女가 여쭌 게송으로 인한 것이다. '의미 있는 것'[義: 목적]이란 것은 두 가지가 있다. 첫째, '사문의 결과'[沙門果]라는 의미 있는 것을 경험하는 것이다. 둘째, 성스러운[聖] 신통神通이라는 의미 있는 것을 경험하는 것이다. 첫째 의미 있는 것을 이룩하기 때문에 모든 생사生死의 큰 괴로움을 뛰어넘고, 둘째 의미 있는 것을 이룩하기 때문에 '여덟 가지 해탈'[八解脫], 고요함[寂靜], 사유思惟, '지금생의 즐거움에 머무름'[現法樂住]을 경험한다. 또한 첫째 의미 있는 것을 이룩하여 사랑스러운[可愛] 예쁜 모습을 한 '마라의 군대'[魔軍]를 항복시킨다. 둘째 의미 있는 것을 이룩하여 혼자 머물러 사유하여 뛰어난 안락함을 받는데, 이것은 성스러운 신통神通이라는 의미 있는 것을 말한다. 왜냐하면 예를 들어 어떤 이가 성스러운 신통神通이라는 의미 있는 것을 갖추기 위해, 해탈의 청정함이 완성되게 하기 위해, 십변처(十遍處: 열 가지 두루하게 있는 것) 수행방법에 의지해 수행하여, 이 원인과 조건 때문에 변처遍處가 결정적으로 청정함이 완성되게 하고, 또한 해탈이 점점 청정함이 완성되어 희디흼[鮮白]

이 이루어지게 하고, 또한 성스러운 신통神通이라는 의미 있는 것을 갖추게 되기 때문이다. 그는 이것이 갖추어졌음을 분명하게 알고 나서 곧 '나의 의미'[我義]를 스스로 통달하여 갖추고 '사문의 결과'[沙門果]라는 의미 있는 것도 성취하니 바로 진짜 사문沙門이다.

재물을 추구하는 이에 대해 깊이 '염증 내어 무너뜨림'[厭毀]을 수행하고, 모든 도시[城]나 마을[邑] 등 '사귀고 노는'[交遊] 곳에 대해 그 처음[初]을 분명하게 알고, 잘못[過患]을 분명하게 알고, 벗어남[出離]을 분명하게 알고, 또한 '벗어남으로 나아가는 수행'[趣出離行]을 분명하게 안다. (여기에서) 그를 생겨나게 하는 원인과 조건을 처음[初]이라고 하고, 무상無常하며 '여러 가지로 괴롭고'[衆苦] '변하여 망가지는 존재의 성질'[變壞法性]을 잘못[過患]이라고 하며, '욕계의 탐냄'[欲貪]을 굴복시켜 끊고 없애 뛰어넘는 것을 벗어남[出離]이라고 하고, '성스러운 여덟 세목의 방도'[聖八支道]를 '벗어남으로 나아가는 수행'[趣出離行]이라고 한다.

만일 그가 '사귀고 노는'[交遊] 곳의 처음을 보지 못하고, 내지는 '벗어남으로 나아가는 수행'[趣出離行]을 보지 못하면 그 때문에 '귀한 재물'[珍財]과 유정有情 등이 있는 곳에서 염증 내서 무너뜨리는 (수행을) 할 수 없어 도시나 마을에서 사귀고 놀며 돌이디니는[周旋] 것이 끊이지 않는다. 그런데도 말하기를, "그는 마음에 고요함[寂靜]을 이루었구나."라고 하면서, 머무르던 집에서 나와 팔해탈八解脫을 경험한 정려선정[靜慮定]을 하는 이가 안의 마음이 고요한 것을 두고 오히려 비난한다. 이 때문에 그는 '안의 마음'[內心]이 고요함[寂靜]에 대해 '잘 보고'[善見], '잘 알고'[善知], '잘 살피고'[善鑒], '잘 통달하는 것'[善達]을 '감당할 수'[堪能] 없다. 만일 '첫째 의미'[第一義]의 '안 마음'[內心]이 고요하다[寂靜]면 이와는 반대여서 '잘 보고'[善見], 내지는 '잘 통달할'[善達] 수 있다.

이제 위에서 말한 의미를 간략히 설명하고자 한다. 박가범薄伽梵께서는 이에 대해 모든 '욕망을 느끼는 이'[受欲者]가 섞여 머무름을 즐기는 것은 '첫째 의미'[第一義]의 '안 마음'[內心]이 고요함[寂靜]이 아니라는 것을 간략히 보여 주셨다. 만일 '팔해탈 선정'[八解脫定]을 경험하여 모든 '사랑스러운 맛'[愛味]을 떠난다면, '첫째 의미'[第一義]의 '안 마음'[內心]이 고요함[寂靜]이라고 한다. 이것이 이 가운데 요점이라는 것을 알라.

3.3.14 논의함論議

'모든 변천하는 존재'[諸行]는 무상無常하고

생멸生滅할 (가능성이) 있는 존재이다.

생멸生滅 때문에

그것의 고요함을 즐거움이라고 한다.

지금 게송 가운데의 온(蘊: 유위법)과 '집착된 온'[取蘊]을 다 '모든 변천하는 존재'[諸行]라고 하는데, 이 의미들 중에서 의도는 '집착된 온'[取蘊]에 있다. 이 '다섯 가지 집착된 온'[五取蘊]은 간략히 세 종류가 있다. 과거, 미래, 지금을 가리킨다.

'모든 변천하는 존재'[諸行]는 무상無常하다고 하는 것은 그 모든 변천하는 존재는 '본래 없는 것'[本無]인데 생기고, 생기고 나서는 '갑자기 소멸한다'[尋滅]. 만일 과거에 생긴 것이라면 과거에 이루어진 것이어서 모든 자체自體 가운데의 모든 온蘊은 다 과거의 것이기 때문에, 이미 소멸한 [謝滅] 것이기 때문에, 생겨났다 사라진 것이기 때문에, 체體는 무상無常하다. 만일 미래에 생길 것이라면 미래에 이룰 모든 자체自體 가운데의 모든 온蘊은 다 아직 생기지 않은 것이기 때문에, 이미 '일어난 것'[起]이 아니기 때문에, 아직 소멸하지 않은 것이기 때문에, 생길 가능성이 있는 것이기 때문에, '생겨날 (가능성이) 있는'[有生] 존재이다. 만일 지금 생긴 것이라면 지금 이루어진 모든 자체自體 가운데에서 잠시 머무르며 '살아 있음'[存活]을 지탱하는 것이다. 유정有情의 모든 온蘊은 다 '죽는 존재'[死法]이기 때문에, '떨어진다든지 소멸하여'[殞滅] 소멸할 가능성이 있는 것이기 때문에, '소멸할 (가능성이) 있는'[有滅] 존재이다.

만일 그 모든 온蘊이 미래에 이루어질 자체自體에 있다면 이는 '생겨날 (가능성이) 있는'[有生] 존재여서, 그중에는 이룰 자체조차도 없어서 영원하고[常] '변함이 없어'[恒] 당연히 이렇게 바르게 머무를 테지만, 잠깐만에 생기고, 생기고 나서는 '갑자기 소멸하는'[尋滅] 것이어서 제외된다.

만일 모든 유정이 지금생[現法]에 미래 모든 온蘊의 원인을 영원히 다한다[盡]면, 모든 미래 자체自體의 모든 온蘊은 다 생기지 않기 때문에 '그것은 고요하다'[彼寂]고 한다. 또한 이 고요함[寂]은 두 가지 때문에 즐거움[樂]이라고 한다. 첫째는 모든 괴로움의 원인이 소멸했기 때문에, 모든 추중(麁重: 번뇌에 결박되어 있는 것)이 영원히 쉬기 때문에, 지금생[現法]에 '편안하고 즐거움'[安樂]에 머무르기 때문에, 즐거움[樂]이라고 한다. 둘째는 내생[當來]에 생겨나고[生], 늙고[老], '질병을 앓는'[病] 등의 여러 괴로움으로부터 영원히 해탈解脫하기 때문에, 즐거움[樂]이라고 한다.

이제 위에서 말한 의미를 간략히 설명하고자 한다. 박가범薄伽梵께서는 이 가운데에서 '바른 견해'[正見]가 '의지하는 곳'[依處]과 '바른 견해'[正見]의 결과에 대해 간략하게 말씀하셨다. 이에는 구별이 있다. 변지遍知가 의지하는 곳과 그것[변지]이 '끊고 소멸시키는 것'[斷滅]에 대해 간략하게 보여 주셨다. 또한 '변지의 대상'[所遍知]인 존재[法]와 변지遍知에 대해 간략하게 보여 주셨다. 또한 (과거, 미래, 지금 등) '세 가지 세상'[三世]의 모든 변천하는 존재의 물듦[雜染]과 그것이 고요해지기 때문에 청정淸淨해짐에 대해 간략하게 보여 주셨다. 또한 모든 '조건에 의해 생기는 존재'[緣起法]와 '조건에 의해 생기는 것이 소멸됨'[緣起滅]을 간략하게 보여 주셨다. 또한 '괴로움의 진리'[苦諦]와 '(괴로움을) 소멸시키는 진리'[滅諦]를 간략하게 보여 주셨다.

또한 비어있음[空], '바람이 없음'[無願] 등의 두 가지 해탈解脫 부문이 의지하는 곳을 간략하게 보여 주시고, '모습 없음'[無相]이라는 한 가지 해탈解脫 부문이 의지하는 곳을 보여 주셨다. 또한 성제현관(聖諦現觀: 성스러운 진리가 나타난 것을 살핌)을 어기는 두 가지 존재를 끊음이 의지하는 곳에 대해 간략히 보여 주셨다. '두 가지 존재'[二法]란 첫째, 희론戱論을 따르는 것이고, 둘째, '희론이 없음'[無戱論]을 두려워하는 것이다. 또한 외도外道와 공통되지 않는 두 가지 '(번뇌를) 없애는 존재'[對治法]에 대해 간략히 보여 주셨다. 무엇이 두 가지인가? 첫째, '알아야 할 대상'[所知]의 '전도되지 않은 성질'[無顚倒性]이다. 둘째, '경험할 대상'[所證]의 '전도되지 않은 성질'[無顚倒性]이다.

> 방종함이 없음은 '죽음의 자취'[死跡]가 되지 않고
> 방종함[放逸]은 '죽음의 자취'[死跡]가 된다.
> 방종함이 없는 이는 '죽지 않고'[不死]
> 방종한[縱逸] 이는 '항상 죽는다'[常死].

지금 이 게송 중에서, '방종함이 없음'[無放逸]은 '죽음의 자취'[死跡]가 되지 않는다는 것은 무엇인가? 예를 들어 어떤 이가 네 가지 '의지할 대

상'[所依]에 대해 '수명의 보호'[命護], '몸의 보호'[身護], '마음이 물드는 것으로부터의 보호'[心雜染護], '바른 수행방법의 보호'[正方便護] 등 '네 가지 보호'[四種護]를 성립시키면 '방종하지 않음'[不放逸]이라고 한다. 이 '방종하지 않음'[不放逸]이 의지가 되고 지탱함이 되어, 열반涅槃(을 향한) 식량[資糧]이 아직 완성되지 않은 이는 빠르게 완성되게 하고, 이미 완성된 이는 지금생[現法]에 반열반般涅槃을 이루게 한다.

　방종함[放逸]은 '죽음의 자취'[死跡]가 된다는 것은 무엇인가? 예를 들어 가정에 머무르는 어떤 일반인[白衣]이 모든 '욕망의 대상영역'[欲境]에 대해 '좋아 애착하고'[耽著], 받아쓰며[受用] '불선한 업'[不善業]을 짓거나, 또는 출가出家한 이가 '수명을 보호함이 없음'[命無護]부터 '바른 수행방법이 없음'[正方便無護]까지 네 가지 '보호가 없음'[無護]을 보이는 것을 가리킨다. 이와 같이 방종함[放逸]은 '가정에 있는 부류'[在家品]와 '출가한 부류'[出家品] 등 두 부류에 공통된다. 곧 이 방종함이 의지가 되고 지탱함이 되어 '생겨남의 근본이 되는 실천'[生本行]을 즐기고, '생겨남의 근본이 되는 업'[生本業]을 짓는다. 이 때문에 생겨나고[生], 생겨나서는 '수명을 다하여 마치거나'[壽終], 생겨나서는 '젊어서 죽는다'[夭沒].

　방종함이 없는 이는 '죽지 않고'[不死], 방종한[縱逸] 이는 '항상 죽는다'[常死]고 하는 것은 무엇인가? 첫째, '완전한 죽음'[調善死]이다. 둘째, '완전치 못한 죽음'[不調善死]이다. 셋째, '과거의 죽음'[過去死]이다. 넷째, '지금의 죽음'[現在死]이다. 다섯째, '미래의 죽음'[未來死]이다.

　이 '방일함이 없음'[無縱逸]을 잘 수행한 보특가라補特伽羅의 경우에는 지금생의 '완전한 죽음'[調善死]으로 마침 죽을 때에 과거의 죽음은 이미 죽은 것이고, 과거생도 완전치 못하게 죽었지만, 지금생엔 '완전치 못한 죽음'[不調善死]으로 죽는 것이 아니다. 미래생엔 완전한 죽음으로 (죽는 것)도 아니고, 완전치 못한 죽음으로 죽는 것도 아니다. 그래서 '죽지 않는다'[不死]고 한다.

방종한[縱逸] 보특가라補特伽羅의 경우에는 지금생에 완전치 못한 죽음으로 죽을 때에 과거생도 이미 죽었고, 지금생엔 곧 '완전치 못한 죽음으로 죽고, 미래생도 완전치 못한 죽음으로 장차 죽을 것이다. 그래서 '항상 죽는다'[常死]고 한다.

이제 위에서 말한 의미를 간략히 설명하고자 한다. 박가범薄伽梵께서는 이 가운데에서 '방종함이 없다'[無縱逸]는 것은 도제(道諦: 괴로움을 소멸시키는 방도라는 진리), 멸제(滅諦: 괴로움을 소멸시킨다는 진리)이고, 방종하다[縱逸]는 것은 집제(集諦: 괴로움이 모인다는 진리), 고제(苦諦: 괴로움의 진리)라는 것을 간략하게 보여 주셨다. 또한 '이치에 맞는 것과 맞지 않는 것의 성질'[處非處性], 그리고 '스스로 업을 짓는 것의 성질'[自業作性]을 간략히 보여 주셨다. 앞의 반 게송에서는 이치에 맞는 것과 맞지 않는 것의 성질을 보여 주신 것이고, 뒤의 반 게송에서는 스스로 업을 짓는 것의 성질을 보여 주신 것이다. 또한 앞의 반 게송에서는 스승과 제자가 '지어야 할 것'[所應作]을 지음을 보여 주셨고, 뒤의 반 게송에서는 모든 제자가 '스스로 지어야 할 것'[自所作]의 의미를 보여 주셨다.

    중생은 '깊은 생각'[尋思]에 '끌리고 흔들려'[所鑽搖]
    예리한 탐욕貪欲에 '예쁜 것을 살핌'[觀妙]을 따라
    갑절 늘어난 물든 애착[愛]으로 유전流轉하며
    곧 저절로 견고하게 결박된다.

지금 이 게송 중에서 '깊은 생각'[尋思]에 '끌리고 흔들린다'[所鑽搖]는 것은 무엇인가? 예를 들어 어떤 이가 먼저 이루고 먼저 받아쓴[受用] 모든 욕망의 대상영역에 대해 바르지 않게 의도[作意]하고, 불선不善한 좋아함[耽嗜]으로 모든 악惡한 '깊은 생각'[尋思]을 발생시키는 것이다.

예리한 '탐냄의 욕망'[貪欲]이란 무엇인가? 예를 들어 어떤 이가 옛날 다른 생생에서 '탐냄의 욕망'[貪欲]을 익히고 많이 익혀서, 이 때문에 지금생[此生] 중에 먼저 이루고 먼저 받아쓴[受用] 모든 욕망의 대상영역에 대해 비록 바르게 의도하더라도 탐냄의 욕망에 그의 마음이 흩어져 무너지는 것이다.

'깨끗하고 예쁜 것을 살핌'[觀淨妙]을 따른다는 것은 무엇인가? 예를 들어 어떤 이가 몸을 잘 보호하지 않고, '모든 근'[諸根]을 다잡지도 않고, '바른 유념'[正念]에 머무르지도 않고 취락(聚落: 마을이 모여 있는 것)을 돌아다니다가 매우 젊은 나이의 사랑스러운 아름다운 모습을 한 여러 여자[母邑]를 보고 나서는 곧 이치에 맞지 않게 '깨끗하고 예쁜 모습'[淨妙相]을 집착한다. 이 때문에 몸과 마음이 '타는 듯이 괴로워지는'[燒惱] 것이다.

갑절 늘어난 물든 애착[愛]이란 무엇인가? 다섯 가지 모습[相貌] 때문에 물든 애착[愛]이 자란다는 것을 알라. 다섯 가지란 무엇인가? (첫째) 예를 들어 어떤 이는 하찮은 모든 욕망의 대상영역일지라도 여전히 예리한 모든 탐냄의 욕망 전纏이 생기게 하여 '좋아 애착하고'[耽著] 버리지 않는데, 하물며 뛰어난 것이야! (둘째) 또한 '규범을 어기고'[非法] 매우 포악하게 '귀한 재물'[珍財] 모으며, 항상 바른 규범에 의하지 않고 여러 뛰어난 도구를 거두어들인다. (셋째) 또한 하찮은[輕賤] 쓸모없는 물건에 대해서도 여전히 욕망을 버리지 않는데, 하물며 귀중한 것이야! 비록 적고 하찮은 재물을 추구하더라도 여전히 몸[身], 말[語], 의도[意]로 많은 '악한 실천'[惡行]을 하는데, 하물며 많고 귀한 것이야! (넷째) 또한 소소한 '훌륭한 실천'[妙行]을 받아 지니는 데에도 그 마음이 여전히 '애호하고 즐기려'[愛樂]하지 않는데, 하물며 크나큰[廣大] 것이야! (다섯째) 또한 열반涅槃에 대해서 여전히 듣는 것을 즐기지 않는데, 하물며 이루려 하겠는가!

견고하게 결박된다[縛]는 것은 무엇인가? 세 가지 모습 때문에 견고하게 결박됨을 아는 것을 가리킨다. 첫째, 견고하게 때문이다. 둘째, 괴로움에 접촉되기 때문이다. 셋째, 오랜 동안 따라다니기 때문이다. 지금생에는 '악한 실천'[惡行]의 뿌리인 탐냄[貪], 분노[瞋], 어리석음[癡] 때문에 견고하게 결박되었음을 안다. 내생에는 나락[那落迦], 동물[傍生], 아귀[鬼]의 세상[趣]에 생겨나기 때문에 괴로움에 접촉되는 것과 오랜 동안 따라다니는 것을 안다.

이제 위에서 말한 의미를 간략히 설명하고자 한다. 두 가지 '잃고 무너짐'[失壞]의 원인에 의해 두 가지 잃고 무너짐이 있음을 가리킨다. 무엇을 두 가지 잃고 무너짐의 원인이라고 하는가? 바르지 않은 사유思惟의 힘과 원인의 힘을 가리킨다. 무엇을 두 가지 잃고 무너짐이라고 하는가? 장차 잃고 무너질 것을 추구하는 것과 잃고 무너짐을 받아쓰는 것을 가리킨다.

무엇을 바르지 않은 사유思惟의 힘이라고 하는가? 먼저 받아쓴 대상영역을 원인과 조건으로 생긴 바르지 않은 사유思惟를 생각해내는[隨念] 것이다. 또는 '앞에 나타난'[現前] 대상영역을 '비뚤게 추리하는 것'[邪分別]을 원인과 조건으로 생긴 바르지 않은 사유이다. 또는 비뚤게 모습[相]을 취하여 비뚤게 사유하는 것이다. 또는 그가 머무르거나 동작하는 데에 바르지 않게 사유하는 것이다.

무엇을 원인의 힘이라고 하는가? 사랑스러운[可愛] 대상영역에 대해 '전생부터 익혀온'[宿習] '욕계의 탐냄'[欲貪]이다.

무엇을 장차 잃고 무너질 것을 추구하는 것이라고 하는가? 예를 들어, 어떤 이가 두 가지 '잃고 무너짐'[失壞]의 원인을 성취했기 때문에 '바른 규범을 어기거나'[非正法], 포악하게 굴며 '비뚠 재물'[邪財]을 추구하여 모으는 것이다. 무엇을 '잃고 무너짐'[失壞]을 받아쓴다[受用]고 하는가? 예를 들어, 어떤 이가 먼저 이룩한 즐거움을 따르거나, 괴로움을 따르거나, 괴롭지도 즐겁지도 않은 것을 따르는 등, 모든 대상영역 가운데에서 어떤 하나에 물듦이 생기거나 집착이 생기는 등등 벗어날 줄 모르고 받아쓰는 것이다. 또는 어떤 하나를 '미워 화내어'[憎恚], 미워 화냄에 가려시기도 한다. 또는 어떤 하나에 어리석게[愚癡] 굴어, 어리석음에 가려지기도 한다. 그는 이와 같이 '탐냄의 물듦'[貪染]에 가려지고 내지는 어리석음[愚癡]에 가려지기 때문에, 몸[身], 말[語], 의도[意]로 여러 가지 '악한 실천'[惡行]을 해서 탐냄[貪], 분노[瞋], 어리석음[癡] 세 가지 견고한 결박에 '얽혀 묶인다'[纏縛]. 또한 나락[那落迦], '동물 세상'[傍生], '아귀 세상'[鬼] 등 모든 결박에 묶인다. 다른 구별이 있다. 바로 '애착의 매임'[愛結]에 결박되는 것이다.

보특가라補特伽羅는 간략히 일곱 가지 물듦이 있다. 이 모두는 '탐내고 애착함'[貪愛]이 지은 것임을 알아야 하는데, 이를테면 생각해냄[隨念]에 물듦, '자유롭지 못함'[不自在]에 물듦, 대상영역[境界]에 물듦, '심한 괴로움'[熱惱]에 물듦, '좋은 세상'[善趣]에 관련하여 물듦, '나쁜 세상'[惡趣]에 관련하여 물듦, '모든 견해'[諸見]에 물듦이다.

(그러면 첫째) 생각해냄[隨念]에 물듦이란 무엇인가? 예를 들어, 어떤

이가 바르지 못하게 먼저 받아쓴 사랑스러운 대상영역을 생각해내어 희망하고 추구하여 마음이 '흩어져 무너지게'[散壞]하는 것이다.

(둘째) '자유롭지 못함'[不自在]에 물듦이란 무엇인가? 예를 들어, 어떤 이가 전생에 '탐냄의 욕망'[貪欲]의 존재에 버릇을 들여 지금생에는 탐냄의 욕망의 성질이 예리해져, 이치에 맞게 사랑스러운 대상영역에 대해 생각해내어 의도해도, (대상영역을) 희망하고 추구하는 탐냄의 욕망이 그의 마음을 흩어져 무너지게 한다. 그는 탐냄의 욕망이 아주 예리하기 때문에 마음이 자유롭지 못한 것이다.

(셋째) 대상영역[境界]에 물듦이란 무엇인가? 예를 들어, 어떤 이가 도시나 마을을 돌아다니다가 얼굴[容色]이 '반듯하고 얌전한'[端嚴] 사랑스러운 대상영역이 바로 앞에 나타나 마주친다. (그러면) 그 대상영역이 아주 반듯하고 얌전하기 때문에 '아름답고 예쁜 모습'[美妙相]을 따라 마음과 식識이 얽힌다. 이 때문에 여러 가지 '탐내고 애착함'[貪愛]을 희망하고 추구하는 것이다.

(넷째) '심한 괴로움'[熱惱]에 물듦이란 무엇인가? 예를 들어, 어떤 이가 이러한 세 가지가 '탐내고 애착함'[貪愛]의 모든 물듦을 기르기 때문에 자기의 탐내고 애착함이 점점 더 무성해져 과거에 이미 받아쓴 대상영역에 연연해하고, 장차 미래에 받아쓸 대상영역을 바라고, 지금 마침 받아쓰는 대상영역을 '좋아 애착'[耽著]하게 한다. 이에 몸과 마음이 '심한 괴로움'[熱惱]에 휩싸이게 하는 것이다.

(다섯째) '좋은 세상'[善趣]에 관련하여 물듦이란 무엇인가? 그는 탐내고 애착함이라는 '(괴로움의) 원인이 되는 진리'[集諦]의 뛰어난 힘 때문에, 몸, 말, 의도[意]로 여러 가지 '훌륭한 실천'[妙行]을 하여 '좋은 세상'[善

趣], 또는 천계[天], 또는 사람세상[人]에 생겨난다. (그렇지만) 그는 '즐거운 느낌'[樂受]을 좋아 애착하여 버리지 않고, (여기에) '흠뻑 빠져서'[醉悶]는 오직 방종하기[放逸]에 머무른다.

(여섯째) '나쁜 세상'[惡趣]에 관련하여 물듦이란 무엇인가? 그는 탐내고 애착함이라는 '(괴로움의) 원인이 되는 진리'[集諦]의 뛰어난 힘 때문에, 몸, 말, 의도[意]로 여러 가지 '악한 실천'[惡行]을 하여 몸이 망가지고 생명이 끝나면 여러 '나쁜 세상'[惡趣]에 떨어져 나락[那落迦] 등에 생겨난다. 그곳에 생겨난 뒤에는 곧 여러 가지 매우 심한 '근심과 괴로움'[憂苦], '악한 마음'[惡心], '화난 마음'[憤心]에 '요란스러운 괴롭힘'[擾惱]을 당한다.

(일곱째) '모든 견해'[諸見]에 물듦이란 무엇인가? 그는 탐내고 애착함이라는 '(괴로움의) 원인이 되는 진리'[集諦]의 뛰어난 힘 때문에, '악한 벗'[惡友]이 '전도된 교법'[顚倒法]에 대해 설명하는 것과 마주쳐 물듦으로써 해탈解脫을 이루려고 하기 때문에 그는 물듦으로 해탈할 것을 추구한다. 그러나 이와 같은 전도된 교법을 설명하는 것과 마주쳤기 때문에 해탈을 경험하지 못하고 '예순두 가지의 모든 견해'[六十二諸見] 중에 어떤 한 가지의 '비뚠 견해'[邪見]를 자라게 한다. 모든 연기법緣起法에 대해 매우 어리석기 때문에, 그는 이러한 '견해라는 매임'[見結]에 결박되어 '다섯 세상'[五趣] 등 생사生死의 큰 바다에서 해탈을 이루지 못한다.

> 교법에 머물러 시라[尸羅: 계戒]를 갖추고
> 부끄러움[慚]이 있고 말이 진실[諦實]하며
> 자기 몸을 '보호하고 아끼며'[保愛]
> 남들로부터도 아낌[愛]을 받는다.

지금 이 게송 중에서 '교법에 머무른다'[住法]는 것은 무엇인가? 여래如來께서 경험하신 '바른 교법'[正法]과 비나야毘奈耶를 잘 설명하는 가운데에서 깨끗한 믿음으로 출가出家하여 범행(梵行: 음욕婬欲을 떠난 실천)을 수행하는 것을 즐기는 것이다.

무엇이 시라尸羅를 갖추는 것인가? 이러하게 출가하고 저러하게 '애호하고 즐기기'[愛樂] 때문에 계戒에 대해 '약화되지 않고'[無缺], 내지는 섞임이 없이 지속적으로 짓고[作] 지속적으로 전개하여, 모든 '배워야 할 것'[學處: 계戒]을 받아 배운다.

무엇이 부끄러움[慚]이 있는 것인가? 부끄러워해야 할 것을 부끄러워하고, '악하고 선하지 못한' 교법이 생기게 하는 것을 부끄러워하는 것이다. 예를 들어, '계에 대해 악하게 하는 것'[惡戒]과 '계에 구멍을 내는 것'[穴戒]의 원인과 조건을 따르는 것[106]이다. (이는) 곧 '바르지 못한 모습'[不正相], '바르지 못한 깊은 생각'[不正尋思], 혹은 모든 번뇌煩惱 및 수번뇌隨煩惱이다.

무엇을 말이 진실[諦實]하다고 하는가? 모든 악惡을 드러내고 모든 악惡을 감추지 않으며, 어긴[犯] 경우에는 '지혜로운 이'[智者]와 범행梵行을 같이하는 이 곁에서 스스로 사실대로 들추어내고 '교법에 맞게'[如法] '(번뇌를) 없앤다'[對治].

---

106) 유가론기 제5권하(대정장 42. p.422a16-19): 나쁜 동작과 말을 발생시키는 것을 악계惡戒의 인연이라고 한다. 곧 옛적에는 악시라惡尸羅라고 하였다. 선계를 악으로 더럽히기 때문에 악계라고 하는 것이지 계 자체가 악한 것은 아니다. 모든 선계의 근본을 어기는 것을 혈계穴戒의 인연이라고 한다.　謂能順惡戒冗戒因緣者。能發惡身語名惡戒因緣即舊所云惡尸羅也。汚惡善戒故名惡戒。非戒體惡。犯諸善戒之根本名穴戒因緣。

이제 위에서 말한 의미를 간략히 설명하고자 한다. 박가범께서는 이 게송 가운데에서 네 가지 원인에 속하는 시라尸羅의 청정함을 간략히 보여주셨다. '바르게 받기'[正受] 때문이고, 받은 뒤에 '구멍을 내지 않기'[不穴] 때문이고, '구멍의 원인'[穴因]을 멀리하기 때문이고, 무지無知와 방종함[放逸] 때문에 구멍을 낸 뒤라도 곧 '교법에 맞게'[如法] '(번뇌를) 없애기'[對治] 때문이다. 이것을 이 가운데의 요점이라고 한다.

> 만일 남의 '악한 업'[惡業]을 보면
> '자세히 살피고'[審諦] 사유思惟하여
> 자기 몸으로는 끝내 하지 않는 것은
> 그 업업이 결박하기 때문이다.

지금 이 게송 중에서 만일 남의 '악한 업'[惡業]을 보면 '자세히 살피고[審諦] 사유思惟한다는 것은 무엇인가? (첫째) 예를 들어, 어떤 '선한 남자'[善男子]나 '선한 여인'[善女人]이 성품이 총명하고 지혜로워 이치에 맞게 자세히 살펴 '존재를 자각'[法忍]하여, 남이 지금 저지른 '악한 실천'[惡行]이라는 원인 때문에, 곧 여러 가지로 굴욕[挫辱]과 문초[楚撻]를 당하고, 또한 왕의 신하에게 붙들려 왕의 처소에 끌려가는 등등 사형을 당하는 것을 본다.

보고 나서는 곧 이렇게 사유한다. "이러이러한 사람이 지금생에 이러한 '악하고 불선한 업'[惡不善業]을 짓더니 지금생에 이와 같은 '지독하게 괴로운'[辛楚] 과보果報를 돌려받는구나. 그러니 이와 같은 악하고 불선한 업은 그치고 그쳐 끝내 하지도 말고 짓지도 말고 해서도 안 되고 저질러도 안 되겠다."

(둘째) 그는 또한 양, 닭, 돼지를 도살하는 등등 모든 '규범에 적합하지

않은 것'[不律儀]을 본다. 보고 나서는 곧, "이러한 작업, 기능, 생계[活命], 주술[方術]로 말미암아 코끼리, 말, 수레를 탄다거나, 작은 가마[輦], 큰가마[輿]를 타지 말아야겠다. 또 이로 인하여 크나큰 '귀한 재물'[財寶]의 창고를 이룬 것이 사라지지 않게 해서 세상으로부터 비난받지는 말아야겠다. 평범한 사람도 여전히 자기 몸이 잠시라도 (이런 일을) 당하지 않으려고 멀찍이 피하는데 하물며 그렇지 않은 '현명한 이'[賢哲]가 그러겠는가!"라고 사유한다. 나머지는 앞서 설명한 것과 같다.

(셋째) 그는 또한 크나큰 부유한 귀한 재물을 지닌 남이 게으르고 자주 방종함[縱逸]에 빠져 날이 가고 세월이 지나자, 지니고 있던 귀한 재물, 하인, '사업 기반'[基業] 및 여러 '선한 존재'[善法]가 점점 쇠퇴하는 것을 본다. 본 뒤에는 곧 이와 같이 사유하는 것은 앞서 설명한 것과 같다.

(넷째) 그는 또한 여러 종류로 유정 몸이 구별되는 모습을 본다. 예를 들어 '선천적 시각장애인'[生盲], '선천적 청각 장애인'[生聾], '선천적 언어장애인'[生瘂], 또는 '한쪽 눈이 먼 이'[瞎], '한쪽 다리를 저는 이'[跛], '옴 환자'[癬], '한센병 환자'[癩], 또는 수명이 짧은 이, '나쁜 생김새를 지닌 이'[惡形色], 또는 질병이 많은 이, '가난하고 낮은 계층의 집안에 태어난 이'[貧賤家], 또는 '팔, 다리가 부족한 이'[少支屬], '악한 지혜로 모자라진 이'[弊惡慧], 또는 선택가(扇宅迦: 선체가扇搋迦)·반택가(半宅迦: 반택가 半擇迦: pandaka),[107] '못난 생김새를 지닌 이'[醜形] 등이 있다. 그 외 그

---

107) 유가사지론 제53권(대정장 30. p.592a18-29)에 의하면, 반택가는 대략 세 가지가 있다. 첫째, 전체 반택가, 둘째, 부분 반택가, 셋째, 손상된 반택가이다. 태어나면서부터 남자의 생식기가 없으면 전체 반택가라고 한다. 반 달 동안은 남자 생식기의 작용이 일어나거나, 남이 자기에게 잘못을 저지르거나, 남이 성교하는 것을 보고 남자 생식기의 작용이 일어나면 부분 반택가라고 한다. 칼 등에

렇지 않은 이를 보고 나서는 곧 이와 같이 사유한다. "이 사람을 살피고 살피니 전생에 여러 가지 '악하고 불선한 업'[惡不善業]을 짓더니 지금생에 이와 같은 괴로운 과보果報를 받는구나. 그러니 이와 같은 악하고 불선한 업은 그치고 그쳐야겠다." 나머지는 앞서 설명한 것과 같다.

(다섯째) 그는 또한 남이 '날쌔고 지혜로운데다'[黠慧] 게으름[嬾惰]도 없고 충분히 '뛰어나게 용감'[尫勇]하여 농사[營農], 장사[商賈], 어로[行船] 등 사업을 잘하고, 또한 논의[言論]하는 일도 바르게 하는 것을 본다. 그런데 그가 이와 같이 충분히 뛰어나게 용감하지만 하는 일이 자주 점점 쇠퇴해져 끝내 갖추는 것이 없다. 본 뒤에는 곧 이와 같이 사유한다. 나머지 (내용)은 앞서 설명한 것과 같다.

(여섯째) 그는 또한 두 사람이 출가하여 '집 아닌 곳'[非家]으로 다가가 함께 범행梵行을 수행하는데 한명은 의복, 음식 등 이익되는 것에 부족해[匱乏] 하고, 한명은 그렇지 않은 것을 본다. 본 뒤에는 곧 이와 같이 사유한다. 나머지 (내용)은 앞서 설명한 것과 같다.

(일곱째) 그는 또한 어떤 국왕이나 왕쯤 되는 이를 보는데, 그는 '넓은 땅'[大地], '봉하여 나눠준 지역'[封疆]을 모두 굴복시켜 이에 굳게 집착하며 버리지 않고 딘지 하나의 몸, 하니의 해골骸骨만올 위하고 지금의 보잘 것 없는 안락安樂만을 위한다. 몸, 말, 의도[意]로 지금 무수하고 크나큰

의해 손상을 입거나 병, 약, 불, 주문 등에 손상을 입거나, 전에는 남자 생식기가 있었는데 이제는 짓이겨져 그 이후로 남자 생식기의 작용이 없으면 손상된 반택가라고 한다. 첫째의 반택가를 반택가 또는 선택가라고 한다. 둘째의 것은 반택가라고만 하니, 선택가는 아니다. 셋째의 것은 남이 자기에게 잘못을 저지르지 않으면, 선택가이기만 하고 반택가가 아니다. 남이 자기에게 잘못을 저지르면 반택가 또는 선택가라고 한다.

'악한 실천'[惡行]을 하여 많은 생生, 많은 몸의 안락을 허물어뜨리고 장차 많은 생, 많은 몸에 커다란 괴로움을 겪게 된다.

본 뒤에는 곧 이와 같이 사유한다. "이 왕이나 왕쯤 되는 이를 살피고 살피는데 어리석음의 폐단이 심하여 한 번의 생, 한 몸만을 '보호하고 아낄 줄'[保愛] 알고 많은 생, 많은 몸은 보호하고 아낄 줄 모르는구나. 지금의 짧은 시기, 조그마한 즐거움만을 아끼고 장차 많은 시기의 커다란 즐거움을 아낄 줄 모르는구나. 또한 많은 생 동안의 커다란 괴로움을 애호하지[愛] 않는 것이 아니다. 그러니 이와 같은 '악하고 불선한 업'[惡不善業]은 그치고 그쳐 끝내 하지도 말고 짓지도 말고 해서도 안 되고 저질러도 안 되겠다."

(여덟째) 또한 어떤 '착한 남자'[善男子]나 '착한 여인'[善女人]이 성품이 총명하고 지혜로워 천안天眼을 얻었다. 이 천안을 사용하여 모든 유정이 죽을 때와 생겨날 때 등 경經에서 자세히 설명한 것과 같이 큰나락[大那落迦] 가운데 생겨나 있는 것 보았다. 본 뒤에는 곧 이와 같이 사유한다. "이 사람을 자세히 살피고 살피니 지금생에 이와 같은 '악하고 불선한 업'[惡不善業] 짓더니 내생에 '지독하게 괴로운'[辛楚] 과보果報를 받는구나. 그러니 이와 같은 악하고 불선한 업은 그치고 그쳐야겠다." 나머지는 앞서 실명한 것과 같다.

이와 같이 '착한 남자'[善男子]나 '착한 여인'[善女人]은 남이 여러 '악한 업'[惡業]을 짓는 것을 본 뒤에는 네 가지 실천으로 자세히 잘 사유하고 자세히 잘 살핀다. 무엇이 네 가지인가? 첫째, 어기거나, '비뚠 생계수단'[邪活命], 방종하고[放逸] 게으르기[懈怠] 때문에, 지금생에 여러 가지 '악하고 불선한 업'[惡不善業]을 짓고 곧 지금생에 사랑스럽지 못한 과보果報

를 받는 것을 자세히 살핀다.

둘째, 어떤 유정이 몸의 차이[差別]나 지은 것이 끝내 결과가 없거나, 추구하는 것이 끝내 결과가 없는 것 모두가 전생에 지은 '악하고 불선한 업'[惡不善業] 때문에 지금생에 각각 이와 같이 사랑스럽지 못한 과보果報를 받는다는 것을 자세히 살핀다.

셋째, 어떤 국왕이나 왕쯤 되는 이가 지금생에 여러 '악한 업'[惡業]을 실천하여 장차 여러 가지 사랑스럽지 못한 과보를 받을 것이 결정된다는 것을 비교하여 알 수 있음을 자세히 살핀다.

넷째, 모든 유정 종류가 죽을 때와 생겨날 때 지금생에 지은 여러 가지 '악하고 불선한 업'[惡不善業] 때문에 내생에 사랑스럽지 못한 과보를 받는다는 것을 자세히 살핀다. 그는 이와 같이 사실대로 알기 때문에 끝내 스스로 (이와 같은 업을) 짓지 않는다.

어떻게 '업에 결박되는'[業縛] 것인가? 모든 업業을 즐기기 때문이고, 업業이 무겁기 때문이고, 업業의 과보에서 자유롭지 못하기 때문이다.

여기에서 모든 업을 즐긴다는 것은 어떤 이가 악惡한 것을 꾸준히 익히기 때문에 모두 애호하고 즐기게 되는 것이다. 이 때문에 모든 '선한 존재'[善法]가 마음에 들어갈 수 없다. 이것이 처음의 '업에 결박됨'[業縛]이다.

업이 무겁기 때문이라는 것은 어떤 이가 무간업無間業[108]을 완전히 짓거나, 완전치 않게 짓는 것[무간업과 성질이 같은 것]이다. 이 때문에 부처님께서 경험하신 '바른 교법'[正法]과 비나야毘柰耶 중에서 잘 설명하는 것에 대해 기쁘고 즐거워하여 잠시 출가하지만 여전히 (이를) 얻을 수가

---

108) 무간업無間業: 본역주본 제1권 p.307 참조.

없는데, 하물며 장차 사문과沙門果의 경험을 얻을 수가 있겠는가! 이와 같은 것을 둘째의 '업에 결박됨'[業縛]이라고 한다.

업의 과보에서 자유롭지 못하다는 것은 어떤 이가 몸, 말, 의도로 악惡하게 실천했기 때문에 여러 '나쁜 세상'[惡趣]에 생겨나고, 그곳에 생겨난 뒤에는 자유롭지 못하고 마음대로 할 수 없어서 오랜 동안 괴로움을 겪고, 또는 변두리 지역에 생겨나는데 그곳엔 네 가지 '현명하고 선한 무리'[賢善眾]가 전혀 없으니 비구[苾芻]부터 오파사가(鄔波斯迦: 우바이優婆夷: 재가신자 가운데 여자)까지이다. 이를 셋째의 '업에 결박됨'[業縛]이라고 한다.

이제 위에서 말한 의미를 간략히 설명하고자 한다. 박가범薄伽梵께서는 여기에서 모든 유정들의 업業과 업의 과보果報에 대해 이치에 맞게 사유함을 간략히 보여 주셨다. 그리고 이치에 맞게 사유함을 맨 처음으로 하여 '법행과 법을 따르는 행'[法隨法行]¹⁰⁹⁾을 나타내셨다. 이것이 이 가운데의 요점이라는 것을 알라.

> 현성賢聖은 항상 가장 '선한 말'[善語]로 설명하고,
> 사랑스러워[愛] 사랑스럽지 않음이 없는 말이 둘째이고,
> 진실하여[諦] 진실하지 않음이 없는 말이 셋째이고,
> 규범[法]이어서 규범에 맞지 않음이 없는 말이 넷째이다.

지금 이 게송 중에서 '선한 말'[善語]이라고 하는 것은 '선한 설명'[善說], '(음성언어로서의) 선한 말'[善言], '선한 이론'[善論]을 가리킨다.

'선한 설명'[善說]은 세 가지 모습이 있다는 것을 알라. '마음을 기쁘게

---

109) '법행과 법을 따르는 행'[法隨法行]: 본역주본 제1권 p.89 각주104) 참조.

하는 것'[悅意], '물들지 않은 것'[無染], '선하기만 한 것'[唯善]이다. 첫째, 말 때문에 남을 '매우 기쁘게'[慶悅] 하고, 둘째, 말 때문에 자기의 시라尸羅가 끝내 '뚫리거나 약화되지'[穿缺] 않게 하고, 셋째, 말 때문에 남이 선하지 않은 데에서 나와 선한 곳에서 편안히 머무르게 한다. 이 때문에 이익과 안락함을 유도한다.

어떤 경우에는 '사랑스러운 말'[愛語]이기는 하지만 진실도 아니고 규범[法]에 맞지도 않는 것이 있다. 예를 들어 어떤 이가 '아름답고 훌륭한 말'[美妙言]로 남의 '진짜 능력'[眞實德]이 아닌 것을 칭찬하는 것이다. 어떤 경우에는 진실한 말이기는 하지만 사랑스럽지도 않고 규범에 맞지도 않는 것이 있다. 예를 들어 어떤 이가 물든 마음으로 추악麁惡한 말을 뱉어 남의 진짜 '잘못과 악함'[過惡]을 비난하는 것이다. 어떤 경우에는 규범에 맞는 말이면서 사랑스럽고 진실한 것이 있다. 예를 들어 어떤 이가 칭찬과 비난에 대해 잘 알고, 칭찬할 만한지 비난할 만한지도 안 뒤이지만, 칭찬도 않고 비난도 않고 오직 '좋은 방법'[善方便]으로 '바른 규범'[正法]을 설명하여 그 사람이 선하지 않은 데에서 나와 선한 곳에서 편안히 머무르게 한다.

이제 위에서 말한 의미를 간략히 설명하고자 한다. 박가범薄伽梵께서는 여기에서 '선한 말'[善語]의 '두드러진 특징'[標]과 풀이[釋]를 간략히 보여 주셨다. 이것이 이 가운데의 요점이라는 것을 알라.

> 믿음[信], 부끄러움[慚], 계戒, 보시[施], 교법[法]은
> 선한 이가 칭찬하는 것이고,
> 이를 천도天道로 나아간다고 하니
> 천계[天世間]로 갈 수 있다.

이 게송에서 밝힌 것은 어떤 이가 부처님이 경험하신 교법과 비나야毘奈耶에 대해 바른 믿음을 이루어, 가정에 머무르는 것을 부끄럽게 여기고, '깨끗한 계'[淨戒]를 받아 지니고, 의복·음식·침구[臥具]를 얻는다. 곧 기뻐 만족하여 살림살이를 줄이고 물자를 절약하여, 이치에 맞게 얻은 '이익 보는 것'[利養]은 끝내 혼자 숨기지 않고 '지혜로운 이'[智人], '범행을 같이 하는 이'[同梵行者]와 함께 받아쓴다. '바른 교법'[正法]의 처음, 중간, 나중이 선함과 범행(梵行: 음욕婬欲을 떠난 실천)을 '칭찬하고 드높인다'[稱揚]. 이를테면 계경(契經: 불경佛經)부터 (이에 대한) 논의論議까지를 다 받아 지녀 연구하고 통달하여 남에게 전해주며 자세하게 해설하는 것이다.

그가 이러한 여러 '선한 존재'[善法]를 성취하면 반드시 세 가지 '뛰어난 이익'[勝利]을 얻는다는 것을 알라. 첫째, 모든 부처님과 모든 부처님 제자와 진실로 선한 이들에게 칭찬을 받는다. 둘째, 만일 그가 시라尸羅에 맞는 '재물 보시'[財施]가 유도한 복덕(福德: 즐거움을 불러들이는 능력)이라는 식량[資糧]과 '교법 보시'[法施]가 유도한 지혜智慧라는 식량을 잘 완성하면 곧 '해탈을 경험하는 곳'[證解脫處]과 청정한 모든 천계의 '(유정의) 서로 비슷한 성질'[衆同分] 가운데 들어갈 수 있다. 셋째, 만일 그 두 가지 식량이 아직 완성되지 않은 이는 곧 그가 완성하게 하여 몸이 붕괴된[壞] 후에 반드시 '좋은 세상'[善趣]에 생겨날 것이고, 대개는 천상天上의 즐거운 세계世界로 간다.

다른 구별이 있다. 예를 들어 어떤 이가 부처님께서 경험하신 교법과 비나야毘奈耶 가운데에서 바른 믿음을 이루어, "악한 시라尸羅를 (지니면) 장차 '나쁜 세상'[惡趣]에 떨어진다."라고 믿고, "인색하고 탐내는 이는 빈

궁貧窮해지는 과보를 얻는다."라고 믿는다. 이와 같이 믿은 뒤에는 지금 생의 '악한 계'[惡戒], '인색하고 탐냄'[慳貪]을 깊이 부끄러워한다. 부끄러워하기 때문에 악惡한 시라尸羅를 버리고 청정한 계계戒를 받으며, '인색하고 탐냄'[慳貪]을 버리고 '더럼이 없는 마음'[無垢心]으로 가정에 편안히 머무르며 선한 보시[布施]를 한다. 이 때문에 지금생에는 성현聖賢의 칭찬을 받고, 몸이 붕괴된[壞] 후에는 장차 '좋은 세상'[善趣], 천상天上의 즐거운 세계世界에 생겨난다.

이제 위에서 말한 의미를 간략히 설명하고자 한다. 박가범薄伽梵께서는 여기에서 '가정에 머무르는'[在家] 경우와 출가出家한 경우 등 두 가지의 '바른 실천'[正行]과 '바른 실천의 결과'[正行果]의 뛰어난 이익을 간략히 보여 주셨다. 이것이 이 가운데의 요점이라는 것을 알라.

> '많이 들으면'[多聞] 교법을 알 수 있고,
> 많이 들으면 악惡한 것을 멀리할 수 있고,
> 많이 들으면 '의미 없는 것'[無義]을 버리게 되고,
> 많이 들으면 열반涅槃을 이룬다.

이 게송에서 밝힌 것은 예를 들어 어떤 이가 전생에 바로 실행했어야 하는 '보시하는 이론'[施論], '계의 이론'[戒論], '천계에 생겨나는 이론'[生天之論] 등 전도되지 않은 교법을 공경恭敬하며 듣는다. 들은 뒤에는 마침내 그 의미를 분명하게 안다. 이를테면 지금생의 여러 가지 '악한 실천'[惡行]은 장차 '나쁜 세상'[惡趣]에서의 괴로움이라는 '의미 없음'[無義]의 원인이니 모든 악한 실천은 빠르게 멀리해야 하고, 악한 세상에 생겨나는 괴로움이라는 '의미 없음'[無義]의 원인을 버림으로써 '좋은 세상'[善趣]에 간다는 것이다. 그는 이와 같은 교법의 의미를 분명하게 알고 '법행과 법

을 따르는 행'[法隨法行]으로 괴로움의 원인을 멀리하고 즐거움의 원인을 유도한다. 이 때문에 즐거움을 얻고 괴로움을 버린다. 만일 사성제四聖諦 등에 관련한[相應] 교법을 공경하며 들으면, 들은 뒤에는 마침내 그 의미를 알 수 있다. (그것은) 모든 생사生死의 '큰 괴로움'[大苦]과 고요한[寂靜] 열반涅槃을 가리킨다. 그는 이와 같은 교법의 의미를 분명하게 알기 때문에, 만일 근근이 무르익고 식량[資糧]이 완성되면 곧 이와 같은 의미를 얻을 수 있다. 식식과 마음이 청정하기 때문에 잠시 교법을 듣고 나면, 모든 '성스러운 진리'[聖諦]에 대해 아직 '나타난 것을 살피지'[現觀] 못한 이는 나타난 것을 살피는 데 들 수 있고, 이미 나타난 것을 살핀 이는 곧 '번뇌가 다할'[漏盡] 수 있다. 만일 근근이 무르익지 않고 식량[資糧]이 아직 완성되지 않았다면, 곧 이 때문에 모든 '악한 것'[惡]을 멀리하고, '뛰어난 계'[增上戒]에 의지해 '뛰어난 마음'[增上心]을 일으키고, 뛰어난 마음에 의지해 '뛰어난 지혜'[增上慧]를 발생시켜, 이 때문에 모든 괴로움의 근본인 '의미 없는'[無義] 번뇌를 버리고 열반涅槃을 경험할 수 있다.

이제 위에서 말한 의미를 간략히 설명하고자 한다. 박가범薄伽梵께서는 여기에서 '바른 교법'[正法]을 듣는 것을 처음으로 하여 이치에 맞게 사유思惟하고, 이치에 맞게 사유하는 것을 처음으로 하여 '법행과 법을 따르는 행'[法隨法行]을 하고, 법행과 법을 따르는 행을 처음으로 하기 때문에 '뛰어나게 이익이 되는 결과'[勝利果]를 이룸을 간략히 보여 주셨다. 이것이 이 가운데의 요점이라는 것을 알라.

> 지혜로운 이는 허공과 같아 물들지 않고,
> 움직이지 않음이 마치 천제天帝의 깃발[幢] 같고,
> 청량清涼하게 가득 찬 연못 위에 떠 있는 것 같아

진흙탕[淤泥], 생사生死의 바다를 좋아하지 않는다.

지금 이 게송 중에서는 아라한阿羅漢인 비구[苾芻]의 마음이 잘 해탈解脫하고 모든 희론戱論을 넘어섬이 마치 허공虛空과 같음을 말한다. 왜냐하면 비유하자면 허공은 모든 희론으로부터 떠났으므로 깨끗함[淨]과 '깨끗지 못함'[不淨] 모두가 물들일 수 없는 것처럼, 모든 아라한阿羅漢도 또한 이와 같아 모든 '세상의 존재'[世法]가 조화로운 것이든 거스르는 것이든 모두 물들일 수 없다는 것이다. 예를 들어 이익[利], 쇠함[衰] 내지 고락苦樂 등을 가리킨다.

아울러 이미 '욕계의 탐냄'[欲貪]으로부터 떠난 모든 유학有學이 아라한阿羅漢을 향해 사념주四念住에서 그 마음을 잘 머무르게 하여, 무상심無相心 삼마지를 수행할 때는 천제(天帝: 석천제釋天帝: 제석천帝釋天: indra)의 깃발[幢]과 같아서, 모든 움직임[動發], 교만[憍擧], 희론戱論, '(일을) 꾸려나감'[營爲], '생겨나기를 바람'[生願]과 함께 작용하는 '탐내고 애착함'[貪愛] 쪽으로 '기울어져 움직이게'[傾動]는 할 수 없다.

아울러 이미 '욕계의 탐냄'[欲貪]으로부터 떠나 불환과不還果를 이룩한 모든 유학有學이 '뛰어난 해탈'[上解脫]을 의욕함[欲樂]은 비유하자면 '맑고 차가운'[淸冷] 연못 위에서 떠다니는[遊泛] 것 같아, '그 맛에 애착할만한 선정'[愛味定]의 '위 부분의 모든 매임'[上分諸結]의 뜨거운 진흙탕[淤泥] 가운데에서는 끝내 기뻐하지도 즐거워하지도 않는 것과 같다. 이 가운데에서는 기뻐하지도 즐거워하지도 않기 때문에 생사生死의 큰 바다도 기뻐하지도 즐거워하지도 않는다.

다른 구별이 있다. 아라한阿羅漢의 음식, 말, 돌아다니는[遊行] 것[處]은 무상(無相: 모습이 없음)에 머무르지만, '의지할 것[몸]이 있는'[有餘依]

(데에 따르는) 괴로움에 쫓긴다[隨逐]. 그 차례대로 '세 가지 것'[三處]을 알라.

또 다른 구별이 있다. 혜해탈慧解脫을 한 모든 아라한阿羅漢, '몸으로 경험한'[身證] 유학有學 및 '모든 해탈'[俱解脫]을 한 모든 아라한阿羅漢은 그 차례대로 '세 가지 것'[三處]을 알라.

이제 위에서 말한 의미를 간략히 설명하고자 한다. 박가범薄伽梵께서는 삼계(三界: 세 가지 영역)의 욕망으로부터 떠난 부처님의 '성스러운 뜻'[聖旨]에는 아직 '의지할 것[몸]이 있음'[有餘依]과, 욕계의 탐냄으로부터 떠나 '다음 단계로 나아가려는 단계'[勝進道]에 속하는 것과, 불환과不還果를 간략히 보여 주셨다. 다른 구별이 있다. 해탈解脫의 '뛰어난 이익'[勝利]과, 등지(等持: 삼마지)의 뛰어난 이익과, 지혜의 뛰어난 이익을 간략히 보여 주셨다. 또 다른 구별이 있다. '뛰어난 마음'[增上心]과 '뛰어난 지혜'[增上慧]를 배워서 이룩하는 결과를 간략히 보여 주셨다. 그리고 '뛰어난 마음'[增上心]과 '뛰어난 지혜'[增上慧] 등 두 가지의 배움을 나타냈다.

> 만일 '보이는 것'[色]으로 나[我]에 대해 헤아리고
> 음성으로 나를 찾으면
> '욕계의 탐냄'[欲貪]에 붙들려
> 그는 나에 대해 알 수 없다.
>
> 만일 안[內]으로는 분명하게 알지만
> 밖으로는 볼 수 없으면,
> 안의 결과로만 살펴
> 그는 음성에 유도된다.

> 만일 안으로는 무지無知하고
> 밖으로는 볼 수 있으면
> 밖의 결과로만 살펴
> 역시 음성에 유도된다.
>
> 만일 안으로도 무지하고
> 밖으로도 볼 수 없으면
> 그는 두루 장애를 받는 '어리석은 이'[愚夫]여서
> 역시 음성에 유도된다.
>
> 만일 안으로도 분명하게 알고
> 밖으로도 볼 수 있으면
> 영웅英雄의 (욕계를) 벗어난[出離] 지혜여서
> 음성에 유도되지 않는다.

이 게송에서 밝힌 것은 예를 들어 어떤 이는 자체[體]가 바로 이생(異生: 범부)이어서 아직 '이치에 맞지 않게'[虛妄] 추리[分別]하는 '욕계의 탐냄'[欲貪]을 끊지 못하였다. 서른두 가지의 '위대한 사람'[大丈夫] 모습을 갖춘 세존世尊을 뵙고서는 마침내 헤아리기[測量]를, "이 박가범薄伽梵은 필시 여래응정등각(如來應正等覺: 여래이며 아라한[應供]이며 완전한 깨달음을 이룬 분)이리라. 그 '교법의 설명'[說法]은 반드시 '섬세하게 훌륭하고'[微妙], 그 제자들의 행동은 반드시 선할 것이다."라고 한다. 그는 나중에 선하지 않은 사람을 가까이해서 바르지 않은 교법을 듣고, 남의 이론과 남의 음성을 좇다가 남을 믿고 따르며 남에게 유도된다. 남에게 유도됐기 때문에 '부처님·교법·승단'[佛法僧]을 도리어 비난한다. 이는 모두 여래如來의 법신法身에 대해 사실대로 알지 못하기 때문에 이 지경에 이르는 것이다.

아울러 어떤 이생異生은 안[內]의 정려靜慮의 결과인 '천안의 신통'[天眼通]으로 멀리서 세존世尊을 뵙고서는 곧 이해하기를, "이 박가범薄伽梵은 필시 여래응정등각如來應正等覺이리라." 등 나머지는 앞서 설명한 것과 같다.

아울러 밖의 '욕계에 결박된'[欲界繫] 업업의 과보인 육안肉眼으로 뵙고서는 헤아리는데, 그는 역시 남의 이론과 남의 음성을 좇다가 남을 믿고 따르며 남에게 유도된다는 것을 알라.

어떤 이생異生은 그렇게 보는 것도 도무지 없고 두루 장애를 받아 오랫동안 남의 음성에 유도된다.

만일 '욕계의 탐냄'[欲貪]을 끊어 없애고 굴복시키고 뛰어넘어 성스러운 혜안慧眼을 얻은 모든 현성賢聖이라면, 그는 이와 같은 성스러운 혜안慧眼 때문에 안의 경험으로 여래如來의 법신法身에 대해 이해하기 때문에, 비록 밖으로 여래如來의 '물질로 된 몸'[色身]을 뵙거나, '공양할만한 곳'[制多: caitya][110]이나 (여래의 모습을 그린) 그림을 뵙더라도, 제일의第一義로는 응정등각應正等覺: 아라한[應供]이며 완전한 깨달음을 이룬 분)이 아니라는 것을 분명하게 안다. 그는 이와 같이 안으로 바르게 알고, 밖으로 바르게 살피기 때문에 남의 이론이나 남의 음성으로 곤두박질치지[隨] 않는다. 다른 이를 믿고 따르지도 않고 다른 이에게 유도되지도 않는다. '부처님·교법·승단'[佛法僧]에 대해 확실한 믿음을 지닌다. 이와 같은 것은 모두 여래如來의 법신法身에 대해 사실대로 분명하게 알기 때문

---

110) 유가론기 제5권하(대정장 42. p.422c27-28): 제다制多란 신태神泰논사에 의하면 공양供養할만한 곳이라고 번역한다.　制多者。泰云。此翻應供養處。

에 여기에 이르는 것이다.

이제 위에서 말한 의미를 간략히 설명하고자 한다. 박가범薄伽梵께서는 여기에서 만일 세상[世俗](의 눈으로만) 여래如來를 뵙는 이는 곧 결정決定적이지 못하고, 만일 '뛰어난 의미'[勝義](의 눈으로) 여래如來를 뵙는 이는 곧 결정決定적이라는 것을 간략히 보여주셨다. 이것이 이 가운데의 요점이라는 것을 알라.

> 여섯째의 '뛰어난 왕'[增上王]이
> 물드는 때에는 물듦[染]을 스스로 취하고,
> 물듦이 없는 것에서는 물들지 않는데,
> 물드는 이를 우부愚夫라고 한다.

지금 이 게송 중에서 여섯째의 뛰어난 왕이란 마음[心], 의意, 식識을 가리킨다. 만일 이미 다섯 가지 폭류(暴流: 거센 물결)을 건넜고 아직 여섯째인 '의라는 폭류'[意暴流]를 건너지 못했는데, 이때는 마음이 모든 선정의 맛에 애착하려고 쫓아가기 때문에 '물드는 때'라고 한다.

어떤 보특가라補特伽羅는 오랜 동안 물듦을 취해 자기가 가지고 '사랑할만한 존재'[可愛法]을 지니고[執藏] 버리지 않는다. 이 때문에 그는 물듦을 스스로 취한다고 하는데, 탐냄[貪]을 물듦[染]이라고 하고, 탐냄 때문에 생긴 내생의 괴로움도 물듦이라고 한다. 만일 물듦을 스스로 취해 물든 마음에 대해 작용[功用]을 따르지 않고, 챙기고[攝受], 저지[遮止]하고, 의意로 '번뇌를 없애려는 의도'[對治作意]를 수행한다면, 이와 같은 그의 마음은 지금생에도 물들지 않고, 물들지 않는 마음에서 이 물듦을 스스로 취한 것이라, 내생에 그로 인한 모든 괴로움에도 물듦이 없다.

만일 그것을 따라 작용하며, 챙기지도 않고, 저지하지도 않고, 의意로

'번뇌를 없애려는 의도'[對治作意]도 수행하지 않는다면, 이 괴로움의 원인에 의해 오랜 동안 괴로움을 겪는다. 이 괴로움의 원인을 멀리하지 않기 때문에 우부愚夫라고 한다.

이제 위에서 말한 의미를 간략히 설명하고자 한다. 박가범薄伽梵께서는 여기에서 괴로움의 원인을 멀리하는 데에 따른 뛰어난 이익을 간략히 보여주시고, 괴로움의 원인으로 스스로 괴로움을 얻는[感] 것은 바로 우부愚夫의 성품이라는 것을 나타내셨다. 이것을 이 가운데의 요점이라는 것을 알라.

> 어떤 성城이 뼈로 성벽을 삼고
> 힘줄과 살로 발라 꾸몄는데
> 그 속에는 탐냄[貪]과 분노[恚]가 있고
> '(남에게) 으스댐'[慢]과 '잘못을 감춤'[覆]으로 유지된다.

지금 이 게송 중에서 성城이라고 하는 것은 마음[心], 의意, 식識을 가리킨다. 이 성은 뼈를 벽돌[甎石]로 했는데, 힘줄로 밧줄얼개[繩紀]를 대신하고 살로 발라서[塗漫] 뼈대[形骸]로 된 성벽[堳] 주위를 둘러쌌다. 이 성 안에는 선하게 설명한 교법[法]과 비나야毘柰耶의 선한 교법을 해코지하는 네 가지 '악한 존재'[惡法]가 유지된다. 두 가지는 가정에 있는 모든 욕망을 느끼는 이의 탐냄[貪]과 분노[恚]를 가리킨다. 두 가지는 악하게 설명한 교법[法]과 비나야로 출가한 이의 '(남에게) 으스댐'[慢]과 '잘못을 감춤'[覆]을 가리킨다.

모든 욕망에 집착하고 모든 욕망을 바라고 '너절하고 더러운 행동'[鄙穢行]을 등지지 않기 때문에, 선하게 설명한 교법[法]과 비나야를 여전히 '믿고 받아들이지'[信受] 않는데, 장차 선함을 수행하겠는가!

악하게 설명한 교법[法]을 믿고 교만(憍慢: 지나치게 자부하고 으스댐)하여 저절로 부처님 세존世尊이나 제자가 있는 곳에 나아갈 수도 없다. 만일 부처님 세존世尊이나 부처님의 제자가 '불쌍하게 여겨'[悲愍] 스스로 그의 처소에 가도 그는 '잘못을 감춤'[覆]의 수번뇌隨煩惱 전纏에 그 마음이 물들어 여전히 자기의 잘못을 사실대로 드러내지 않는데, 하물며 모든 선한 교법을 '믿고 해석해'[信解] 수행할 수 있겠는가! 이와 같이 알라, 그 선하게 설명한 교법과 비나야에 속하는, 선한 존재 두 가지(로 이루어진) 마음의 성 모두에 들어갈 수가 없는데, 하물며 취해 자기 것으로 삼을 수 있겠는가!

이제 위에서 말한 의미를 간략히 설명하고자 한다. 박가범薄伽梵께서는 여기에서 가정에 있는 이, 출가한 이 모두가 네 가지 물드는 '원인과 조건'[因緣] 때문에 선하게 설명한 교법과 비나야를 잃고 무너뜨린다는 것을 간략히 보여 주셨다. 이것이 이 가운데의 요점이라는 것을 알라.

> 거북이가 사지를 자기 등껍질에 감추는 것처럼
> 비구[苾芻]는 의意로 '깊이 생각함'[尋思]을 잘 챙기고
> 의지하는 것도 없으며, 남을 괴롭히지도 않고
> 반열반般涅槃을 경험히어 비난받지 않는다.

이 게송에서 밝히는 것은 어떤 이는 초정려初靜慮에 의해 세 가지 악하게 찾음[尋]을 버린다. 이를테면 욕망으로 찾음, 분노로 찾음, 해코지[害]로 찾음이다. 또한 초정려지初靜慮地의 모든 선하게 '깊이 생각함'[尋思]을 버리고, 무심무사정(無尋無伺定: 찾음[尋]도 없고 살핌[伺]도 없는 선정)에 편하게 머무르는 것이 거북이가 사지를 자기 등껍질에 감추는 것 같다. 간략하게 '깊이 생각함'[尋思]을 챙기는 것도 이와 같다.

무심무사정無尋無伺定이란 이 초정려지의 위 영역부터 유정천[有頂: 비상비비상처정]까지 임을 알라. 그는 이 선정에서 마침 편하게 머무를 때 그 맛에 애착함이 생기지 않는다. (선정으로부터) 나온 뒤에는 '친애하고 즐거워하는'[愛樂] 방법[法]을 성취하여 온순하고[調順] '부드럽고 온화하여'[柔和] 함께 머무르기가 쉬워서 지혜 있는 이와 범행梵行을 함께하는 이를 괴롭히지 않으며, 지혜 있는 이와 범행梵行을 함께 하는 이를 위해 기쁘고 즐거이 함께 머무른다. 또한 '거스르고 다투지 않는'[無違諍] 방법을 성취한다.

그는 이와 같은 바른 수행방법[方便] 때문에 모든 '성스러운 진리'[聖諦]에 대해 현관(現觀: 나타난 것을 살핌)에 들 수 있고, '번뇌가 다함'[漏盡]을 이룬다. 그는 '모든 교법'[諸法]에 대해 남의 말을 믿지 않고 선하고 깨끗한 '뛰어난 지견'[勝智見]을 얻기 때문에, 교법[法]은 진실로 이것이 교법이고, 비나야毘柰耶는 진실로 이것이 비나야인 줄 분명하게 안다. 이와 같이 알기 때문에 끝내 전도된 '모든 견해'[諸見]에 의해 교법에 대해 교법을 비난하지 않으며, '교법이 아닌 것'[非法]에 대해서도 교법이 아닌 것을 비난하지 않고, 끝내 교법이 아닌 것을 교법이라고 하거나, 비나야가 아닌 것을 비나야라고 하거나, 또는 비나야를 비나야가 아닌 것이라고 하는 등을 나타내지 않는다.

이제 위에서 말한 의미를 간략히 설명하고자 한다. 박가범薄伽梵께서는 여기에서 교법을 선하게 설명하는 이의 네 가지 '시끄럽고 떠들썩하게 함'[擾亂]을 '끊어 번뇌를 없애는 과정'[斷對治道]을 간략히 보여주셨다. 무엇을 네 가지 '시끄럽고 떠들썩하게 함'[擾亂]이라고 하는가? 첫째, 물들고·물들지 않은 깊은 생각이 시끄럽고 떠들썩하게 함, 둘째, 뛰어난 선정

의 맛에 애착하는 시끄럽고 떠들썩함, 셋째, 서로 거스르고 다투어 시끄럽
고 떠들썩하게 함, 넷째, 정도正道를 비난하여 시끄럽고 떠들썩하게 함이
다. 이것이 이 가운데의 요점이라는 것을 알라.

    같거나[等], 같지 않게 생겨나시고
    모니牟尼께서는 '존재의 작용'[有行]을 버리시니,
    안[內]으로 즐긴 선정이 구별되는 것은
    껍데기[俱舍]인 '알에서 생겨남'[卵生]과 같다.

  이 게송에서 밝힌 것은 부처님께서 '나타내 보이시려는 것'[示現]으로
시, 미지막[最後有]으로 보살 단계에 머무르실 때에는 우선 서른두 가지
위대한 사람의 모습, (이에 따른) 여든 가지 모습으로 완전하게 장식된 훌
륭한 색신(色身: 물질로 된 몸)으로 생겨나고, 나중에 아뇩다라삼먁삼보
리(阿耨多羅三藐三菩提: 무상정지無上正智: 최고로 바른 지혜)를 경험
[證得]하실 때에는 색신色身으로 생겨나면 이전과 똑같고[正等], 명신名
身[111]으로 생겨나면 뛰어난 '번뇌 없음'[無漏]으로 말미암아 유사하지[相
似] 않기 때문에 이전과 같지 않다.

---

111) 유가론기 제5권하(대정장 42. p.423b8-12): 껍데기[俱舍]란 신태神泰논사에
    의하면 누에고치라고 한다. 누에고치는 누에를 생기게 하기 때문이다. 부처님
    의 명신名身은 색신色身으로부터 나오는 것이 누에가 누에고치로부터 나오는
    것과 같다. 규기窺基논사에 의하면 알[穀藏]의 의미이다. 깨달음을 이룬 뒤 아
    직 이루기 전의 색신과 유사하므로 동등하게 생겨났다고 한다. 약간 유사하기
    때문이다. 나머지 사온四蘊의 명신名身이 생겨나는 것은 그 원인이었던 적과
    는 전혀 다르기 때문에 동등하지 않게 생겨났다고 한다. 俱舍者。泰云。
    此名繭。繭能生蠶。佛之名身從色身出如蠶從繭出。基云。穀藏義。得菩提
    後與未得前色身相似名曰等生。少相似故。餘四蘊名身生。與因全別名不等
    生。

아울러 부처님께서 '나타내 보이시려는 것'[示現]으로서, 안의 고요한 즐거움과 사문沙門의 즐거움에 의지하기 때문에 선정의 자유로움을 얻고, 선정하는 마음의 힘대로 모든 '수명의 작용'[壽行]과 모든 '존재의 작용'[有行]을 버리신다. 그 끝에 훌륭한 색신色身으로 생겨나면 이전과 똑같고, 명신名身으로 생겨나면 이전과 같지 않기 때문에 (이 두 가지 몸은) 구별된다.

비유하자면 그 껍데기인 알에서 생겨나는 닭 등은 알에 의지해서 생겨나는데 이것이 생겨난 뒤에는 점점 자라서 그 종류와 모습이 비슷해져 껍데기를 깨고서야 나오는 것과 같다. 이와 같이 여래如來의 색신色身과 명신名身이 구별되는 이치도 역시 그러한 줄 알라. 이 중에서 (또) 구별되는 것은 이를테면 부처님 세존世尊께서 모든 '수명의 작용'[壽行]을 버리지 않으신다면 당연히 수명의 한도를 채우고야 반열반般涅槃하시겠지만, 선정의 힘을 지니고서 수명의 작용을 버리는 것이기 때문에 수명의 한도를 채우지 않고서 반열반하신 것이다.

이제 위에서 말한 의미를 간략히 설명하고자 한다. 박가범薄伽梵께서는 여기에서 모든 수명의 작용을 버리는 색신色身과 명신名身 두 가지가 구별됨을 간략히 보여주셨다. 또한 버림[棄捨]이 의지하는 '원인과 조건'[因緣]을 나타내셨다. 이것이 이 가운데의 요점이라는 것을 알라.

> 진흙탕 같은 욕망이 없고
> 도깨비[魍魅] 같은 분노가 없으며
> 그물 같은 어리석음이 없고
> 강물 같은 애착이 없다.

이 게송에서 밝힌 것은 네 가지가 있다. 세상의 자유롭지 못하게 하는 존재라고 하는데, 세상에 나타나 보는 것으로 유정을 자유롭게 움직이지 못하게 한다. 첫째, 진흙탕에 빠지는 것이다. 둘째, 도깨비에 들리는[著] 것이다. 셋째, 그물에 걸려드는 것이다. 넷째, 강물에 빠져 물결을 따라 떠도는 것이다.

아울러 네 가지가 있다. 진실眞實함에서 자유롭지 못하게 하는 존재라고 하는데, 유정을 자유롭게 움직이지 못하게 함이 또한 마찬가지라는 것을 알아. 무엇이 네 가지인가? 어떤 이가 욕계欲界에서 자라 깨끗지 못한 '쌍스럽고 비린내나는'[腥臊生臭] 모든 욕망의 진흙탕에 빠져, '선한 존재'[善法]를 자유롭게 발생시키고 보호하고 자라게 할 수 없다.

또한 어떤 사람은 모든 욕망을 버리고 선하게 설명한 교법과 비나야毘奈耶로 출가했지만, 마음에 분노忿怒를 품고 '악한 말'[惡言]을 많이 하는 성품이라 분노에 사로잡혀 자유롭지 못하기 때문에 '배워야할 것'[學處]을 자주 걸러서 행동할 적에 어기는 것이 생기고, 여러 지혜 있는 이로서 함께 범행梵行을 하는 이의 처소에서 자주 추악한 말로 공격하고, 비난하고, 괴롭히고, 욕을 해댄다.

또한 어떤 이는 모든 욕망을 버리고 악하게 설명한 교법과 비나야毘奈耶로 출가해서 모든 악惡한 마라[魔], 크게 '어리석은 소견'[癡見]의 그물에 걸려든다. 걸려든 뒤에는 생사生死를 유전流轉하여 자유롭지 못하다.

또한 어떤 이는 위 부분의 여러 '욕망을 떠난 영역'[離欲地]에서 생겨나 자랐으나 모든 '애착 결'[愛結]을 영원히 끊을 수가 없고, 아직 변지遍知에 자유롭지 못하여 도로 '아래 영역'[下界]에 생겨나 흐름을 따라 머물러 벗어나기 어렵다.

이제 위에서 말한 의미를 간략히 설명하고자 한다. 박가범薄伽梵께서는 여기에서 모든 영역[界], 모든 종류[品]의 우부愚夫가 '얽혀 묶이는 것'[纒縛]을 간략히 보여주셨다.

다른 구별이 있다. 어떤 이는 욕망의 진흙탕에 빠져 자유로울 수 없어 선하게 설명한 교법과 비나야毘奈耶로 청정하게 출가할 수가 없다. 또한 어떤 이는 분노忿怒하는 성질이라, 분노에 가려지고 성냄[憤恚]이 마음을 얽어 여전히 자기 몸을 해코지하고 손상시키는데 하물며 남에게는 어떻겠는가!

또한 어떤 이는 '어리석은 종류'[癡品]의 모든 '악하고 비뚠 견해'[惡邪見]를 가지고 있다. 이를테면 (자기에게는) 아비와 어미가 없다고 하면서 부모님을 비난하고, 부모님께 도리어 (자기를) 존경하고 봉양할 것을 바란다. 하물며 (부모님께 존경과 봉양을) 스스로 하겠는가! 또한 어떤 이는 모든 욕망을 널리 모아 '탐냄과 애착'[貪愛]에 떠돌아 자유롭지 못해 여전히 자기가 먹는 것도 하려하지 않는데, 하물며 남에게 베풀겠는가!

이와 같은 네 가지 존재는 모든 '총명하고 지혜로운 이'[聰慧者]의 네 가지 알아야할 존재[法]를 장애한다는 것을 알라. 선하게 설명한 교법과 비나야毘奈耶로 청정하게 출가함, '분노와 해코지'[患害]를 멀리함, 부모님을 존경하며 모심, '지혜로운 보시'[慧施]를 즐겁게 실천함을 가리킨다.

　　허공에는 새의 자취[迹]가 없고
　　외도外道에는 사문沙門이 없으며,
　　우부愚夫는 희론戱論을 즐기지만
　　여래如來께서는 그렇지 않다.

이 게송에서 밝힌 것은, 어떤 중생은 '뛰어난 욕망'[勝欲]을 '바라고 좋아해'[憍樂] 욕망을 추구하는 데 속하고, 또한 어떤 중생은 '뛰어난 몸'[勝身]

을 바라고 좋아해 (그러한) '존재를 추구하는'[有求] 데 속하고, 또한 어떤 중생은 사문沙門과 바라문婆羅門의 해탈解脫을 바라고 좋아해 범행梵行을 추구하는 데 속한다는 것이다.

이 가운데 욕망을 추구하는 데 속하는 이는 이르기를, "나의 약간의 보시布施와 약간의 '계를 지님'[持戒] 때문에 장차 '좋은 세상'[善趣]에 '가서 생겨나'[往生], 천상의 세계에서 '뛰어난 오욕'[妙五欲]을 저절로 '상으로 받아'[賞納] 즐겁게 놀리라."라고 한다. 그가 이와 같은 바람을 버릇 들여 가장 뛰어난 욕망과 가장 뛰어난 몸을 얻는 것은 비유하자면 새들이 허공을 돌아도 허공 어디에도 '발 디딘 곳'[足處]이 없는 것과 같다. 이와 같은 중생이 얻은 무상無常한 모든 욕망과 몸 중에는 도무지 편안하게 머물 곳이 없다는 것을 알라.

사문沙門과 바라문婆羅門의 해탈解脫을 바라고 좋아해 범행梵行을 추구하는 데 속하는 것은 세분하자면 두 가지가 있다. 선하게 설명한 교법에 의지한 경우와 악하게 설명한 교법에 의지한 경우이다. 악하게 설명한 교법에 의지한 모든 외도外道 무리에는 사문이 없다. 선하게 설명한 교법에 의지해 '비뚠 범행'[邪梵行]을 추구하는 데 속한 이 중에도 사문이 없다. '바른 범행'[正梵行]을 추구하는 데 속한 이 중에는 사문이 있다.

아울러 이 (중생들) 모두는 세 가지 부문에 속한다. 욕망을 추구하는 부문, 존재를 추구하는 부문, 범행梵行을 추구하는 부문이다. 이와 같은 모두를 희론戲論에 즐겨 집착한다고 한다. 여래如來는 모든 바라고 추구함이 없기 때문에 희론도 없음을 알라. 이러한 의미로 볼 때 여래의 제자들과 바르게 범행梵行을 추구하는 데 속한 이도 희론이 없음을 알게 된다.

이제 위에서 말한 의미를 간략히 설명하고자 한다. 박가범薄伽梵께서는 여기에서 선하게 설명한 교법과 비나야毘奈耶로부터 떠나 정진[勤精進]하는 이는 모두 '속이 비어'[空] 무익無益함을 간략히 보여 주셨다. 이것이 이 가운데의 요점이라는 것을 알라.

> 희론戲論에 머무름이 전혀 없고
> 담과 구덩이를 넘고 애착을 떠난
> 모니牟尼가 세상을 돌아다녀도
> 천(天: 천계의 유정)과 사람은 알 수가 없다.

이 게송에서 밝힌 것은 아라한阿羅漢인 비구[苾芻]가 탐내고 애착함을 영원히 떠나서, 네 가지 모습으로 악惡한 마라[魔]의 원망[怨]이라고 하는 모든 우부愚夫를 묶어놓는 주인으로부터 해탈解脫하여 자유롭게 뜻대로 빈 곳과 마을이 모여 있는 곳을 돌아다닌다는 것이다. 어떤 여러 우부愚夫는 이와 같은 진짜 아라한이 가장 궁극[究竟](의 경지에서) 자유롭게 돌아다니는 것을 보면, 사실대로 알지 못하기 때문에 곧 두 가지 점에서 이치에 맞지 않게 '업신여겨 비난한다'[輕毀]. "어째서 이 선남자善男子는 자기에게 속한 '수명을 기르는'[養命] 귀한 재물을 버리고 남의 살림살이를 구걸하는가? 그리고 어째서 천계에 생겨나는 수행방법을 버리고 괴롭게 정진을 하며 존재[有]가 소멸하기를 추구하는가?" 이 여러 우부愚夫는 천상에 생겨나는 것이 '뛰어난 공덕'[勝功德]이 있다는 것만을 보고, 가정에 머무르는 것이 많은 재산이 있다는 것만을 보았기 때문에 모니牟尼에게 이치에 맞지 않게 업신여겨 비난하는 것이다. 그가 모시는 천天도 모니牟尼의 드넓은 공덕功德을 여전히 알 수 없는데, 하물며 (그 천天을) 모시는 이야 알 수 있겠는가!

어떻게 탐내고 애착함을 떠난 아라한阿羅漢이 네 가지 모습으로 악惡

한 마라[魔]의 원망[怨]이라고 하는 모든 우부愚夫를 묶어놓는 주인으로부터 해탈解脫하여 자유롭다고 하는가?

(첫째) 모든 우부愚夫는 사식주四識住[112] 때문에 마라[魔]의 원망이라는 주인에게 몰리어[驅役] 생사生死 가운데에서 '다섯 세상'[五趣]을 오가지만, 아라한은 그렇지 않다.

(둘째) 모든 우부는 '무거운 잘못'[重過] 때문에 마라[魔]의 원망이라는 주인에게 몰리어 더하거나[增益] 줄이는[損減] 여러 악한 견해 때문에 여러 가지로 칼이나 몽둥이를 잡는 등의 '악하고 불선한 존재'[惡不善法]를 저지르고, 모든 희론戱論에 떨어져 모든 '나쁜 세상'[惡趣]에 생겨나 여러 가지 '악한 업'[惡業]의 조건[緣]을 짓지만, 아라한은 그렇지 않다.

(셋째) 모든 우부는 '중간 정도의 잘못'[中過] 때문에 마라[魔]의 원망이라는 주인에게 몰리어 '욕계의 애착'[欲愛]으로 묶은 담장[垣牆] 안에 있게 되어 욕계에 생겨나는 괴로움에서 벗어날 수 없지만, 아라한은 그렇지 않다.

(넷째) 모든 우부는 '가벼운 잘못'[輕過] 때문에 마라[魔]의 원망이라는 주인에게 몰리어 색계와 무색계에 생겨나 무명無明의 깊은 구덩이에 둘러싸여 생사生死의 여러 괴로움이라는 감옥[牢獄]에 갇혀 생겨나는 등의 괴로움에서 벗어날 수 없지만, 아라한은 그렇지 않다.

이제 위에서 말한 의미를 간략히 설명하고자 한다. 박가범薄伽梵께서는 여기에서 모든 우부는 부끄러워하지 않아야 할 것은 부끄러워하고 부끄러워해야 할 것은 부끄러워하지 않으며, 두려워하지 말아야 할 것에는

---

112) 사식주四識住: 식識이 물질[色]을 따라 머물고, 또한 각각 느낌[受], 개념형성[想], 의지작용[行]을 따라 머무는 등을 가리킨다. 이 책 pp.70-71 참조.

두려워하는 견해가 생기게 하고 두려워해야 할 것에는 두려워하지 않는 견해가 생기게 한다는 것을 간략히 보여 주셨다. 이것이 이 가운데의 요점이라는 것을 알라.

> 만일 모든 '깊은 생각'[尋思]를 '태워 없애고'[熏除],
> 안[內]으로 남김없이 추리[分別]에서 떠나며,
> 집착과 모든 '보이는 것'[色]·개념형성[想]을 넘어
> 네 멍에[軛]를 제거하여[蠲除], 가서 생겨나지 않는다.

이 게송이 밝힌 것은 어떤 이가 이미 유학단계[有學位]에 들었지만 아직 '욕계의 욕망'[欲界欲]으로부터 떠나지 못해, 초정려初靜慮에 의해 욕계의 모든 악한 '깊은 생각'[尋思]을 '태워 없애고'[熏除], 제이정려第二靜慮의 안이 고르고 청정한 심일취성(心一趣性: 마음이 한 곳으로 나아가는 성질)에 의해 초정려지初靜慮地의 추리[分別]을 영원히 남김없이 떠나 다시는 추리함이 없으며, 제삼정려第三靜慮에 의해 제이정려지第二靜慮地의 모든 기쁨[喜]에 대한 '장애가 되는 집착'[礙著]을 넘고, 제사정려第四靜慮에 의해 제삼정려지第三靜慮地의 모든 즐거움[樂]에 대한 장애가 되는 집착을 넘으며, (네 가지) '무색계의 선정'[無色定]에 의해 모든 '보이는 것'[色]·개념형성[想]을 넘는 것이다. 이와 같이 점차 유정천[有頂: 비상비비상처非想非非想處]에 이르기까지의 여러 선정에 의해 선정[定]이든 생겨나기[生]로든 네 가지 멍에[軛]를 제거[蠲除]한다. 무엇이 네 가지인가? 첫째, 물든 깊은 생각이라는 멍에를 제거한다. 둘째, 물들지 않은 깊은 생각이라는 멍에를 제거한다. 셋째, 기쁨[喜]·즐거움[樂]에 결박된다는 멍에를 제거한다. 넷째, 모든 '보이는 것'[色]·개념형성[想]에 결박된다는 멍에를 제거한다. 이 '원인과 조건'[因緣] 때문에 모든 '아래 세상'[下地]에 다시

가서 생겨나지 않는다. 이생異生이 비록 선정이든 생겨나기로든 유정천 [有頂]에 이르더라도 여전히 네 가지 멍에에 결박되어있기 때문에 여전히 모든 아래 세상에 도로 다시 가서 생겨난다는 것을 알라.

이제 위에서 말한 의미를 간략히 설명하고자 한다. 박가범薄伽梵께서는 여기에서 '존재의 한계'[有邊際]에 이른 유학有學과 이생異生 두 가지의 구별을 간략히 보여 주셨다. 이것이 이 가운데의 요점이라는 것을 알라.

'은혜로운 보시'[惠施]는 복福을 늘리고
'옳지 않음을 막으면'[防非] 원망과 해코지를 소멸시키며
선함을 수행하면 모든 악한 것을 버리며
번뇌[惑]가 다하면 열반涅槃을 이룬다.

이 게송에서 밝힌 것은 어떤 이가 부처님께서 경험하신 교법과 비나야毘奈耶에서 바른 믿음을 얻어 가정에 머물러도 '인색한 때'[慳垢]에 결박됨을 멀리하고, 일곱 가지 '의지할 것이 있는 복 짓는 일'[(有)依福業事]을 받아 지녀서, 가거나 머물거나 서거나 이와 같이 복덕(福德: 즐거움을 불러들이는 능력)을 기른다는 것이다.

또한 선하게 설명하는 교법과 비나야로 청정하게 출가하여, 출가한 뒤에는 인내력을 갖추고 시라尸羅를 보호한다. 비록 남이 때리거나, 괴롭히거나, 비난하거나, 어떤 경우는 몸, 손, 기와 조각, 칼, 몽둥이로 때리거나 상처를 입히더라도, 시라尸羅를 망치면 장차 장애가 될 것을 두려워하여 마음으로 악한 생각을 않고, 악한 말을 뱉지 않으며, 오직 그 대상영역[境]에 대해 자애로운 마음을 주변에 두루 가득 채우며 머문다. 이 때문에 지금생에는 자기와 남이 지속하던 원망[怨]과 해코지[害]가 모두 멈추고, 내

생에는 괴로움 없는 즐거운 세계에서 원수 없이 세상으로부터 존경받고 여러 이가 (자기를) 보는 것을 즐거워한다.

이와 같이 '바른 방법'[正方便]을 잘 수행하고 나서는 '뛰어난 계'[增上戒]에 의해 '뛰어난 마음'[增上心]을 일으키고, 뛰어난 마음에 의해 '뛰어난 지혜'[增上慧]를 발생시켜, 장차 '성스러운 진리'[聖諦]에 대한 현관(現觀: 나타난 것을 살핌)에 들 때에는 곧 '나쁜 세상'[惡趣]으로 가는 업業과 나쁜 세상을 영원히 버린다. 또한 앞서 이룬 과정[道] 때문에 점점 모든 매임[結]을 영원히 제거하여 유여의열반계(有餘依涅槃界: 의지할 것[몸]이 있는 열반 영역)에서 반열반般涅槃하며, 이와 같이 하여 나중에는 무여의열반계(無餘依涅槃界: 의지할 것[몸]이 없는 열반 영역)에서 다시 반열반般涅槃한다.

이제 위에서 말한 의미를 간략히 설명하고자 한다. 박가범薄伽梵께서는 여기에서 바른 믿음을 얻은 이의 네 가지 바른 실천을 간략히 보여 주셨다. 첫째, 재물이 풍부해지는 실천, 둘째, 좋은 세상을 얻는 실천, 셋째, 나쁜 세상을 떠나는 청정한 수행, 넷째, 모든 괴로움을 떠나는 청정한 수행이다. 이것이 이 가운데의 요점이라는 것을 알라.

> 모든 악한 것은 짓지 말고
> 모든 선한 것은 받들어 실천하며
> 스스로 자기 마음을 굴복시키는 것이
> 바로 모든 부처님의 '성스러운 가르침'[聖教]이다.

이 게송에서 밝힌 것은 어떤 이가 부처님께서 경험하신 교법과 비나야毘奈耶에 대한 바른 믿음을 얻어 모든 종류, 모든 '원인과 조건'[因緣], 모든 처소에서의 악한 실천[113]을 다 끊어 없애고, 선하게 설명한 교법과 비나야에서 시라율의(尸羅律儀: 계율)를 잘 받아 배운다는 것이다.

그는 '세 가지 모습'[三相][114]으로 여러 선함을 '받들어 실천'[奉行]한다. 이를테면 시라尸羅에 잘 머물러 별해탈청정율의(別解脫淸淨律儀: 오계五戒, 십계十戒, 승려의 구족계具足戒 등 각각 몸이나 말로 짓는 악업惡業으로부터 벗어나는 계)를 지키며 내지는 '배워야할 것'[學所]을 받아 배운다. '뛰어난 계를 배움'[增上戒學]에 의해 '뛰어난 마음을 배움'[增上心學]을 발생시키고, 뛰어난 마음을 배움에 의해 '뛰어난 지혜를 배움'[增上慧學]을 발생시킨다. 그는 이 때문에 알아야 할 대상영역[境]에 대해 사실대로 '알고 본다'[知見].

이와 같이 모든 선법善法을 갖춘 뒤에 다시 '세 가지 모습'[三相]으로 자기 마음을 굴복시킨다. 이를테면 사실대로 알기 때문에 염증[厭患]을 내고, 염증 때문에 물듦에서 떠나고, 물듦에서 떠나기 때문에 해탈을 이룬다.

이제 위에서 말한 의미를 간략히 설명하고자 한다. 박가범薄伽梵께서는 여기에서 '세 가지 배움'[三學]과 '배움의 결과'[學果]를 간략히 보여 주

---

113) 유가론기 제5권하(대정장 42. p.424a15-18): 혜경惠景논사, 규기窺基논사 등에 의하면 모든 종류의 인연의 처소란 십악업도를 모든 종류라고 하고, 탐貪, 애恚, 치癡 등을 모든 인연이라고 한다. 유정물, 무정물 및 도구 등 업을 짓는 대상영역을 모든 처소라고 한다.　一切種因緣處所者。景基等云。十惡業道名一切種。貪恚癡等名一切因緣。造業之境若情非情及資具。等名一切處所。
114) 유가론기 제5권하(대정장 42. p.424a20-21): 계계에 의해 선정을 일으키고, 선정에 의해 지혜를 일으키고, (지혜에 의해) 대상영역을 경험하는 것을 세 가지 모습이라고 한다.　依戒起定依定起慧(依慧)證境名三相。

시고, 당신의 '성스러운 가르침'[聖敎]이 남들과 공통적이지 않다는 것을 나타내셨다. 이것이 이 가운데의 요점이라는 것을 알라.

경솔함[輕躁]은 굴복시키기 어려워

모든 욕망에 빠져들게[淪墜] 되니,

그 마음을 잘 굴복시켜야

마음이 조화로워 안락함을 유도한다.

이 게송에서 밝힌 것은 마음[心] 또는 의意, 또는 식識이 오랜 동안 시끄러운 곳을 애호하고 즐겼음을 밝혀 말씀하신 것이다. 시끄러운 곳은 멀리하기 어렵고, 굴복시키기 어려워, 의도적으로 모든 '선한 존재'[善法]를 쉴 새 없이 수행함에 편안히 머문다 해도, 꾸준히 탐냄으로부터 떠나고, 분노로부터 떠나고, 어리석음으로부터 떠나 있을 수 없다. 또한 '들어 올림을 격려함'[策擧], '요동함이 없음'[無掉], 고요함[寂靜]에 꾸준히 머무를 수 없다. 다시 아주 빠르게 탐냄과 분노와 어리석음을 갖춘 못난 요동함[掉擧]과 고요하지 못함이 도로 생겨, 의도적으로 안을 '고요하게 가라앉힘'[寂止]에 편안히 머물러도, 오랜 동안 '보이는 것'[色], 소리[聲], 냄새[香], 맛[味], 접촉[觸]을 애호하고 즐겼기 때문에, '오욕의 대상영역'[五欲境]으로 '빨리 달려가'[馳趣] 빠져든다[淪沒].

여러 '성인 제자'[聖弟子]는 이와 같이 물듦에 즐겨 집착하여 괴로움이 생기는 마음을 끝내 멋대로 자유롭게 전개되지 못하게 하고 따르지 않아, 자주 생각으로 택하고 멀리함을 갖추어 항상 '선한 존재'[善法]인 심일경성(心一境性: 마음이 한 대상에 집중되는 성질)을 수행한다. 그는 이와 같은 '바른 선정의 마음'[正定心] 때문에 사실대로 알고, 사실대로 알기 때문에 염증[厭患]을 일으키고, 염증을 일으키기 때문에 '물듦에서 떠남'[離染]

을 이루고, 물듦에서 떠나기 때문에 해탈을 이룩한다.

그는 이와 같이 마음을 잘 굴복시켜 괴로움의 원인을 다하기 때문에 지금생에는 안락하게 머무르고 내생에는 여러 괴로움도 영원히 다한다.

이제 위에서 말한 의미를 간략히 설명하고자 한다. 박가범薄伽梵께서는 여기에서 오랜 동안 유전流轉하는 '옳지 않은 길'[左道]을 가는 마음을 따르지 않음과 따르지 않는 (데서 오는) 뛰어난 이익을 간략히 보여 주셨다. 이것이 이 가운데의 요점이라는 것을 알라.

> 마음의 모습을 잘 알아
> '멀리하는 맛'[遠離味]을 먹으며,
> 정려靜慮를 항상 '자세히 생각하여'[委念]
> 물들지 않은 기쁨과 즐거움을 느낀다.

여기에서 밝힌 것은 어떤 이가 유학有學의 '자취를 보아'[見迹] 가라앉힘[止], 들어올림[擧], 평정함[捨]의 모습을 아주 분명하게 알고, 이 때문에 네 가지 공덕功德을 이룬다는 것이다.

이를테면 마음이 '하나의 대상'[一緣]에 머물러 추중麁重을 멀리하고, 몸과 마음의 안락함을 잘 받아쓴다. 이것이 처음의 공덕이다.

아울러 깨끗한 선정의 마음을 끝까지 수행하기 때문에, 수행한대로 하기 때문에 '모든 존재'[諸法]의 이치를 바르고 '정교하게 헤아려'[審慮] '안의 존재'[內法]에 대한 비발사나毘鉢舍那를 이룬다. 이것이 둘째 공덕이다.

그는 이와 같이 청정한 지관止觀에 의지하기 때문에 수행해야하는 보리분법(菩提分法: 깨달음의 부분을 이루는 수행법)을 용맹하게 쉴 새 없이 항상 수행하고 자세히 수행하여 게으름[懈]도 없고 거리낌[憚]도 없다.

이것이 셋째 공덕이다.

그는 이와 같은 게으름도 없고 거리낌도 없는 마음 때문에 첫째가는 '바른 유념'[正念], '바른 앎'[正知]을 이루어 마음이 잘 해탈한다. 또한 해탈의 기쁨과 즐거움과 물들지 않은 즐거움을 받아써서 지금생에 안락함에 머무른다. 이것이 넷째 공덕이다.

이제 위에서 말한 의미를 간략히 설명하고자 한다. 박가범薄伽梵께서는 여기에서 모습[相]에 대해 '정교한 것'[善巧]의 네 가지 공덕을 간략히 보여주셨다. 사마타奢摩他를 지음, 비발사나毘鉢舍那를 지음, 게으름과 거리낌이 없음을 지음, 궁극[究竟]에 이름을 지음을 가리킨다. 이것이 이 가운데의 요점이라는 것을 알라.

> '기교를 부리는 생계'[工巧活]와 자기를 가볍게 굴지 않고
> 뛰어난 모든 근根을 즐겨 끝까지 해탈解脱하며
> 가정도 없고, 처소도 없고, 희망도 없이,
> 욕망을 끊고 '혼자 수행하면'[獨行] 진짜 비구[苾芻]이다.

이 게송에서 밝힌 것은 다섯 세목[支]을 성취하고, 다섯 세목을 영원히 끊는 것을 가리킨다. 이래야 진실한 비구[苾芻]라는 이름을 얻는다는 것을 알라.

무엇이 (성취하는) 다섯 가지인가? (우선) 예를 들어 '기교를 부리는'[工巧處所] 나쁜 방법에 의해 의복과 음식을 추구하는 것과 같이, 거짓된 방법의 '비뚠 생계 방법'[邪活命法]에 의지하지 않고, 세도 있는 가문에 의지하지 않고, 칭송받는 '부족에서 명망있는 이'[族望]로 (자기를) 꾸며대지[修治] 않고, 모든 부처님이 하신 말씀과 성인 제자의 말씀을 거짓으로 받아들이지 않는다. 이것이 첫째 세목이다.

그릇 같은 도구들을 줄이고, 진기한 재물을 잘 버려 옷은 몸을 겨우 가리고 음식은 배를 잠시 채워도 만족하여 기뻐한다. 그리고는 돌아다닐[遊行] 때 옷과 식기[鉢]만 지닌다. 이것이 둘째 세목이다.

아울러 사문沙門을 받들고 사문을 애호하며, '배워야 할 것'[學處]을 받들고 배워야 할 것을 애호하며, '생활을 위태롭게 하는'[命難] 원인과 조건에도 여전히 배워야 할 '금지와 계'[禁戒]를 어기지 않는데, 하물며 하찮은 '이익을 보는'[利養] 원인과 조건에 대해서야 어떻겠는가! 이것이 셋째 세목이다.

아울러 그는 이와 같이 수행방법을 바르게 수행하고 '깨끗한 생활'[淨命]에 기뻐 만족하고, 배워야 할 것을 애호한다. 모든 성제(聖諦: 성스러운 진리)에 대해 아직 현관(現觀: 나타난 것을 살핌)하지 못한 이는 현관에 들어 청정한 견해[見]를 이루고, 혹시 기억을 잃어 악하고 불선한 깊은 생각이 잠시 일어나 '탐냄의 욕망'[貪欲], 분노[瞋恚], 어리석음[愚癡], 느즈러짐[遲緩], '기억 못함'[忘念]을 유도하여 일으켜도 얼른 다시 없애 버린다. 이것이 넷째 세목이다.

그는 앞서 이룬 것과 같은 과정을 수행하여 모든 결박結縛과 모든 수면隨眠과 수번뇌隨煩惱에 얽힘[纏]으로부터 마음이 해탈解脫을 이룬다. 이것이 다섯째 세목이다. 이와 같은 것을 다섯 세목을 성취했다고 한다.

무엇을 다섯 세목을 영원히 끊었다고 하는가? 아라한인 비구가 다섯 가지 처소에서 다시는 어기지 않는 것이다. (첫째) 이를테면 '배워야 할 것'[學處]을 버리고 도로 물러나지 않는 것이다. (둘째) 쌓아둔 것에 집착하여 자기가 가지고 그것을 받아쓰지 않고, 또한 모든 욕망의 대상영역을 받아쓰지 않는 것이다. (셋째) 재산을 위하고 생활을 위해 알면서도 거짓

말[妄語]을 하지 않는 것이다. (넷째) 모든 욕망을 버림으로서 '주지 않은 것을 가지지'[不與取] 않는 것이다. (다섯째) 탐냄의 욕망으로부터 영원히 떠나 혼자 머무르고 혼자 수행하면서도, 다시 범행梵行이 아닌 존재인 성교[兩兩交會]를 가까이 익히거나, 또는 '자기가 지어서'[自作] 고락苦樂을 초래한다고 헤아리거나, 또는 '남이 지었거나'[他作] '자기와 남이 지었거나'[自他作], 또는 '자기가 지은 것도 아니고'[非自作] '남이 지은 것도 아닌데'[非他作] 원인이 있어서 생긴 것이 아닌데 고락을 초래한다고 헤아리는 등을 하지 않는 것이다. 이와 같은 것을 영원히 끊어야 할 다섯 세목이라고 한다.

> 마음은 '멀리 가고'[遠行] '혼자 가고'[獨行]
> '몸이 없이'[無身] '굴에서 자는데'[寐於窟],
> (이처럼) 굴복시키기 어려운 것을 굴복시킨다면
> 나는 (그를) 바라문婆羅門이라고 말한다.

지금 이 게송에서 말하는 마음[心]이란 또한 의意라고도 하고 식識이라고도 한다. 이는 과거의 모든 우부愚夫가 무수히 구별되는 자체自體를 전개하고, (그) 원인을 전개하여 지은 이는 없는데도 생사生死로 유전流轉한 전생[前際]을 알기 어렵기 때문에 '멀리 간다'[遠行]고 한다.

이것은 지금[現在]에는 (마음이) 제각각[一一] 전개되어 '둘째인 보조하는 마음'[第二伴心]을 멀리하기 때문에, '모든 종류의 마음'[一切種心: 삼성三性의 마음]이 갑자기 (단번에) 전개되는 것이 아니기 때문에 '혼자 간다'[獨行]고 한다.[115] 또한 이것은 지금에는 그 자체自體를 따라 처음에 일

---

115) 유가론기 제5권하(대정장 42. p.424c4-6): 제각각 전개된다는 것은 둘째인 안

어나 현전現前하는데, 탐냄의 성질이나, 분노의 성질이나, 어리석음의 성질 때문에, 아니면 제각각 나머지 번뇌煩惱, 수번뇌隨煩惱의 성질 때문에, 그 자체가 '끝까지 지속해서'[畢竟] 전개되는 것은 아니다. '다섯 가지 물질로 된 근'[五色根]의 경우에는 같거나, 다르거나, 못났거나, 뛰어나거나 그 자체를 따라 처음에 일어나 현전現前하면, 이 자체가 '끝까지 지속해서'[畢竟] 전개된다.

마음은 이와 다르다. 왜 그런가? 마음은 일야日夜, 찰나刹那, 납박臘縛 등의 단계를 각각 지나면서 하나가 아닌 여러 종류가 생기는 때를 달리하여 생기고, 소멸하는 때를 달리하여 소멸한다.

마음의 본성[自性]은 물든 자체[體]가 '실제 이루어진'[成實] 것이 아니기 때문에 '몸이 없다'[無身]고 한다. 이는 미래에 사식주四識住(상태)에 머무르고 수면隨眠이 있어 내생[後生]을 오갈 수도 있다는 의미가 있어 '굴에서 잔다'[寐於窟]고 한다.

만일 총명하고 지혜로운 이가 이 ('멀리 감'[遠行], '혼자 감'[獨行], '몸이 없음'[無身], '굴에서 잠'[寐於窟] 등의) 네 가지 모습으로 말미암아, 과거, 지금, 미래의 마음에 대해 사실대로 분명하게 알아 '염증이 나 소멸시킴'[厭離滅]을 수행하고 마음이 해탈解脫하면, 그는 모든 살가야薩迦耶을 넘어 '저 언덕'[彼岸]에 이르러[到] 육지에 편안히 머무른다. 이를 바라문婆羅門이라고 한다.

식 등이 동시에 생기지 않기 때문에, 또한 모든 종류인 삼성三性이 갑자기 앞에 나타나는 것이 아니기 때문에 혼자 간다고 하는 것이다. 頓現前故名獨行。一一而轉者。無第二眼識等一時生故。亦非一切種三性頓現前故名獨行。

이제 위에서 말한 의미를 간략히 설명하고자 한다. 박가범薄伽梵께서는 여기에서 마음은 과거 오랜 동안 물들었는데 '지은 이'[作者]가 없는 성질이고, 지금은 찰나刹那마다 본성[自性]이 청정하고, 미래에는 '방종함'[放逸]과 '방종하지 않음'[不放逸]에 따라 (각각) 물들고, 청정함을 간략히 보여 주셨다. 이것이 이 가운데의 요점이라는 것을 알라.

무엇이 세상을 가리고
무엇이 나타나지 못하게 하며
무엇에 의해 발라지고[塗], 물들고
무엇이 큰 두려움입니까?

무명無明이 세상을 가리고
방종함[放逸]이 나타나지 못하게 하며
희론戱論에 의해 발라지고[塗], 물들고,
괴로움이 큰 두려움이다.

여러 물줄기[流]가 곳곳에서 새는데[漏]
이 물줄기를 무엇으로 그치게 하며
누가 막을 수 있다고 말하며
여러 물줄기에 대해 무엇으로 방죽[偃]을 삼습니까?

세상에는 여러 물줄기가 새는데
이 새는 것은 유념[念]으로 그치게 할 수 있고
나는 막을 수 있다고 말하며
지혜[慧]로 말미암아 방죽으로 삼을 수 있다.

유념[念]과 지혜[慧]와 명색名色은,

지금 여쭙는데, 이 모든 것은
장차 어떻게 영원히 소멸시키는지
저를 위해 말씀해주시기 바랍니다.

유념[念]과 지혜[慧]와 명색名色은,
내가 말하는데, 이 모든 것은
모든 식識이 영원히 소멸한다면
이들은 영원히 소멸한다.

어떻게 '실천할 것'[所行]을 유념하여야
모든 식識이 장차 영원히 소멸합니까?
이제 수행방법을 베풀어 주시기를 청하니
풀이하셔서 제가 머뭇거림[疑]이 없게 해주십시오.

안[內]과 바깥[外]의 모든 느낌에 대해서
도무지 '기쁨과 즐거움'[欣樂]이 생기지 않게 하고
이와 같이 실천할 것을 유념하면
모든 식識은 장차 영원히 소멸한다.

교법을 선하게 설명하는 이니 유학有學과 다른 부류라면
그들이 '항상 자세히'[常委] 나아갈 수 있는지
대선[大仙]께서 저를 위해 말씀해주시기를 청합니다.

모든 욕망을 '좋아 애착하지'[耽著] 않고
그 마음이 '흐리게 물들지'[濁染] 않으며
'모든 존재'[諸法]에 대해 정교하게 유념하면
이 비구는 나아갈 수 있다.

이는 바로 『바라연波羅延』경[116]에서 아씨다阿氏多의 질문에서 비롯된 게송이다.

세상[世間]이라고 하는 것은 세 가지가 있다. 첫째, '욕망의 세상'[欲世間], 둘째, '보이는 것의 세상'[色世間], 셋째, '보이지 않는 것의 세상'[無色世間]이다. 지금 이 의미 중에서 의도하는 것은 출가出家와 '가정에 머무르는 것'[在家] 등 두 가지 세상이다.

출가出家 세상은 세부적으로 두 가지가 있다. 첫째, '교법을 악하게 설명하는 것'[惡說法], 둘째, '교법을 선하게 설명하는 것'[善說法]이다. 교법을 악하게 설명하는 이는 무명無明에 가려지고, 교법을 선하게 설명하는 이는 '이치에 밝아'[有明] 분명하게 나타나야 하지만 방종함[放逸] 때문에 (이치가) 분명하게 나타나지 못하게 한다.

모든 가정에 머무르는 이, 그리고 '다른 부류'[異類]인 일반인의 경우 여러 희론戱論에 발라지고[塗] 물든다. 희론은 세 가지가 있음을 알라. 이를테면 세 가지 '말의 대상'[言事][117]을 희론이라고 한다. 네 가지 설명[言說][118]으로 밝혀 말하는 것도 희론이라고 한다. 말[語言]을 발생시키는 찾

---

116) 유가론기 제5권하(대정장 42. p.425a21-24): 『바라연』이란 경의 이름인데 질문한 사람을 따라 이름으로 한다. 바라波羅는 '저 언덕'[彼岸]이라고 하고, 연延은 나아간다[趣]고 한다. 범음梵音으로 미저리迷底履는 자씨慈氏라고 하는데 가문의 성이다. 이름자 아씨다阿氏多는 무승無勝이라고 한다. 波羅延者是經名。從請人爲名。波羅名彼岸。延之言趣。梵音迷底履此云慈氏。即族姓。名字阿氏多。此言無勝。

117) 유가론기 제5권하(대정장 42. p.425b11): 세 가지 말의 대상이란 삼세법(三世法: 과거, 지금, 미래)을 가리킨다. 三種言事謂三世法。

118) 네 가지 설명[言說]이란 보고서[見], 듣고서[聞], 깨닫고서[覺], 알고서[知] 있게 되는 말이다. 보고서 있게 되는 말이란 눈으로 외부모습[外色]을 봤기 때문

음[尋]과 살핌[伺]도 희론이라고 한다. 만일 과거, 미래, 지금 등 세 가지 '말의 대상'[言事]에 대해 네 가지 설명[言說]과 다른 부류의 추리[分別]하는 사유를 일으켜 거스르거나 따르면, 발라지고[塗] 물든다고 한다. 앞의 희론이거나, 뒤의 발라지고 물드는 것이거나, 모든 가정에 있는 이가 많이 이룩하기 때문에 그는 여러 희론에 발라지고 물든다고 한다.

이 가운데 교법을 악하게 설명하는 이는 무명無明에 가리고, 교법을 선하게 설명하는 이는 방종함[放逸]때문에 나타나지 못하게 하고, 모든 가정에 있는 이는 희론에 발라지고 물든다. 그들은 지금생에 괴로움의 원인이 전개될 때 이 괴로움의 원인에 대해 이것이 괴로움의 원인인 줄 사실대로 알 수 없어 이 괴로움의 원인을 '친애하고 즐거워하며'[愛樂] 머무른다. 이 때문에 내생의 괴로움이 생기므로 이 괴로움을 큰 두려움이라고 한다.

아울러 교법을 악하게 설명하는 이는 무명문無明門으로 말미암아 육처六處로부터 여러 괴로움이 흘러 새고, 모든 가정에 있는 이는 희론문戲論門으로 말미암아 육처六處로부터 여러 괴로움이 흘러 새고, 교법을 선하게 설명하는 이는 방일문放逸門으로 말미암아 육처六處로부터 여러 괴로움이 흘러 새 나온다. 이와 같이 무명無明, 방종함[放逸], 희론戲論의 모든 문門에서 흘러 샌다.

에 남을 위해 '밝혀 말하는'[宣說] 것이다. 이를 보고서 있게 되는 말이라고 한다. 듣고서 있게 되는 말이란 남에게 듣고서 다른 이를 위해 밝혀 말하는 것이다. 이를 듣고서 있게 되는 말이라고 한다. 깨닫고서 있게 되는 말이란 보지 않고 듣지 않고, 다만 스스로 사유思惟하고, 추측하고[稱量], 관찰觀察하고서는 남을 위해 밝혀 말하는 것이다. 이를 깨닫고서 있게 되는 말이라고 한다. 알고서 있게 되는 말이란 각각 속으로 '받아들이는 곳'[所受], '경험하는 곳'[所證], '감촉하는 곳'[所觸], '아는 곳'[所得] 때문에 남을 위해 밝혀 말하는 것이다. 이를 알고서 있게 되는 말이라고 한다. 본역주본 제1권 p.92 (18) 설명言說 참조.

남의 음성을 듣고 안으로 바르게 의도하여 제행(諸行: 모든 변천하는 존재)의 가운데에서 그 잘못을 분명하게 알아, 이에 관련된 유념[念]을 거슬러 흐르게 하여 전개시키기 때문에 막을 수 있다. 이와 같은 수행방법을 '굴복시켜 번뇌를 다스린다'[伏對治]라고 한다. '세상에서 벗어난'[出世間] '바른 견해'[正見]에 속한 모든 '번뇌 없는 지혜'[無漏慧]로 세 가지 흐름을 다 '방죽삼아 막으면'[偃塞], 이와 같은 수행방법을 '끊어서 번뇌를 다스린다'[斷對治]라고 한다. 이 흘러 새는 것에 대해 굴복시키든[伏] 영원히든[永] 두 가지로 번뇌를 다스림은 다 끊을 수 있으므로 모두 막는다[防護]고 한다.

아울러 교법을 악하게 설명하는 이와 가정에 있는 이는 꾸준히 '물드는 종류'[染汚品]에 떨어져 속한다. 교법과 비나야毘奈耶를 선하게 설명하는 이 중에서는 두 가지가 이루어질 수 있다. 모든 방종한 이는 물드는 종류에 떨어져 (이치가) 나타나지 못하게 하는 데 속하고, 방종하지 않는 이는 청정한 종류에 떨어지고 (이치가) 나타나게 하는 데 속한다. 또한 만일 이미 (이치가) 나타나게 했거나 반드시 나타나는 경우는 두 가지 다 방종함이 없는 아라한阿羅漢인줄 알라. 이는 이미 나타나게 했으므로 방종하지 않음에 대해 다시 방종하지 않게 대상[事]을 지어야 할 필요가 없다.

사념주四念住에 대해 유념[念]이나 지혜[慧]를 이미 잘 수행했기 때문에, 이미 청정淸淨한 식식을 잘 경험했기 때문에, 결정決定만이 있다. 무여의열반계無餘依涅槃界 가운데에서 아주 청정한 식이 장차 영원히 소멸할 것이기 때문에 유념[念]이나 지혜[慧]도 따라서 영원히 소멸할 것이며, '의지할 것'[餘依]에 속한 '전생의 업'[先業]에 유도된 모든 명名과 색色도 따라서 다 소멸할 것이다. 내지는 그 존재[法]가 아직 영원히 소멸하지 않은 데서 오는 육항주六恒住[119]에서 항상 잘 머무르며, '욕망을 떠난 영역'[離欲地]의 안의 느낌과 모든 욕망에 속한 바깥의 느낌에 대해 '기쁨과 즐거움'[欣樂]이 생기지 않는다. 이와 같은 것을 모든 아라한은 '바른 유념'[正念]이 '나타나 작용하고'[現行] 수명이 다하면 식識이 영원히 소멸한다고 한다.

모든 유학有學의 경우는 이것을 나타내야 하므로 방종하지 않음에 대해 다시 방종하지 않게 대상[事]을 지어야 한다. 방종하지 않음에 대해 다시 방종하지 않게 대상[事]을 짓는 것은 또한 두 가지인데, 항상[常] '지어야 할 것'[所作]과 '자세히 다 알고'[委悉] '지어야 할 것'[所作]을 가리킨다.

유학의 다른 부류이거나 모든 유학의 '(욕계의 천天과 사람세상을 오가며) 최대 일곱 번을 반복해서 태어나 사는 존재'[極七反有: 예류과豫流果], 또는 '(욕계의 천天의 집과) 집 사이나 (사람세상의 집과) 집 사이에서 한 번만 오는 존재'[家家: 일래향一來向], '한 번 온 결과'[一來果], 및 지금 생에 반열반般涅槃을 감당할 만한 이는 '아래 부분의 매임'[下分結]과 '위 부분의 매임'[上分結]에 마음이 물들지 않고, 그것을 끊기 위해 '번뇌를 다스림'[對治]을 수행한다. 또한 모든 욕망에 '좋아서 집착하지'[耽著] 않기 때문에 모든 아래 부분의 매임이 물들일 수 없으며, 마음이 흐리지 않기 때문에 모든 위 부분의 매임이 물들일 수 없다.

---

119) 유가사지론 제34권(대정장 30. p.477b1-477b4)에 의하면, '여섯 가지 항상 머무르는 존재'[六恒住法]란 눈으로 '보이는 것'[色]을 보고나서 기쁨도 근심도 없이 뛰어난 평정에 머물러 '바르게 유념하고'[正念], '바르게 아는'[正知] 것이다. 이와 같이 귀로 소리를 듣고 나서, 코로 냄새를 맡고 나서, 혀로 맛을 보고 나서, 몸으로 감촉을 느끼고 나서, 의意로 존재를 알고 나서 기쁨도 근심도 없이 뛰어난 평정에 머물러 '바르게 유념하고'[正念], '바르게 아는'[正知] 것이다.

아울러 모든 괴로움이 있는 존재 가운데에서 '괴로움의 원인'[集] 내지는 벗어남[出離]을 사실대로 알고, 사념주四念住에 그 마음을 잘 머무르게 하며, 앞서 이룬 '성스러운 과정'[聖道]대로 수행하여 궁극[究竟]으로 나아갈 수 있다. 이와 같이 '번뇌를 다스리는 과정'[對治道]을 수행하기 때문에 그는 모든 방종하지 않음 가운데에서 모든 지어야 할 방종하지 않음의 대상을 궁극까지 다 이룬다.

이제 위에서 말한 의미를 간략히 설명하고자 한다. 박가범薄伽梵께서는 여기에서 모든 가정에 머무르는 이와 '외도의 교법'[外法]으로 출가한 이는 반드시 물든다는 것을 간략히 보여 주셨다. 그리고 교법과 비나야를 선하게 설명하는 가운데로 출가한 이가 방종한 경우에는 물드는 종류에 속하게 되고, 방종하지 않으면 청정한 종류에 속하게 된다는 것을 나타내셨다. 이것이 이 가운데의 요점이라는 것을 알라.

> 모든 욕망을 추구하다가
> 때로는 바라던 결과를 이루기도 하고
> 이룬 뒤에는 마음이 아주 기뻐하며
> 죽음에 이르도록 '보호하고 아낀다'[保愛].
>
> 모든 욕망을 즐거워하는 중생이
> 모든 욕망을 잃게 되면
> 그 '보이는 것'[色]이 곧 변하고 뭉개져
> 독화살에 적중된 것과 같다.
>
> 만일 모든 욕망을 멀리하기를
> 마치 독사의 머리처럼 하면
> 그는 애착의 세상을

'바른 유념'[正念]으로 건널 수 있다.

밭[田事]과 금은金銀,
우마牛馬, 보배구슬[珠], 귀고리[環], 팔찌[釧],
여성[女]과 하인은 모든 욕망을 키워
이는 사람이 좋아서 즐거워한다.

인식대상[攀緣]은 못나게 되고
변하고 뭉개지면 모든 번뇌[漏]가 생겨
이로부터 여러 괴로움이 쌓임[集]은
배가 부서져 물이 들어차는 것과 같다.

만일 모든 욕망을 영원히 끊음을
다라수(多羅樹: tāla)[120] 꼭대기를 끊듯 하면,
모든 슬픔과 근심을 버림이
연꽃 (위)의 물방울과 비슷하다.

이것은 바로 '논의論義하는 대목'[義品]에서 모든 욕망에 대한 게송이다. 예를 들어 어떤 이가 미래의 모든 욕망을 '바라고 추구하며'[悕求] 획득하기 위해 열심히 방법을 발휘하여 이룬 뒤에는 바로 앞에 나타나면 '좋아서 집착하며'[耽著] 받아쓴다. 이와 같이 바라고 추구하며 이룩한 모든 욕망을 바로 받아쓴다. 이 때문에 기쁨이 생기고 즐거움이 생긴다. 이와 같은 것을 아울러 '모든 욕망의 맛에 애착한다'[諸欲愛味]고 한다.

또한 그가 바라고 추구하여 모든 욕망을 받아쓰다가 그 이룩하여 받아쓰던 대상[事]을 만일 잃을 때에는, 그가 모든 욕망을 따라 '애착할만한

---

120) 본역주본 제1권 p.75 각주84) 참조.

맛'[愛味]에 연연하며 집착하다가 '애착의 화살'[愛箭]이 심장에 꽂히기가 '독화살'[毒箭]에 적중된 것과 같아, 큰 근심과 괴로움을 느끼거나 '죽거나 떨어지기'[殞歿]에 이른다. 이와 같은 것을 모든 욕망의 잘못이라고 한다.

독사毒蛇를 모든 욕망의 대상영역[境]에 비유하고, 독사의 머리는 모든 욕망 가운데의 '애착할만한 맛'[愛味]에 비유하였다. 모든 우부愚夫의 경우는 애착할만한 맛을 지닌 모든 욕망을 탐내고 집착하며 받아씀이 뱀에 물리듯 하지만, '들은 것이 많은'[多聞] 모든 성인 제자는 모든 욕망이 지닌 애착할만한 맛을 멀리함이 독사의 머리(를 대하는 것)처럼 하여 끝내 애착에 물들어 받아쓰지 않는 등등 내지는 좋아서 집착함이 생기지 않는다. 그는 모든 '보이는 것'[色]의 '탐내고 애착함'[貪愛]부터 접촉[觸]에 따르는 탐내고 애착함까지 모두 굴복시키고, 끊어, 소멸시켜, 건넌다. 이와 같은 것을 모든 욕망으로부터 벗어남이라고 한다.

모든 욕망의 본성은 대략 두 가지이다. 첫째는 '대상의 욕망'[事欲]이고, 둘째는 '번뇌인 욕망'[煩惱欲]이다. 그리고 '대상의 욕망'[事欲]은 두 가지가 있다. 첫째, 곡식은 그가 의지하는 것이다. '밭이라는 대상'[田事]을 가리킨다. 둘째, 재물은 그가 의지하는 것이다. 금과 은 등의 대상을 가리킨다. 왜냐하면 곡식을 구하는 이는 반드시 밭이라는 대상을 구하게 되어있고, 재물을 구하는 이는 반드시 금과 은 등의 대상을 구하게 되어있다. 금과 은 등을 구하는 데에는 세부적으로 두 가지가 있다. 첫째, 왕을 모시기, 둘째, 장사이다.

곡식을 구하고 밭을 구하는 방법으로는 소가 필수적이고, 재물을 구하려 왕을 모시는 방법에는 말이 필수적이고, 재물을 구하려 장사하는 방법으로는 금, 은 등 모두와 관련 있는 것으로는 '보배 구슬'[寶珠]이 있고, 금,

은과 관련 없는 다른 종류로는 귀고리[環], 팔찌[釧] 등이 있다. 이는 가장 뛰어난 것만을 나열한 것이다. 매매買賣하는 말[言]이나 사무[事務]도 마찬가지임을 알라.

이와 같이 재물과 곡식을 쌓아 놓은 뒤에는 '놀며 즐기기'[戱樂]를 받아 쓰는 것을 보조하는 것은 (남자에게는) 여러 '여자의 모습'[女色]이다. 만일 아직 쌓아 놓지 못했으면 모아서 지킬 뿐만 아니라 '이익을 늘리는'[息利] 데 보조하는 것은 여러 하인이다. 이와 같이 재물과 곡식을 쌓아 늘리면 이것을 좋아서 즐기며 버리지 않는다. 이 모두를 다 '대상의 욕망'[事欲]이라고 한다.

'번뇌인 욕망'[煩惱欲]이란 대상의 욕망의 맛에 애착하여 따라가는 '좋아 집착하는'[耽著] 식識에 의해 여러 가지 '이치에 맞지 않게 추리하는'[妄分別] 탐냄[貪]을 발생시키는 것이다. 또한 대상의 욕망에 대한 번뇌인 욕망 때문에 마음이 빠져들고 못난 성질을 이루어, 만일 그 대상의 욕망이 변하여 뭉개지고 흩어지면 곧 여러 번뇌가 생겨 '한탄하며 울고'[愁歎], '근심하고 슬퍼하는'[憂悲] 여러 가지 괴로움이 그의 마음을 두루 얽어맨다. 그는 이와 같은 것 때문에 지금생에 모든 번뇌[漏]를 모두 굴복시기는 다스림[對治]이 없음이 배가 부서지면 물이 점점 차오르는 것과 비슷하고, 내생의 생겨남, 늙음, 병듦 등 여러 가지 괴로움을 초래한다.

만일 모든 욕망으로부터 벗어난 뒤에는, 곧 욕망의 맛에 애착함을 따라 '탐내는 집착'[貪著]을 일으키는 모든 염오식(染汚識: 물든 식)을 영원히 끊는 것이 다라수多羅樹 꼭대기를 끊으면 다시는 생장하지 않는 것과 비슷하다. 또한 사랑스럽고[可愛], 즐길만하고[可樂], 내지 '마음에 드는'[可意] 대상의 욕망이 만일 변하여 뭉개질 때라도 청정식(淸淨識: 청정한 식)

에는 모든 근심[憂], 울적함[愁] 등 괴로움이 전혀 머무르지 않음이 마치 연꽃잎에 물방울이 들러붙지 않는 것과 같다.

이제 위에서 말한 의미를 간략히 설명하고자 한다. 박가범薄伽梵께서는 여기에서 모든 욕망의 맛에 애착함과 잘못과 (그에서) 벗어남의 세 가지 본성을 간략히 보여 주셨다. 그리고 '그 맛에 애착함'[愛味]은 잘못이며 그에서 벗어나는 공덕功德을 나타내셨다. 이것이 이 가운데의 요점이라는 것을 알라.

> 과거에 연연하지 않고
> 미래를 바라며 추구하지도 않고
> 지금의 '모든 존재'[諸法] 가운데
> 곳곳을 두루 자세히 살피니
> 지혜가 자라나서
> 빼앗김도 없고 움직임도 없다.

이는 바로 '현명하고 선함'[賢善]을 짓는 게송이다. 예를 들어 어떤 이가 부처님께서 경험하신 교법과 비나야毘奈耶에서 깨끗한 믿음을 얻어 바른 신심信心으로 '가정의 방식'[家法]을 버리고 집이 아닌 곳으로 다가가 다섯 가지 모습으로 범행梵行을 수행하여 아주 청정하게 한다. 이를테면 가정에 머무를 적의 '모든 실천'[諸行]을 버리고 연연해하지 않고, 그것을 대상으로 마음으로 그리워하며 도로 물들어 집착하지 않는다. 이를 처음 모습이라고 한다.

아울러 지금생에 이익 보는 것과 공경, 미래의 '모든 변천하는 존재'[諸行]에 바람이 생기게 하지 않고, 내생의 사람세상이나 천계의 모든 변천하는 존재를 추구하지도 않는다. 이것이 둘째 모습이다.

아울러 지금의 오취온五取蘊에 속한 물질[色] 등의 '모든 존재'[諸法]와 그 성립을 바르게 자세히 살핀다. 또한 지금생과 내생의 모든 '몸으로 악하게 실천하는 것'[身惡行]과 '나쁜 과보'[惡果報]에 대해, "나는 몸으로 악한 실천을 해서는 안되겠구나."하는 등등은 경經에서와 같고, "몸으로 하는 모든 악한 실천을 끊고 몸으로 하는 선한 실천을 수행해야겠다. 말과 의도[意]로 하는 선한 실천도 마찬가지임을 알아야겠다. 또한 물질[色] 등 모든 온(蘊: 유위법)을 따라 자세히 살피며, 과거와 미래와 지금은 다 무상無常하고, 무상하므로 괴로움이고, 괴롭기 때문에 '나라고 할 만한 것이 없고'[無我], 나라고 할 만한 것이 없기 때문에 모든 것에 대해 내것[我所]이라고 집착해서도 안되겠고, 그것이 나라고 집착해서도 안되겠다."고 한다. 이와 같이 사실대로 바른 지혜로 자세히 살핀다. 이것이 셋째 모습이다.

아울러 처음 수행법의 비발사나毘鉢舍那에 의해 모든 근根이 성숙해지고, 복덕(福德: 즐거움을 불러들이는 능력)과 지혜智慧 등 두 가지 식량[資糧]이 내생에 대해 통달하고 자라나면, 여러 왕 등이 빼앗을 수 없게 된다. 이것이 넷째 모습이다.

아울러 둘째 수행법의 비발사나毘鉢舍那에 의해 지금생의 열반涅槃(을 향한) 공덕(功德: 훌륭한 결과를 내는 능력)이 잘 자라나면 모든 번뇌와 수번뇌隨煩惱에 '기울어져 움직이지'[傾動] 않는다. 이것이 다섯째 모습이다.

이와 같은 다섯 가지 모습으로 범행梵行을 수행하여 아주 청정하게 한다. 만일 이와 같은 것으로 하루 낮, 하루 밤을 해도 '현명하고 선함'[賢善] 가운데에서 첫째 현명하고 선함이 된다. 이는 나머지 모든 범행梵行을 넘어서는 것임을 알라.

이제 위에서 말한 의미를 간략히 설명하고자 한다. 박가범薄伽梵께서는 여기에서 교법과 비나야를 선하게 설명한 가운데에서 수행한 범행梵行은 모든 모습을 다 아주 청정하게 한다는 것이 남의 것과 공통적이지 않음을 간략히 보여 주셨다. 이것이 이 가운데의 요점이라는 것을 알라.

(지금까지의 게송들을) 요약해 말하자면

악함[惡], 말[說], 탐냄[貪], 물결[流], 두려움[怖],
종류[類], 명예[譽], 연못[池], 물결[流], 탐냄[貪],
지음[作], 애씀[劬勞], '의미를 이룸'[得義],
논의함[論議] 등 열네 종류이다.

제 9 수소성지修所成地

앞에서는 사소성지(思所成地: 생각하여 이루어진 영역)을 설명하였다. (그러면) 무엇이 수소성지(修所成地: 수행하여 이루어진 영역)인가? 간략히 '네 가지 것'[四處]으로 널리 수소성지를 포함한다는 것을 알라. 네 가지 것이란 무엇인가? 첫째, 수행하는 처소處所, 둘째, 수행하는 '원인과 조건'[因緣], 셋째, 수행하는 유가(瑜伽: 관행觀行), 넷째, 수행의 결과[果]이다.

이와 같은 네 가지 것은 일곱 가지 세목에 속한다. 무엇이 일곱 가지인가? 첫째, 생겨나기[生]가 완성됨[圓滿], 둘째, '바른 교법'[正法]을 듣는 것이 완성됨, 셋째, 열반涅槃을 첫째로 함, 넷째, 해탈에 익숙할 수 있는 지혜가 성숙함, 다섯째, '번뇌 다스림'[對治]을 수행함, 여섯째, 세상[世間]의 모든 종류에 청정함, 일곱째, '세상을 벗어난'[出世間] 모든 종류에 청정함이다. 이와 같이 네 가지 것은 일곱 가지 세목에 속한다. 널리 '성스러운 가르침'[聖敎]의 의미를 자세히 설명하자면, 교법과 비나야毘奈耶 가운데에서 선하게 설명함에 의해 모든 '배워야 할 것'[學處]이 다 완성되는 것임을 알라.

1. 생겨나기가 완성됨生圓滿

'생겨나기가 완성됨'[生圓滿]이란 무엇인가? 대략 열 가지가 있음을 알라. 안으로 다섯 가지, 바깥으로 다섯 가지 해서 안과 바깥을 모두 합해 열 가지가 있다.

1.1 생겨나기가 완성됨: 안으로

생겨나기가 완성됨 중에 안으로 다섯 가지는 무엇인가? '서로 비슷한 성질'[衆同分]이 완성됨, 처소處所가 완성됨, '의지할 것'[몸]이 완성됨, '업의 장애'[業障]가 없음이 완성됨, '믿고 해석하는 데의 장애'[信解障]가 없음이 완성됨을 가리킨다.

'서로 비슷한 성질'[衆同分]이 완성됨이란 예를 들어 어떤 이가 사람들 가운데 생겨나 '사내다운 남자'[丈夫]의 몸을 이루어 '남자 생식기'[男根]를 얻었음을 가리킨다.

처소處所가 완성됨이란 예를 들어 어떤 이가 사람들 가운데 생겨나 '중앙의 국가'[中國: 중인도]¹²¹⁾에 머무르고, '변방 지역'[邊地: 중인도 이외 지역]에 머무르지 않는다. 이를테면 중앙의 국가에는 비구[苾芻], 비구니[苾芻尼], 근사남(近事男: 우바새優婆塞: upāsaka: 재가신자 가운데 남자), 근사녀(近事女: 우바이優婆夷: upāsikā: 재가신자 가운데 여자) 등 '네 무리'[四衆]의 실천이 있다. 달수(達須: dasyu: 총령(葱嶺: 파미르 고원)의 동쪽 지역)¹²²⁾, 멸려차(篾戾車: 돌궐突厥 지역) 가운데에서는 생겨나지 않는데, 예를 들어 이곳에는 '네 무리'[四衆]의 실천이 없는데다 현성(賢聖:

---

121) 유가론기 제6권상(대정장 42. p.426b5-7): 혜경惠景논사, 규기窺基논사의 동일한 해석에 의하면 인도의 세간에서 말하는 것에 따르면 오천축을 중국이라고 한다. 그 외는 모두 변방 지역이다. 부처님 교법이 전하는 곳은 오직 중인도이므로 중국이라고 한다. 그 외는 모두 변방 지역이다.　　景基同釋。依西方俗間所説。唯五印度名爲中國。餘皆邊地。佛法所傳唯中印度名爲中國。餘名邊地。
122) 유가론기 제6권상(대정장 42. p.426b7-9): 혜경惠景논사에 다시 의하면 멸려차蔑戾車는 더러운 것을 즐긴다고 이름하는데 돌궐이다. 달수達須는 하천민인데 총령의 동쪽 여러 나라이다.　　景公復云。蔑戾車者。名樂垢穢。突厥等。達須是下賤類。即説此葱嶺已東諸國是也。

현인과 성인), 정지(正至: 열반한 이)¹²³⁾, 정행(正行: 사성제四聖諦 가운데 도제道諦를 수행하는 이)¹²⁴⁾ 등 모든 선한 '사내다운 남자'[丈夫]가 없다.

'의지할 것'[몸]이 완성됨이란 예를 들어 어떤 이가 '중앙의 국가'[中國: 중인도]에 생겨나 머물며 눈, 귀 등 하나하나의 부분에 결함이 없고, 성품이 '둔하고 시끄럽지'[頑囂]도 않고, '말 못하는 병에 걸리지도'[瘖瘂] 않아 '선하게 설명한'[善說] '교법의 의미'[法義]와 '악하게 설명한'[惡說] '교법의 의미'[法義]를 분명하게 이해할 수 있는 것을 말한다.

'업의 장애'[業障]가 없음이 완성됨이란 어떤 이가 '의지할 것'[몸]이 완성되고, '다섯 가지 무간(지옥에 떨어질) 업'[五無間業]¹²⁵⁾ 하나하나의 장애를 스스로가 짓지도 않고 남에게 짓도록 시키지도 않는 것이다. 만일 짓는다면, 지금생의 몸을 지닌 중에는 전혀 '현인과 성인의 수행법'[賢聖法]을 경험할 그릇이 못된다.

'믿고 해석하는 데의 장애'[信解障]가 없음이 완성됨이란 예를 들어 어떤 이가 전혀 다섯 가지 무간업無間業을 지은 적이 없고, 악한 곳에서는 믿고 해석함을 생기게 한 적이 없으며, 여러 가지 '비뚤 천신'[邪天](을 모신) 곳과 여러 가지 외도外道의 처소 등 악한 곳에서는 청정한 마음을 발생시킨 적이 없는 것이다. 그는 전생에 부처님의 성스러운 가르침과 교법을 선하게 설명하는 곳에서 깨끗한 믿음을 오랜 동안 지속했기 때문에, 지금생에는 성스러운 곳에서만 '믿고 해석함'[信解]을 발생시키고 청정한 마음을 일으킨다.

---

123) 본역주본 제1권 p.296 각주 340) 참조.
124) 본역주본 제1권 p.296 각주 341) 참조.
125) 무간업無間業: 본역주본 제1권 p.307 참조.

1.2 생겨나기가 완성됨: 밖으로

생겨나기가 완성됨 중에 바깥으로 다섯 가지는 무엇인가? 큰 스승님이 완성됨, 세상의 바른 교법이 성립되어 완성됨, 뛰어난 의미의 바른 교법을 따라 전개함이 완성됨, 바른 수행이 소멸하지 않음이 완성됨, 따르며 '돕는 조건'[資緣]이 완성됨을 가리킨다.

(우선) 큰 스승님이 완성됨이란 그 보특가라補特伽羅는 안으로 다섯 가지 생겨나기가 완성됨을 갖춘 뒤에 다시 큰 스승님께서 세상에 나타나심과 만나게 되는 것이다. 바로 여래응정등각(如來應正等覺: 여래이며 아라한[應供]이며 완전한 깨달음을 이룬 분), 일체지자(一切知者: 모든 것을 안 이), 일체견자(一切見者: 모든 것을 본 이), 모든 대상영역[境]에 장애가 없음을 이룬 분을 가리킨다.

세상의 바른 교법이 성립되어 완성됨이란 그 보특가라가 부처님께서 세상에 나타나심을 만나는데, (부처님께서는) 또한 선한 교법과 선하지 않은 교법 그리고 죄가 있음과 죄가 없음을 자세히 설명하고, 모든 '조건으로 생긴 이치'[緣生法]와 그의 자세한 구별을 자세하게 보여 주신다. 바로 계경(契經: 경經: 소달람素怛纜: sūtra: 부처님 말씀),[126] 응송(應

---

126) 계경契經부터 논의論議까지의 열두 가지는 부처님 가르침을 표현 형식에 따라 구분한 것이다. 계경契經은 산문체의 경전이다. 응송應頌은 산문체의 경문 뒤에 그 내용을 운문으로 표현한 것이다. 기별記別은 경의 의미를 문답 형식으로 해석하고, 또 제자들이 내생에 날 곳을 예언한 것이다. 풍송諷誦은 본문의 내용과 관계없이 송한 운문이다. 자설自說은 어떤 이의 질문 없이 스스로의 감흥으로 송한 운문이다. 연기緣起는 교법을 말하게 된 동기나 이유를 서술한 것이다. 비유譬喩는 비유로 교법을 설명한 부분이다. 본사本事는 여시아문(如是我聞: 내게는 이렇게 들렸다)이라고 쓰여 있는 부분을 가리킨다. 본생本生은 부처님의 전생 이야기이다. 방광方廣은 교법의 의미를 자세히 설명한 부분이다.

頌: 중송重頌: 기야祇夜: geya), 기별(記別: 수기授記: 화가라나和伽羅那: vyakarana), 풍송(諷誦: 가타伽陀: gatha), 자설(自說: 우타나優陀那: udāna), 연기(縁起: 인연因緣: 니타나尼陀那: nidāna), 비유(譬喩: 아파타나阿波陀那: apadāna), 본사(本事: 여시어如是語: 이제왈다가伊帝曰多伽: itivṛttaka), 본생(本生: 답타가潭陀伽: jātaka), 방광(方廣: 방등方等: 혼불약昆佛略: vaipulya), 희법(希法: 미증유법未曾有法: 아부타달마阿浮陀達摩: adbhuta dharma)과 논의(論議: 우파제사優波提舍: upadeśa)를 가리킨다.

뛰어난 의미의 바른 교법을 따라 전개함이 완성됨이란 큰 스승님께서 세상의 바른 교법을 선하게 보여 주신 뒤에, 모든 제자들이 이 바른 교법에 의해 다시 다른 이를 위해 설명하고 지도하고[教誡] 가르치며[教授], 서른일곱 가지 '깨달음의 부분을 이루는 수행법'[菩提分法]을 수행하여 '사문의 결과'[沙門果]를 이룩하고 사문의 결과를 경험함이 완성되는 것이다. 또한 점점 뛰어나게 되고 자라서 드넓어진 공덕功德을 경험한다.

바른 수행이 소멸하지 않음이 완성됨이란 부처님 세존世尊께서 비록 반열반般涅槃하셨다 하더라도 세상의 바른 교법은 여전히 머물러 소멸하지 않고, 뛰어난 의미의 바른 교법이 아직 사라지지도 끊어지지도 않은 것이다.

따르며 '돕는 조건'[資緣]이 완성됨이란 네 가지를 가리킨다. 바른 교법을 받아쓰는 원인과 조건이 앞에 나타나 바른 교법을 받아쓸 적에 모든 바른 믿음을 가진 장자(長者: 자산가), 거사(居士: 재가 신자), 바라문 등은

희법希法은 경전에서 불가사의한 일을 말한다. 논의論議는 논의하고 문답하여 온갖 교법의 내용을 명백히 밝힌 것을 가리킨다.

그가 바른 교법을 받아써서 전개함을 알지만, '돕는 조건'[資緣]이 부족해지면 이와 같이 바른 교법을 받아씀에서 물러날까 두려워한다. 그 때문에 여러 가지 의복, 음식, 방석과 침구, 병에 대한 의약품 등 몸을 돕는 살림살이를 꾸준하게[慇懃] 보시하는 것이다.

이와 같은 열 가지를 안과 바깥으로 생겨나기가 완성됨이라고 한다. 곧 이 열 가지를 수행하는 유가(瑜伽: 관행觀行)의 처소라고 한다.

이 의지하고 성립시켜야 할 것을 의지하기 때문에 여래如來의 모든 제자가 성스러운 교법을 경험하는데, 이와 같은 성스러운 교법은 간략하게 두 가지가 있다. 첫째는 유학有學의 교법이고 둘째는 무학無學의 교법인데, 지금 이 의미 중에 의도는 무학의 성스러운 교법을 취하는 데에 있다. 무학의 '바른 견해'[正見] 등 무학의 '바른 지혜'[正智]까지이다. 왜냐하면 모든 유학에게 성스러운 교법이 있다 하더라도 지속되는 가운데 성스럽지 못한 번뇌가 쫓아와 나타날 수 있기 때문이다.

이와 같이 처음 세목인 '생겨나기가 완성됨'[生圓滿]은 성스러운 가르침을 자세히 하는 의미로 이러한 열 가지가 있다. 이를 제외하고서는 또 다른 생겨나기가 완성됨으로 이보다 더한 것이 없다.

2. 바른 교법을 듣는 것이 완성됨

무엇이 '바른 교법'[正法]을 듣는 것이 완성됨인가? 이를테면 교법을 바르게 설명하는 경우, 교법을 바르게 듣는 경우 두 가지 다 바른 교법을 듣는 것이 완성되었다고 한다.

아울러 교법을 바르게 설명함에는 대략 두 가지가 있으니, 따름[隨順] 과 물들지 않음이다. 자세히 설명하면 스무 가지가 있음을 알라. 보살지菩

薩地에서 장차 설명할 것이다. 또한 교법을 바르게 들음에는 간략히 네 가지가 있다. 첫째, '지나치게 자부함'[憍傲]을 멀리함, 둘째, '(남을) 업신여김'[輕蔑]을 멀리함, 셋째, '겁이 많음'[怯弱]을 멀리함, 넷째, 흐트러짐[散亂]을 멀리함이다. 이와 같이 네 가지 잘못을 멀리하고 교법을 듣는 이를 교법을 바르게 듣는다고 한다. 자세히 설명하면 열여섯 가지가 있음을 알라. 역시 보살지菩薩地에서 장차 설명할 것이다.

3. 열반涅槃을 첫째로 함

무엇이 열반涅槃을 첫째로 함인가? 여래如來의 제자가 생겨나기가 완성됨에 의해 전개해나갈 때 앞서 설명한 모습대로 교법을 바르게 듣는데 열반만을 첫째로 하고, 열반만을 추구하고, 열반만을 대상으로 하여 교법을 듣는 것이다. 남을 유도하여 자기를 믿게 하지 않으며, '이익 보는 것'[利養]과 공경恭敬과 명예[稱譽]를 위하지 않는다.

아울러 열반을 대상으로 교법을 듣는 이는 열 가지 교법을 전개하되 열반을 첫째로 한다. 이를테면 유여의열반계有餘依涅槃界와 무여의열반계無餘依涅槃界에 의지하는 것인데, 유여의열반계에 의지하는 데엔 아홉 가지 교법을 전개하되 열반을 첫째로 하고, 무여의열반계無餘依涅槃界에 의지하는 데엔 한 가지 교법을 전개하되 열반을 첫째로 함을 알라.

즉 (첫째) '들어서 이루어진 지혜'[聞所成慧]를 원인으로 삼는다. (둘째) 수행과정[道]과 '수행과정의 결과'[道果]인 열반에 대해 세 가지 '믿고 해석함'[信解]을 일으켜야 한다. 첫째로 '실제로 존재하는 성질'[實有性]을 믿고, 둘째로 공덕功德이 있음을 믿고, 셋째로 자기가 즐거울 수 있는 수행방법이 있음을 믿는 것이다.

(셋째) 이와 같이 믿고 해석함이 생기고 나면 '생각하여 이루어진 지혜'[思所成智]를 갖추려고 몸과 마음을 시끄러운 곳에서 멀리하여 머무르고, 장애가 되는 모든 악한 깊은 생각을 멀리한다. (넷째) 이에 의지하기 때문에 곧 의미를 잘 결정하는 '생각하여 이루어진 지혜'[思所成智]에 들어간다.

(다섯째) 이에 의지하기 때문에 연속함[無間], 정중함[殷重] 두 가지로 수행방법에 들어간다. (여섯째) 이로부터 차례로 '수행하여 이루어진 지혜'[修所成智]를 경험한다. (일곱째) 이에 의지하기 때문에 생사生死의 잘못을 보고서 해석[勝解]을 발생시키고, 열반의 공덕功德을 보고서 해석을 발생시킨다.

(여덟째) 꾸준히 수행하기 때문에 '진리가 나타난 것을 살핌'[諦現觀]에 들어 먼저 견도見道의 유학有學의 해탈을 이룬다. (아홉째) 그러고는 '자취를 보고서'[見迹] 위의 수도修道를 자주 익히기 때문에 곧 다시 무학無學의 해탈을 경험한다. 이를 경험하기 때문에 해탈이 완성되니, 곧 이 해탈이 완성됨을 유여의열반계有餘依涅槃界라고 한다. 바로 이 열반을 첫째로 하여 앞의 아홉 가지 교법을 차례로 수행하여 완성된다. (열째) 이 해탈이 완성됨은 무여의열반계無餘依涅槃界를 첫째로 한다는 것을 알라.

이와 같이 열반을 첫째로 하여 바른 교법을 들으면 다섯 가지 뛰어난 이익을 얻는다는 것을 알라. 무엇이 다섯 가지인가? 교법을 들을 때 (첫째) 남과, (둘째) 자기를 이롭게 한다. 정행(正行: 사성제四聖諦 가운데 도제道諦를 수행)을 할 때 (셋째) 남과, (넷째) 자기를 이롭게 한다. (다섯째) 여러 괴로움의 한계를 경험한다.

(이를 자세히 설명하자면) 예를 들어 (첫째로) 교법을 설명하는 스승이

이러한 의미를 위하여 바른 교법을 밝혀 말하면, 교법을 듣는 이는 곧 이러한 의미로 바른 교법을 듣는다. 그러므로 이럴 때를 남을 이롭게 한다고 한다. (둘째로) 선한 마음으로 바른 교법을 듣고 곧 설명된 교법 의미의 아주 깊고 좋은 맛을 느끼고 이 때문에 드넓은 기쁨을 경험하고 벗어나고자 하는 '선한 근'[善根]을 유도하여 발생시킨다. 그러므로 이럴 때를 자기를 이롭게 한다고 한다.

(셋째로) '법행과 법을 따르는 행'[法隨法行][127]을 바르게 수행하는 이가 있으면 큰 스승님께서는 바른 교법을 성립시키기 위해 수행방법을 보여주려고 '바르고 완전한 깨달음'[正等覺]을 이루어 어찌해서라도 그가 바른 수행을 전개하게 하신다. 그러므로 그가 바른 법행을 수행할 때 곧 자연스레 큰 스승님께 공양供養하기 때문에 이를 남을 이롭게 한다고 한다.

(넷째로) 이 정행(正行: 사성제四聖諦 가운데 도제道諦를 수행) 때문에 고요함[寂靜]의 청량淸涼한 경험을 감당함은 유여의열반계有餘依涅槃之界만 해당한다. 그러므로 이를 자기를 이롭게 한다고 한다.

(다섯째로) 무여의열반계無餘依涅槃界에서 반열반般涅槃할 때를 여러 괴로움의 한계를 경험한다고 한다.

이를 열반을 첫째로 하여 바른 교법을 들어서 얻는 뛰어난 이익이라고 한다.

이와 같은 것을 열반을 첫째로 한다고 하는데, 자세한 의미로는 이것을 제외하고 보다 더한 것이 없다.

---

127) 본역주본 제1권 p.89 각주104) 참조.

4. 해탈에 익숙한 지혜의 성숙

　무엇을 해탈에 익숙한 지혜가 성숙한다고 하는가? 비발사나毘鉢舍那 세목이 성숙해지기 때문에 또한 지혜가 성숙한다고 한다. 사마타奢摩他 세목이 성숙해지기 때문에 또한 지혜가 성숙한다고 한다. 왜냐하면 선정하는 마음의 지혜는 알아야 할 대상영역에 대해 청정하게 전개되기 때문이다. 또한 비발사나毘鉢舍那 세목의 최초에는 반드시 '착한 벗'[善友]을 기용[用]하여 의지로 삼아 사마타奢摩他 세목과 시라尸羅의 완성에 속하게 된다. 또한 착한 벗과 친한 상태여야, 알아야 할 대상영역인 '진실한 성품'[眞實性] 가운데에서 '깨달이 분명히 알려는 의욕'[覺了欲]이 있게 된다. 그리고 시라尸羅의 완성에 속하게 되어야만, '뛰어난 시라'[增上尸羅] 가운데의 깨끗한 계戒를 망치고 어기며 '교법에 알맞지 않은 것'[非法]을 실천하여 규칙[軌範]을 망치고 있더라도, 범행梵行을 같이하는 여러 지혜있는 이들이 보고, 듣고, 의심한 것에 대해 그 죄를 제시하기도 하고, 기억나게 하기도 하고, 따라 배우게도 하면, 그때에는 비난을 견디게도 된다.

　아울러 (첫째로) 알아야 할 진실眞實을 '깨달아 분명히 알려는 의욕'[覺了欲]에 의하기 때문에, (둘째로) (교법에 대해) 듣는 것을 애호하고, (셋째로) 듣는 것을 애호하기 때문에 곧 질문을 하게 되고, (넷째로) 질문을 하기 때문에 그전에는 듣지 못했던 매우 깊은 교법의 의미에 대해 듣고, (다섯째로) 쉴 새 없이 자주 듣기 때문에 그 교법의 의미에 대해 점점 밝고 분명해지고 앞서 생겼던 의문을 제거할 수 있다.

　(여섯째로) 이와 같이 이해력[覺慧]이 점점 밝고 분명해지기 때문에 모든 세상의 번성한 일에 대해 그 잘못을 보고 마음에 깊이 염증이 생긴다. (일곱째로) 이와 같이 염증을 내는 마음으로 의도[作意]를 잘하기 때문에

그 모든 세상의 번성한 일을 바라고 즐거워하지 않는다. (여덟째로) 그는 이와 같이 모든 세상의 '뛰어나게 태어나 사는 과정'[增上生道]을 바라는 마음이 없기 때문에, 모든 '나쁜 세상'[惡趣](에 가게 될) 존재[法]를 제거하고자 하여 마음에 '올바른 바람'[正願]이 생기게 한다.

(아홉째로) 또한 그것을 다스리는[對治] 선법(善法: 선한 존재)을 수행하려고, 모든 번뇌를 다스리는 선법善法을 수행한다. (열째로) 그 다스린 결과를 경험하려고, 또 자기 마음이 청정해지려고 마음에 '올바른 바람'[正願]이 생기게 한다.

이와 같이 열 가지 해탈에 익숙할 수 있는 지혜가 성숙하는 교법은 앞서 설명한 바와 같이 점점 해탈을 완성시킨다.

아울러 이미 차례대로 세 가지 세목을 설명했다. '바른 교법'[正法]을 듣는 것이 완성됨, 열반涅槃을 첫째로 함, 해탈에 익숙한 지혜가 성숙함을 가리킨다. 이와 같은 세 가지 세목은 성스러운 가르침을 자세하게 설명한 것이 '(각 세목마다) 열 가지씩'[十十種]128)인데, 이를 제외하고 보다 더한 것이 없다.

아울러 이 세 가지 세목은 수행하는 유가(瑜伽: 관행觀行)의 '원인과 조건'[因緣]임을 알라. 왜냐하면 이 차례와 이 원인과 이 조건에 의해 수행하

---

128) 유가론기 제6권상(대정장 42. p.427a20-22): 부처님의 성스러운 가르침 가운데 하나하나(의 세목)마다 자세한 부문이 열 가지 부문으로 구별된다. 그러므로 "이와 같은 세 가지 세목은 성스러운 가르침을 자세하게 설명한 것이 '열에 열 가지'[十十種]이다."라고 하였다. 이는 곧 세 가지 세목마다 각각 열 가지 의미 부문이 있음을 구별하여 '열에 열 가지'[十十種]라고 한 것이다. 佛聖教中一一廣門十門分別. 故言如是三支廣聖教義謂十十種. 是則三支各有十種義門分別名十種.

는 유가瑜伽가 머지않아 완성을 이룬다. 구체적으로 '바른 교법'[正法]을 듣는 것이 완성됨, 열반涅槃을 첫째로 함, 해탈에 익숙할 수 있는 지혜가 성숙함에 의지하기 때문이다.

5. 번뇌 다스림對治의 수행

5.1 세 단계의 다스림 대상

'(번뇌를) 다스림'[對治]을 수행함이란 무엇인가? 간략히 말해 세 가지 단계에는 열 가지 유가瑜伽를 수행하여 다스려야 할 존재가 있음을 알라. 무엇이 세 가지 단계인가? 첫째, 가정에 머무르는 단계, 둘째, 출가한 단계, 셋째, 멀리 떨어져 한가하게 머무르며 유가瑜伽를 수행하는 단계이다. 무엇이 (첫째 단계는 두 가지, 둘째, 셋째 단계는 각각 네 가지씩) 열 가지 유가瑜伽를 수행하여 다스려야 할 존재인가?

5.1.1 가정에 머무르는 단계

가정에 머무르는 단계에서는 아내[妻室]에 대한 음욕婬欲과 관련한 욕망이 있고, 친척과 모든 '귀한 재물'[財寶]을 받아씀에 관련한 애착이 있다. 이와 같은 것을 가정에 머무르는 단계의 '다스려야 할 존재'[所對治法]라고 한다. 이러한 장애 때문에 모든 것에서 벗어날 수 없으며 출가를 했다고 해도 이러한 깊은 생각이 요동쳐 장애가 되기 때문에 기쁨과 즐거움이 생기지 않는다. 이와 같은 두 가지 다스려야할 존재는 그 차례대로 '깨끗지 않다는 생각'[不淨想]을 수행하고, '무상하다는 생각'[無常想]을 수행한다. 이것이 바로 그것을 다스림을 수행함이라는 것을 알라.

5.1.2 출가한 단계

아울러 출가한 이는 출가한 단계에서 때때로 네 가지 지어야할 것이 있다. 첫째, 항상 수행방법으로서 선법(善法: 선한 존재)을 수행함을 지으며 이르기를, "나는 제법諸法에 대해 항상 수행방법을 수행하는 것을 의지하기 때문에 '애착할만한 맛의 즐거움'[愛味樂]을 따르는 모든 마음과 식識을 굴복시키고, 괴로움의 성질을 사실대로 깨달아 분명히 알아야겠다."고 한다.

둘째, 희론戱論이 없는 열반에 대해 믿으며 해석하고, 애호하고 지으며 이르기를, "나는 희론이 없는 열반에 대해 마음이 도로 물러남이 없고 근심이 생기지 않게 하며, 나[我]와 나[我]는 지금 어디에 있을꼬라고 해야겠다."라고 한다.

셋째, 때때로 돌아다니며 마을이 모여 있는 곳에서 걸식을 지으며 이르기를, "내가 걸식을 받아쓰는 것이 원인이 되어 몸은 오래 머무르고 힘이 알맞아 항상 수행방법으로 모든 선법善法을 수행하겠구나."라고 한다.

넷째, 멀리 떨어진 곳에 편안히 머무름을 지으며 이르기를, "만일 모든 가정에 머무르는 이나 출가한 무리와 섞여 머무르기를 애호하는 이라면 곧 여러 가지 세상과 관련한 보고, 듣고, 받는 등의 여러 복잡한 일이 있을 테니, 나는 그것을 바르게 자세히 살펴 '마음의 대상영역이 하나'[心一境]인 단계에 장애가 되지 않게 해야겠다."라고 한다.

이러한 네 가지 지어야 할 일 가운데에 네 가지 다스려야 할 존재가 있다는 것을 알라. (앞에서 설명한 것 가운데) 첫째로 지어야 할 것 가운데에는 게으름[嬾墮懈怠]이 있다. 둘째로 지어야 할 것 가운데에는 살가야견(薩迦耶見: 신견身見)이 있다. 셋째로 지어야 할 것 가운데에는 '애착할만한 맛'[愛味]에 대한 탐냄이 있다. 넷째로 지어야 할 것 가운데에는 세상의 여러 가지 '욕망을 즐거워'[樂欲]하는 '탐냄과 애착함'[貪愛]이 있다.

이와 같은 네 가지 다스려야 할 존재는 또한 그 차례대로 네 가지 다스림을 수행함이 있다. 첫째, 무상함에 대해서는 '괴롭다는 생각'[苦想]을 수행한다. 둘째, 여러 괴로움에 대해서는 '나라고 할 만한 것이 없다는 생각'[無我想]을 수행한다. 셋째, 음식에 대해서는 '거슬린다는 생각'[厭逆想]을 수행한다. 넷째, 모든 세상에 대해서는 '즐거울 수 없다는 생각'[不可樂想]을 수행한다.

5.1.3 멀리 떨어져 수행하는 단계

아울러 멀리 떨어져 한가하게 머물러 수행방법으로서 의도[作意]를 하는 단계에서는 네 가지 '다스림의 대상'[所治]이 있음을 알라. 무엇이 네 가지인가? 첫째, 사마타奢摩他와 비발사나毘鉢舍那 종류에서는 '이치에 어두운 마음'[闇昧心]이 있다. 둘째, 모든 선정에는 '따르며 그 맛에 애착함'[隨愛味]이 있다. 셋째, 태어남에서는 움직이는 모습을 따르는 마음이 있다. 넷째, 먼 훗날로 미루고서는 도리어 다른 때를 기다리며 죽지 않는다는 생각을 따르니, 왕성하고 부지런하게 수행방법을 수행할 수 없다.

이와 같은 네 가지 다스려야할 존재는 또한 네 가지 다스림을 수행함이 있음을 알라. 첫째에는 '광명의 생각'[光明想]을 수행한다. 둘째에는 '욕망에서 떠난다는 생각'[離欲想]을 수행한다. 셋째에는 '소멸한다는 생각'[滅想]을 수행한다. 넷째에는 '죽는다는 생각'[死想]을 수행한다.

5.2 부정상不淨想의 다스림 대상

아울러 '깨끗지 않다는 생각'[不淨想]은 간략히 두 가지가 있다. 첫째,

'생각하여 선택하는 힘'[思擇力]에 속하는 것, 둘째, '수행하는 힘'[修習力]에 속하는 것이다.

5.2.1 사택력思擇力에 속하는 것

'생각하여 선택하는 힘'[思擇力]에 속한 '깨끗지 않다는 생각'[不淨想] 중에는 다섯 가지 존재를 다스림 대상으로 삼는다는 것을 알라. 무엇이 다섯 가지인가? 첫째, 자주 여자[母邑]를 가까이 하는 것이다. 둘째, 나타난 것을 대했으면서도 기억을 못하는 것이다. 셋째, 가려진 데 머무르며 방종하는 것이다. 넷째, 가려진 데 머무르든, 나타난 것을 대하든 습관대로 하는 것이다. 다섯째, 부지런히 수행방법으로 '깨끗지 않다는 생각'[不淨]을 수행하더라도, 의도[作意]가 착각[錯亂]을 한다. 깨끗지 못함을 살피지 않고 '깨끗한 모습'[淨相]을 따라 전개하는 것을 가리킨다. 이와 같은 것을 의도의 착각이라고 한다.

5.2.2 수습력修習力에 속하는 것

'수행하는 힘'[修習力]에 속한 '깨끗지 않다는 생각'[不淨想] 중에는 일곱 가지 존재를 다스림 대상으로 삼는다는 것을 알라. 무엇이 일곱 가지인가? (첫째) 근본적인 할 일에 대해 마음이 흩어지는 성질이다. (둘째) 근본적인 할 일에 대해 작용作用으로 나가버리는 성질이다. (셋째) 수행방법으로서 의도[作意]가 정교하지 못한 성질이다. 공경하며 부지런히 묻지 않기 때문이다. (넷째) 또한 근문根門을 보호하지 못해, '빈 곳'[空閑]에 머물러도 여전히 여러 가지 물든 깊은 생각을 하여 그 마음을 요란하게 한다. (다섯째) 또한 음식의 한도를 알지 못해, 몸이 알맞지 않다. (여섯째) 또한 깊은 생각으로 요란해지기 때문에, 멀리 떨어져 안의 마음으로 고요하게 사마타奢摩他 선정에 드는 것을 즐거워하지 않는다. (일곱째) 그 몸이 알맞지 않기 때문에, 비발사나毘鉢舍那를 잘 수행할 수 없고, 제법諸法을 사실대로 살필 수 없다. 이와 같은 모든 다스림의 대상은 다해서 한 부문이 열두 가지요, 한 부문이 열네 가지임[129]을 알라. 또한 이와 같은 다스림의 대상을 다스릴 수 있는 백법(白法: 선법善法)도 그러한 것이 있으며, (지금까지 설명한) 두 가지 '깨끗지 못하다는 생각'[不淨想]은 지어야 할 것이 많이 있음을 알라.

5.3 고상苦想의 다스림 대상

아울러 무상無常함에 대해 수행하는 '괴롭다는 생각'[苦想]에 대략 여섯 가지 다스림의 대상이 있다. 무엇이 여섯 가지인가? 첫째, 아직 생기지 못한 선법(善法: 선한 존재)을 최초로 생기게 하는 데에 게으름이 있다. 둘째, 이미 생긴 선법善法에 머물러야 하는 데에 잊지 않고 수행하여 완성하고 갑절 넓히는 데에 게으름이 있다. 셋째, 공경하는 스승이나 어른께 가서 질문하는 것을 꾸준히 계속하지 못한다. 넷째, 항상 선법善法을 수행하고, 항상 스승을 따라 전개하는 데에서 깨끗한 믿음을 멀리한다. 다섯째, 깨끗한 믿음을 멀리하기 때문에 항상 수행할 수 없다. 여섯째, 안으로 방종하고, 방종하기 때문에 모든 선법善法을 수행하는 데에 항상 따라 전개

---

129) 유가론기 제6권상(대정장 42. p.427c23-26): 혜경惠景논사와 규기窺基논사가 동일하게 이르기를, 두 가지 다른 장애를 말하는 것인데 앞의 것 다섯과 뒤의 것 일곱을 하여 열둘이라고 한다. 각각인 것을 모두 합한 데다 다시 둘을 더하니, 생각하여 선택함의 장애와 수행함의 장애이다. 그러므로 열넷이 된다. 景基同云。談二別障。初五後七。名爲十二。總別合論更加二總。謂思擇障及修習障。故成十四。

하지 못한다. 이와 같은 여섯 가지 다스림의 대상에는 반대로 여섯 존재가 있어서 다스릴 수 있는데, 지을 것이 많이 있다. 이와 같은 다스림의 대상과 반대되는 것이 그 모습이란 것을 알라.

5.4 광명상光明想의 다스림 대상

아울러 광명상(光明想: 광명의 생각)은 많은 광명을 조건으로 대상영역을 삼는다. 삼마히다지三摩呬多地에서와 같이 이미 설명하였다.[130] 지금 이러한 의미 중에서 의도는 법광명(法光明: 법의 광명)을 조건으로 대상영역을 삼아 광명상光明想을 수행하는 것이다. 문소성聞所成과 같이 이미 궁극[究竟]을 이룬 '기억을 잊지 않는 존재'[不忘念法]를 법광명이라고 한다. 그것과 함께 작용하는 그와 관련한 생각을 광명상光明想이라고 한다는 것을 알라. 왜냐하면 마음이 '이치에 어둡게'[闇昧]되는 것은 수행방법으로서 지관止觀 종류를 수행할 때 제법諸法에 대해 '기억을 잊는 것'[忘念]이기 때문이다. 이와 반대되는 것이 바로 광명光明임을 알라.

아울러 제일의(第一義: 최고 의미)의 사소성혜(思所成慧: 생각하여 이룬 지혜), 수소성혜(修所成慧: 수행하여 이룬 지혜)와 함께하는 광명상光明想은 열한 가지의 존재를 다스림의 대상으로 삼는다. 무엇이 열한 가지인가? 사소성혜思所成慧와 함께하는 광명상에는 네 가지 존재가 있고, 수소성혜修所成慧와 함께하는 광명상에는 일곱 가지 존재가 있다. 이와 같은 다스림의 대상을 합하면 열한 가지가 된다.

---

130) 광명상光明想: 이 책 p.39 참조.

5.4.1 사소성혜思所成慧

사소성혜思所成慧와 함께하는 광명상에 있는 네 가지 존재는 첫째, 잘 살피지 않고 잘 결정하지 않기 때문에 사유思惟하는 것에 머뭇거림[疑]이 쫓아오는 것이다. 둘째, 밤이 되면 게으르고 잠을 많이 자기 때문에 시간을 헛되게 보내는 것이다. 셋째, 낮이 되면 나쁜 음식을 자주 가까이해서 몸이 알맞게 부드럽지 않아, 따르면서 제법諸法을 자세히 살필 수 없는 것이다. 넷째, 가정에 머무르는 이와 출가한 이가 함께 섞여 머물러서, 따라서 들은 궁극에 이르는 존재에 대해서 이치에 맞게 의도하고 사유하는 것을 할 수가 없는 것이다.

이와 같이 머뭇거림[疑]이 쫓아오기 때문에, 머뭇거림을 떨쳐버릴 수 있는 원인과 조건을 장애 하기 때문에, 이 네 가지 존재가 바로 사소성혜思所成慧와 함께하는 광명상에 있는 다스림의 대상이며, 사소성思所成의 지혜이든 견해이든[131] 청정을 이루지 못하게 한다.

5.4.2 수소성혜修所成慧

무엇을 수소성혜修所成慧와 함께하는 광명상에 있는 '다스림의 대상'[所治] 일곱 가지 존재라고 하는가? 첫째, '들어올리는 모습'[擧相]을 수행할 때, 너무 용맹하게 정진하는 존재가 다스림의 대상이다. 둘째, '가라앉힘의 모습'[止相]을 수행할 때, 너무 약하게 정진하는 존재가 다스림의 대상이다. 셋째, '평정함의 모습'[捨相]을 수행할 때, 선정의 맛을 탐내어 집착함, 그리고 애착함과 함께 작용하는 기쁨이다. 넷째, 반열반般涅槃에 대하여 마음에 공포를 품고, 분노와 함께 마음에 겁이 많아지는 등 두 가

---

131) 이 책 p.60 각주10) 참조.

지 존재가 다스림의 대상이다. 다섯째, 이와 같이 수행방법으로서 의도[作意]할 때, 존재에 대해 정진하고 논의하여 선택을 마무리 짓는데 있어, (이론을) 세우고 깨뜨리는 부문에서 이론이 많아 버리지 않고 계속하는 것이다. (이는) 고요하게 '바른 사유'[正思惟]를 할 때 장애가 된다. 여섯째, '보이는 것'[色], 소리[聲], 냄새[香], 맛[味], 감촉[觸]에 대해 바른 이치에 맞지 않게 좋은 모습에 집착하여 바르지 않은 깊은 생각을 함으로써 마음을 흩어지게 하는 것이다. 일곱째, 생각해서는 안될 것에 마음을 기울여 제법諸法에 대해 생각하여 선택하는 것이다. 이와 같은 일곱 가지는 바로 수소성혜修所成慧와 함께하는 광명상에 있는 다스림의 대상인 존재이다. 수소성혜修所成慧와 함께하는 광명상을 매우 장애하며, 수소성修所成의 지智이든 견見이든 청정하게 전개되지 못하게 한다.

　이러한 다스림의 대상인 존재는 열한 가지가 되는데, 이와 반대되는 것은 다스리는 주체인 존재로서 그 (다스림의 대상인) 존재를 끊을 수 있으며, 사소성思所成의 지智이든 견見이든 청정하게 전개되게 한다는 것을 알라.

　생각[想: 개념형성]을 수행하는 모든 이는 바른 수행방법으로, (첫째) 다스림의 대상인 존재에 대한 욕망을 끊고 소멸시킬 수 있다. (둘째) 또한 지금 작용하는 다스림의 대상인 존재로부터 마음이 물들거나 집착하지 않아 빨리 끊고 소멸시킬 수 있다. (셋째) 또한 다스림의 주체인 존재에 많이 머무를 수 있어서 모든 다스림의 대상인 존재를 끊고 소멸시킬 수 있다. 이와 같은 세 가지 수행법[法]은 모든 다스림을 수행함을 쫓아다니는 것이기 때문에 많이 짓는 것이라고 한다. 이와 같은 것을 '(번뇌를) 다스림'[對治]을 수행함이라고 한다. 이 다스림을 수행하는 것을 바로 유가瑜伽를 수행함인 것을 알라. 이 다섯째 세목인 (번뇌를) 다스림을 수행함은 자세한 성스러운 가르침의 의미로는 이와 같은 열 가지 모습뿐이니, 이것을 제외하고 보다 더한 것이 없음을 알라.

6. 세상世間의 모든 종류에 청정함

세상[世間]의 모든 종류에 청정함이란 무엇인가? 대략 세 가지가 있음을 알라. 첫째, 삼마지三摩地를 이룸, 둘째, 삼마지의 완성, 셋째, 삼마지에 자유로움이다.

6.1 삼마지를 이룸

이 가운데 최초에 삼마지를 이루는 데 다스려야 할 스무 가지의 존재가 있어 뛰어난 삼마지를 이루지 못하게 한다. 무엇이 스무 가지인가? 첫째, (번뇌를) 끊는 것을 즐거워하지 않는, 범행梵行을 함께하는 이와 동반하는 잘못이다. 둘째, 동반하는 이는 능력이 있지만, 선정을 수행하는 방법을 밝혀 말해주는 스승에게 잘못이 있다. 선정을 수행하는 방법에 대해 전도되게 설명하는 것을 가리킨다. 셋째, 스승은 능력이 있지만, 설명한 선정을 수행하는 방법에 대해 듣는 이가 즐기고 싶어함이 약해 마음이 흩어지기 때문에 받아들이지 못하는 잘못이다. 넷째, 듣는 이가 즐기고 싶어함이 있어 귀를 기울여 듣지만, 어리석고 우둔하고 이해력이 약하기 때문에 받아들이지 못하는 잘못이다. 다섯째, 지혜와 능력이 있지만, 애착의 작용으로 '이익을 보는 것'[利養]과 공경을 많이 추구하는 잘못이다.

여섯째, '근심과 슬픔'[憂愁]이 많아 (삼마지를) 기르기도 어렵고 완성하기도 어려워 만족함을 알지 못하는 잘못이다. 일곱째, 이것들의 강한 힘 때문에 여러 가지로 볼일[事務]이 많은 잘못이다. 여덟째, 이러한 잘못은 없지만, 게으르기 때문에 힘씀[加行]을 버리는 잘못이다. 아홉째, 이러한 잘못은 없지만, 다른 것 때문에 여러 가지 장애가 생기는 잘못이다. 열째, 이러한 잘못은 없지만, 추위와 더위 등의 괴로움을 견디지 못하는 잘못이다.

열한째, 이러한 잘못은 없지만, 으스댐[慢]과 분노[恚]가 지나쳐 가르침과 지도를 받아들이지 못하는 잘못이다. 열두째, 이러한 잘못은 없지만, 가르침에 대해 전도되게 생각하는 잘못이다. 열셋째, 이러한 잘못은 없지만, 받아들인 가르침을 잊어먹는 잘못이다. 열넷째, 이러한 잘못은 없지만, 가정에 머무는 이, 출가한 이가 섞여 머무르는 잘못이다. 열다섯째, 이러한 잘못은 없지만, '다섯 가지 잘못된 모습'[五失相]과 관련한 침구[臥具]를 받아쓰는 과실이다. 장차 성문지聲聞地에서 설명하겠다.

열여섯째, 이러한 잘못은 없지만, 멀리 떨어진 곳에서 모든 근根을 보호하지 않아 바르지 않은 깊은 생각을 하는 잘못이다. 열일곱째, 이러한 잘못은 없지만, 음식이 고르지 않아 몸이 무거워 감당할 수 없는 잘못이다. 열여덟째, 이러한 잘못은 없지만, 잠[睡眠]이 많은 성질이라 잠이라는 수번뇌隨煩惱가 나타나 작용하는 잘못이다. 열아홉째, 이러한 잘못은 없지만, 사마타奢摩他 종류를 우선 수행하지 않았기 때문에 '안 마음'[內心]이 고요히 멀리하는 것에서 기쁘고 즐겁지 않은 잘못이다. 스무째, 이러한 잘못은 없지만, 비발사나毘鉢舍那 종류를 우선 수행하지 않았기 때문에 '뛰어난 지혜의 수행법'[增上慧法]인 비발사나로 사실대로 살피는 것에서 기쁘고 즐겁지 않은 잘못이다. 이와 같은 스무 가지의 존재는 바로 사마타와 비발사나 종류로 심일경성(心一境性: 마음의 대상영역이 하나인 성질)을 경험하여 다스리는 대상이다.

아울러 이러한 스무 가지 다스림의 대상인 존재는 대략 네 가지 모습으로, 생기는 삼마지 중에 감당하기에 장애가 될 수 있다. 무엇이 네 가지인가? 첫째, 삼마지 방법에 정교하지 못하기 때문이다. 둘째, 모든 선정을 수행하는 방법에 힘씀[加行]이 전혀 없기 때문이다. 셋째. 전도된 힘씀 때문이다. 넷째, 힘씀이 느슨하기[縵緩] 때문이다.

이 삼마지의 다스림의 대상인 존재는 스무 가지 백법(白法: 선법善法)으로 다스린다. 이 (다스림의 대상들과) 반대이니 그 모습을 알아. 이 다스림의 대상을 끊는 존재는 지을 것이 많기 때문에, 아주 빠르게 그 마음을 바르게 머무르게 할 수 있어야, 삼마지를 경험한다. 또한 이 삼마지를 이루는 것은 바로 초정려初靜慮의 근분정近分定인 '미지정未至定 단계'[未至位]에 속함을 알아. 또한 삼마지를 이루는 데에 반대되는 존재와 삼마지를 이루는 데 따르는 존재에 대한 성스러운 가르침의 자세한 의미는 오직 이 스무 가지 뿐이니, 이것을 제외하고 보다 더한 것이 없음을 알아. 이러한 '원인과 조건'[因緣]으로 말미암아 처음으로 세상의 모든 종류의 청정함에 대해 이 바른 교법에서 보특가라補特伽羅가 삼마지를 이루는 것을 이미 잘 밝혀 설명하였고 잘 보여주었다.

6.2 삼마지의 완성圓滿

이와 같이 이미 삼마지를 이룬 이는 (첫째) 이러한 약간 뛰어난 선정 중에는 만족이 생기지 않아 뛰어난 삼마지의 완성에 대해 다시 바란다. (둘째) 또한 거기에서 뛰어난 공덕功德을 본다. (셋째) 또한 바람 때문에 뛰어난 공덕을 보고서는 그것을 추구하기 때문에, 용맹정진勇猛精進하고 격려하며 머무른다. (넷째) 또한 그는 '보이는 것'[色]과 관련한 '애착할만한 맛'[愛味]과 함께 작용하는 번뇌를 모두 다 영원히 끊을 수 없기 때문에, 뛰어난 것을 이루었다고 하지 않는다. (다섯째) 또한 그는 모든 선법(善法: 선한 존재) 중에서 다 부지런히 수행하는 것이 아니기 때문에, 남에게 졌다고 한다.

(여섯째) 드넓은 정천淨天이라는 사는 곳에서 '죽어 떨어지지'[沈沒] 않는다. (일곱째) 또한 그는 자기를 업신여겨 못났다고 하지 않으니 '믿고 해석함'[信解]이 강하기 때문이다. (여덟째) 또한 그는 이와 같이 마음이 가라앉지 않아 선정의 대상영역의 존재 가운데에서 앞서 이룬 가라앉힘[止], 들어올림[擧], 평정함[捨]의 모습으로 쉴 새 없이 정중하게 수행방법을 수행하기 때문에 (선정을) 따르며 전개한다. (아홉째) 그는 이와 같이 '존재의 모습'[法相]을 따라 전개하며 자주 (선정에) 들고 자주 (선정에서) 나오는데, 빠르게 '신통지혜'[通慧]를 경험하려고 선정의 완성에 대한 바른 교법에 대해 듣기를 즐기기 때문에 때때로 정중하게 질문한다. (열째) 또한 이와 같이 삼마지의 완성을 따르기 때문에 바른 수행방법으로 근본정根本定에 속한 '안 마음'[內心]의 사마타奢摩他로써 멀리하는 것을 애호함을 경험하고, 또 존재의 비발사나毘鉢舍那를 경험한다.

이와 같이 왕성하게 밝고 맑은 애호함을 살피는 것은 이와 동등하게 이미 근본정려根本靜慮에 드는 것을 경험한 것임을 알라. 이와 같은 것을 삼마지가 완성되었다고 한다. 이 삼마지의 완성에 대한 성스러운 가르침의 자세한 의미는 오직 이와 같은 열 가지 모습뿐이니, 이것을 제외하고 보다 더한 것이 없음을 알라.

6.3 삼마지三摩地에 자유로움自在

이미 근본삼마지根本三摩地를 경험했기 때문에 삼마지의 완성이라고는 하지만 그 마음이 여전히 삼마지 때문에 그 맛에 애착함이 생겨, 으스댐[慢], 견해[見], 머뭇거림[疑], '이치에 어두움'[無明] 등 여러 수번뇌隨煩惱[132]에 물들어 아직 완성되어 청정하고 희디희다[鮮白]고 하지 못한다. 이와 같은 여러 수번뇌가 나타나 작용하지 못하게 하려고, 마음을 단련[練]하려고, 마음을 조절[調]하려고, 그는 생각하기를, "나는 장차 마음의 '자유로운 성질'[自在性]과 선정의 자유로운 성질을 경험해야 해서 네

---

132) 중국의 유식법상종이 정리한 심소 체계는 천친天親이 지은 『대승백법명문론(본사분중약록명수)大乘百法明門論(本事分中略錄名數)』에 의한 것이다. 그 가운데 수록된 번뇌(즉 근본번뇌)와 수번뇌隨煩惱(즉 지말번뇌)를 보면(대정장 31. p.855c1-6), 우선 근본번뇌[번뇌]는 탐냄[貪], 분노[嗔], '(남에게) 으스댐'[慢], '이치에 어두움'[無明], 머뭇거림[疑], '바르지 못한 견해'[不正見] 여섯 가지이다. 다음으로 지말번뇌[수번뇌]는 격분[忿], 원망스러워함[恨], 괴로움[惱], '잘못을 감춤'[覆], 홀림[誑], 알랑댐[諂], '지나치게 자부함'[憍], 해코지[害], 질투[嫉], 인색[慳], '(자신에게) 안 부끄러워함'[無慚], '(남에게) 안 부끄러워함'[無愧], '믿지 않음'[不信], 게으름[懈怠], 방종[放逸], '흐릿하게 가라앉음'[惛沈], 요동함[掉擧], '기억 못함'[失念], '제대로 알지 못함'[不正知], 흐트러짐[散亂] 등 스무 가지이다.

유가사지론의 전편을 걸쳐 수번뇌의 의미를 보면, 우선 『대승백법명문론』에서처럼 근본번뇌에 대비된 지말번뇌라는 의미로서의 수번뇌가 있다. 그러나 그 외에도 마음을 따라 일어나는 근본번뇌라는 의미로서의 수번뇌가 있다. 또한 근본번뇌와 지말번뇌 모두를 의미한다고 볼 수밖에 없는 수번뇌가 있다. 그래서 지금의 본문에서처럼 독자들이 중국 유식 법상종의 체계에 의해 근본번뇌인줄 알고 있는 으스댐[慢], 견해[見], 머뭇거림[疑], '이치에 어두움'[無明] 등이 수번뇌라고 불리는 것이다. 유가사지론은 천친[세친] 이전에 미륵보살에 의해 설해진 논서라는 점에서 볼 때, 천친[세친]에 의한 수번뇌 체계와는 다른 점이 있음을 감안해야 하리라고 생각한다.

처소에서 스물두 가지와 관련하여 잘 살펴야겠다. 이를테면 (첫째) 스스로 맹세하여 못난 생김새, 동작, 여러 도구를 받아들였다. (둘째) 또한 스스로 맹세하여 금지[禁制]와 시라(尸羅: 지켜야 할 것)를 받아들였다. (셋째) 또한 스스로 맹세하여 부지런히 쉴 새 없이 수행하는 선법善法을 받아들였다. (넷째) 만일 모든 괴로움[苦惱]을 끊기 위해서라면, 이러한 세 가지 처소를 받아들였다면, 똑바로 여러 괴로움이 쫓아오는 것을 살펴야겠다."라고 한다.

6.3.1 첫째 처소에서 살필 다섯 가지

(첫째) 수염과 머리카락을 깎아버렸기 때문에, (둘째) 관습적인 생김새를 버렸기 때문에, (셋째) 괴색의(壞色衣: kasaya: 가사袈裟: 우중충한 색의 옷)를 입었기 때문에 스스로 모습이 다른 사람임을 살펴야겠다. 이와 같은 것을 맹세하고 못난 생김새를 받아들인 것을 살핀다고 한다. (넷째) 가고, 머무르고, 앉고, 눕고, 말하거나, 침묵[默] 등을 할 때, 욕망의 작용을 따르지 않고 교만憍慢을 굴복시키며 남의 집에 가서 자세히 살펴 돌아다니며 걸식한다. 이와 같은 것을 맹세하고 못난 동작을 받아들인 것을 살핀다고 한다. (다섯째) 또한 남으로부터 얻은 모든 몸을 돕는 도구를 쌓아놓는 일이 없는지 바르게 살핀다. 이와 같은 것을 맹세하고 못난 여러 도구를 받아들인 것을 살핀다고 한다. 이러한 다섯 가지 모습을 첫째 처소에서 살피는 것이라고 한다는 것을 알라.

6.3.2 둘째 처소에서 살필 다섯 가지

(첫째) 교법과 비나야를 선하게 설명하는 가운데로 출가한 모든 이가 받아들이는 시라尸羅는 대략 두 가지 일을 버리는 것으로 나타난다. 우선은

부모와 처자, 남녀 하인, 친구와 친척, 재물과 보배 등을 버리는 것으로 나타난다. 다음으로는 '기녀와 노래하고 춤추기'[歌舞倡伎], 농지거리하며[笑戲] '기쁘고 즐거워하기'[歡娛], 유람하며[遊從] '신나게 즐기기'[掉逸], '사랑하는 이'[親愛]와 만나기[聚會] 등 여러 가지 세상 일을 버리는 것으로 나타난다. (둘째) 또한 그는 시라율의(尸羅律儀: 계율)에 편안하게 머무르기 때문에 계戒를 어겼다하여 혼자서 스스로 '몹시 비난할'[懇責] 일이 없으며, 또한 그와 함께 범행梵行을 하는 이들이 교법을 들어 비난할 일이 없다. (셋째) 시라尸羅를 어긴 경우에는, 가볍게 행동하지 않고, 시라를 '약간 어긴'[缺犯] 것 때문에 곧 스스로 몹시 비난한다. (넷째) 함께 범행梵行을 하는 이들이 교법을 들어 비난하는 경우에는, 곧 교법에 맞게 스스로 참회하여 (번뇌를) 없앤다. (다섯째) 죄를 제시하는 함께 범행梵行을 하는 이에 대해서는 '분노하며 원망함'[恚恨]이 없으며, 해침[損]도 없으며, 괴롭힘[惱]도 없이, 스스로 '제대로 수행한다'[修治]. 이러한 다섯 가지 모습을 둘째 처소에서 살피는 것이라고 한다.

6.3.3 셋째 처소에서 살필 다섯 가지

이와 같이 시라를 잘 완성한 뒤에는 다섯 가지 모습의 수행방법으로 모든 '선한 종류'[善品]를 부지런히 수행해야 한다. (첫째) 때때로 질문하고 받아들이고, 읽고 외우며, '논의하여 추리하고'[論量], '선택을 마무리 지으며'[決擇], 부지런히 선한 종류를 수행한다. 이와 같아야 남으로부터 '믿음에서 우러난 보시'[信施]를 받을 만하다. (둘째) 또한 멀리하는 것을 즐기며 바른 수행방법으로 모든 의도[作意]를 수행한다. (셋째) 또한 밤낮으로 '물러나게 되는 것'[退分]과 '뛰어나게 되는 것'[勝分] 등 두 가지 존재에 대해 끊어야할 것을 알고 수행한다. (넷째) 생사生死에 대해 큰 잘못을 본다. (다섯째) 또한 열반涅槃에 대해 뛰어난 공덕功德을 본다. 이 다섯 가지 모습을 셋째 처소에서 살피는 것이라고 한다.

6.3.4 넷째 처소에서 살필 일곱 가지

이와 같이 선한 종류를 부지런히 수행한 이는 대략 네 가지 괴로움에 쫓기게 된다. 이를테면, 네 가지 '사문의 결과'[沙門果]를 아직 따라 경험하지 못했기 때문에, 여전히 '나쁜 세상'[惡趣]의 괴로움에 쫓긴다. 몸은 생겨나고, 늙고, 질병에 걸리고, 죽는 존재이기 때문에, 안[內]이 망가지는 고통에 쫓기게 된다. 모든 사랑하는 것과 이별해야 하는 존재이기 때문에, 사랑이 붕괴하는 괴로움에 쫓기게 된다. 스스로 업業을 짓기 때문에, 모든 괴로움의 원인에 쫓기게 된다. 그는 이와 같은 네 가지 괴로움에 쫓기므로, 반드시 (그 네 가지 괴로움에 나타난) '일곱 가지 모습'[七相][133]을 자세하고 바르게 살펴야 한다. 이러한 일곱 가지 모습을 넷째 처소에서 자세히 살피는 것이라고 한다.

6.3.5 스물두 가지 모습을 살필 때의 결과

그가 이와 같이 네 가지 처소에서 '스물두 가지 모습'[二十二相]을 바르게 살필 때, 곧 다음과 같은 이치에 맞는 의도가 생긴다. "나는 이와 같은

---

133) 유가론기 제6권상(대정장 42. p.428b17-19): 혜경惠景논사에 의하면 '나쁜 세상'[惡趣]의 괴로움을 하나로 삼고 생로병사生老病死의 괴로움을 넷으로 삼으면 앞의 것이 족히 다섯이 된다. '사랑하는 이와 헤어지는 괴로움'[愛別離苦]을 여섯째로 삼고, 스스로가 업을 지은 모든 괴로움의 원인을 일곱째로 삼는다.　　景云惡趣苦爲一。生老病死苦又爲四。足前爲五。愛別離苦爲第六。自業所作一切苦因第七。前之三苦各分二爲六。自業所作故一切苦因之所隨逐合爲一相。即成七相。

일을 추구하기 위하여 맹세하고 못난 생김새, 동작, 그리고 여러 도구를 받아들였다. 맹세하여 금지[禁制]와 계戒를 받아들였다. 맹세하여 부지런히 항상 수행하는 선법(善法: 선한 존재)을 받아들였다. 그런데 나는 지금 네 가지 괴로움에서 얼마나 벗어났는가? 내가 스스로 격려하며 맹세하여 세 가지 처소의 것을 받아들였는데 여전히 네 가지 괴로움에 항상 쫓기고 아직 해탈解脫을 이루지 못했다면, 나는 이제부터 괴로움에 쫓기지 않아야겠다. 아직 뛰어난 선정에 대해 자유로움을 이루지 못해 중도에 '제자리걸음도 하고'[止息], '도로 물러서기'[退屈]도 하겠지만." 이와 같이 부지런히 이치에 맞는 의도를 하는 것을 출가한 이의 생각, 사문의 생각이라고 한다.

그는 완성[圓滿]에 대한 많은 수행방법을 수행하는 것을 의지로 삼아 '세상의 과정'[世間道]으로 삼마지三摩地의 완성을 경험하기 때문에, 번뇌를 끊음을 여전히 아직 경험하지 못한 것을 다시 끊는 것을 즐거워함에 의지해 항상 부지런히 수행한다.

아울러 그는 이미 이룩한 '좋은 세상의 과정'[善世間道]을, 삼마지의 자유로움을 이루기 위해 자주 즐거이 수행함을 의지하여, 쉴 새 없이 전개한다.

아울러 바르게 믿는 장자長者, 거사居士, 바라문婆羅門 등으로부터 여러 가지 '이익 보는 것'[利養]과 공경을 얻지만 이 이익 보는 것과 공경에 의해 '탐내고 집착함'[貪著]이 생기지 않는다. 또한 남에게 이익 보는 것과 공경이 가거나 그 외 믿음이 없는 바라문 등이 바로 앞에서나 뒤에서나 마음에 들지 않는 여러 행동과 말을 해도, 마음에서 분노가 생기지 않는다. 그리고 그에게 해코지하려는 마음이 없다.

아울러 애착[愛], 으스댐[慢], 견해[見], '이치에 어두움'[無明], 머뭇거림[疑], 헷갈림[惑] 등 여러 선정 중의 모든 수번뇌隨煩惱가 다시는 나타나 작용하지 않으며, 염주念住 (상태)를 잘 유지한다. 또한 뛰어난 사마타奢摩他를 경험하고서 이와 같은 사마타 때문에 자기가 모든 지어야 할 것을 갖추었다고 하지 않으며, 남에게 이미 경험한 것을 말하지 않는다.

그는 이와 같이 끊음을 즐기고 수행을 즐기기 때문에, 마음에 탐냄과 분노가 없고, '바른 유념'[正念]이 앞에 나타나 증상만增上慢에서 떠나 여러 의복을 적당한[隨宜] 대로 얻어 곧 만족하며, 의복에서와 마찬가지로 그 외 음식이나 침구 등에 대해서도 만족한다는 것을 알아. 또한 바르게 분명히 알고 받아쓴다. 이를테면 이와 같은 모든 '생활에 쓰이는 도구'[資生具]는 몸을 잘 추슬러 (몸이) 망가지지 않게 하고, 잠시 굶주림을 면해 범행梵行을 받아들일 뿐이며, 자세히는 먹는 것에 한도를 아는 것이다.

그는 이와 같이 바르게 수행하기 때문에 삼마지에 자유로움을 이룩하고, 그것에 의해 마음이 '청정하고 희디희어'[淸白], 결점이나 더럼 없이 수번뇌로부터 떠난다. 자세히는 '움직임 없음'[不動]을 획득하여 모든 뛰어난 신통지혜[神通慧]를 유도할 수 있다. 이를 삼마지에 자유로움이라고 한다. 이 삼마지에 자유로움에 대해 자세하기로는 (여태까지) 말한 것과 같은 모습만 있을 뿐 이보다 더한 것이 없다.

또한 맨 처음에 설명한 삼마지를 이룸, 중간에 설명한 삼마지의 완성, 이제 말한 삼마지에 자유로움은 모두 최고의 세상 모든 종류에 청정함이라고 한다. 이 청정함은 오직 '바른 교법'[正法]에만 있고 모든 외도外道에는 없음을 알라.

7. 세상을 벗어난出世間 모든 종류에 청정함

무엇이 '세상을 벗어난'[出世間] 모든 종류에 청정함인가? 대략 다섯 가지가 있음을 알라. 무엇이 다섯 가지인가? 첫째, 성제현관(聖諦現觀: 성스러운 진리가 나타난 것을 살핌)에 드는 것이다. 둘째, 성제현관聖諦現觀에 든 뒤에 모든 장애로부터 떠나는 것이다. 셋째, 성제현관聖諦現觀에 든 뒤에 빠르게 신통지혜[通慧]를 경험하려고 모든 '기쁜 대상'[歡喜事]을 의도하여 사유하는 것이다. 넷째, 이룩한 과정[道]대로 수행하는 것이다. 다섯째, 아주 '청정한 과정'[淸淨道]과 (수행)결과의 공덕功德을 경험하는 것이다.

7.1 성제현관聖諦現觀에 듦

무엇이 성제현관聖諦現觀에 드는 것인가? 여래如來의 모든 제자는 이미 세상의 청정함을 잘 수행했기 때문에, 오랜 동안 '뛰어난 오욕'[妙五欲]으로 말미암아 그 마음을 모으고, 먹는 것을 유지하기 때문에 그 마음을 길러, 그 모든 욕망에 대해 '애착하여 즐거워함'[愛樂]이 생긴다는 것을 알아, 모든 욕망에 대해 깊이 잘못됨을 보고, 보다 뛰어난 대상영역[境]의 '고요한 능력'[寂靜德]을 본다. 그는 '희론 영역'[戲論界]에서는 편안히 머무르기 쉬운데, 예를 들면 세상의 모든 종류에 청정한 것이다. 희론이 없는 영역에서는 편안히 머무르기가 어려운데, 예를 들면 세상을 벗어난 모든 종류에 청정한 것이다. 그러므로 그 세상에 대해 '염증 나 싫어하면서'[厭惡] 머무는 것이지, 염증 나 싫어하지 않는 것은 아니다. 이 '바른 교법'[正法]에 머무르는 이는 희론이 없는 열반涅槃의 영역에서 마음이 안락하게 머무르고 즐겁게 경험[證得]하고자 한다.

7.1.1 스무 가지 모습의 의도와 사유

'사문의 (수행)결과를 경험함'[沙門果證]의 강한 힘이 없기[闕] 때문에, 자기가 '물듦에 관련하는 것'[雜染相應]에 대해서 마음에 '염증 나 싫어한다'[厭患]. 자기가 '청정함에 관련되지 못하는 것'[清淨不相應]에 대해서 마음에 염증 나 싫어한다. 자기가 '물듦에 관련하는 잘못'[雜染相應過患]에 대해서 마음에 염증 나 싫어한다. 자기가 '청정함에 관련되지 못하는 잘못'[清淨不相應過患]에 대해서 마음에 염증 나 싫어한다. 자기가 '청정함을 갖추기 어려움을 보고'[清淨見難成辦] 마음에 염증 나 싫어한다.

이 가운데 대략 세 가지 '물듦에 관련하는 것'[雜染相應]이 있다. 첫째, 아직 조절하지도 따르지도 못하고 죽는 물듦에 관련하는 것이다. 둘째, 죽은 뒤에 장차 번뇌라는 큰 구덩이에 떨어지는 물듦에 관련하는 것이다. 셋째, 그 번뇌의 자유로운 힘 때문에 여러 가지 악하고 불선한 업業이 나타나 작용하여 두려운 곳으로 가는 물듦에 관련하는 것이다. 그는 자기 몸에 '사문의 (수행)결과를 경험함'[沙門果證]이 없어, 그 때문에 세 가지 '물듦과 관련한다'[雜染相應]고 살핀다. 이와 같이 살피고 나서는 마음에 염증 나 싫어한다.

'청정함에 관련되지 못하는 것'[清淨不相應]도 세 가지임을 알라. 첫째, 모든 번뇌를 끊은 궁극적인 열반涅槃을 두려움이 없는 곳이라고 한다. 둘째, 이를 경험할 수 있는 것이다. 증상심학增上心學에 의지한 선한 마음의 삼마지를 가리킨다. 셋째, 이를 경험할 수 있는 것이다. 증상혜학增上慧學에서 '바른 견해'[正見]에 속하는 '섬세하게 훌륭한'[微妙] '성스러운 과정'[聖道]이다. 그는 자기 몸이 이 세 가지 '청정함에 관련되지 못하는 것'[清淨不相應]을 살피고 마음에 염증 나 싫어한다.

'물듦에 관련하는 잘못'[雜染相應過患]도 세 가지임을 알라. 첫째, 늙고, 질병에 걸리고, 죽는 괴로움이라는 근본적인 것이 생긴다. 둘째, 본성[自性]의 괴로움은 겨를이 없는 곳에 생겨나는 것이다. 셋째, (선善·불선不善·무기無記 등 세 가지 성격의) '모든 곳'[一切處]에 생겨나는 것은 '무상한 성질'[無常性]이다. 그는 자기 몸이 이 세 가지 '물듦에 관련하는 잘못'[雜染相應過患]을 살피고 마음에 염증 나 싫어한다.

'청정함에 관련되지 못하는 잘못'[清淨不相應過患]은 다섯 가지임을 알라. 첫째, '변방지역'[邊地]에 생겨나는 것을 아직 그만 둘 수가 없다. 둘째, 악도(惡道: 나쁜 세상)에 생겨나는 것을 아직 그만 둘 수가 없다. 셋째, 가정에 머무르는 무리에서는 모든 무간업無間業을 아직 '방죽으로 막을'[偃塞] 수가 없다. 넷째, 출가한 무리에서는 무수한 견해로 향하는 것을 관련하지 않음을 아직 못한다. 다섯째, '세상의 과정'[世間道]에서 유정천[有頂]에 선정을 들든 생겨나든, 선후가 없는 생사生死에 유전流轉하여 아직 한계를 마무리 짓지 못한다. 그는 자기 몸에 이 다섯 가지 '청정함에 관련되지 못하는 잘못'[清淨不相應過患]이 있음을 살피고 마음에 염증 나 싫어한다.

자기가 '청정함을 갖추기 어려움을 보는 것'[清淨見難成辦]도 다섯 가지임을 알라. 첫째, 만일 (수행을) 버리고 짓지 않으면 저절로 지어질 수 없기 때문이다. 둘째, 다른 일에 대해서도 남에게 청해서 갖출 수가 없기 때문이다. 셋째, 반드시 지어야할 것이기 때문에, 자기 마음에서 아직 청정하지 못하기 때문에, 반드시 여러 괴로움으로부터 해탈解脫을 이루어 '상서로움의 성질'[吉祥性]을 완성하지 못한다. 넷째, '악한 업'[惡業]을 지금 짓지 않는 것도 아니면서, 그에 대해 말하기를 이미 청정함을 지었다고 한다. 즉 지금생[現見法]에 '훨훨 탐'[熾燃]을 영원히 떠났다고 하니 (번뇌를) 다스릴 방도가 없다. 앞서 지은 악하고 불선한 업업은 절대로 파괴되지 않기 때문이다. 다섯째, 그 청정한 학學, 무학無學의 과정은 경험하여 나타나는 것이기 때문에 그의 살핌은 청정하다. 이 다섯 가지 모습은 (청정함을) 갖추기 어렵게 하기 때문에 마음에 염증 나 싫어한다.

아울러 굳센 정진을 발생시켜 경험[證得]하고자 하는데, 그는 물듦, 청정함, 관련함, 관련되지 못함을 '자세히 살펴보기'[觀見] 때문에 마음에 염증 나 싫어한다. 또한 물듦, 청정함, 관련함, 관련되지 못함의 잘못을 자세히 살펴보기 때문에 마음에 두려움[怖畏]이 생긴다. 또한 청정함을 증득하고 물듦을 끊어 소멸시키려는 가운데 게으르기[嬾惰懈怠] 때문에 마음이 곧 저지[遮止]한다. 또한 그 모습을 의도하여 사유함으로 말미암아 마음에 염증 나 싫어한다. 즉 이 모습에 대해서 지을 것이 많기 때문에 마음에서 아주 염증이 나 싫어하는 것이다. 염증 나 싫어함과 아주 염증 나 싫어함과 같이, 두려워함과 아주 두려워함, 저지함과 아주 저지함도 마찬가지임을 알라.

이와 같이 그는 염증과 함께 작용하는 생각[想]을 (앞서 설명한 물듦에 관련하는 것, 청정함에 관련되지 못하는 것, 물듦에 관련하는 잘못, 청정함에 관련되지 못하는 잘못, 청정함을 갖추기 어려움을 보는 것 등) 다섯 가지 경우에서 (앞의 첫째, 둘째, 셋째 경우는 각각 세 가지씩, 넷째 경우와 다섯째 경우는 각각 다섯 가지, 그리고 굳센 정진을 발생시켜 경험[證得]하고자 하는 경우 한 가지를 더해) 스무 가지 모습으로 의도[作意]하여 사유思惟하기 때문에 잘 제대로 수행한다고 한다.

7.1.2 다섯 가지 원인五因

'다섯 가지 원인'[五因]이 있어, 스무 가지 모습에 속해 '애착이 다한'[愛盡] '고요한 열반'[寂滅涅槃]에 빠르게 많이 머무르면서, 마음이 '도로 물러남'[退轉]이 없고 근심[憂慮]도 없어 이르기를, "나와 나는 지금 어디에 있는가?"라고 한다.

무엇이 다섯 가지 원인인가? 첫째, 통달하려는 의도[作意]이다. 이와 같은 통달하려는 의도 때문에 간격 없이 반드시 정성이생(正性離生: 번뇌가 생기는 것으로부터 떠나는 바른 성품: 견도위見道位)에 들고, '진리가 나타난 것을 살피는 경험'[諦現觀證]에 들며, 성인이 지견智見을 경험한다. 둘째, '의지할 대상'[所依]이다. 이 의지할 대상에 의해 반드시 정성이생正性離生에 들며 나머지는 앞서 설명한 것과 같다. 셋째, '대상영역에 드는 부문'[入境界門]이다. 이 대상영역에 드는 부문을 조건으로 삼기 때문에 반드시 정성이생正性離生에 들며 나머지는 앞서 설명한 것과 같다. 넷째, 식량[資糧]을 챙기는[攝受] 것이다. 이 식량을 챙기기 때문에 반드시 정성이생正性離生에 들며 나머지는 앞서 설명한 것과 같다. 다섯째, 수행방법[方便]을 챙기는 것이다. 이와 같은 수행방법을 챙기기 때문에 반드시 정성이생正性離生에 들며 나머지는 앞서 설명한 것과 같은 등이다. 이와 같은 다섯 가지 원인은 '진리가 나타난 것을 살핌'[諦現觀]에서 '거꾸로 된 순서'[逆次]의 원인으로 설명하는 것이고, 순차順次적인 원인이 아니다. '가장 뛰어난 원인'[最勝因]을 먼저 설명하는 경우와 같이 거꾸로 된 순서로 설명하기 때문이다.

(1) 통달하려는 의도通達作意

공(空: 비어있음), 무원(無願: 바라는 것이 없음), 무상(無相: 모습이 없음)을 힘쓰는[加行] 중에 '따라드는 의도'[隨入作意]에서는 (첫째) 미세하게 나타나 작용하는, '간격이 있거나'[有間], '간격이 없게'[無間] 따라 전개되는 아만我慢[134]과 함께 작용하는 마음의 모습이 현관現觀하려는 의도가 바르게 통달하는 것을 장애할 수 있기 때문이다. (둘째) 이미 통달한 뒤에는 의도와 함께 작용하는 마음이 저절로 전개하는 중에 잘 버려져서 간격 없이 소멸되게 할 수 있다. (셋째) '간격 없이 소멸하는 마음'[無間滅心]에 의해 새로 일어나는 의도 때문에 무상無常함 등의 수행으로 사실대로 사유한다. (넷째) 이 의도를 수행하고 많이 수행하기 때문에 인식대상[所緣], 인식주체[能緣]와 평등平等하고 평등한 지혜가 생긴다. (다섯째) 그는 이때 현관現觀을 장애하는 아만我慢과 혼란스러운 마음을 곧 영원히 끊고 소멸시켜, 심일경성心一境性을 경험한다. (여섯째) 곧 스스로 사유하기를, "나는 이미 심일경성心一境性을 경험하여 사실대로 분명하게 안다."라고 한다. 이를 (첫째 원인인) 통달하려는 의도[作意] 때문에 제현관諦現觀에 든다고 하는 것을 알라.

(2) 의지할 대상所依

(첫째) 앞서 '세상의 과정'[世間道]으로 삼마지三摩地를 이루고, 완성하고, 또한 자유로움을 이룬 경우, 그는 삼마지에 드는 모습에 대해 이르기를, "이것으로 말미암아 삼마지에 든다."라고 하고, 삼마지에 머무르는 모습에 대해 이르기를, "이것으로 말미암아 삼마지에 머무른다."라고 하고, 삼마지로부터 나오는 모습에 대해 이르기를, "이것으로 말미암아 삼마지

---

134) 유가론기 제6권상(대정장 42. p.429b9-10): 간격[ksrur]이 있는 아만이란 제육식과 함께하는 것을 가리킨다. 간격이 없는 아만이란 제칠식과 함께하는 것을 가리킨다.　　有間我慢者謂第六識俱. 無間我慢者謂第七識俱.

로부터 나온다."라고 한다. (둘째) 이 모든 모습에 대해 의도하고 사유하여 그 마음을 편하게 머물러 제현관諦現觀에 든다. (셋째) 만일 삼마지를 이루었는데 아직 완성되지도 못하고 또한 아직 자유롭지도 못하면, 그는 지상(止相: 가라앉히는 모습)을 사유하기도 하고, 거상(擧相: 들어올리는 모습)을 사유하기도 하고, 사상(捨相: 평정한 모습)을 사유하기도 한다. (넷째) 그 마음을 편안하게 머물러 제현관諦現觀에 든다. 이와 같이 (둘째 원인인) '의지할 대상'[所依] 때문에 그 마음이 편안하게 머무른다는 것을 알라.

(3) 대상영역境界에 드는 부문

두 가지 존재가 있어서 현관現觀을 수행하는 데에 몹시 장애가 된다. 무엇이 두 가지인가? 첫째, 바르지 않게 깊이 생각하여 짓는 것이 '시끄럽고 떠들썩하니'[擾亂] 마음이 안정되지 않는 것이다. 둘째, '알아야 할 대상'[所知事]에 대해 그 마음이 전도되는 것이다. 이와 같은 장애를 다스리기 위한 두 가지가 있어, 대상영역[所緣境]에 그 마음을 편히 머무르게 함을 알라. 첫째, (마음이 안정되지 않는) 장애를 다스리기 위해서 아나파나념(阿那波那念: ānāpāna-smṛti: 수식관數息觀)을 수행한다. 둘째, (마음이 전도되는) 장애를 다스리기 위해서 모든 염주(念住: 생각을 머물게 함)를 수행한다. 이와 같이 (셋째 원인인) '대상영역에 드는 부문'[入境界門] 때문에 그 마음이 편안하게 머무른다는 것을 알라.

(4) 식량 챙기기資糧攝受

'뛰어난 오욕'[妙五欲]을 즐겨 '가까이 해 버릇함'[習近]은 '성스러운 교법'[聖法]과 비나야毘奈耶에서는 '작용해서는 안 되는 것'[非所行處]이다. 되는대로 얻은 의복, 음식, 방석과 침구인 경우에는 곧 만족하고, (이미) '이익 보는 것'[利養]과 공경을 얻게 되었으면, (탐착하려는)그 마음을 굴복시킨다. (첫째) 뛰어난 오욕으로 얻은 이익 보는 것과 공경 때문에 마음이 곧 굳세게 머무르지 못하면, 이 때문에 모든 '작용해서는 안 되는 것'[非所行處]을 멀리한다. (둘째) 멀리하고 난 뒤에 모든 염주念住에 의해 끊음을 즐기고 수행을 즐긴다. (셋째) 밤낮으로 때때로 자기와 남이 쇠하고 번성하는 등의 일을 살펴서 마음에 염증을 낸다. (넷째) '부처님을 마음에 떠올리는 것'[佛隨念][135] 등을 수행하여 마음을 청정하게 한다. (다섯째) 모든 '성스러운 종자'[聖種] 중에 편히 머무른다. 이와 같이 (넷째 원인인) 식량[資糧] 때문에 그 마음이 편안하게 머무른다는 것을 알라. 이것을 가장 뛰어난 자량도(資糧道: 식량을 챙기는 과정)로 설명한다고 한다.

(5) 수행방법方便

그는 이와 같이 식량(을 챙기는 과정)에 머무른 뒤, 관련하는 의도에 힘쓰는 것을 수행하기 위해서는 (우선) 두 가지 '힘쓰는 방법'[加行方便]이 있다. 무엇이 두 가지인가? 첫째, 스스로 경[契經]과 아비달마(阿毘達磨: 경에 대해 해설한 논서)를 읽고 외우며, 받아 지니고, 바른 의도를 수행하여, 온(蘊: 유위법) 등의 대상[事]에 대해 아주 정교해진다. (둘째) (서로) 다른 스승의 가르침에 의지한다. '큰 스승님'[大師], 오파타야(鄔波柁耶: upādhyāya: 친교사親敎師: 친히 가르쳐 주는 스승: 은사恩師 스님), 아차리야(阿遮利耶: ācārya: 궤범사軌範師: 규칙의 모범이 되는 스승: 계사戒師 스님)을 가리킨다. 때때로 가르치고, 지도하고, 챙겨주는 것에 의지한다. (셋째) 바르게 힘쓰고 의도하고 사유하는 것인데, 이를 셋째 수행방법

---

135) 이 책 p.61 각주11) 참조.

이라고 함을 알라. 이 바르게 힘쓰고 의도하고 사유하는 것을 바르게 힘씀이라고 한다. 여기에서의 의미는 이를테면 시라尸羅를 깨끗하게 (하려는) 의도를 바르게 힘쓰고 의도하고 사유하는 것이다. 그는 스스로 시라의 청정함을 사유하기 때문에 '후회하는 괴로움'[悔惱]이 없고, 후회하는 괴로움이 없기 때문에 곧 기쁨이 생기고 내지는 마음이 바른 선정에 든다. 그러므로 이 바르게 힘쓰고 의도하고 사유함을 밝혀 말해, 마음이 수행방법에 머무른다고 한다. 이와 같이 (다섯째 원인인) 수행방법[方便] 때문에 마음이 빠르게 편안히 머무른다.

그는 이때 이 다섯 가지 원인의 스무 가지 모습을 그의 마음에 지니기 때문에 애착이 다한 고요한 열반에 잘 편안하게 머물러, 다시는 '도로 물러남'[退轉]이 없고, 마음에 두려워함이 없게 하고 이르기를, "나와 나는 지금 어디 있는가?"라고 한다. 이와 같이 마음이 편히 머무를 때에 이미 제현관諦現觀에 들었다고 한다는 것을 알라. 또한 이 성제현관聖諦現觀의 의미를 자세히 설명한 것을 알라. 마음에 염증이 나 싫어하는 모습 스무 가지, 그리고 마음이 편안하게 머무르는 모습 스무 가지를 가리킨다. 이를 제외하고는 더한 것이 없다.

7.2 모든 장애에서 떠남

무엇이 성제현관聖諦現觀에 든 뒤에 모든 장애에서 떠나는 것인가? 이 장애는 대략 두 가지임을 알라. 첫째, '동작하는 곳의 장애'[行處障], 둘째, '머무르는 곳의 장애'[住處障]이다.

7.2.1 장애의 종류

'동작하는 곳의 장애'[行處障]란 (첫째) 성스러운 제자가 가끔 무리[衆]

와 함께 머무르는 경우와 같이, 그 승단에서 생긴 할 일을 따르며 '선한 종류'[善品]를 버리고 자주 무리와 만난다.[136] (둘째) 또한 언제나 걸식하는 습관에 편안하게 머무르며 음식을 '사랑스럽고 소중하게 여긴다'[愛重]. (셋째) 앞의 '두 가지'[二處]와 겸해[137] 옷과 식기[鉢] 등 대상을 꾸리는 것을 좋아 즐거워한다. (넷째) 또한 경전을 읽고 외우면서도 대화[談話]를 좋아 즐거워한다. (다섯째) 밤에 머무를 때는 잠이 좋아 집착하고, 낮에 머무를 때는 왕, 도둑 등과 물드는 논의[言論]를 즐긴다. (여섯째) 또한 이곳에 머무르는 친척과 교유하여 농담하며 머무르고 이곳에서 멀리 떨어지는 것을 즐거워하지 않는다. 예를 들자면 오랜 동안 버릇을 들여 그와 함께 머무르는 강한 힘 때문에, 다시 두 번째로 함께 머무르기를 즐거워한다. 이와 같은 등등을 동작하는 곳의 장애라고 한다.

'머무르는 곳의 장애'[住處障]에 있어 (우선) '빈 곳'[空閑]에 머무르며 사마타奢摩他, 비발사나毘鉢舍那를 수행하는 것을 아울러 머무름[住]이라고 한다. 사마타, 비발사나에 의한 것은 또한 네 가지 장애가 있음을 알라. 첫째, 비발사나 세목을 따르지 않는 성질이다. 둘째, 사마타 세목을 따르지 않는 성질이다. 셋째, 그것들이 함께하는 종류의 기억에 따르지 않는 성질이라고 한다. 넷째, 머무르는 곳을 따르지 않는 성질이라고 한다.

(보다 자세히 설명하자면) 만일 자기가 총명하다고 이르면서 (스스로

---

136) 유가론기 제6권상(대정장 42. p.429c1): 영준靈雋논사의 해석에 의하면 승려 무리가 자주 모여 삼학을 방해하기 때문에 불선이라고 한다.　雋師釋云。衆僧數集即妨三學故名不善。

137) 유가론기 제6권상(대정장 42. p.429c2-3): 신태神泰논사에 의하면 앞의 두 가지와 겸한다는 것은 무리와 함께 머무르는 것 등이다.　泰云兼前二處者而衆共居等。

를) 높이고[高擧] 남으로부터 순관(順觀: 순서대로 살핌)의 바른 교법을 듣지 않으면, 이를 비발사나 세목을 따르지 않는 성질이라고 한다. 동작[身行], 말[語行], 의도[意行]를 안정시키지 않고 급하고 가볍게 굴어 시라尸羅를 어기서 근심, 후회 등이 생기고, 내지는 마음이 잘 편안하게 머무르지 못하면, 이를 사마타 세목을 따르지 않는 성질이라고 함을 알라. 만일 잊어버림[忘念]의 강한 힘 때문에 마음을 가라앉음[沈], 요동함[掉] 등 여러 수번뇌로부터 막아서 보호하지 못하면, 이를 그것들이 함께하는 종류의 기억에 따르지 않는 성질이라고 함을 알라. 만일 '다섯 가지 잘못된 모습'[五失相]과 관련한 방석과 침구를 가까이해 버릇하면 머무르는 곳을 따르지 않는 성질이라고 함을 알라.

(머무르는 곳에 전체적으로 해당하는 장애는 한 가지로서) 낮에는 많이 여러 가지로 '떠들며 놀고'[諠逸], 밤이면 많은 '모기·등에'[蚊虻]에 많은 괴로움을 당한다. 또 여러 '재앙과 전염병'[災厲]에 대한 두려움이 많다. 여러 (살림) 도구를 불만족스러워하며 즐거워하지 않는다. '악한 벗'[惡友]에 포섭되어 어떤 '선한 벗'[善友]도 없다. 이와 같은 것들을 머무르는 곳 (전체에 해당하는) 장애라고 한다.

7.2.2 장애를 멀리하게 하는 원인과 조건

이러한 (동작하는 곳, 머무르는 곳 등) 두 가지 장애는 아울러 두 가지 '원인과 조건'[因緣]으로 멀리할 수 있다. (그 원인과 조건이란) 첫째, 여러 가지 선정의 즐거움이 많은 것, 둘째, 여러 가지로 '생각하여 선택함'[思擇]이 많은 것을 가리킨다.

여러 가지 선정의 즐거움이 많은 것은 대략 여섯 가지임을 알라. 만일 이미 삼마지를 이루기는 했는데 아직 완성되지도 않았고, 자유롭지도 않다면, 그는 (첫째) 가라앉힘[止], (둘째) 들어올림[擧], (셋째) 평정함[捨] 등 세 가지에 정교함을 수행해야 한다. 이 때문에 여러 가지 선정의 즐거움이 많이 발생한다. 만일 삼마지가 이미 완성되고, 자유롭다면 그는 선정에 (넷째) 들고[入], (다섯째) 머무르고[住], (여섯째) 나오는[出] 등 세 가지에 정교함을 수행해야 한다. 이 때문에 여러 가지 선정의 즐거움이 많이 발생한다.

여러 가지로 '생각하여 선택함'[思擇]이 많은 것이란 무엇인가? '뛰어나고 선한 지혜'[勝善慧](의 작용)을 '생각하여 선택함'[思擇]이라고 한다. 이 지혜 때문에 (첫째) 밤낮으로 자기의 선법(善法: 선한 존재)이 자라남을 사실대로 분명하게 알고, 불선법(不善法: 불선한 존재)이 자라남을 사실대로 분명하게 알며, 선법善法이 쇠퇴함을 사실대로 분명하게 알고, 불선법不善法이 쇠퇴함을 사실대로 분명하게 안다. (둘째) 또한 그는 밤낮에 서와 같이, 동작하거나 머무를 때 의복, 음식 등 생활하는 데 필요한 것을 습관들이며, 습관을 들이기 때문에 불선법不善法이 자라고 선법善法이 쇠퇴하는 것이나, 선법善法이 자라고 불선법不善法이 쇠퇴하는 것을 다 사실대로 분명하게 안다. (셋째) 곧 이 '생각하여 선택함'[思擇]에 의지하기 때문에, 생겨나는 여러 불선법不善法에 대해 굳게 집착하지 않(을 수 있)는 수행방법의 이치로 몰아내고[驅擯] 멀리한다. (넷째) 모든 선법善法을 부지런히 수행한다는 것은 이와 같은 두 곳[處]에서 열 가지로 정교해지고, 두 곳의 열한 가지의 장애를 끊고 소멸시키며 생기는 대로 곧 멀리하는 것이다.

이와 같은 것을 장애를 멀리한다고 한다. 이 장애를 멀리함은 자세히 설명한 것이니 설명한 모습대로 알라. 이를 제외하고는 더한 것이 없다.

7.3 기쁜 대상을 의도하여 사유함

무엇이 성제현관聖諦現觀에 든 뒤에 빠르게 신통지혜[通慧]를 경험하려고 모든 '기쁜 대상'[歡喜事]을 의도하여 사유하는 것인가?

성스러운 제자가 이미 성제(聖諦: 성스러운 진리)를 살피고 이미 '깨끗함을 경험함'[證淨]을 이룩하면, 깨끗함을 경험함을 의지하기 때문에 부처님[佛], 교법[法], 승단[僧] 등 뛰어난 '훌륭한 결과를 내는 능력을 (기르는) 곳'[功德田][138]에 대해 의도하고 사유하여 기쁨을 발생시킨다. 또한 자기의 '뛰어나게 생겨남'[增上生]의 사례[事]와 '뛰어남이 결정됨'[決定勝]의 사례에 의해, 이를테면 자기 몸이 '재산과 보배'[財寶]와 '경험한 성대한 사례'[所證盛事]에 대해 의도하고 사유하여 기쁨을 발생시킨다. 또한 '질투가 없음'[無嫉]에 의해, 자기 몸에 대해서 그런 것처럼 남에게도 또한 그러하다. 또한 '은혜를 앎'[知恩]에 의해, 이를테면 '은혜가 있는 이'[有恩者]인 큰 스승님을 기억하여 의도하고 사유하여 기쁨을 발생시킨다. 그러한 것에 의지하기 때문에 여러 괴로움과 '괴로움의 원인'[苦因]을 멀리하고, 여러 즐거움과 '즐거움의 원인'[樂因]을 유도하여 발생시킨다.

이와 같이 수도修道를 따르며 기쁜 대상을 사유하기 때문에 곧 빠르게 신통지혜[通慧]를 경험할 수 있다.

이 수도修道를 따르며 기쁜 대상을 사유함은 자세하게 설명한 것이니 설명한 모습대로 알라. 이를 제외하고는 더한 것이 없다.

---

138) 본역주본 제1권 p.275 각주317) 참조.

7.4 이룩한 과정대로 수행함

무엇이 (이미) 이룩한 과정[道]대로 수행하는 것인가? 그는 이와 같이 크나크고 죄 없는 기쁨을 그 마음에 들이부어[灌灌] 지금생에 궁극까지 가려는 마음으로 아주 흠모[思慕]한다. (첫째) 그는 이와 같이 마음으로 흠모하여 벗어남을 좋아함이 자주 작용하면서 이르기를, "나는 어떻게 충분히 갖추어야 이와 같은 '성스러운 곳'[聖處]에 머무르는 것[139]이 마치 아라한阿羅漢이 충분히 갖추어서 머무르는 것과 같겠는가?"라고 한다. (둘째) 이와 같은 좋아함이 생긴 뒤에 정진하여 '서른일곱 가지 깨달음의 부분을 이루는 수행법'[三十七菩提分法]에 대해 '항상 자세히 다 알고'[常委] 수행방법으로 수행 정진한다. (셋째) 그는 이와 같이 정진하기 때문에 가정에 머무르는 이, 출가한 이의 무리와 섞여 머무르지 않고, 낡아 빠진 여러 방석과 침구를 습관들이며, 마음에 멀리하는 것을 즐거워한다. (넷째) 그는 이와 같이 좋아함이 생겨 정진하여 멀리함을 즐거워한 뒤에는 만족함이 생기지 않는다. 이를테면 조금 뛰어난 경험에 대해서는 마음에서 만족하지 않고, 모든 선법善法에 대해 점점 보다 위[上]이고, 점점 뛰어나고, 점점 '섬세하고 뛰어난'[微妙] 곳을 바라고 추구하며 머무른다. 이 네 가지 교법으로 수도修道를 받아들이고 아주 잘 받아들인다. 곧 이 네 가지는 수도修道를 의지로 삼는다.

(그러므로 첫째) 앞서 설명한 '기쁜 대상'[歡喜事]으로부터 생긴 기쁨과 같이, 그는 이때 수행으로 이루는 것이 완성된다.[140] (둘째) 가장 완성된 줄

---

139) 이 책 pp.53-54 각주8) 참조.
140) 유가론기 제6권상(대정장 42. p.429c27-28): 첫째 기쁨에서 수행이 완성을 이루어 욕계로부터 떠난다.　　一於歡喜修得圓滿能離欲界。

어듦[損減]의 수행방법의 이치로 번뇌가 끊어지기 때문에, 뛰어나야 경험하는 존재를 획득하기 때문에, 기뻐서 수행으로 이루는 것이 완성된다.[141] (셋째) '수도에서 끊어야 할'[修所斷] '번뇌 종류'[惑品]의 추중麁重을 이미 멀리했기 때문에 가뿐함[輕安]을 획득한다. (넷째) 몸과 마음이 청량해져 아주 잘 받아들인다. (다섯째) 이와 같이 (앞의 첫째와 둘째에서처럼 욕계를 떠나고, 색계와 무색계의 번뇌를 끊는 등) 두가지를 수행하여 이룸이 완성되고 또한 이 유학有學의 금강유정(金剛喩定: 금강석 같은 선정)이 궁극[究竟]에 이르기 때문에 수행으로 이룸이 완성된다. 이를 (이미) 이룩한 과정[道]대로 수행한다고 한다.

아울러 이러한 (이미) 이룩한 과정[道]대로 수행한다는 의미는 자세히 설명한 것이니 알라. 이를테면 네 가지 교법 때문에 다섯 가지 교법을 수행하는 것이 완성되는 것이다. 이를 제외하고는 더한 것이 없다.

7.5 청정한 과정淸淨道과 공덕功德

어디에서 아주 '청정한 과정'[淸淨道]과 (수행)결과의 공덕功德을 경험하는가? 세 가지 단계에서이니, '즐거운 단계'[樂位], '괴로운 단계'[苦位], '괴롭지도 즐겁지도 않은 단계'[不苦不樂位]를 가리킨다. 모든 번뇌가 잠재되어 있는 두 가지 보특가라補特伽羅가 많이 드러낸다. 첫째, 이생(異生: 범부), 둘째, 유학有學이다. 또한 두 가지가 있어 '물드는 종류'[雜染

---

141) 유가론기 제6권상(대정장 42. p.429c28-29): 둘째 가장 줄어듦의 수행방법의 이치로 번뇌를 끊기 때문에 색계와 무색계의 번뇌를 끊고, 뛰어난 과정의 기쁨을 완성한다.　　二最極損減方便道理煩惱斷故斷色無色界煩惱獲得勝道喜悅圓滿。

品]를 발생시키는데, 첫째는 취(取: 집착: 연기 세목 가운데 아홉째)에 의한 물드는 종류, 둘째, 행(行: 실천: 연기 세목 가운데 둘째)[142]에 의한 물드는 종류이다. 이 두 가지는 물드는 종류를 끊기 위해 교법에 대한 선한 설명과 비나야毘奈耶로 들어갈 때 장애가 되는 번뇌인데, 이 여러 번뇌는 '잠재하는 번뇌'[隨眠]가 되어 깊숙이 마음에 들어가 여러 가지 모든 괴로움을 발생시킨다. 이를 남김없이 영원히 끊으면 아주 청정한 결과를 경험한다고 한다.

아울러 열 가지 무학無學의 세목에 속하는 다섯 가지 무학온(無學蘊: 무학의 유위법)이란, 이를테면 계온戒蘊, 정온定蘊, 혜온慧蘊, 해탈온解脫蘊, 해탈지견온解脫知見蘊[143]인데, 아주 청정한 과정이라고 한다.

아울러 이 아주 청정한 과정을 경험하여 열 가지 잘못으로부터 떠나서 '성스러운 곳'[聖所]에 머무른다. 열 가지 잘못이란 무엇인가? 이를테면 (첫째) 외부의 모든 욕망에 의한 '울며 한탄함'[愁歎], '근심하고 괴로워함'[憂苦], 여러 가지 '마음이 괴로워 어지러움'[惱亂], '괴로움 자체'[苦苦]

---

142) 연기의 세목[支]은 열두 가지인데 차례로 나열하면 다음과 같다. 무명(無明: 이치에 어두움) - 행(行: 실천) - 식識 - 명색(名色: 의근意根과 물질로 된 오근五根) - 육처(六處: 육근六根) - 촉(觸: 접촉) - 수(受: 느낌) - 애(愛: 애착) - 취(取: 집착) - 유(有: 존재함) - 생김[生] - 늙어죽음[老死].

143) 유가론기 제6권상(대정장 42. p.430a8-11): 열 가지 무학의 세목에 속하는 다섯 가지 무학온(無學蘊: 무학의 유위법)이란 바른말[正語], '바른 생활'[業命]을 계온에 포함하고, '바른 유념'[正念], '바른 선정'[正定]은 정온이고, '바른 견해'[正見], '바른 사유'[正思惟], '바른 정진'[正精進]은 주된 것과 동반하는 것이 상종하여 혜온에 포함된다. 뛰어난 해탈은 바른 해탈로서 해탈온으로 삼는다. 열째 '바른 지혜'[正智]는 해탈지견온에 포함된다.　十無學所攝五無學蘊等者。正語業命攝戒蘊。正念正定定蘊。正見正思惟正精進主伴相從攝慧蘊。勝解脱是正解脱爲解脱蘊第十正智攝解脱知見蘊。

와 관련한 잘못이다. (둘째) 또한 안에 의한 '모든 근'[諸根]을 호호하지 않은 잘못인데, 모든 근을 보호하지 않기 때문에 울며 한탄함 등이 생긴다. (셋째) 또한 '애착할만한 맛'[愛味]에 즐거이 머무르는 잘못이다. (넷째) 또한 동작하거나 머무르면서 방종하는 잘못이다. (다음 세 가지는) 또한 외도外道와는 공통되지 않는 잘못인데, 곧 그 각각이 '비뚠 견해'[邪見]를 일으키는 (다섯째) 말[語言], (여섯째) '깊은 생각'[尋思], (일곱째) 추구함[追求] 등 세 가지의 잘못이다. (여덟째) 또한 '정려의 한계'[靜慮邊際](인 제사정려를 열반으로 삼는)[144] 잘못이다. (아홉째) 또한 (십이)연기에 속한 취(取: 집착)의 물드는 종류를 발생시키는 잘못이다. (열째) 또한 행(行: 실천)의 물드는 종류를 발생시키는 잘못이다.

만일 이와 같은 열 가지 잘못과 영원히 관련하지 않고 오직 '최후 단계의 몸'[最後身]으로 유지한다면, 둘째의 다른 몸은 끝내 생기지 않고 가장 고요한 '열반 영역'[涅槃界] 궁극에까지 편히 머무르며, 모든 유정 내지 위로 '첫째 존재'[第一有]로 생겨나는 이까지 그 모든 유정 가운데 가장 뛰어남을 이룬다. 그러므로 '성스러운 곳'[聖所住]에 머무른다고 한다. 열 가지 과실을 멀리하고 성스러운 곳에 편안하게 머무르기 때문에 공덕功德이라고 한다. 또한 그 결과, 아주 청정한 과정, 그 공덕 등 이와 같은 모든 것을 아울러서 간략히 아주 청정한 과정과 결과의 공덕이라고 한다.

아울러 이 아주 '청정한 과정'[淸淨道]과 (수행)결과의 공덕功德의 의미

---

144) 유가론기 제6권상(대정장 42. p.430a22-24): 여덟째 정려의 한계에 의지하는 잘못이란 혜경惠景논사에 의하면 제사정려를 한계라고 하는데, 제사정려에 대해 헤아리기를 열반이라고 하기 때문에 잘못이라고 한다. 八依靜慮邊際過失者。景云。第四靜慮名爲邊際。計第四定以爲涅槃故。言過失。

는 자세하게 설명한 것이니 설명한 모습대로 알라. 이를 제외하고는 더한 것이 없다.

만일 이와 같은 최고의 무학無學의 모든 '성스러운 존재'[聖法]를 이룩한 이는, 이와 같은 성스러운 존재와 관련한 마음이 '뛰어난 오욕'[妙五欲]을 아주 '염증을 내 등져'[厭背] 이숙異熟이 없기 때문에 나중에 다시는 계속되지 않는다. 만일 '세상의 마음'[世間心]이 이미 끊었는데도 여전히 나타나 작용한다 해도, 그것은 나중에 저절로 소멸한다. 또한 '번뇌의 과정'[煩惱道] 뒤에는 '업의 과정'[業道]이 있다 해도, 지금생에 이미 영원히 단절된다. 그것이 단절됐기 때문에 내생의 '괴로움의 과정'[苦道]은 다시는 전개되지 않는다. 이 원인과 결과가 영원히 소멸했기 때문에 '괴로움의 한계'[苦邊]라고 한다. 다시는 남은 것도 없고, 위도 없고, 뛰어난 것도 없다.

이 가운데 성제현관聖諦現觀에 듦, 장애로부터 떠남, 빠르게 신통지혜[通慧]를 경험하려고 모든 '기쁜 대상'[歡喜事]을 의도하여 사유함, (이미) 이룩한 과정[道]대로 수행함, 아주 '청정한 과정'[淸淨道]과 (수행)결과의 공덕功德을 경험함 등 이와 같은 것을 세상을 벗어난 모든 종류에 청정함이라고 한다.

아울러 이 세상을 벗어난 모든 종류에 청정함의 의미는 자세하게 설명한 것이니 설명한 모습대로 알라. 이를 제외하고는 더한 것이 없다.

이와 같이 앞서 설명한 세상[世間]의 모든 종류에 청정함과 지금 설명한 '세상을 벗어난'[出世間] 모든 종류에 청정함 모두를 간략히 하나로 설명하자면 '수행의 결과'[修果]라고 한다.

이와 같이 앞서 설명한 수행하는 처소處所, 수행하는 '원인과 조건'[因

緣], 수행하는 유가(瑜伽: 관행觀行), 수행의 결과[果] 등 모두를 아울러 말해 '수행하여 이루어진 영역'[修所成地]이라고 한다.

신현승

고려대학교 철학과를 졸업하고
동국대학교 대학원 불교학과에서 원시불교사상으로 석사학위를,
유식 사상으로 박사학위를 취득하였다.

논문　原始佛敎의 在家生活 原理 硏究
　　　『成唯識論』의 말나식 존재증명에 대한 검토
　　　『成唯識論』의 말나식 연구

현장삼장 한역
유가사지론 瑜伽師地論 2 (제11권 - 제20권)

역주 신현승

2021년 6월 27일 1판 1쇄 펴냄
펴낸이　신현승
편집디자인　신영철
펴낸곳　도서출판 묘광
주소　서울특별시 강남구 테헤란로 147 성지하이츠2 1513호
전화　02) 547-3952
E-mail　myogwangbooks@gmail.com
출판등록　제2020-000233호

ⓒ 신현승 2021

ISBN　979-11-971681-1-6

값　28,000원

이 책은 저작권법에 의해 보호를 받는 저작물이므로 무단 전재와 무단복제를 금합니다.
출판사명에 쓰인 글꼴은 서울시 마포구에서 제공한 무료글꼴인 Mapo애민체입니다.